Liebe Leserin, lieber Leser!

Mit dem Kauf der gedruckten Ausgabe erhalten Sie die Möglichkeit, kostenlos eine digitale Version dieses Buches zu nutzen. Und so geht's:

1. Registrieren Sie sich unter http://www.opensourcepress.de/voucher

2. Geben Sie dort Ihren persönlichen Code ein:

> zee1wieFie

3. Nutzen Sie die E-Book-Ausgabe des Buches – wann immer und wo immer Sie möchten!

Damit wir diesen Service auch künftig anbieten können, bitten wir Sie um die Beachtung folgender Hinweise:

- Geben Sie Ihren persönlichen Code nicht an Dritte weiter.
- Die Online-Ausgabe unterliegt den gleichen urheberrechtlichen Bestimmungen wie das gedruckte Buch und ist ausschließlich für Ihre persönliche Nutzung bestimmt.
- Die Bereitstellung für Dritte z.B. über das Internet oder Intranets ist ausdrücklich untersagt.

Wir danken Ihnen für Ihr Verständnis und wünschen Ihnen eine interessante Lektüre – ob in gedruckter oder digitaler Form!

Ihr Team von Open Source Press

Valentin Haenel · Julius Plenz

Git

Verteilte Versionsverwaltung für Code und Dokumente

2. Auflage

Open Source Press

Alle in diesem Buch enthaltenen Programme, Darstellungen und Informationen wurden nach bestem Wissen erstellt. Dennoch sind Fehler nicht ganz auszuschließen. Aus diesem Grunde sind die in dem vorliegenden Buch enthaltenen Informationen mit keiner Verpflichtung oder Garantie irgendeiner Art verbunden. Autor(en), Herausgeber, Übersetzer und Verlag übernehmen infolgedessen keine Verantwortung und werden keine daraus folgende Haftung übernehmen, die auf irgendeine Art aus der Benutzung dieser Informationen – oder Teilen davon – entsteht, auch nicht für die Verletzung von Patentrechten, die daraus resultieren können. Ebensowenig übernehmen Autor(en) und Verlag die Gewähr dafür, dass die beschriebenen Verfahren usw. frei von Schutzrechten Dritter sind.

Die in diesem Werk wiedergegebenen Gebrauchsnamen, Handelsnamen, Warenbezeichnungen usw. werden ohne Gewährleistung der freien Verwendbarkeit benutzt und können auch ohne besondere Kennzeichnung eingetragene Marken oder Warenzeichen sein und als solche den gesetzlichen Bestimmungen unterliegen.

Dieses Werk ist urheberrechtlich geschützt. Alle Rechte, auch die der Übersetzung, des Nachdrucks und der Vervielfältigung des Buches – oder Teilen daraus – vorbehalten. Kein Teil des Werkes darf ohne schriftliche Genehmigung des Verlags in irgendeiner Form (Druck, Fotokopie, Mikrofilm oder einem anderen Verfahren), auch nicht für Zwecke der Unterrichtsgestaltung, reproduziert oder unter Verwendung elektronischer Systeme verarbeitet, vervielfältigt oder verbreitet werden.

Bibliografische Information der Deutschen Nationalbibliothek

Die Deutsche Nationalbibliothek verzeichnet diese Publikation in der Deutschen Nationalbibliografie; detaillierte bibliografische Daten sind im Internet über http://dnb.d-nb.de abrufbar.

Copyright © 2014 Open Source Press GmbH, München
Gesamtlektorat: Dr. Markus Wirtz
Satz: textovia web application (http://textovia.com)
Umschlaggestaltung: Lena Levitina (unter Verwendung des Git-Logos von Jason Long)
Gesamtherstellung: Kösel, Krugzell

ISBN: 9783955391195 (gedruckte Ausgabe)   http://www.opensourcepress.de

Inhaltsverzeichnis

Vorwort 11

I Grundlagen 17

1 Einführung und erste Schritte 19

1.1 Grundbegriffe 19

1.2 Erste Schritte mit Git 22

    1.2.1 Das erste Repository 22

    1.2.2 Der erste Commit 23

    1.2.3 Commits einsehen 25

1.3 Git konfigurieren 27

    1.3.1 Git Aliase 28

    1.3.2 Farbe einstellen 29

    1.3.3 Zeichensätze einstellen 29

    1.3.4 Zeilenenden einstellen 30

    1.3.5 Editor, Pager und Browser einstellen 30

    1.3.6 Konfiguration über Umgebungsvariablen 31

    1.3.7 Automatische Fehlerkorrektur 32

2 Grundlagen 33

2.1 Git-Kommandos 33

    2.1.1 Index 34

    2.1.2 Commits schrittweise erstellen 36

Inhaltsverzeichnis

      2.1.3   Commits erstellen................................. 41
      2.1.4   Dateien verschieben und löschen 44
      2.1.5   grep auf einem Repository 45
      2.1.6   Die Projektgeschichte untersuchen 46
      2.1.7   Commit-Ranges.................................. 49
      2.1.8   Unterschiede zwischen Commits.................... 50
  2.2   Das Objektmodell... 50
      2.2.1   SHA-1 – der sichere Hash-Algorithmus 51
      2.2.2   Die Git-Objekte................................... 52
      2.2.3   Die Objektdatenbank 54
      2.2.4   Die Objektdatenbank untersuchen................... 55
      2.2.5   Deduplication 57
      2.2.6   Die Graph-Struktur................................ 58

3 Praktische Versionsverwaltung   61

  3.1   Referenzen: Branches und Tags 61
      3.1.1   HEAD und andere symbolische Referenzen............ 64
      3.1.2   Branches verwalten 66
      3.1.3   Tags – Wichtige Versionen markieren................ 70
  3.2   Versionen wiederherstellen 76
      3.2.1   Detached HEAD.................................. 77
      3.2.2   Commits rückgängig machen 78
      3.2.3   Reset und der Index 80
  3.3   Branches zusammenführen: Merges........................ 82
      3.3.1   Zwei Branches verschmelzen....................... 83
      3.3.2   Fast-Forward-Merges: Einen Branch vorspulen 85
      3.3.3   Merge-Strategien 87
      3.3.4   Optionen für die recursive-Strategie.................. 89
  3.4   Merge-Konflikte lösen 90
      3.4.1   Hilfe beim Merge: mergetool 95

	3.4.2	rerere: Reuse Recorded Resolution	96
	3.4.3	Konflikte vermeiden	98
3.5	Einzelne Commits übernehmen: Cherry-Pick		100
3.6	Visualisierung von Repositories........................		101
	3.6.1	Revision Parameters..............................	101
	3.6.2	Gitk	104
3.7	Reflog		106

4 Fortgeschrittene Konzepte — 109

4.1	Commits verschieben – Rebase........................		109
	4.1.1	Ein Beispiel.....................................	111
	4.1.2	Erweiterte Syntax und Konflikte	112
	4.1.3	Warum Rebase sinnvoll ist	113
	4.1.4	Wann Rebase *nicht* sinnvoll ist – Rebase vs. Merge....	114
	4.1.5	Ein Wort der Warnung...........................	115
	4.1.6	Code-Dopplungen vermeiden.....................	116
	4.1.7	Patch-Stacks verwalten	116
	4.1.8	Rebase einschränken mit --onto...................	117
	4.1.9	Einen Commit verbessern........................	118
	4.1.10	Rebase feinjustieren.............................	118
4.2	Die Geschichte umschreiben – Interaktives Rebase		120
	4.2.1	Kleine Fehler korrigieren: Bug Squashing	122
	4.2.2	Commits beliebig editieren	123
4.3	Wer hat diese Änderungen gemacht? – git blame...........		125
	4.3.1	Blame grafisch	126
4.4	Dateien ignorieren		127
	4.4.1	Syntax für Muster	127
	4.4.2	Nachträglich ignorieren oder versionieren	129
	4.4.3	Ignorierte und unbekannte Dateien löschen.........	129
4.5	Veränderungen auslagern – git stash...................		130

	4.5.1	Grundlegende Benutzung	130
	4.5.2	Konflikte lösen	131
	4.5.3	Wenn Sie den Stash nicht anwenden können…	131
	4.5.4	Nachricht anpassen	132
	4.5.5	Stashes einsehen	133
	4.5.6	Stashes löschen	134
	4.5.7	Wie ist der Stash implementiert?	134
4.6	Commits annotieren – git notes		135
4.7	Mehrere Root-Commits		137
4.8	Regressionen finden – git bisect		138
	4.8.1	Benutzung	139
	4.8.2	Automatisierung	139

5 Verteiltes Git 141

5.1	Wie funktioniert verteilte Versionsverwaltung?		142
5.2	Repositories klonen		143
	5.2.1	Repository-URLs	145
	5.2.2	Remote-Tracking-Branches	146
5.3	Commits herunterladen		148
	5.3.1	git fetch	149
	5.3.2	git pull	152
	5.3.3	git fetch vs. git pull	155
5.4	Commits hochladen: git push		158
	5.4.1	Remote-Referenzen löschen	160
	5.4.2	Push ohne Argumente: push.default	160
	5.4.3	Konfiguration des Upstream-Branches	161
5.5	Remotes untersuchen		162
	5.5.1	Zusammenfassung eines Remotes	162
	5.5.2	Vergleich mit dem Upstream	163
5.6	Verteilter Workflow mit mehreren Remotes		164

5.7	Remotes verwalten....................................	165
	5.7.1 Pull-Request	166
5.8	Tags austauschen.....................................	167
	5.8.1 Tags herunterladen.............................	167
	5.8.2 Tags hochladen.................................	168
5.9	Patches per E-Mail....................................	169
	5.9.1 Patches exportieren	170
	5.9.2 Patches versenden	172
	5.9.3 Patches einpflegen.............................	174
5.10	Ein verteilter, hierarchischer Workflow	176
5.11	Unterprojekte verwalten...............................	177
	5.11.1 Submodules..................................	178
	5.11.2 Subtrees.....................................	180
	5.11.3 Submodules vs. Subtrees	182

6 Workflows — 185

6.1	Anwender	186
6.2	Ein Branching-Modell	188
6.3	Releases-Management	192
	6.3.1 Aufgaben sondieren	192
	6.3.2 Release erstellen..............................	194

II Fortgeschrittene Szenarien — 199

7 Git auf dem Server — 201

7.1	Einen Git-Server hosten................................	201
	7.1.1 Das Git-Protokoll	202
	7.1.2 Repositories auf dem gleichen Rechner	203
	7.1.3 Bare Repositories – Repositories ohne Working Tree ...	203
	7.1.4 Zugriffsrechte eines Repositorys	204
	7.1.5 Zugriff per SSH: Die Git-Shell....................	204

7.1.6 Zugriff per SSH: Öffentliche Schlüssel 205
7.1.7 Beispiel: Zwei Nutzer wollen kollaborieren........... 205
7.2 Gitolite: Git einfach hosten............................ 206
    7.2.1 Gitolite installieren............................ 207
    7.2.2 Gitolite-Konfiguration........................... 208
    7.2.3 Eigentümer und Beschreibung...................... 210
    7.2.4 Zugriffsrechte auf Datei- oder Branch-Ebene......... 210
    7.2.5 Persönliche Namespaces........................... 212
    7.2.6 Zugriffsregelung auf Dateiebene.................. 212
    7.2.7 Aktionen explizit verbieten 213
    7.2.8 Sollte man Policies forcieren?................... 214
7.3 Git-Daemon: Anonymer, lesender Zugriff................. 214
    7.3.1 Git-Daemon und Inetd............................ 215
    7.3.2 Der Debian-Weg: Git-Daemon sv 216
    7.3.3 Der Git-Daemon auf einem Produktivsystem 217
    7.3.4 Über Gitolite exportierbare Repositories festlegen 218
7.4 Gitweb: Das integrierte Web-Frontend................... 219
    7.4.1 Gitweb global installieren 219
    7.4.2 Gitweb und Apache............................... 221
    7.4.3 Gitweb und Lighttpd 221
7.5 CGit – CGI for Git..................................... 222
    7.5.1 CGit und Apache und Lighttpd.................... 223
    7.5.2 Konfiguration................................... 224
    7.5.3 Einzelne Repositories speziell konfigurieren 226
    7.5.4 Caching ausnutzen............................... 227

8 Git automatisieren   229
8.1 Git-Attribute – Dateien gesondert behandeln 230
    8.1.1 Filter: Smudge und Clean 231
    8.1.2 Keywords in Dateien 231

		8.1.3 Eigene Diff-Programme	233

- 8.2 Hooks.. 236
  - 8.2.1 Commits.. 237
  - 8.2.2 Serverseitig 239
  - 8.2.3 Patches anwenden 242
  - 8.2.4 Sonstige Hooks................................ 242
- 8.3 Eigene Git-Kommandos schreiben........................ 244
  - 8.3.1 Initialisierung 245
  - 8.3.2 Position im Repository......................... 246
  - 8.3.3 Referenzen auflisten: rev-list................... 247
  - 8.3.4 Änderungen finden............................. 248
  - 8.3.5 Die Objektdatenbank und rev-parse 249
  - 8.3.6 Referenzen iterieren: for-each-ref............... 252
  - 8.3.7 Referenzen umschreiben: git update-ref......... 254
  - 8.3.8 Erweiterte Aliase............................... 255
- 8.4 Versionsgeschichte umschreiben 256
  - 8.4.1 Sensitive Informationen nachträglich entfernen.... 258
  - 8.4.2 Unterverzeichnis extrahieren 260
  - 8.4.3 Grafts: Nachträgliche Merges 261
  - 8.4.4 Alte Commits löschen 262

9 Zusammenspiel mit anderen Versionsverwaltungssystemen 265

- 9.1 Subversion... 266
  - 9.1.1 Konvertierung 267
  - 9.1.2 Bidirektionale Kommunikation................... 277
- 9.2 Eigene Importer 284

III Anhang 289

A Installation 291

- A.1 Linux 291

		A.1.1	Debian/Ubuntu	291
		A.1.2	Fedora	292
		A.1.3	Gentoo	293
		A.1.4	Installation aus den Quellen	293
	A.2	Mac OS X		294
	A.3	Windows		294
B	Struktur eines Repositorys			295
	B.1	Aufräumen		297
	B.2	Performance		298
C	Shell-Integration			301
	C.1	Git und die Bash		302
		C.1.1	Completion	302
		C.1.2	Prompt	304
	C.2	Git und die Z-Shell		307
		C.2.1	Completion	307
		C.2.2	Prompt	310
D	Github			315
Index				323

Vorwort

Git wurde Anfang 2005 von Linus Torvalds, dem Initiator und heutigen Maintainer des Linux-Kernels, entwickelt. Für die Verwaltung der Kernel-Quellen hatte sich das Entwickler-Team zunächst für das kommerzielle Versionsverwaltungssystem *BitKeeper* entschieden. Probleme traten auf, als die Firma hinter BitKeeper, die das Tool dem Projekt kostenfrei zur Verfügung stellte, einen Entwickler beschuldigte, die Mechanismen der Software durch *Reverse Engineering* offenzulegen. Daraufhin beschloss Torvalds, ein neues Versionskontrollsystem zu schreiben.

Der bloße Umstieg auf ein anderes System bot sich nicht an: Die Alternativen hatten eine zentralistische Architektur und skalierten nicht gut genug. Die Anforderungen des Kernel-Projekts an ein Versionskontrollsystem sind allerdings auch gewaltig: Zwischen einem kleinen Versionssprung (z.B. 2.6.35 nach 2.6.36) liegen über 500000 geänderte Zeilen in knapp 1000 Dateien. Verantwortlich dafür sind über 1000 Einzelpersonen.

Welche also waren die *Design Goals* des neuen Programms? Zwei Eigenschaften kristallisierten sich rasch als Design-Ziele heraus: Schnelligkeit bzw. Performance und überprüfbare Integrität der verwalteten Daten.

Nach nur wenigen Wochen Arbeit war eine erste Version von Git in der Lage, den eigenen Quellcode zu verwalten. Als kleine Shell-Script-Sammlung mit performance-kritischen Teilen in C implementiert war die Version von einem „ausgewachsenen" Versionskontrollsystem jedoch noch weit entfernt.

Seit Version 1.5 (Februar 2007) bietet Git ein neues und aufgeräumteres Nutzer-Interface sowie umfangreiche Dokumentation, was auch Leuten die Benutzung erlaubt, die nicht unmittelbar in die Entwicklung von Git involviert sind.

Die Grundkonzepte sind bis in aktuelle Versionen dieselben geblieben: Allen voran das Objektmodell und der Index, wesentliche Merkmale, die Git von anderen VCS unterscheidet. Die Unix-Philosophie „Ein Tool, ein Job" findet sich auch hier konsequent umgesetzt; die Subkommandos von Git sind jeweils eigenständige, ausführbare Programme oder Scripte. Auch in der 2.0er-Version sind noch (wie zu Beginn der Entwicklung) einige Subkommandos mit Shell-Scripten implementiert (z.B. `git pull`).

Linus Torvalds selbst programmiert heute kaum noch an Git; wenige Monate nach dem ersten Release hat Junio C. Hamano die Aufgabe des Maintainers übernommen.

Nicht nur der revolutionäre Ansatz von Git, auch die Tatsache, dass die gesamte Kernel-Entwicklung schnell und erfolgreich nach Git migriert wurde, hat Git einen steilen Aufstieg beschert. Viele, teils sehr große Projekte setzen heute Git ein und profitieren von der damit gewonnenen Flexibilität.

An wen richtet sich dieses Buch?

Das Buch wendet sich gleichermaßen an professionelle Softwareentwickler wie Anwender, die kleine Scripte, Webseiten oder andere Dokumente bearbeiten oder aktiv in die Arbeit bei einem (Open-Source-)Projekt einsteigen wollen. Es vermittelt grundlegende Techniken der Versionsverwaltung, führt in die Grundlagen von Git ein und erläutert alle wesentlichen Anwendungsfälle.

Arbeit, die Sie nicht mit einem Versionskontrollsystem verwalten, ist Arbeit, die Sie möglicherweise noch einmal machen müssen – sei es, weil Sie versehentlich eine Datei löschen oder Teile als obsolet betrachten, die Sie später doch wieder benötigen. Für jede Form produktiver Text- und Entwicklungsarbeit benötigen Sie ein Werkzeug, das Veränderungen an Dateien aufzeichnen und verwalten kann. Git ist flexibel, schnell und für kleine Projekte von Einzelpersonen genauso gut geeignet wie für umfangreiche Projekte mit Hunderten von Entwicklern wie z.B. den Linux-Kernel.

Entwickler, die bereits mit einem anderen Versionskontrollsystem arbeiten, können von einer Umstellung auf Git profitieren. Git ermöglicht eine wesentlich flexiblere Arbeitsweise und ist in vielen Belangen nicht so restriktiv wie vergleichbare Systeme. Es unterstützt echtes Merging und garantiert die Integrität der verwalteten Daten.

Auch Open-Source-Projekten bietet Git Vorteile, weil jeder Entwickler über sein eigenes Repository verfügt, was Streit um Commit-Rechte vorbeugt. Außerdem erleichtert Git Neulingen den Einstieg deutlich.

Auch wenn sich die vorgestellten Beispiele und Techniken größtenteils auf Quellcode beziehen, besteht kein grundlegender Unterschied zur Verwaltung von Dokumenten, die in LaTeX, HTML, AsciiDoc oder verwandten Formaten geschrieben sind.

Wie ist das Buch zu lesen?

Kapitel 1 gibt einen kurzen Überblick: Wie initialisiert man ein Git-Repository und verwaltet Dateien darin? Außerdem werden die wichtigsten Konfigurationseinstellungen behandelt.

Kapitel 2 behandelt zwei wesentliche Konzepte von Git: Den Index und das Objektmodell. Neben weiteren wichtigen Kommandos, die dort vorgestellt werden, ist das Verständnis dieser beiden Konzepte von großer Wichtigkeit für den sicheren Umgang mit Git.

In Kapitel 3 geht es um praktische Aspekte der Versionsverwaltung. Vor allem werden die in Git so zentralen Branches und Merges behandelt. Auch auf die Behebung von Merge-Konflikten wird detailliert eingegangen.

Kapitel 4 setzt sich mit fortgeschrittenen Konzepten auseinander, allen voran das Rebase-Kommando, ein unerlässliches Werkzeug für jeden Git-Profi. Es folgen weitere wichtige Kommandos, wie Blame, Stash und Bisect.

Erst Kapitel 5 beschäftigt sich mit den verteilten Aspekten von Git: Wie kann man Veränderungen zwischen Repositories austauschen, wie können Entwickler zusammenarbeiten? Das anschließende Kapitel 6 gibt außerdem einen Überblick zu Strategien, wie Sie Entwicklungsarbeit in einem Projekt koordinieren.

Wir empfehlen Ihnen, zumindest die ersten fünf Kapitel hintereinander zu lesen. Sie beschreiben alle wichtigen Konzepte und Techniken, um Git auch in großen Projekten sicher einzusetzen. Die nachfolgenden Kapitel können Sie, je nach Interesse und Bedarf, in beliebiger Reihenfolge lesen.

Kapitel 7 behandelt Installation und Wartung von Git-Diensten: zwei Web-basierte Repository-Browser und die Zugriffsverwaltung für gehostete Repositories mit Gitolite.

Kapitel 8 fasst diverse Aspekte der Automatisierung zusammen: Wie Sie Hooks und eigene Git-Kommandos schreiben und bei Bedarf die komplette Versionsgeschichte umschreiben.

Schließlich geht es in Kapitel 9 um die Migration von anderen Systemen zu Git. Im Vordergrund steht hier die Konvertierung existierender Subversion-Repositories sowie die Möglichkeit, aus Git heraus mit Subversion zu sprechen.

Die Anhänge beschäftigen sich mit der Installation und der Integration von Git in die Shell. Ein Ausblick auf den Hosting-Service *Github* sowie eine detaillierte Beschreibung der Struktur und Wartungsmechanismen eines Git-Repositorys liefern weitere Hintergrundinformationen.

Konventionen

Die Beispiele führen wir ausschließlich auf der Shell aus. Auch wenn einige Editoren und IDEs mittlerweile eine recht gelungene Git-Integration bieten und auch eine Vielzahl grafischer Frontends für Git existiert, sollten Sie doch zunächst die Grundlagen mit den echten Git-Kommandos erlernen.

Das Shell-Prompt ist ein einzelnes Dollar-Zeichen ($); Tastatureingaben sind halbfett gedruckt, also z. B. so:

```
$ git status
```

Um sich in der Shell schneller und besser zurechtzufinden, empfehlen wir dringend, die Shell um Git-Funktionalität zu erweitern, wie z. B. die Anzeige des Branches im Prompt (siehe dazu Anhang C).

Sofern nicht anders vermerkt, beziehen wir uns auf Git in der Version 2.0. Die Beispiele laufen allesamt mit englischsprachigen Lokaleneinstellungen. Zwar gibt es seit 2012 für die Ausgabe-Texte der meisten Git-Kommandos auch deutsche Übersetzungen – diese klingen aber sehr gestelzt und sind aufgrund der Wortwahl häufig verwirrend. Außerdem finden Sie für originale, also englische Fehlermeldungen online schneller Hilfe.

Neu eingeführte Begriffe sind *kursiv* gesetzt, teilweise mit deutscher Entsprechung in Klammern dahinter. Die meisten Git-spezifischen Termini verwenden wir im Original mit von der Übersetzung abgeleitetem Artikel, z. B. der „Branch" statt der „Zweig".

Installation und „das Git-Repository"

Die Installation von Git beschreiben wir ausführlich in Anhang A. Einige Beispiele verwenden das Quell-Repository von Git, also das Repository, in dem Git aktiv entwickelt wird. In englischsprachiger Dokumentation heißt dieses Repository auch *Git-via-Git* oder *git.git*.

Nachdem Sie Git installiert haben, können Sie sich das Repository mit folgendem Befehl herunterladen:

```
$ git clone git://git.kernel.org/pub/scm/git/git.git
```

Der Vorgang dauert je nach Verbindungsgeschwindigkeit und Auslastung des Servers einige Minuten.

Dokumentation und Hilfe

Eine umfangreiche Dokumentation von Git liegt in Form vorinstallierter Man-Pages vor. Fast jedes Subkommando hat eine eigene Man-Page, die Sie auf drei äquivalente Weisen aufrufen können, hier z.B. für das Kommando git status:

```
$ git help status
$ git status --help
$ man git-status
```

Auf der Git-Webseite[1] finden Sie außerdem Links zum offiziellen Tutorial sowie zu anderen freien Dokumentationen.

Rund um Git hat sich eine große, lebhafte Community gebildet. Die Git-Mailingliste[2] ist Dreh- und Angelpunkt der Entwicklung: Dort werden Patches eingeschickt, Neuerungen diskutiert und auch Fragen zur Benutzung beantwortet. Allerdings ist die Liste, mit zuweilen über 100 teils sehr technischen E-Mails am Tag, nur eingeschränkt für Anfänger geeignet.

Das Git-Wiki[3] enthält neben Dokumentation auch eine umfangreiche Linksammlung der Tools, die auf Git basieren[4], sowie FAQs[5].

Alternativ bietet der IRC-Kanal #git im Freenode-Netzwerk einen Anlaufpunkt, Fragen loszuwerden, die nicht schon in den FAQs oder in der Dokumentation beantwortet wurden.

Umsteigern aus dem Subversion-Umfeld ist der *Git-SVN Crash Course*[6] zu empfehlen, eine Gegenüberstellung von Git- und Subversion-Kommandos, mit der Sie Ihr Subversion-Wissen in die Git-Welt übertragen.

Außerdem sei auf *Stack Overflow*[7] hingewiesen, eine Plattform von Programmierern für Programmierer, auf der technische Fragestellungen, u.a. zu Git, erörtert werden.

---

1 http://git-scm.com/
2 http://vger.kernel.org/vger-lists.html#git
3 https://git.wiki.kernel.org/index.php/Main_Page
4 https://git.wiki.kernel.org/index.php/InterfacesFrontendsAndTools
5 https://git.wiki.kernel.org/index.php/GitFaq
6 https://git.wiki.kernel.org/index.php/GitSvnCrashCourse
7 http://stackoverflow.com

Downloads und Kontakt

Die Beispiel-Repositories der ersten beiden Kapitel sowie eine Sammlung aller längeren Scripte stehen unter `http://gitbu.ch/` zum Download bereit.

Bei Anmerkungen kontaktieren Sie uns gerne per E-Mail unter einer der folgenden Adressen: `<kontakt@gitbu.ch>`, `<valentin@gitbu.ch>` bzw. `<julius@gitbu.ch>`.

Danksagungen

Zunächst gilt unser Dank allen Entwicklern und Maintainern des Git-Projekts sowie der Mailing-Liste und dem IRC-Kanal.

Vielen Dank an Sebastian Pipping und Frank Terbeck für Anmerkungen und Tipps. Besonders danken wir Holger Weiß für seine Durchsicht des Manuskripts und hilfreiche Ideen. Wir danken dem gesamten Open-Source-Press-Team für die gute und effiziente Zusammenarbeit.

Unser Dank gilt vor allem unseren Eltern, die uns stets unterstützt und gefördert haben.

Valentin Haenel und Julius Plenz – Berlin, Juni 2011

Vorwort zur 2. Auflage

Wir haben uns in der 2. Auflage darauf beschränkt, die Veränderungen in der Benutzung von Git, die bis Version 2.0 eingeführt wurden, behutsam aufzunehmen – tatsächlich sind heute viele Kommandos und Fehlermeldungen konsistenter, so dass dies an einigen Stellen einer wesentlichen Vereinfachung des Textes entspricht. Eingestreut finden sich, inspiriert von Fragen aus Git-Schulungen und unserer eigenen Erfahrung, neue Hinweise auf Probleme, Lösungsansätze und interessante Funktionalitäten.

Wir danken allen Einsendern von Korrekturen an der ersten Auflage: Philipp Hahn, Ralf Krüdewagen, Michael Prokop, Johannes Reinhold, Heiko Schlichting, Markus Weber.

Valentin Haenel und Julius Plenz – Berlin, September 2014

Teil I

Grundlagen

Einführung und erste Schritte

Das folgende Kapitel bietet eine kompakte Einführung in Grundbegriffe und Konfigurationseinstellungen von Git. Ein kleines Beispielprojekt zeigt, wie Sie eine Datei mit Git unter Versionsverwaltung stellen und mit welchen Kommandos Sie die wichtigsten Arbeitsschritte erledigen.

1.1 Grundbegriffe

Einige wichtige Fachbegriffe werden im Folgenden immer wieder vorkommen und bedürfen darum einer kurzen Erläuterung. Wenn Sie schon Erfahrung mit einem anderen Versionskontrollsystem gesammelt haben, werden Ihnen einige der damit verbundenen Konzepte bekannt sein, wenn vielleicht auch unter anderem Namen.

Versionskontrollsystem (*Version Control System*, VCS)
Ein System zur Verwaltung und Versionierung von Software oder anderer digitaler Informationen. Prominente Beispiele sind Git, Subversion, CVS, Mercurial (hg), Darcs und Bazaar. Synonyme sind *Software Configuration Management* (SCM) und *Revision Control System*.

Wir unterscheiden zwischen *zentralen* und *verteilten* Systemen. In einem zentralen System, wie z.B. Subversion, muss es einen zentralen Server geben, auf dem die Geschichte des Projekts gespeichert wird. Alle Entwickler müssen sich mit diesem Server verbinden, um die Versionsgeschichte einzusehen oder Änderungen vorzunehmen. In einem verteilten System wie Git gibt es viele gleichwertige Instanzen des Repositorys, so dass jeder Entwickler über sein eigenes Repository verfügt. Der Austausch von Veränderungen ist flexibler und erfolgt nicht zwingend über einen zentralen Server.

Repository
Das Repository ist eine Datenbank, in der Git die verschiedenen Zustände jeder Datei eines Projekts über die Zeit hinweg ablegt. Insbesondere wird jede Änderung als Commit verpackt und abgespeichert.

Working Tree
Das *Arbeitsverzeichnis* von Git (in anderen Systemen manchmal auch *Sandbox* oder *Checkout* genannt). Hier nehmen Sie alle Modifikationen am Quellcode vor. Oft findet man dafür auch die Bezeichnung *Working Directory*.

Commit
Veränderungen am Working Tree, also z.B. modifizierte oder neue Dateien, werden im Repository als Commits gespeichert. Ein Commit enthält sowohl diese Veränderungen als auch Metadaten, wie den Autor der Veränderungen, Datum und Uhrzeit, und eine Nachricht (*Commit Message*), die die Veränderungen beschreibt. Ein Commit referenziert immer den Zustand *aller* verwalteten Dateien zu einem bestimmten Zeitpunkt. Die verschiedenen Git-Kommandos dienen dazu, Commits zu erstellen, zu manipulieren, einzusehen oder die Beziehungen zwischen ihnen zu verändern.

HEAD
Eine symbolische Referenz auf den neuesten Commit im aktuellen Branch. Von dieser Referenz hängt ab, welche Dateien Sie im Working Tree zur Bearbeitung vorfinden. Es handelt sich also um den „Kopf" bzw. die Spitze eines Entwicklungsstrangs (nicht zu verwechseln mit HEAD in Systemen wie CVS oder SVN).

SHA-1
Der *Secure Hash Algorithm* erstellt eine eindeutige, 160 Bit lange Prüfsumme (40 hexadezimale Zeichen) für beliebige digitale Informationen. Alle Commits in Git werden nach ihrer SHA-1-Summe benannt (*Commit-ID*), die aus dem Inhalt und den Metadaten des Commits errechnet wird. Es ist sozusagen eine *inhaltsabhängige* Versionsnummer, z.B. f785b8f9ba1a1f5b707a2c83145301c807a7d661.

Objektmodell
Ein Git-Repository lässt sich als Graph von Commits modellieren, der durch Git-Kommandos manipuliert wird. Durch diese Modellierung ist es sehr einfach, die Funktionsweise von Git detailliert zu beschreiben. Für eine ausführliche Beschreibung des Objektmodells siehe Abschnitt 2.2.

Index
Der Index ist eine Zwischenstufe zwischen Working Tree und Repository, in der Sie einen Commit vorbereiten. Der Index *indiziert* also, welche Änderungen an welchen Dateien Sie als Commit verpacken wollen. Dieses Konzept ist einzigartig in Git und bereitet Anfängern und Umsteigern häufig Schwierigkeiten. Wir widmen uns dem Index ausführlich in Abschnitt 2.1.1.

Clone
Wenn Sie sich ein Git-Repository aus dem Internet herunterladen, erzeugen Sie einen Klon (*Clone*) dieses Repositorys. Der Klon enthält alle Informationen, die im Ursprungsrepository enthalten sind, vor allem also die gesamte Versionsgeschichte einschließlich aller Commits.

Branch
Eine Abzweigung in der Entwicklung. Branches werden in der Praxis verwendet, um beispielsweise neue Features zu entwickeln, Releases vorzubereiten oder um alte Versionen mit Bugfixes zu versorgen. Branches sind – ebenso wie das Zusammenführen von Branches (*Merge*) – in Git extrem einfach zu handhaben und ein herausragendes Feature des Systems.

master
Da Sie zum Arbeiten mit Git mindestens einen Branch brauchen, wird beim Initialisieren eines neuen Repositorys der Branch master erstellt. Der Name ist eine Konvention (analog zum trunk in anderen Systemen); Sie können diesen Branch beliebig umbenennen oder löschen, sofern mindestens ein anderer Branch zur Verfügung steht.

Der `master` unterscheidet sich technisch in keiner Weise von anderen Branches.

Tag
Tags sind symbolische Namen für schwer zu merkende SHA-1-Summen. Wichtige Commits, wie z.B. Releases, können Sie mit Tags kennzeichnen. Ein Tag kann einfach nur ein Bezeichner, wie z.B. `v1.6.2`, sein, oder zusätzlich Metadaten wie Autor, Beschreibung und GPG-Signatur enthalten.

1.2 Erste Schritte mit Git

Zum Einstieg wollen wir an einem kleinen Beispiel den Arbeitsablauf mit Git illustrieren. Wir erstellen ein Repository und entwickeln darin einen Einzeiler, ein „Hello, World!"-Programm in Perl.

Damit Git einen Commit einem Autor zuordnen kann, müssen Sie Ihren Namen und Ihre E-Mail-Adresse hinterlegen:

```
$ git config --global user.name "Max Mustermann"
$ git config --global user.email "max.mustermann@example.com"
```

Beachten Sie, dass bei einem Aufruf von Git ein *Subkommando* angegeben wird, in diesem Fall `config`. Git stellt alle Operationen durch solche Subkommandos zur Verfügung. Wichtig ist auch, dass bei einem Aufruf von `git config` kein Gleichheitszeichen verwendet wird. Folgender Aufruf ist also *falsch*:

```
$ git config --global user.name = "Max Mustermann"
```

Das ist besonders für Anfänger eine Stolperfalle, da Git keine Fehlermeldung ausgibt, sondern das Gleichheitszeichen als zu setzenden Wert übernimmt.

1.2.1 Das erste Repository

Bevor wir mit Git Dateien verwalten, müssen wir ein Repository für das Beispiel-Projekt erstellen. Das Repository wird *lokal* erstellt, liegt also nur auf dem Dateisystem des Rechners, auf dem Sie arbeiten.

Es empfiehlt sich generell, den Umgang mit Git zunächst lokal zu üben und erst später in die dezentralen Eigenschaften und Funktionen von Git einzutauchen.

```
$ git init beispiel
Initialized empty Git repository in /home/esc/beispiel/.git/
```

Zunächst erstellt Git das Verzeichnis `beispiel/`, falls es noch nicht existiert. Danach initialisiert Git ein leeres Repository in diesem Verzeichnis und legt dafür ein Unterverzeichnis `.git/` an, in dem interne Daten verwaltet werden. Sollte das Verzeichnis `beispiel/` bereits existieren, erstellt Git darin ein neues Repository. Gibt es bereits sowohl das Verzeichnis wie auch ein Repository, macht Git gar nichts. Wir wechseln in das Verzeichnis und schauen uns mit `git status` den aktuellen Zustand an:

```
$ cd beispiel
$ git status
On branch master

Initial commit

nothing to commit (create/copy files and use "git add" to track)
```

Git weist uns darauf hin, dass wir vor dem ersten Commit stehen (`Initial commit`), hat aber nichts gefunden, was in diesen Commit einfließen könnte (`nothing to commit`). Dafür liefert es einen Hinweis, welche Schritte sich als nächste anbieten (das tun übrigens die meisten Git-Kommandos): „Erstellen oder kopieren Sie Dateien, und verwenden Sie `git add`, um diese mit Git zu verwalten."

1.2.2 Der erste Commit

Übergeben wir Git nun eine erste Datei zur Verwaltung, und zwar ein „Hello World!"-Programm in Perl. Selbstverständlich können Sie stattdessen auch ein beliebiges Programm in der Programmiersprache Ihrer Wahl schreiben.

Wir erstellen zunächst die Datei `hello.pl` mit folgendem Inhalt

```
print "Hello World!\n";
```

und führen das Script einmal aus:

```
$ perl hello.pl
Hello World!
```

Damit sind wir bereit, die Datei mit Git zu verwalten. Schauen wir uns vorher aber noch die Ausgabe von `git status` an:

```
$ git status
On branch master

Initial commit

Untracked files:
  (use "git add <file>..." to include in what will be committed)
```

```
        hello.pl
nothing added to commit but untracked files present (use "git add" to ↵
track)
```

Zwar steht der erste Commit noch bevor, aber Git registriert, dass sich nun bereits Dateien in diesem Verzeichnis befinden, die dem System allerdings nicht bekannt sind – Git nennt solche Dateien untracked. Es handelt sich hier natürlich um unser kleines Perl-Programm. Um es mit Git zu verwalten, nutzen wir den Befehl git add <datei>:

```
$ git add hello.pl
```

Das add steht generell für „Änderungen hinzufügen" – Sie werden es also immer dann benötigen, wenn Sie Dateien bearbeitet haben, nicht nur beim ersten Hinzufügen!

Git liefert bei diesem Befehl keine Ausgabe. Mit git status überprüfen Sie, ob der Aufruf erfolgreich war:

```
$ git status
On branch master

Initial commit

Changes to be committed:
  (use "git rm --cached <file>..." to unstage)

        new file:   hello.pl
```

Git wird die Veränderungen – also unsere neue Datei – beim nächsten Commit übernehmen. Allerdings ist dieser Commit noch nicht vollzogen – wir haben ihn bisher lediglich vorbereitet.

Um genau zu sein, haben wir die Datei dem *Index* hinzugefügt, einer Zwischenstufe, in der Sie Veränderungen, die in den nächsten Commit einfließen sollen, sammeln. Weitere Erklärungen zu diesem Konzept in Abschnitt 2.1.1.

Bei git status sehen Sie unter Changes to be committed immer, welche Dateien sich im Index befinden, also in den nächsten Commit übernommen werden.

Alles ist bereit für den ersten Commit mit dem Kommando git commit. Außerdem übergeben wir auf der Kommandozeile die Option -m mit einer Commit-Nachricht (*Commit Message*), in der wir den Commit beschreiben:

```
$ git commit -m "Erste Version"
[master (root-commit) 07cc103] Erste Version
 1 file changed, 1 insertion(+)
 create mode 100644 hello.pl
```

Git bestätigt, dass der Vorgang erfolgreich abgeschlossen wurde und die Datei von nun an verwaltet wird. Die etwas kryptische Ausgabe bedeutet soviel wie: Git hat den initialen Commit (`root-commit`) mit der entsprechenden Nachricht erstellt. Es wurde eine Zeile in einer Datei hinzugefügt und die Datei mit den Unix-Rechten 0644 angelegt.[1]

Wie Sie mittlerweile sicher festgestellt haben, ist `git status` ein unerlässliches Kommando in der täglichen Arbeit – wir nutzen es an dieser Stelle noch einmal:

```
$ git status
On branch master
nothing to commit, working directory clean
```

Unser Beispiel-Repository ist jetzt „sauber", denn es gibt weder Veränderungen im Working Tree noch im Index, auch keine Dateien, die nicht mit Git verwaltet werden (*Untracked Files*).

1.2.3 Commits einsehen

Zum Abschluss dieser kleinen Einführung stellen wir Ihnen noch zwei sehr nützliche Kommandos vor, die Sie häufig einsetzen werden, um die Versionsgeschichte von Projekten zu untersuchen.

Zunächst erlaubt `git show` die Untersuchung eines einzelnen Commits – ohne weitere Argumente ist das der aktuellste:

```
$ git show
commit 07cc103feb393a93616842921a7bec285178fd56
Author: Valentin Haenel <valentin.haenel@gmx.de>
Date:   Tue Nov 16 00:40:54 2010 +0100

    Erste Version

diff --git a/hello.pl b/hello.pl
new file mode 100644
index 0000000..fa5a091
--- /dev/null
+++ b/hello.pl
@@ -0,0 +1 @@
|print "Hello World!\n";
```

Sie sehen alle relevanten Informationen zu dem Commit: die *Commit-ID*, den Autor, das Datum und die Uhrzeit des Commits, die Commit-Nachricht sowie eine Zusammenfassung der Veränderungen im *Unified-Diff*-Format.

---

1 Auch wenn Sie das Beispiel exakt nachvollziehen, werden Sie nicht dieselben SHA-1-Prüfsummen erhalten, da diese unter anderem aus dem Inhalt des Commits, dem Autor, und dem Commit-Zeitpunkt errechnet werden.

Standardmäßig gibt `git show` immer den `HEAD` aus (ein symbolischer Name für den aktuellsten Commit); Sie könnten aber auch z.B. die Commit-ID, also die SHA-1-Prüfsumme des Commits, ein eindeutiges Präfix davon oder den Branch (in diesem Fall `master`) angeben. Somit sind in diesem Beispiel folgende Kommandos äquivalent:

```
$ git show
$ git show HEAD
$ git show master
$ git show 07cc103
$ git show 07cc103feb393a93616842921a7bec285178fd56
```

Wollen Sie mehr als einen Commit einsehen, empfiehlt sich `git log`. Um das Kommando sinnvoll zu demonstrieren, bedarf es weiterer Commits; andernfalls würde sich die Ausgabe kaum von `git show` unterscheiden, da das Beispiel-Repository im Moment nur einen einzigen Commit enthält. Fügen wir also folgende Kommentarzeile dem „Hello World!"-Programm hinzu:

```
# Hello World! in Perl
```

Schauen wir uns der Übung halber noch einmal mit `git status` den aktuellen Zustand an:

```
$ git status
On branch master
Changes not staged for commit:
  (use "git add <file>..." to update what will be committed)
  (use "git checkout -- <file>..." to discard changes in working
    directory)

        modified:   hello.pl

no changes added to commit (use "git add" and/or "git commit -a")
```

Benutzen Sie danach, wie in der Ausgabe des Kommandos schon beschrieben, `git add`, um die Veränderungen dem Index hinzuzufügen. Wie bereits erwähnt, wird `git add` sowohl zum Hinzufügen neuer Dateien wie auch zum Hinzufügen von Veränderungen an Dateien, die bereits verwaltet werden, verwendet.

```
$ git add hello.pl
```

Erstellen Sie anschließend einen Commit:

```
$ git commit -m "Kommentar-Zeile"
[master 8788e46] Kommentar-Zeile
 1 file changed, 1 insertion(+)
```

Nun zeigt Ihnen `git log` die beiden Commits:

```
$ git log
commit 8788e46167aec2f6be92c94c905df3b430f6ecd6
```

```
Author: Valentin Haenel <valentin.haenel@gmx.de>
Date:   Fri May 27 12:52:58 2011 +0200

    Kommentar-Zeile

commit 07cc103feb393a93616842921a7bec285178fd56
Author: Valentin Haenel <valentin.haenel@gmx.de>
Date:   Tue Nov 16 00:40:54 2010 +0100

    Erste Version
```

1.3 Git konfigurieren

Wie die meisten textbasierten Programme bietet Git eine Fülle an Konfigurationsoptionen. Es ist daher jetzt an der Zeit, einige grundlegende Einstellungen vorzunehmen. Dazu gehören Farbeinstellungen, die in neueren Versionen standardmäßig bereits eingeschaltet sind und die es Ihnen erleichtern, die Ausgabe von Git-Kommandos zu erfassen, sowie kleine Aliase (Abkürzungen) für häufig benötigte Kommandos.

Git konfigurieren Sie über das Kommando `git config`. Die Konfiguration wird einem Format ähnlich einer INI-Datei gespeichert. Ohne Angabe weiterer Parameter gilt die Konfiguration nur für das aktuelle Repository (`.git/config`). Mit der Option `--global` wird sie in der Datei `.gitconfig` im Home-Verzeichnis des Nutzers abgelegt und gilt dann für alle Repositories.[2]

Wichtige Einstellungen, die Sie immer vornehmen sollten, sind Name und E-Mail-Adresse des Benutzers:

```
$ git config --global user.name "Max Mustermann"
$ git config --global user.email "max.mustermann@example.com"
```

Beachten Sie, dass Sie Leerzeichen im Wert der Einstellung schützen müssen (durch Anführungszeichen oder Backslashes). Außerdem folgt der Wert direkt auf den Namen der Option – ein Gleichheitszeichen ist auch hier nicht nötig. Das Ergebnis des Kommandos findet sich anschließend in der Datei `~/.gitconfig`:

```
$ less ~/.gitconfig
[user]
    name = Max Mustermann
    email = max.mustermann@example.com
```

Die Einstellungen gelten nun „global", also für alle Repositories, die Sie unter diesem Nutzernamen bearbeiten. Wollen Sie für ein bestimmtes

---

[2] Sie können die nutzerspezifische Konfiguration alternativ auch unter dem XDG-konformen Pfad `.config/git/config` im Home-Verzeichnis ablegen (oder entsprechend relativ zu Ihrer gesetzten Umgebungsvariable $XDG_CONFIG_HOME).

Projekt eine andere E-Mail-Adresse als Ihre global definierte angeben, ändern Sie dort einfach die Einstellung (diesmal natürlich ohne den Zusatz `--global`):

```
$ git config user.email maintainer@project.example.com
```

Bei der Abfrage einer Option geht Git so vor, dass es zuerst die Einstellung im aktuellen Repository nutzt, sofern vorhanden, andernfalls die aus der globalen `.gitconfig`; gibt es auch diese nicht, wird auf den Default-Wert zurückgegriffen.[3] Letzteren erhält man für alle Optionen in der Man-Page `git-config`. Eine Liste aller gesetzten Einstellungen fragen Sie per `git config -l` ab.

Sie können die Datei `.gitconfig` (bzw. im Repository `.git/config`) auch von Hand editieren. Gerade zum Löschen einer Einstellung ist das sinnvoll – zwar bietet `git config` auch eine Option `--unset`, die entsprechende Zeile in einem Editor zu löschen ist aber einfacher.

TIPP Die Kommandos `git config -e` bzw. `git config --global -e` starten den für Git konfigurierten Editor auf der lokalen bzw. globalen Konfigurationsdatei.

Beachten Sie allerdings, dass Git beim *Setzen* von Optionen durch ein entsprechendes Kommando problematische Zeichen im Wert der Option automatisch schützt, so dass keine fehlerhaften Konfigurationsdateien entstehen.

1.3.1 Git Aliase

Git bietet Ihnen über *Aliase* die Möglichkeit, einzelne Kommandos und sogar ganze Kommandosequenzen abzukürzen. Die Syntax lautet:

```
$ git config alias.<alias-name> <entsprechung>
```

Um etwa `st` als Alias für `status` zu setzen:

```
$ git config --global alias.st status
$ git st
On branch master
...
```

Sie können auch Optionen in ein Alias einbauen, z. B.:

---

3   Sofern vorhanden, werden auch Einstellungen aus `/etc/gitconfig` eingelesen (mit niedrigster Priorität). Setzen kann man Optionen in dieser Datei über den Parameter `--system`, wofür aber Root-Rechte notwendig sind. Systemweit Git-Optionen zu setzen ist aber unüblich.

```
$ git config --global alias.gconfig 'config --global'
```

Weitere nützliche Aliase finden Sie im weiteren Verlauf des Buches; wie Sie komplexere Aliase erstellen, ist in Abschnitt 8.3.8 beschrieben. Vorab aber schon einige nützliche Abkürzungen:

```
[alias]
    st = status
    ci = commit
    br = branch
    co = checkout
    df = diff
    he = help
    cl = clone
```

1.3.2 Farbe einstellen

Überaus hilfreich ist die Option `color.ui`, die prüft, ob Git die Ausgabe diverser Kommandos einfärben soll. So erscheinen gelöschte Dateien und Zeilen rot, neue Dateien und Zeilen grün, Commit-IDs gelb usw. In neueren Git-Versionen (ab 1.8.4) ist diese Einstellung bereits automatisch gesetzt, Sie müssen also nichts tun.

Die Option `color.ui` sollte auf `auto` gesetzt sein – erfolgt die Ausgabe von Git in ein Terminal, werden Farben verwendet. Schreibt das Kommando stattdessen in eine Datei oder wird die Ausgabe an ein anderes Programm gepipet, so gibt Git keine Farbsequenzen aus, da das die automatische Weiterverarbeitung behindern könnte.

```
$ git config --global color.ui auto
```

1.3.3 Zeichensätze einstellen

Sofern nicht anders eingestellt, nimmt Git für alle Texte, also vor allem für die Namen der Autoren und die Commit-Nachricht, UTF-8 als Zeichenkodierung an. Wollen Sie ein anderes Encoding, sollten Sie dies explizit konfigurieren.[4]

```
$ git config i18n.commitEncoding ISO-8859-1
```

Analog bestimmt die Einstellung `i18n.logOutputEncoding`, in welchen Zeichensatz Git die Namen und Commit-Nachrichten konvertiert, bevor sie ausgegeben werden.

---

4 „i18n" ist eine gebräuchliche Abkürzung für das Wort „Internationalization" – die 18 steht für die Anzahl der ausgelassenen Buchstaben zwischen dem ersten und dem letzten Buchstaben des Wortes.

Das Encoding der *Dateien*, die von Git verwaltet werden, spielt hier keine Rolle und wird von diesen Einstellungen nicht beeinflusst – Dateien sind nur Bit-Streams, die Git nicht interpretiert.

TIPP Wenn Sie in einer UTF-8-Umgebung mit Dateien, die nach ISO-8859-1 kodiert sind, umgehen müssen, sollten Sie die Einstellung Ihres Pagers (s. u.) entsprechend anpassen. Für die Autoren bewährt sich die folgende Einstellung:

```
$ git config core.pager 'env LESSCHARSET=iso8859 less'
```

1.3.4 Zeilenenden einstellen

Da Git auf Windows-Systemen wie auf unixoiden Systemen läuft, muss es das Problem verschiedener Zeilenende-Konventionen lösen. (Das betrifft nur Text-Dateien – Binärdateien, die Git als solche erkennt, werden von dieser Behandlung ausgenommen.)

Dafür ist im Wesentlichen die Einstellung `core.eol` relevant, die einen der Werte `lf`, `crlf` oder `native` annehmen kann. Die Standardeinstellung `native` lässt Git den System-Default verwenden – Unix: nur Line Feed (`lf`), Windows: Carriage Return & Line Feed (`crlf`). Die Datei wird automatisch konvertiert, um nur Line Feeds zu erhalten, wird aber bei Bedarf mit CRLF ausgecheckt.

Zwischen den beiden Varianten kann Git bei einem Checkout der Datei konvertieren; wichtig ist aber, dass die beiden Typen nicht vermischt werden. Dafür bietet die Option `core.safecrlf` einen Mechanismus, den Nutzer zu warnen (Wert `warn`) oder gar den Commit zu verbieten (Wert `true`).

Eine sichere Einstellung, die auch mit älteren Git-Versionen unter Windows-Systemen funktioniert, ist `core.autocrlf` auf `input` zu setzen: Dadurch wird automatisch beim *Einlesen* der Dateien vom Dateisystem CRLF durch LF ersetzt. Ihr Editor muss dann entsprechend mit LF-Enden umgehen können.

Sie können diese Einstellungen auch explizit pro Datei bzw. Unterverzeichnis angeben, so dass das Format über alle Plattformen hinweg gleich ist (siehe dafür Abschnitt 8.1).

1.3.5 Editor, Pager und Browser einstellen

Git startet für bestimmte Aktionen automatisch einen Editor, Pager oder Browser. Meist werden vernünftige Defaults verwendet, wenn nicht, können Sie Ihr Wunschprogramm mit den folgenden Optionen konfigurieren:

- `core.editor`
- `core.pager`
- `web.browser`

Ein Wort zum Pager: Standardmäßig verwendet Git das Programm `less`, das auf den meisten Grundsystemen installiert ist. Das Kommando wird *immer* gestartet, sobald ein Git-Kommando eine Ausgabe auf einem Terminal produziert. Allerdings wird `less` durch eine entsprechende Umgebungsvariable automatisch konfiguriert sich zu beenden, wenn die Ausgabe vollständig auf das Terminal passt. Falls ein Kommando also viel Ausgabe produziert, tritt `less` automatisch in den Vordergrund – und bleibt sonst unsichtbar.

Wird `core.pager` auf `cat` gesetzt, verwendet Git keinen Pager. Dieses Verhalten kann man aber auch von Kommando zu Kommando durch den Parameter `--no-pager` erreichen. Zusätzlich kann man z.B. per `git config pager.diff false` erreichen, dass die Ausgabe des Diff-Kommandos nie in den Pager geleitet wird.

1.3.6 Konfiguration über Umgebungsvariablen

Einige Optionen lassen sich auch durch Umgebungsvariablen überschreiben. Auf diese Weise können in einem Shell-Script oder in einem Alias Optionen lediglich für ein einzelnes Kommando gesetzt werden.

GIT_EDITOR
: der Editor, den Git z.B. zum Erstellen der Commit-Nachricht startet. Alternativ greift Git auf die Variable EDITOR zurück.

GIT_PAGER
: der zu verwendende Pager. Der Wert `cat` schaltet den Pager aus.

GIT_AUTHOR_EMAIL, GIT_COMMITTER_EMAIL
: verwendet die entsprechende E-Mail-Adresse für das Autor- bzw. Committer-Feld beim Erstellen eines Commits.

GIT_AUTHOR_NAME, GIT_COMMITTER_NAME
: analog der Name.

GIT_DIR
   Verzeichnis, in dem sich das Git-Repository befindet; nur sinnvoll, wenn explizit ein Repository unter einem anderen Verzeichnis als .git gespeichert wird.

Die letztgenannte Variable ist beispielsweise praktisch, wenn Sie innerhalb eines Projekts auf die Versionsgeschichte eines anderen Repositorys zugreifen wollen, ohne das Verzeichnis zu wechseln:

```
$ GIT_DIR="~/proj/example/.git" git log
```

Alternativ können Sie über die Option -c *vor dem Subkommando* eine Einstellung nur für diesen Aufruf überschreiben. So könnten Sie zum Beispiel Git anweisen, für den kommenden Aufruf die Option core.trustctime zu deaktivieren:

```
$ git -c core.trustctime=false status
```

1.3.7 Automatische Fehlerkorrektur

Der Wert der Option help.autocorrect bestimmt, was Git tun soll, wenn es das eingegebene Subkommando nicht findet, der Nutzer also z. B. versehentlich git statsu statt git status tippt.

Ist die Option auf eine Zahl n größer Null gesetzt und Git findet nur *ein* Subkommando, das dem getippten Kommando ähnlich ist, so wird dieses Kommando nach n Zehntelsekunden ausgeführt. Ein Wert von -1 führt das Kommando sofort aus. Ungesetzt oder mit dem Wert 0 werden nur die Möglichkeiten aufgelistet.

Um also bei einem Vertipper das Kommando nach einer Sekunde zu korrigieren, setzt man:

```
$ git config --global help.autocorrect 10
$ git statsu
WARNING: You called a Git command named 'statsu', which does not exist.
Continuing under the assumption that you meant 'status'
in 1.0 seconds automatically...
[...]
```

Sie können das Kommando natürlich während dieser Zeit mit [Strg]+[C] abbrechen.

2 Kapitel

Grundlagen

In diesem Kapitel stellen wir Ihnen die wichtigsten Git-Kommandos vor, mit Hilfe derer Sie Ihre Projektdateien in Git verwalten. Unabdingbar für eine fortgeschrittene Nutzung ist das Verständnis des Git-Objektmodells; dieses wichtige Konzept behandeln wir im zweiten Abschnitt des Kapitels. Mögen die Ausführungen zunächst allzu theoretisch scheinen, so möchten wir Sie Ihnen dennoch sehr ans Herz legen. Alle weiteren Aktionen werden Ihnen mit dem Wissen um diese Hintergründe deutlich leichter von der Hand gehen.

2.1 Git-Kommandos

Die Kommandos, die Sie zum Einstieg kennengelernt haben (vor allem `add` und `commit`), arbeiten auf dem Index. Im Folgenden werden wir uns genauer mit dem Index auseinandersetzen und die erweiterte Benutzung dieser Kommandos behandeln.

2.1.1 Index

Der Inhalt von Dateien liegt für Git auf drei Ebenen, dem *Working Tree*, dem *Index* und dem *Repository*. Der Working Tree entspricht den Dateien, wie sie auf dem Dateisystem Ihres Arbeitsrechners liegen – wenn Sie also Dateien mit einem Editor bearbeiten, mit `grep` darin suchen etc., operieren Sie immer auf dem Working Tree.

Das Repository ist der Sammelbehälter für Commits, also Änderungen, versehen mit Angaben zu Autor, Datum und Beschreibung. Die Commits ergeben zusammen die *Versionsgeschichte*.

Git führt nun, im Gegensatz zu vielen anderen Versionskontrollsystemen, eine Neuerung ein, den Index. Es handelt sich um eine etwas schwierig greifbare Zwischenebene zwischen Working Tree und Repository. Er dient dazu, Commits vorzubereiten. Das bedeutet, dass Sie nicht immer *alle* Änderungen, die Sie an einer Datei vorgenommen haben, auch als Commit einchecken müssen.

Die Git-Kommandos `add` und `reset` agieren (in ihrer Grundform) auf dem Index und bringen Änderungen in den Index ein bzw. löschen diese wieder; erst das Kommando `commit` überträgt die Datei, wie sie im Index vorgehalten wird, in das Repository (Abbildung 2.1).

Abbildung 2.1: Kommandos add, reset und commit

Im Ausgangszustand, das heißt wenn `git status` die Nachricht `nothing to commit` ausgibt, sind Working Tree und Index mit `HEAD` synchronisiert. Der Index ist also nicht „leer", sondern enthält die Dateien im gleichen Zustand, wie sie im Working Tree vorliegen.

In der Regel ist dann der Arbeitsablauf folgender: Zuerst nehmen Sie mit einem Editor eine Veränderung am Working Tree vor. Diese Veränderung wird durch `add` in den Index übernommen und schließlich per `commit` im Repository abgespeichert.

Sie können sich die Unterschiede zwischen diesen drei Ebenen jeweils durch das `diff`-Kommando anzeigen lassen. Ein simples `git diff` zeigt die Unterschiede zwischen Working Tree und Index an – also die Unterschiede zwischen den (tatsächlichen) Dateien auf Ihrem Arbeitssystem und den Dateien, wie sie eingecheckt würden, wenn Sie `git commit` aufrufen würden.

Das Kommando `git diff --staged` zeigt hingegen die Unterschiede zwischen Index (der auch *Staging Area* genannt wird) und Repository an, also die Unterschiede, die ein Commit ins Repository übertragen würde. Im Ausgangszustand, wenn Working Tree und Index mit HEAD synchron sind, erzeugen weder `git diff` noch `git diff --staged` eine Ausgabe.

Wollen Sie alle Änderungen an allen Dateien übernehmen, gibt es zwei Abkürzungen: Zunächst die Option `-u` bzw. `--update` von `git add`. Dadurch werden alle Veränderungen in den Index übertragen, aber noch kein Commit erzeugt. Weiter abkürzen können Sie mit der Option `-a` bzw. `--all` von `git commit`. Dies ist eine Kombination aus `git add -u` und `git commit`, wodurch alle Veränderungen an allen Dateien in einem Commit zusammengefasst werden – Sie umgehen den Index. Vermeiden Sie es, sich diese Optionen zur Angewohnheit zu machen – sie sind zwar gelegentlich als Abkürzung ganz praktisch, verringern aber die Flexibilität.

Diff auf Wortbasis

Ein alternatives Ausgabeformat für `git diff` ist das sog. *Word-Diff*, das über die Option `--word-diff` zur Verfügung steht. Statt der entfernten und hinzugefügten Zeilen zeigt die Ausgabe von `git diff` mit einer entsprechenden Syntax sowie farblich kodiert die hinzugekommenen (grün) und entfernten (rot) Wörter.[1] Das ist dann praktisch, wenn Sie in einer Datei nur einzelne Wörter ändern, beispielsweise bei der Korrektur von AsciiDoc- oder LaTeX-Dokumenten, denn ein Diff ist schwierig zu lesen, wenn sich hinzugefügte und entfernte Zeile nur durch ein einziges Wort unterscheiden:

```
$ git diff
...
-    die Option `--color-words` zur Verfgung steht. Statt der entfernten
+    die Option `--color-words` zur Verfügung steht. Statt der entfernten
...
```

Verwenden Sie hingegen die Option `--word-diff`, so werden nur geänderte Worter entsprechend markiert angezeigt; außerdem werden Zeilenumbrüche ignoriert, was ebenfalls sehr praktisch ist, weil eine Neuausrichtung der Wörter nicht als Änderung in die Diff-Ausgabe eingeht:

```
$ git diff --word-diff
...
```

---

[1] Standardmäßig sind Wörter durch ein oder mehr Leerzeichen getrennt; Sie können aber einen anderen regulären Ausdruck angeben, um zu bestimmen, was ein Wort ist: `git diff --word-diff-regex=<regex>`. Siehe hierzu auch die Man-Page git-diff(1).

```
--color-words zur [-Verfgung-]{Verfügung} steht.
...
```

TIPP Falls Sie viel mit Fließtext arbeiten, bietet es sich an, ein Alias zur Abkürzung dieses Befehls einzurichten, so dass Sie beispielsweise nur noch `git dw` eingeben müssen:

```
$ git config --global alias.dw "diff --word-diff"
```

2.1.2 Commits schrittweise erstellen

Warum aber sollte man Commits schrittweise erstellen – will man nicht immer alle Änderungen auch einchecken?

Ja, natürlich will man seine Änderungen in der Regel vollständig übernehmen. Es kann allerdings sinnvoll sein, sie in Schritten einzupflegen, um etwa die Entwicklungsgeschichte besser abzubilden.

Ein Beispiel: Sie haben in den vergangenen drei Stunden intensiv an Ihrem Software-Projekt gearbeitet, haben aber, weil es so spannend war, vergessen, die vier neuen Features in handliche Commits zu verpacken. Zudem sind die Features über diverse Dateien verstreut.

Im besten Fall wollen Sie also selektiv arbeiten, d. h. nicht alle Veränderungen aus einer Datei in einen Commit übernehmen, sondern nur bestimmte Zeilen (Funktionen, Definitionen, Tests, ...), und das auch noch aus verschiedenen Dateien.

Der Index von Git bietet dafür die gewünschte Flexibilität. Sie sammeln einige Änderungen im Index und verpacken sie in einem Commit – alle anderen Änderungen bleiben aber nach wie vor in den Dateien erhalten.

Wir wollen das anhand des „Hello World!"-Beispiels aus dem vorigen Kapitel illustrieren. Zur Erinnerung der Inhalt der Datei `hello.pl`:

```
# Hello World! in Perl
print "Hello World!\n";
```

Nun präparieren wir die Datei so, dass sie mehrere unabhängige Veränderungen hat, die wir *nicht* in einem einzelnen Commit zusammenfassen wollen. Zunächst fügen wir eine *Shebang*-Zeile am Anfang hinzu.[2] Außerdem kommt eine Zeile hinzu, die den Autor benennt, sowie eine Perl-Anweisung `use strict`, die den Perl-Interpreter anweist, bei der

---

[2] Das ist eine Anweisung für den Kernel, welches Programm zum Interpretieren des Scripts verwendet werden soll. Typische Shebang-Zeilen sind etwa `#!/bin/sh` oder `#!/usr/bin/perl`.

Syntaxanalyse möglichst streng zu sein. Wichtig ist für unser Beispiel, dass die Datei an mehreren Stellen verändert wurde:

```
#!/usr/bin/perl
# Hello World! in Perl
# Author: Valentin Haenel
use strict;
print "Hello World!\n";
```

Mit einem einfachen `git add hello.pl` würden alle neuen Zeilen dem Index hinzugefügt – der Stand der Datei im Index wäre also der gleiche wie im Working Tree. Stattdessen verwenden wir die Option `--patch` bzw. kurz `-p`.[3] Dies hat zur Folge, dass wir interaktiv gefragt werden, welche Veränderungen wir dem Index hinzufügen wollen. Git bietet uns jede Veränderung einzeln an, und wir können von Fall zu Fall entscheiden, wie wir mit dieser verfahren wollen:

```
$ git add -p
diff --git a/hello.pl b/hello.pl
index c6f28d5..908e967 100644
--- a/hello.pl
+++ b/hello.pl
@@ -1,2 +1,5 @@
+#!/usr/bin/perl
 # Hello World! in Perl
+# Author: Valentin Haenel
+use strict;
 print "Hello World!\n";
Stage this hunk [y,n,q,a,d,/,s,e,?]?
```

Hier zeigt Git alle Änderungen an, da sie im Code sehr nah beieinander liegen. Bei weit auseinanderliegenden oder auf verschiedene Dateien verteilten Veränderungen werden sie getrennt angeboten. Der Begriff *Hunk* bezeichnet lose zusammenhängende Zeilen im Quellcode. Wir haben an dieser Stelle unter anderem folgende Optionen:

```
Stage this hunk[y,n,q,a,d,/,s,e,?]?
```

Die Optionen sind jeweils nur einen Buchstaben lang und schwierig zu merken. Eine kleine Erinnerung erhalten Sie immer durch `?`. Die wichtigsten Optionen haben wir im Folgenden zusammengefasst.

y (*yes*)
  Übernimm den aktuellen Hunk in den Index.

---

3 Genaugenommen führt die Option `-p` direkt in den *Patch-Mode* des *Interactive-Mode* von `git add`. Der Interactive-Mode wird aber in der Praxis – im Gegensatz zu dem Patch-Mode – sehr selten verwendet und ist deswegen hier nicht weiter beschrieben. Die Dokumentation dazu finden Sie in der Man-Page `git-add(1)` im Abschnitt „Interactive Mode".

n (*no*)
: Übernimm den aktuellen Hunk nicht.

q (*quit*)
: Übernimm weder den aktuellen Hunk noch einen der folgenden.

a (*all*)
: Übernimm den aktuellen Hunk und alle, die folgen (in der aktuellen Datei).

s (*split*)
: Versuche, den aktuellen Hunk zu teilen.

e (*edit*)
: Editiere den aktuellen Hunk.[4]

In dem Beispiel teilen wir den aktuellen Hunk und geben s für *split* ein.

```
Stage this hunk [y,n,q,a,d,/,s,e,?]? [s]
Split into 2 hunks.
@@ -1 +1,2 @@
+#!/usr/bin/perl
 # Hello World! in Perl
```

Git bestätigt, dass der Hunk erfolgreich geteilt werden konnte, und bietet uns nun ein Diff an, das nur die Shebang-Zeile enthält.[5] Wir geben y für *yes* an und beim nächsten Hunk q für *quit*. Um zu überprüfen, ob alles geklappt hat, verwenden wir git diff mit der Option --staged, die den Unterschied zwischen Index und HEAD (dem neuesten Commit) anzeigt:

```
$ git diff --staged
diff --git a/hello.pl b/hello.pl
index c6f28d5..d2cc6dc 100644
--- a/hello.pl
+++ b/hello.pl
@@ -1,2 +1,3 @@
+#!/usr/bin/perl
 # Hello World! in Perl
 print "Hello World!\n";
```

[4] Git öffnet dann den Hunk in einem Editor; unten sehen Sie eine Anleitung, wie Sie den Hunk editieren: Um gelöschte Zeilen (mit - präfigiert) zu löschen – also nicht dem Index hinzuzufügen, sie aber im Working Tree zu behalten! –, ersetzen Sie das Minuszeichen durch ein Leerzeichen (die Zeile wird zu „Kontext"). Um +-Zeilen zu löschen, entfernen Sie diese einfach aus dem Hunk.

[5] Sie können Hunks in der Regel aber nicht beliebig teilen. Zumindest eine Zeile *Kontext*, also eine Zeile ohne Präfix + oder -, muss dazwischen liegen. Wollen Sie den Hunk dennoch teilen, müssen Sie mit e für *edit* arbeiten.

Um zu sehen, welche Veränderungen sich noch *nicht* im Index befinden, reicht ein einfacher Aufruf von `git diff`, der uns zeigt, dass sich – wie erwartet – noch zwei Zeilen im Working Tree befinden:

```
$ git diff
diff --git a/hello.pl b/hello.pl
index d2cc6dc..908e967 100644
--- a/hello.pl
+++ b/hello.pl
@@ -1,3 +1,5 @@
 #!/usr/bin/perl
 # Hello World! in Perl
+# Author: Valentin Haenel
+use strict;
 print "Hello World!\n";
```

An dieser Stelle könnten wir einen Commit erzeugen, wollen zur Demonstration aber noch einmal von vorn beginnen. Darum setzen wir mit `git reset HEAD` den Index zurück.

```
$ git reset HEAD
Unstaged changes after reset:
M	hello.pl
```

Git bestätigt und nennt die Dateien, in denen sich Veränderungen befinden; in diesem Fall ist es nur die eine.

Das Kommando `git reset` ist gewissermaßen das Gegenstück zu `git add`: Statt Unterschiede aus dem Working Tree in den Index zu übertragen, überträgt `reset` Unterschiede aus dem Repository in den Index. Änderungen *in den* Working Tree zu übertragen, ist möglicherweise destruktiv, da Ihre Änderungen verlorengehen könnten. Daher ist dies nur mit der Option `--hard` möglich, die wir in Abschnitt 3.2.3 behandeln.

Sollten Sie häufiger `git add -p` verwenden, ist es nur eine Frage der Zeit, bis Sie versehentlich einen Hunk auswählen, den Sie eigentlich gar nicht wollten. Sollte der Index leer gewesen sein, ist dies kein Problem, da Sie ihn ja zurücksetzen können, um von vorn anzufangen. Problematisch wird es erst, wenn Sie bereits viele Veränderungen im Index aufgezeichnet haben und diese nicht verlieren möchten, Sie also einen bestimmten Hunk aus dem Index entfernen, ohne die anderen Hunks anfassen zu wollen.

Analog zu `git add -p` gibt es daher den Befehl `git reset -p`, der einzelne Hunks wieder aus dem Index entfernt. Um das zu demonstrieren, übernehmen wir zunächst alle Veränderungen mit `git add hello.pl` und starten `git reset -p`.

```
$ git reset -p
diff --git a/hello.pl b/hello.pl
index c6f28d5..908e967 100644
```

```
--- a/hello.pl
+++ b/hello.pl
@@ -1,2 +1,5 @@
+#!/usr/bin/perl
 # Hello World! in Perl
+# Author: Valentin Haenel
+use strict;
 print "Hello World!\n";
Unstage this hunk [y,n,q,a,d,/,s,e,?]?
```

Wie bei dem Beispiel mit `git add -p` bietet Git nach und nach Hunks an, jedoch sind es diesmal alle Hunks im Index. Entsprechend lautet die Frage: `Unstage this hunk [y,n,q,a,d,/,s,e,?]?`, also ob wir den Hunk wieder aus dem Index herausnehmen möchten. Wie gehabt, erhalten wir durch die Eingabe des Fragezeichens eine erweiterte Beschreibung der verfügbaren Optionen. Wir drücken an dieser Stelle einmal s für *split*, einmal n für *no* und einmal y für *yes*. Damit sollte sich jetzt nur die Shebang-Zeile im Index befinden:

```
$ git diff --staged
diff --git a/hello.pl b/hello.pl
index c6f28d5..d2cc6dc 100644
--- a/hello.pl
+++ b/hello.pl
@@ -1,2 +1,3 @@
+#!/usr/bin/perl
 # Hello World! in Perl
 print "Hello World!\n";
```

TIPP Bei den interaktiven Modi von `git add` und `git reset` müssen Sie nach Eingabe einer Option die Enter-Taste drücken. Mit folgender Konfigurationseinstellung sparen Sie sich diesen zusätzlichen Tastendruck.

```
$ git config --global interactive.singlekey true
```

Ein Wort der Warnung: Ein `git add -p` kann dazu verleiten, Versionen einer Datei einzuchecken, die nicht lauffähig oder syntaktisch korrekt sind (z. B. weil Sie eine wesentliche Zeile vergessen haben). Verlassen Sie sich daher nicht darauf, dass Ihr Commit korrekt ist, nur weil `make` – was auf den Dateien des Working Tree arbeitet! – erfolgreich durchläuft. Auch wenn ein späterer Commit das Problem behebt, stellt dies unter anderem bei der automatisierten Fehlersuche via Bisect (siehe Abschnitt 4.8) ein Problem dar.

2.1.3 Commits erstellen

Sie wissen nun, wie Sie Änderungen zwischen Working Tree, Index und Repository austauschen. Wenden wir uns nun dem Kommando `git commit` zu, mit dem Sie Änderungen im Repository „festschreiben".

Ein Commit hält den Stand aller Dateien Ihres Projekts zu einem bestimmten Zeitpunkt fest und enthält zudem Metainformationen:[6]

- Name des Autors und E-Mail-Adresse
- Name des Committers und E-Mail-Adresse
- Erstellungsdatum
- Commit-Datum

Tatsächlich ist es so, dass der Name des Autors *nicht* der Name des Committers (der den Commit einpflegt) sein muss. Häufig werden Commits von Maintainern integriert oder bearbeitet (z. B. durch `rebase`, was auch die Committer-Informationen anpasst, siehe Abschnitt 4.1). Die Committer-Informationen sind aber in der Regel von nachrangiger Bedeutung – die meisten Programme zeigen nur den Autor und das Datum der Commit-Erstellung an.

Wenn Sie einen Commit erstellen, verwendet Git die im vorherigen Abschnitt konfigurierten Einstellungen `user.name` und `user.email`, um den Commit zu kennzeichnen.

Bei einem Aufruf von `git commit` ohne zusätzliche Argumente fasst Git alle Veränderungen im Index zu einem Commit zusammen und öffnet einen Editor, mit dem Sie eine Commit-Message erstellen. Die Nachricht enthält jedoch immer eine mit Rautezeichen (#) auskommentierte Anleitung bzw. Informationen darüber, welche Dateien durch den Commit geändert werden. Rufen Sie `git commit -v` auf, erhalten Sie unterhalb der Anleitung noch ein Diff der Änderungen, die Sie einchecken werden. Das ist vor allem praktisch, um einen Überblick über die Änderungen zu behalten und die Auto-Vervollständigungsfunktion Ihres Editors zu verwenden.

Sobald Sie den Editor beenden, erstellt Git den Commit. Geben Sie keine Commit-Nachricht an oder löschen den gesamten Inhalt der Datei, bricht Git ab und erstellt keinen Commit.

---

[6] Sie können diese Informationen u.a. in `gitk` sehen oder mit dem Kommando `git log --pretty=fuller`.

Wollen Sie nur eine Zeile schreiben, bietet sich die Option `--message` oder kurz `-m` an, mit der Sie direkt auf der Kommandozeile die Nachricht angeben und so den Editor umgehen:

```
$ git commit -m "Dies ist die Commit-Nachricht"
```

Einen Commit verbessern

Wenn Sie vorschnell `git commit` eingegeben haben, den Commit aber noch geringfügig verbessern wollen, hilft die Option `--amend` („berichtigen"). Die Option veranlasst Git, die Änderungen im Index dem eben getätigten Commit „hinzuzufügen".[7] Außerdem können Sie die Commit-Nachricht anpassen. Beachten Sie, dass sich die SHA-1-Summe des Commits in jedem Fall ändert.

Mit dem Aufruf `git commit --amend` verändern Sie nur den aktuellen Commit auf einem Branch. Wie Sie weiter zurückliegende Commits verbessern, beschreibt Abschnitt 4.1.9.

TIPP Der Aufruf von `git commit --amend` startet automatisch einen Editor, so dass Sie auch noch die Commit-Nachricht bearbeiten können. Häufig wollen Sie aber nur noch eine kleine Korrektur an einer Datei vornehmen, ohne die Nachricht anzupassen. Für die Autoren bewährt sich in dieser Situation ein Alias `fixup`:

```
$ git config --global alias.fixup "commit --amend --no-edit"
```

Gute Commit-Nachrichten

Wie sollte eine Commit-Nachricht aussehen? An der äußeren Form lässt sich nicht viel ändern: Die Commit-Nachricht muss mindestens eine Zeile lang sein, die am besten aber maximal 50 Zeichen umfasst. Das macht Auflistungen der Commits besser lesbar. Sofern Sie eine genauere Beschreibung hinzufügen wollen (was äußerst empfehlenswert ist!), trennen Sie diese von der ersten Zeile durch eine Leerzeile. Keine Zeile sollte – wie auch bei E-Mails üblich – länger als 76 Zeichen sein.

Commit-Nachrichten folgen oft den Gewohnheiten oder Besonderheiten eines Projekts. Möglicherweise gibt es Konventionen, wie zum Beispiel Referenzen zum Bugtracking- oder Ticket-System oder ein Link zur entsprechenden API-Dokumentation.

---

7 Tatsächlich erstellt Git einen neuen Commit, dessen Änderungen eine Kombination der Änderungen des alten Commits und des Index ist. Der neue Commit *ersetzt* dann den alten.

Beachten Sie die folgenden Punkte beim Verfassen einer Commit-Beschreibung:

- Erstellen Sie niemals leere Commit-Nachrichten. Auch Commit-Nachrichten wie Update, Verbesserung, Fix etc. sind ebenso aussagekräftig wie eine leere Nachricht – dann können Sie es auch gleich lassen.

- Ganz wichtig: Beschreiben Sie, *warum* etwas verändert wurde und welche Implikationen das haben kann. *Was* verändert wurde, ist immer aus dem Diff ersichtlich!

- Seien Sie kritisch und vermerken Sie, wenn Sie glauben, dass noch Verbesserungsbedarf besteht oder der Commit möglicherweise an anderer Stelle Fehler einführt.

- Die erste Zeile sollte nicht länger als 50 Zeichen sein, damit bleibt die Ausgabe der Versionsgeschichte stets gut formatiert und lesbar.

- Wird die Nachricht länger, sollte in der ersten Zeile eine kurze Zusammenfassung (mit den wichtigen Schlagwörtern) stehen. Nach einer Leerzeile folgt dann eine umfangreiche Beschreibung.

Wir können nicht häufig genug betonen, wie wichtig eine gute Commit-Beschreibung ist. Beim Commit sind einem Entwickler die Änderungen noch gut im Gedächtnis, aber schon nach wenigen Tagen ist die Motivation dahinter oft vergessen. Auch Ihre Kollegen oder Projektmitstreiter werden es Ihnen danken, weil sie Änderungen viel schneller erfassen können.

Eine gute Commit-Nachricht zu schreiben hilft auch, kurz darüber zu reflektieren, was schon geschafft ist und was noch ansteht. Vielleicht merken Sie beim Schreiben, dass Sie noch ein wesentliches Detail vergessen haben.

Man kann auch über eine Zeitbilanz argumentieren: Die Zeit, die Sie benötigen, um eine gute Commit-Nachricht zu schreiben, beläuft sich auf ein bis zwei Minuten. Um wie viel Zeit wird sich die Fehlersuche aber verringern, wenn jeder Commit gut dokumentiert ist? Wie viel Zeit sparen Sie anderen (und sich selbst), wenn Sie zu einem – möglicherweise schwer verständlichen – Diff noch eine gute Beschreibung mitliefern? Auch das Blame-Tool, das jede Zeile einer Datei mit dem Commit, der sie zuletzt geändert hat, annotiert, wird bei ausführlichen Commit-Beschreibungen zu einem unerlässlichen Hilfsmittel werden (siehe Abschnitt 4.3).

Wenn Sie nicht gewöhnt sind, ausführliche Commit-Nachrichten zu schreiben, fangen Sie heute damit an. Übung macht den Meister, und wenn Sie sich erst einmal daran gewöhnt haben, geht die Arbeit schnell von der Hand – Sie selbst und andere profitieren davon.

Das Repository des Git-Projekts ist ein Paradebeispiel für gute Commit-Nachrichten. Ohne Details von Git zu kennen, wissen Sie schnell, wer warum was geändert hat. Außerdem sieht man, durch wie viele Hände solch ein Commit geht, bevor er integriert wird.

Leider sind die Commit-Nachrichten in den meisten Projekten dennoch sehr spartanisch gehalten; seien Sie also nicht enttäuscht, wenn Ihre Mitstreiter schreibfaul sind, sondern gehen Sie mit gutem Beispiel und ausführlichen Beschreibungen voran.

2.1.4 Dateien verschieben und löschen

Wenn Sie Dateien, die von Git verwaltet werden, löschen oder verschieben wollen, dann verwenden Sie dafür git rm bzw. git mv. Sie wirken wie die regulären Unix-Kommandos, modifizieren aber darüber hinaus den Index, so dass die Aktion in den nächsten Commit einfließt.[8]

Analog zu den Standard-Unix-Kommandos akzeptiert git rm auch die Optionen -r und -f, um rekursiv zu löschen bzw. das Löschen zu erzwingen. Auch git mv bietet eine Option -f (*force*), falls der neue Dateiname schon existiert und überschrieben werden soll. Beide Kommandos akzeptieren die Option -n bzw. --dry-run, die bewirkt, dass der Vorgang simuliert wird, Dateien also nicht modifiziert werden.

TIPP Um eine Datei *nur* aus dem Index zu löschen, verwenden Sie git rm --cached. Sie bleibt dann im Working Tree erhalten.

Sie werden häufiger vergessen, eine Datei über git mv zu verschieben oder per git rm zu löschen, und stattdessen die Standard-Unix-Kommandos verwenden. In diesem Fall markieren Sie die (schon per rm gelöschte) Datei einfach auch als gelöscht im Index, und zwar per git rm <datei>.

Für eine Umbenennung gehen Sie so vor: Markieren Sie zunächst den alten Dateinamen per git rm <alter-name> als gelöscht. Fügen Sie dann die neue Datei hinzu: git add <neuer-name>. Überprüfen Sie anschließend per git status, ob die Datei als „umbenannt" gekennzeichnet ist.

---

8 Durch git rm löschen Sie eine Datei mit dem nächsten Commit; sie bleibt jedoch im Commit-Verlauf erhalten. Wie man eine Datei vollständig, also auch aus der Versionsgeschichte, löscht, ist in Abschnitt 8.4.1 nachzulesen.

TIPP

Intern spielt es für Git keine Rolle, ob Sie eine Datei regulär per mv verschieben, dann `git add <neuer-name>` und `git rm <alter-name>` ausführen. In jedem Fall wird lediglich die Referenz auf ein Blob-Objekt geändert (siehe Abschnitt 2.2).

Git kommt allerdings mit einer sogenannten *Rename Detection*: Wenn ein Blob gleich ist und nur von einem anderen Dateinamen referenziert wird, dann fasst Git dies als eine Umbenennung auf. Wollen Sie die Geschichte einer Datei untersuchen und ihr bei eventuellen Umbenennungen folgen, verwenden Sie das folgende Kommando:

```
$ git log --follow -- <datei>
```

2.1.5 grep auf einem Repository

Wenn Sie nach einem Ausdruck in allen Dateien Ihres Projektes suchen wollen, bietet sich normalerweise ein Aufruf von `grep -R <ausdruck> .` an.

Git bietet allerdings ein eigenes Grep-Kommando, das Sie per `git grep <ausdruck>` aufrufen. In der Regel sucht das Kommando den Ausdruck in allen von Git verwalteten Dateien. Wollen Sie stattdessen nur einen Teil der Dateien untersuchen, können Sie das Muster explizit angeben. Mit folgendem Kommando finden Sie alle Vorkommnisse von `border-color` in allen CSS-Dateien:

```
$ git grep border-color -- '*.css'
```

Die Grep-Implementation von Git unterstützt alle gängigen Flags, die auch in GNU Grep vorhanden sind. Allerdings ist ein Aufruf von `git grep` in der Regel um eine Größenordnung schneller, da Git durch die Objektdatenbank sowie das Multithread-Design des Kommandos wesentliche Performance-Vorteile hat.

TIPP

Die populäre grep-Alternative ack zeichnet sich vor allem dadurch aus, dass es die auf das Suchmuster passenden Zeilen einer Datei unter einer entsprechenden „Überschrift" zusammenfasst, sowie prägnante Farben verwendet. Sie können die Ausgabe von ack mit `git grep` emulieren, indem Sie folgendes Alias verwenden:

```
$ git config alias.ack '!git -c color.grep.filename="green bold" \
  -c color.grep.match="black yellow" -c ↵
```

```
        color.grep.linenumber="yellow bold" \
    grep -n --break --heading --color=always --untracked'
```

2.1.6 Die Projektgeschichte untersuchen

Mit `git log` untersuchen Sie die Versionsgeschichte des Projekts. Die Optionen dieses Kommandos (die großteils auch für `git show` funktionieren) sind sehr umfangreich, wir werden im Folgenden die wichtigsten vorstellen.

Ohne weitere Argumente gibt `git log` für jeden Commit Autor, Datum, Commit-ID sowie die komplette Commit-Nachricht aus. Das ist dann praktisch, wenn Sie einen schnellen Überblick benötigen, wer wann was gemacht hat. Allerdings ist die Liste etwas unhandlich, sobald Sie viele Commits betrachten.

Wollen Sie nur die kürzlich erstellten Commits anschauen, begrenzen Sie die Ausgabe von `git log` durch die Option `-<n>` auf *n* Commits. Die letzten vier Commits erhalten Sie zum Beispiel mit:

```
$ git log -4
```

Um einen einzelnen Commit anzuzeigen, geben Sie stattdessen ein:

```
$ git log -1 <commit>
```

Das Argument `<commit>` ist eine legale Bezeichnung für einen einzelnen Commit, z.B. die Commit-ID bzw. SHA-1-Summe. Wenn Sie jedoch nichts angeben, verwendet Git automatisch `HEAD`. Abgesehen von einzelnen Commits versteht das Kommando allerdings auch sog. *Commit-Ranges* (Reihe von Commits), siehe Abschnitt 2.1.7.

Die Option `-p` (`--patch`) fügt den vollen Patch im Unified-Diff-Format unter der Beschreibung an. Damit ist also ein `git show <commit>` von der Ausgabe äquivalent zu `git log -1 -p <commit>`.

Wollen Sie die Commits in komprimierter Form anzeigen, empfiehlt sich die Option `--oneline`: Sie fasst jeden Commit mit seiner abgekürzten SHA-1-Summe und der ersten Zeile der Commit-Nachricht zusammen. Daher ist es wichtig, dass Sie in dieser Zeile möglichst hilfreiche Informationen verpacken! Das sieht dann zum Beispiel so aus:[9]

```
$ git log --oneline
25f3af3 Correctly report corrupted objects
786dabe tests: compress the setup tests
91c031d tests: cosmetic improvements to the repo-setup test
b312b41 exec_cmd: remove unused extern
```

---

9 Dieses und die folgenden Beispiele stammen aus dem Git-Repository.

Die Option `--oneline` ist nur ein Alias für `--pretty=oneline`. Es gibt noch andere Möglichkeiten, die Ausgabe von `git log` anzupassen. Die möglichen Werte für die Option `--pretty` sind:

`oneline`
: Commit-ID und erste Zeile der Beschreibung

`short`
: Commit-ID, erste Zeile der Beschreibung sowie Autor des Commits; Ausgabe umfasst vier Zeilen.

`medium`
: Default; Ausgabe von Commit-ID, Autor, Datum und kompletter Beschreibung.

`full`
: Commit-ID, Name des Autors, Name des Committers und vollständige Beschreibung – *kein* Datum.

`fuller`
: Wie `medium`, aber zusätzlich Datum und Name des Committers.

`email`
: Formatiert die Informationen von `medium` so, dass sie wie eine E-Mail aussehen.

`format:<string>`
: Durch Platzhalter beliebig anpassbares Format; für Details siehe die Man-Page `git-log(1)`, Abschnitt „Pretty Formats".

Unabhängig davon können Sie unterhalb der Commit-Nachricht weitere Informationen über die Veränderungen durch den Commit ausgeben. Betrachten Sie folgende Beispiele, in denen deutlich wird, welche Dateien an wie vielen Stellen geändert wurden:

```
$ git log -1 --oneline 40G0b2ea
40G0b2e setup: officially support --work-tree without --git-dir

$ git log -1 --oneline --name-status 4868b2ea
4868b2e setup: officially support --work-tree without --git-dir
M       setup.c
M       t/t1510-repo-setup.sh

$ git log -1 --oneline --stat 4868b2ea
4868b2e setup: officially support --work-tree without --git-dir
 setup.c              |  19
 t/t1510-repo-setup.sh |  210 +++++++++++++++++-----------------
 2 files changed, 134 insertions(), 95 deletions(-)
```

```
$ git log -1 --oneline --shortstat 4868b2ea
4868b2e setup: officially support --work-tree without --gi-dir
 2 files changed, 134 insertions(+), 95 deletions(-)
```

Zeitliche Einschränkungen

Sie können die anzuzeigenden Commits zeitlich eingrenzen, und zwar mit den Optionen --after bzw. --since sowie --until bzw. --before. Die Optionen sind jeweils synonym, liefern also dieselben Ergebnisse.

Sie können absolute Daten in jedem gängigen Format angeben oder auch relative Daten, hier einige Beispiele:

```
$ git log --after='Tue Feb 1st, 2011'
$ git log --since='2011-01-01'
$ git log --since='two weeks ago' --before='one week ago'
$ git log --since='yesterday'
```

Einschränkungen auf Dateiebene

Geben Sie nach einem `git log`-Aufruf einen oder mehrere Datei- oder Verzeichnisnamen an, wird Git nur die Commits anzeigen, die zumindest eine der angegebenen Dateien betrifft. Gute Strukturierung eines Projekts vorausgesetzt, lässt sich die Ausgabe der Commits stark begrenzen und eine bestimmte Änderung rasch finden.

Da Dateinamen möglicherweise mit Branches oder Tags kollidieren, sollten Sie die Dateinamen sicherheitshalber nach einem -- angeben, der besagt, dass nur noch Datei-Argumente folgen.

```
$ git log -- main.c
$ git log -- *.h
$ git log -- Documentation/
```

Diese Aufrufe geben nur die Commits aus, in denen Änderungen an der Datei `main.c`, einer `.h`-Datei respektive an einer Datei unterhalb von `Documentation/` vorgenommen wurden.

grep für Commits

Sie können auch im Stile von `grep` nach Commits suchen; hier stehen die Optionen --author, --committer und --grep zur Verfügung.

Die ersten beiden Optionen filtern die Commits erwartungsgemäß nach Autor- bzw. Committer-Name oder -Adresse. So listen Sie zum Beispiel alle Commits, die Linus Torvalds seit Anfang 2010 gemacht hat:

```
$ git log --since='2010-01-01' --author='Linus Torvalds'
```

Hier können Sie auch nur Teile des Namens bzw. der E-Mail-Adresse angeben; die Suche nach `Linus` würde also dasselbe Ergebnis produzieren.

Mit `--grep` suchen Sie zum Beispiel nach Schlagwörtern oder Satzteilen in der Commit-Nachricht, etwa nach allen Commits, in denen das Wort „fix" vorkommt (ohne die Groß- und Kleinschreibung zu beachten):

```
$ git log -i --grep=fix
```

Die Option `-i` (bzw. `--regexp-ignore-case`) bewirkt, dass `git log` die Groß- und Kleinschreibung des Musters ignoriert (funktioniert auch in Verbindung mit `--author` und `--committer`).

Alle drei Optionen behandeln die Werte – wie `grep` auch – als reguläre Ausdrücke (siehe die Man-Page `regex(7)`). Durch `-E` und `-F` wird das Verhalten der Optionen analog zu `egrep` und `fgrep` umgestellt: erweiterte reguläre Ausdrücke zu verwenden bzw. nach dem literalen Suchterm (dessen spezielle Zeichen ihre Bedeutung verlieren) zu suchen.

TIPP Um nach *Änderungen* zu suchen, verwenden Sie das sog. *Pickaxe*-Tool („Spitzhacke"). So finden Sie Commits, in deren Diff ein bestimmter regulärer Ausdruck vorkommt („grep für Diffs"):

```
$ git log -p -G<regex>
```

Der `<regex>` ist direkt, d.h. ohne Leerzeichen, nach der Pickaxe-Option `-G` anzugeben. Die Option `--pickaxe-all` bewirkt, dass alle Veränderungen des Commits aufgelistet werden, nicht nur diejenigen, die die gesuchte Änderung enthalten.

Beachten Sie, dass in früheren Git-Versionen für diese Operation die Option `-S` zuständig war, die allerdings einen Unterschied zu `-G` aufweist: Sie findet nur die Commits, die die *Anzahl* der Vorkommnisse des Musters ändern – insbesondere werden Code-Verschiebungen, also Entfernen und Hinzufügen an anderer Stelle in einer Datei, nicht gefunden.

Mit diesen Werkzeugen gerüstet, können Sie nun selbst Massen von Commits bändigen. Geben Sie nur entsprechend viele Kriterien an, um die Anzahl der Commits zu verringern.

2.1.7 Commit-Ranges

Bisher haben wir lediglich Kommandos betrachtet, die nur einen einzelnen Commit als Argument fordern, explizit identifiziert durch seine

Commit-ID oder implizit durch den symbolischen Namen `HEAD`, der den jeweils aktuellsten Commit referenziert.

Das Kommando `git show` zeigt Informationen zu einem Commit an, das Kommando `git log` beginnt bei einem Commit, und geht dann so weit in der Versionsgeschichte zurück, bis der Anfang des Repositorys (der sogenannte *Root-Commit*) erreicht ist.

Ein wichtiges Hilfsmittel, um eine Reihe von Commits anzugeben, sind sogenannte Commit-Ranges der Form `<commit1>..<commit2>`. Da wir bislang noch nicht mit mehreren Branches (Zweigen) arbeiten, ist dies einfach ein Ausschnitt der Commits in einem Repository, und zwar von `<commit1>` exklusive bis `<commit2>` inklusive. Sofern Sie eine der beiden Grenzen weglassen, nimmt Git dafür den Wert `HEAD` an.

2.1.8 Unterschiede zwischen Commits

Das Kommando `git show` bzw. `git log -p` hat bisher immer nur den Unterschied zu dem jeweils vorherigen Commit ausgegeben. Wollen Sie die Unterschiede mehrerer Commits einsehen, hilft das Kommando `git diff`.

Das Diff-Kommando erfüllt mehrere Aufgaben. Wie bereits gesehen, können Sie ohne weitere Angabe von Commits die Unterschiede zwischen Working Tree und Index bzw. mit der Option `--staged` die Unterschiede zwischen Index und `HEAD` untersuchen.

Wenn Sie dem Kommando aber zwei Commits bzw. eine Commit-Range übergeben, wird stattdessen der Unterschied zwischen diesen Commits angezeigt.

2.2 Das Objektmodell

Git basiert auf einem simplen, aber äußerst mächtigen Objektmodell. Es dient dazu, die typischen Elemente eines Repositorys (Dateien, Verzeichnisse, Commits) und die Entwicklung über die Zeit abzubilden. Das Verständnis dieses Modells ist von großer Bedeutung und hilft sehr dabei, von typischen Git-Arbeitsschritten zu abstrahieren und sie so besser zu verstehen.

2.2 Das Objektmodell

Im Folgenden dient uns als Beispiel wieder ein „Hello World!"-Programm, diesmal in der Programmiersprache Python.[10]

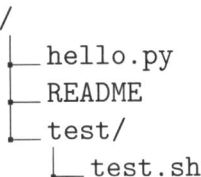

Abbildung 2.2: Hello World!-Programm in Python

```
/
├── hello.py
├── README
└── test/
    └── test.sh
```

Das Projekt besteht aus der Datei `hello.py` sowie einer `README`-Datei und einem Verzeichnis `test`. Führt man das Programm mit dem Befehl `python hello.py` aus, erhält man die Ausgabe: `Hello World!`. In dem Verzeichnis `test` liegt ein simples Shell-Script, `test.sh`, das eine Fehlermeldung anzeigt, sollte das Python-Programm nicht wie erwartet den String `Hello World!` ausgeben.

Das Repository für dieses Projekt besteht aus den folgenden vier Commits:

```
$ git log --oneline
e2c67eb Kommentar fehlte
8e2f5f9 Test Datei
308aea1 README Datei
b0400b0 Erste Version
```

2.2.1 SHA-1 – der sichere Hash-Algorithmus

SHA-1 ist ein sicherer Hash-Algorithmus (*Secure Hash Algorithm*), der eine Prüfsumme digitaler Informationen berechnet: die SHA-1-Summe. Der Algorithmus wurde 1995 vom amerikanischen *National Institute of Standards and Technology* (NIST) und der *National Security Agency* (NSA) vorgestellt. SHA-1 wurde für kryptographische Zwecke entwickelt und findet bei der Integritätsprüfung von Nachrichten sowie als Basis für digitale Signaturen Anwendung. Die Funktionsweise stellt Abbildung 2.3 dar, wo wir die Prüfsumme von `hello.py` berechnen.

Es handelt sich bei dem Algorithmus um eine mathematische Einwegfunktion, die eine Bit Sequenz mit maximaler Länge $2^{64}-1$ Bit (ca. 2 Exhibyte) auf eine Prüfsumme der Länge 160 Bit (20 Byte) abbildet. Die Prüfsumme wird üblicherweise als hexadezimale Zeichenkette der Länge 40 dargestellt. Der Algorithmus führt bei dieser Länge der Prüfsumme zu 2^{160} (ca. $1.5 \cdot 10^{49}$) verschiedenen Kombinationen, und daher ist es sehr,

---

10 Sie können das Repository, das auf den folgenden Seiten detailliert untersucht wird, mit dem Befehl `git clone git://github.com/gitbuch/objektmodell-beispiel.git` herunterladen.

sehr unwahrscheinlich, dass zwei Bit-Sequenzen die gleiche Prüfsumme haben. Diese Eigenschaft wird als *Kollisionssicherheit* bezeichnet.

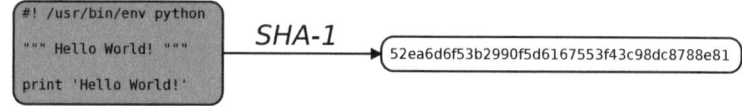

Abbildung 2.3: SHA-1-Algorithmus

Allen Bemühungen der Kryptologen zum Trotz wurden vor einigen Jahren verschiedene theoretische Angriffe auf SHA-1 bekannt, die das Erzeugen von Kollisionen mit einem erheblichen Rechenaufwand möglich machen sollen.[11] Aus diesem Grund empfiehlt das NIST heute die Verwendung der Nachfolger von SHA-1: SHA-256, SHA-384 und SHA-512, die über längere Prüfsummen verfügen und somit das Erzeugen von Kollisionen erschweren. Auf der Git-Mailingliste wurde debattiert, ob man zu einer dieser Alternativen wechseln solle, doch wurde dieser Schritt nicht als nötig erachtet.[12]

Denn obwohl ein theoretischer Angriffsvektor auf den SHA-1-Algorithmus besteht, beeinträchtigt dies nicht die Sicherheit von Git. Die Integrität eines Repositorys wird nämlich nicht vorrangig durch die Kollisionssicherheit eines Algorithmus geschützt, sondern dadurch, dass viele Entwickler identische Kopien des Repositorys haben.

Der SHA-1-Algorithmus spielt bei Git eine zentrale Rolle, da er verwendet wird, um Prüfsummen von den im Git-Repository gespeicherten Daten, den *Git-Objekten*, zu bilden. Damit sind diese leicht und eindeutig als SHA-1-Summe ihres Inhalts zu referenzieren. Im täglichen Umgang mit Git werden Sie meist nur SHA-1-Summen von Commits verwenden, sog. Commit-IDs. Diese Referenz kann an viele Git-Kommandos, wie z.B. `git show` und `git diff`, übergeben werden. Je nach Repository müssen Sie oft nur die ersten Zeichen einer SHA-1-Summe angeben, da ein Präfix in der Praxis ausreicht, um einen Commit eindeutig zu identifizieren.

2.2.2 Die Git-Objekte

Alle in einem Repository gespeicherten Daten liegen als *Git-Objekte* vor. Man unterscheidet vier Typen:[13]

---

[11] http://de.wikipedia.org/wiki/Secure_Hash_Algorithm, „Schwächen".
[12] http://kerneltrap.org/mailarchive/git/2006/8/27/211001
[13] Die technische Dokumentation bietet die Man-Page `gittutorial-2(7)`.

2.2 Das Objektmodell

Objekt	Speichert...	Referenziert andere Objekte	Entsprechung
Blob	Dateiinhalt	Nein	Datei
Tree	Blobs und Trees	Ja	Verzeichnis
Commit	Projekt-Zustand	Ja, einen Tree und weitere Commits	Snapshot/Archiv zu einem Zeitpunkt
Tag	Tag-Informationen	Ja, ein Objekt	Benennung wichtiger Snapshots oder Blobs

Tabelle 2.1: Git-Objekte

Abbildung 2.4 zeigt drei Objekte aus dem Beispielprojekt – einen Blob, einen Tree und einen Commit.[14] Die Darstellung der einzelnen Objekte enthält den Objekttyp, die Größe in Byte, die SHA-1-Summe sowie den Inhalt. Der Blob enthält den Inhalt der Datei `hello.py` (aber nicht den Dateinamen). Der Tree enthält Referenzen auf je einen Blob für jede Datei in dem Projekt, also eine für `hello.py` sowie eine für `README`, außerdem einen Tree pro Unterverzeichnis, also in diesem Fall nur einen einzigen für `test`. Die Dateien in den Unterverzeichnissen werden separat in den jeweiligen Trees referenziert, die diese Unterverzeichnisse abbilden.

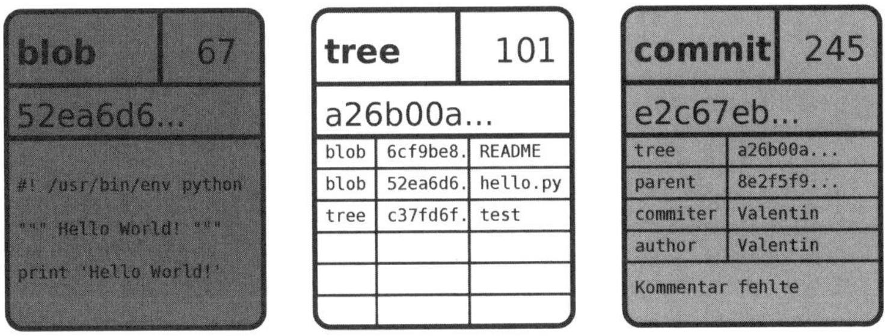

blob	67
52ea6d6...	
#! /usr/bin/env python	
""" Hello World! """	
print 'Hello World!'	

tree		101
a26b00a...		
blob	6cf9be8.	README
blob	52ea6d6.	hello.py
tree	c37fd6f.	test

commit	245
e2c67eb...	
tree	a26b00a...
parent	8e2f5f9...
commiter	Valentin
author	Valentin
Kommentar fehlte	

Abbildung 2.4: Git-Objekte

Das Commit-Objekt enthält also genau *eine* Referenz auf einen Tree, und zwar auf den Tree des Projekt-Inhalts – dies ist ein Schnappschuss des Projekt-Zustands. Des weiteren enthält das Commit-Objekt eine Referenz auf dessen direkten Vorfahren sowie die Metadaten „Autor" und „Committer" und die Commit-Nachricht.

Viele Git-Kommandos erwarten als Argument einen Tree. Da aber z. B. ein Commit einen Tree referenziert, spricht man hier von einem sog. *tree-ish*, d. h. Tree-*artigen* Argument. Gemeint ist damit jedes Objekt, das

---

14 Das Tag-Objekt wird hier nicht dargestellt, da es für das Verständnis der Objektstruktur nicht notwendig ist. Sie finden es stattdessen in Abbildung 3.4.

sich zuletzt auf einen Tree auflösen lässt. In diese Kategorie fallen auch Tags (vgl. Abschnitt 3.1.3). Analog bezeichnet *commit-ish* ein Argument, das sich auf einen Commit auflösen lässt.

Dateiinhalte werden immer in Blobs gespeichert. Trees enthalten nur Referenzen zu Blobs und anderen Trees in Form der SHA-1-Summen dieser Objekte. Ein Commit wiederum referenziert *einen* Tree.

2.2.3 Die Objektdatenbank

Alle Git-Objekte werden in der *Objektdatenbank* gespeichert und sind durch ihre eindeutige SHA-1-Summe identifizierbar, d.h. Sie können ein Objekt, nachdem es gespeichert wurde, über seine SHA-1-Summe in der Datenbank finden. Dadurch funktioniert die Objektdatenbank im Prinzip wie eine große *Hash-Tabelle*, wo die SHA-1-Summen als Schlüssel für den gespeicherten Inhalt[15] dienen:

```
e2c67eb -> commit
8e2f5f9 -> commit
308aea1 -> commit
b0400b0 -> commit
a26b00a -> tree
6cf9be8 -> blob    (README)
52ea6d6 -> blob    (hello.py)
c37fd6f -> tree    (test)
e92bf15 -> blob    (test/test.sh)
5b4b58b -> tree
dcc027b -> blob    (hello.py)
e4dc644 -> tree
a347f5e -> tree
```

Sie sehen zunächst die vier Commits, die das Repository ausmachen, unter anderem auch den in Abbildung 2.4 gezeigten Commit e2c67eb. Darauf folgen Trees und Blobs, jeweils mit Datei- bzw. Verzeichnisentsprechung. Sogenannte *Top-Level Trees* haben keinen Verzeichnisnamen: Sie referenzieren die oberste Ebene eines Projekts. Ein Commit referenziert immer einen Top-Level Tree, daher gibt es davon auch vier Stück.

Die hierarchische Beziehung der oben aufgelisteten Objekte stellt Abbildung 2.5 dar. Sie sehen auf der linken Seite die vier Commits, die sich bereits im Repository befinden, auf der rechten Seite die referenzierten Inhalte des aktuellsten Commits (C4). So enthält jeder Commit, wie

---

15 Git speichert sämtliche Objekte unterhalb von .git/objects. Man unterscheidet zwischen *Loose Objects* und *Packfiles*. Die „losen" Objekte speichern den Inhalt in einer Datei, deren Name der SHA-1-Summe des Inhalts entspricht (Git speichert pro Objekt eine Datei). Im Gegensatz dazu sind Packfiles komprimierte *Archive* von vielen Objekten. Das geschieht aus Performancegründen: Nicht nur ist die Übertragung bzw. Speicherung dieser Archive effizienter, auch wird das Dateisystem entlastet.

schon beschrieben, eine Referenz zu seinem direkten Vorfahren (auf den so entstehenden Graph von Commits wird weiter unten eingegangen). Dieser Zusammenhang wird durch die Pfeile, die von einem Commit zum nächsten zeigen, illustriert.

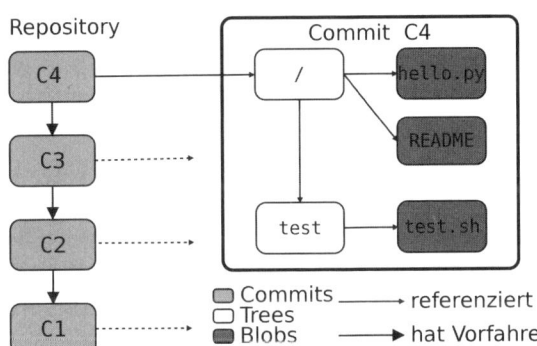

Abbildung 2.5: Hierarchische Beziehung der Git-Objekte

Jeder Commit referenziert den Top-Level Tree – auch der Commit C4 in dem Beispiel. Der Top-Level Tree wiederum referenziert die Dateien hello.py und README in Form von Blobs sowie das Unterverzeichnis test in Form eines weiteren Trees. Durch diesen hierarchischen Aufbau und das Verhältnis der einzelnen Objekte zueinander ist Git in der Lage, die Inhalte eines hierarchischen Dateisystems als Git-Objekte abzubilden und in der Objektdatenbank zu speichern.

2.2.4 Die Objektdatenbank untersuchen

In einem kleinen Exkurs gehen wir darauf ein, wie man die Objektdatenbank von Git untersucht. Dafür stellt Git sogenannte *Plumbing*-Kommandos („Klempner-Kommandos") zur Verfügung, eine Gruppe von Low-Level-Tools für Git, im Gegensatz zu den *Porcelain*-Kommandos, mit denen Sie in der Regel arbeiten. Diese Kommandos sind also nicht wichtig für Git-Anfänger, sondern sollen nur einen anderen Zugang zum Konzept der Objektdatenbank vermitteln. Für mehr Informationen siehe Abschnitt 8.3.

Schauen wir uns zuerst den aktuellen Commit an. Wir verwenden dazu das Kommando git show mit der Option --format=raw, lassen uns also den Commit im Rohformat ausgeben, so dass alles, was dieser Commit enthält, auch angezeigt wird.

```
$ git show --format=raw e2c67eb
commit e2c67ebb6d2db2aab831f477306baa44036af635
tree a26b00aaef1492c697fd2f5a0593663ce07006bf
parent 8e2f5f996373b900bd4e54c3aefc08ae44d0aac2
author Valentin Haenel <valentin.haenel@gmx.de> 1294515058 +0100
```

```
committer Valentin Haenel <valentin.haenel@gmx.de> 1294516312 +0100

    Kommentar fehlte
...
```

Wie Sie sehen, werden alle Informationen aus Abbildung 2.4 ausgegeben: die SHA-1-Summen des Commits, des Trees und des direkten Vorfahren, außerdem Autor und Committer (inkl. Datum als Unix-Timestamp) sowie die Commit-Beschreibung. Das Kommando liefert zudem die Diff-Ausgabe zum vorherigen Commit – diese ist aber strenggenommen nicht Teil des Commits und wird daher hier ausgelassen.

Als nächstes schauen wir uns den Tree an, der von diesem Commit referenziert wurde, und zwar mit `git ls-tree`, ein Plumbing-Kommando zum Auflisten der in einem Tree gespeicherten Inhalte. Es entspricht in etwa einem `ls -l`, nur eben in der Objektdatenbank. Mit `--abbrev=7` kürzen wir die ausgegebenen SHA-1-Summen auf sieben Zeichen ab.

```
$ git ls-tree --abbrev=7 a26b00a
100644 blob 6cf9be8   README
100644 blob 52ea6d6   hello.py
040000 tree c37fd6f   test
```

Analog zu Abbildung 2.4 enthält der von dem Commit referenzierte Tree je einen Blob für beide Dateien sowie einen Tree (auch: *Subtree*) für das test-Verzeichnis. Dessen Inhalte können wir uns wieder mit `ls-tree` ansehen, da wir ja nun die SHA-1-Summe des Trees kennen. Wie erwartet sehen Sie, dass der test-Tree ganz genau einen Blob referenziert, und zwar den Blob für die Datei test.sh.

```
$ git ls-tree --abbrev=7 c37fd6f
100755 blob e92bf15   test.sh
```

Zuletzt überzeugen wir uns noch davon, dass in dem Blob für hello.py auch wirklich unser „Hello World!"-Programm enthalten ist und dass die SHA-1-Summe stimmt. Das Kommando `git show` zeigt beliebige Objekte an. Übergeben wir die SHA-1-Summe eines Blobs, wird dessen Inhalt ausgegeben. Zum Überprüfen der SHA-1-Summe verwenden wir das Plumbing-Kommando `git hash-object`.

```
$ git show 52ea6d6
#! /usr/bin/env python

""" Hello World! """

print 'Hello World!'
$ git hash-object hello.py
52ea6d6f53b2990f5d6167553f43c98dc8788e81
```

Ein Hinweis für neugierige Leser: `git hash-object hello.py` liefert nicht die gleiche Ausgabe wie das Unix-Kommando `sha1sum hello.py`.

Das liegt daran, dass nicht nur der Dateiinhalt in einem Blob gespeichert wird. Stattdessen wird zusätzlich der Objekttyp, in diesem Fall blob, sowie die Größe, in diesem Fall 67 Bytes, in einem *Header* am Anfang des Blobs abgespeichert. Das hash-object-Kommando errechnet also nicht die Prüfsumme des Dateiinhalts, sondern des Blob-Objekts.

2.2.5 Deduplication

Die vier Commits, aus denen das Beispiel-Repository besteht, sind in Abbildung 2.6 nochmals dargestellt, doch auf andere Weise: Die gestrichelt umrandeten Tree- und Blob-Objekte bezeichnen unveränderte Objekte, alle anderen wurden in dem entsprechenden Commit neu hinzugefügt bzw. verändert. Die Leserichtung geht hier von unten nach oben: zuunterst steht C1, der nur die Datei hello.py enthält.

Da Trees nur Referenzen auf Blobs und weitere Trees enthalten, speichert jeder Commit zwar den Stand aller Dateien, aber nicht deren Inhalt. Normalerweise ändern sich bei einem Commit wenige Dateien. Für die neuen Dateien oder die, an denen Veränderungen vorgenommen wurden, werden nun neue Blob-Objekte (und daher auch neue Tree-Objekte) erzeugt. Die Referenzen auf die unveränderten Dateien bleiben aber die gleichen.

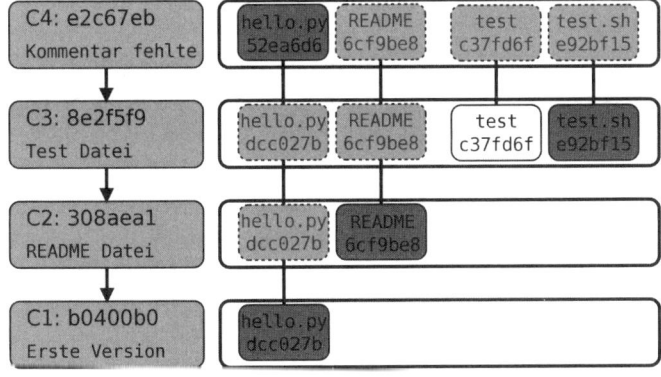

Abbildung 2.6: Inhalt des Repositorys

Mehr noch: Eine Datei, die zweimal existiert, existiert nur einmal in der Objektdatenbank. Der Inhalt dieser Datei liegt als Blob in der Objektdatenbank und wird an zwei Stellen von einem Tree *referenziert*. Diesen Effekt bezeichnet man als *Deduplizierung* (*Deduplication*): Duplikate werden nicht nur verhindert, sondern gar nicht erst möglich gemacht. Deduplizierung ist ein wesentliches Merkmal von sog. *Content-Addressable File Systems*, also Dateisystemen, die Dateien nur unter ihrem *Inhalt* kennen (wie z.B. Git, indem es einem Objekt die SHA-1-Summe seiner selbst als „Namen" gibt).

Konsequenterweise nimmt ein Repository, in dem die gleiche, 1 MB große Datei 1000 Mal existiert, nur etwas mehr als 1 MB ein. Git muss im Wesentlichen den Blob verwalten, außerdem einen Commit und einen Tree mit 1000 Blob-Einträgen (Größe jeweils 20 Byte plus Länge des Dateinamens). Ein *Checkout* dieses Repositorys hingegen verbraucht ca. 1 GB Speicherplatz auf dem Dateisystem, weil Git die Deduplizierung auflöst.[16]

Mit den Befehlen `git checkout` und `git reset` stellen Sie einen früheren Zustand so wieder her (siehe auch Abschnitt 3.2): Sie geben die Referenz des entsprechenden Commits an, und Git sucht diesen aus der Objektdatenbank heraus. Danach wird anhand der Referenz das Tree-Objekt dieses Commits aus der Objektdatenbank herausgesucht. Schließlich sucht Git anhand der in dem Tree-Objekt enthaltenen Referenzen alle weiteren Tree- und Blob-Objekte aus der Objektdatenbank heraus und repliziert sie als Verzeichnisse und Dateien auf das Dateisystem. Somit kann genau der Projektzustand, der damals mit dem Commit abgespeichert wurde, wiederhergestellt werden.

2.2.6 Die Graph-Struktur

Da jeder Commit seine direkten Vorfahren speichert, entsteht eine Graph-Struktur. Genauer gesagt erzeugt die Anordnung der Commits einen gerichteten, azyklischen Graphen (*Directed Acyclic Graph*, DAG). Ein Graph besteht aus zwei Kernelementen: den *Knoten* und den *Kanten*, die diese Knoten verbinden. In einem *gerichteten* Graphen zeichnen sich die Kanten zusätzlich durch eine Richtung aus, das heißt, wenn Sie den Graphen ablaufen, so können Sie, um von einem Knoten zum nächsten zu gelangen, nur diejenigen Kanten verwenden, die in die entsprechende Richtung zeigen. Die *azyklische* Eigenschaft schließt aus, dass man auf irgendeinem Weg durch den Graphen von einem Knoten erneut zu diesem zurück finden kann. Man kann sich also nicht im Kreis bewegen.[17]

TIPP Die meisten Git-Kommandos dienen dazu, den Graphen zu manipulieren: um Knoten hinzuzufügen/zu entfernen oder die Relation der Knoten untereinander zu ändern. Sie wissen, dass Sie eine fortgeschrittene

---

16 Intern kennt Git natürlich Mechanismen, um Blobs als Deltas anderer Blobs zu erkennen und diese platzsparend zu *Packfiles* zusammenzuschnüren.

17 Diese beiden Eigenschaften *gerichtet* und *azyklisch* sind die einzig notwendige Beschränkung, die man an einen Graphen stellen muss, der Änderungen über Zeit abbildet: Weder kann man zukünftige Änderungen referenzieren (Richtung der Kanten zeigt immer in die Vergangenheit), noch kann man irgendwann an einem Punkt ankommen, von dem aus der Weg schon vorgezeichnet ist (Zirkelschluss).

Git-Kompetenz erreicht haben, wenn Sie dieses eher abstrakte Konzept verinnerlicht haben und beim täglichen Arbeiten mit Branches stets an den dahinterliegenden Graphen denken. Das Verständnis von Git auf dieser Ebene ist die erste und einzige wirkliche Hürde, um Git sicher im Alltag zu meistern.

Die Graph-Struktur ergibt sich aus dem Objektmodell, weil jeder Commit seinen direkten Vorfahren (bei einem Merge-Commit evtl. auch mehrere) kennt. Die Commits bilden die Knoten dieses Graphen – die Referenzen auf Vorfahren die Kanten.

Einen beispielhaften Graphen sehen Sie in Abbildung 2.7. Er besteht aus mehreren Commits, die eingefärbt sind, um deren Zugehörigkeit zu verschiedenen Entwicklungssträngen (*Branches*) leichter voneinander zu unterscheiden. Zuerst wurden die Commits A, B, C und D gemacht. Sie bilden den Hauptentwicklungszweig. Commits E und F enthalten eine Feature-Entwicklung, die mit Commit H in den Hauptzweig übernommen wurde. Commit G ist ein einzelner Commit, der noch nicht in den Hauptentwicklungszweig integriert wurde.

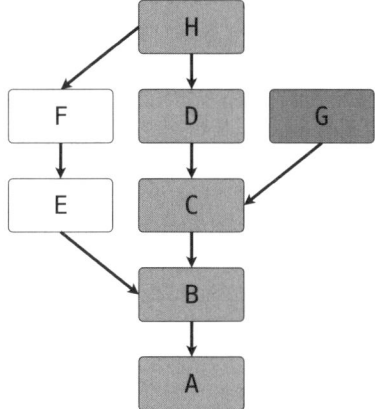

Abbildung 2.7: Ein Commit-Graph

Ein Resultat der Graph-Struktur ist die kryptographisch gesicherte *Integrität* eines Repositorys. Git referenziert durch die SHA-1-Summe eines Commits nicht nur die Inhalte der Projektdateien zu einem bestimmten Zeitpunkt, sondern außerdem *alle* bis dahin ausgeführten Commits und deren Relation untereinander, also die vollständige Versionsgeschichte.

Das Objektmodell macht dies möglich: Jeder Commit speichert eine Referenz auf seine Vorfahren. Diese Referenzen fließen wiederum in die Berechnung der SHA-1-Summe des Commits selbst ein. Sie erhalten also einen anderen Commit, wenn Sie einen anderen Vorgänger referenzieren.

Da der Vorgänger wiederum Vorgänger referenziert und dessen SHA-1-Summe von den Vorgängern abhängt usw., bedeutet das konkret, dass in der Commit-ID die *vollständige* Versionsgeschichte implizit kodiert ist. Implizit bedeutet hier: Wenn sich auch nur ein Bit eines Commits irgendwo in der Versionsgeschichte ändert, dann ist die SHA-1-Summe der darauf folgenden Commits, insbesondere des obersten, nicht mehr dieselbe. Die SHA-1-Summe sagt aber nichts Detailliertes über die Versionsgeschichte aus, sondern ist wiederum nur eine Prüfsumme derselben.

Referenzen: Branches und Tags

Mit einem reinen Commit-Graphen kann man aber noch nicht viel anfangen. Um einen Knoten zu referenzieren (also damit zu arbeiten), muss man dessen Namen kennen, also die SHA-1-Summe des Commits. Im täglichen Umgang verwendet man aber selten direkt die SHA-1-Summe eines Commits, sondern stattdessen symbolische Namen, sog. *Referenzen*, die Git auf die SHA-1-Summe auflösen kann.

Git bietet im Wesentlichen zwei Typen von Referenzen an, *Branches* und *Tags*. Das sind *Zeiger* in einen Commit-Graphen, die verwendet werden, um bestimmte Knoten zu markieren. Branches haben „beweglichen" Charakter, das heißt, sie rücken weiter an die Spitze, wenn neue Commits auf dem Branch dazu kommen. Tags hingegen haben statischen Charakter und markieren wichtige Punkte im Commit-Graphen, wie z.B. Releases.

Abbildung 2.8 zeigt denselben Commit-Graphen mit den Branches master, HEAD, feature und bugfix. Sowie den Tags v0.1 und v0.2.

Abbildung 2.8: Ein beispielhafter Commit-Graph mit Branches und Tags

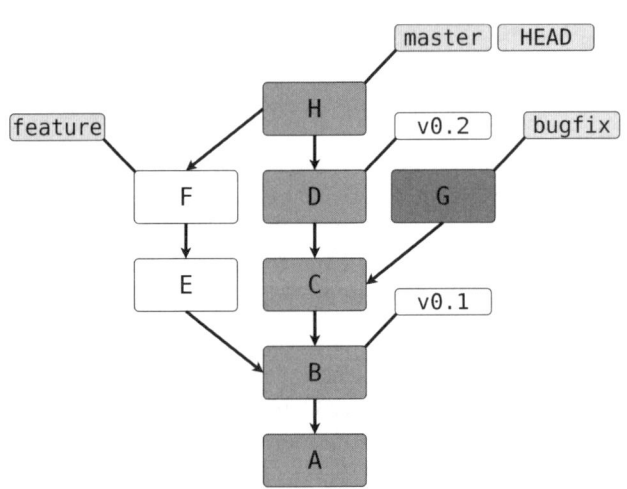

Praktische Versionsverwaltung

Das folgende Kapitel stellt alle wesentlichen Techniken vor, die Sie im täglichen Umgang mit Git einsetzen werden. Neben einer genaueren Beschreibung des Index und wie man alte Versionen wiederherstellt, liegt der Fokus auf der effektiven Arbeit mit Branches.

3.1 Referenzen: Branches und Tags

„Branch" und „Merge" sind im CVS-/SVN-Umfeld für Neulinge oft ein Buch mit sieben Siegeln, für Könner regelmäßig Grund zum Haare raufen. In Git sind das Abzweigen im Entwicklungszyklus (*Branching*) und das anschließende Wiederzusammenführen (*Merging*) alltäglich, einfach, transparent und schnell. Es kommt häufig vor, dass ein Entwickler an einem Tag mehrere Branches erstellt und mehrere Merges durchführt.

Das Tool Gitk ist hilfreich, um bei mehreren Branches nicht den Überblick zu verlieren. Mit `gitk --all` zeigen Sie alle Branches an. Das Tool visualisiert den im vorigen Abschnitt erläuterten Commit-Graphen. Jeder Commit stellt eine Zeile dar. Branches werden als grüne Labels, Tags als gelbe Zeiger dargestellt. Für weitere Informationen siehe Abschnitt 3.6.2.

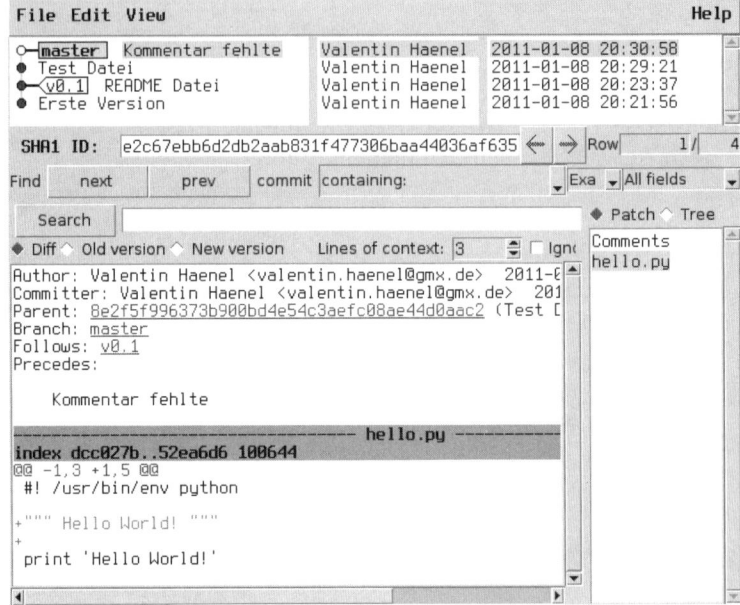

Abbildung 3.1: Das Beispiel-Repository aus Kapitel 2, *Grundlagen* in Gitk. Zur Illustration wurde der zweite Commit mit dem Tag v0.1 versehen.

Da Branches in Git „billig" und Merges einfach sind, können Sie es sich leisten, Branches exzessiv zu verwenden. Sie wollen etwas probieren, einen kleinen Bugfix vorbereiten oder mit einem experimentellen Feature beginnen? Für all das erstellen Sie jeweils einen neuen Branch. Sie wollen testen, ob sich ein Branch mit dem anderen verträgt? Führen Sie die beiden zusammen, testen Sie alles, und löschen Sie danach den Merge wieder und entwickeln weiter. Das ist gängige Praxis unter Entwicklern, die Git einsetzen.

Zunächst wollen wir uns mit Referenzen generell auseinandersetzen. Referenzen sind nichts weiter als symbolische Namen für die schwierig zu merkenden SHA-1-Summen von Commits.

Diese Referenzen liegen in `.git/refs/`. Der Name einer Referenz wird anhand des Dateinamens, das Ziel anhand des Inhalts der Datei bestimmt. Der Master-Branch, auf dem Sie schon die ganze Zeit arbeiten, sieht darin zum Beispiel so aus:

```
$ cat .git/refs/heads/master
89062b72afccda5b9e8ed77bf82c38577e603251
```

3.1 Referenzen: Branches und Tags

TIPP

Wenn Git sehr viele Referenzen verwalten muss, liegen diese nicht zwingend als Dateien unterhalb von .git/refs/. Git erstellt dann stattdessen einen Container, der *gepackte Referenzen* (*Packed Refs*) enthält: Eine Zeile pro Referenz mit Name und SHA-1-Summe. Das sequentielle Auflösen vieler Referenzen geht dann schneller. Git-Kommandos suchen Branches und Tags in der Datei .git/packed-refs, wenn die entsprechende Datei .git/refs/<name> nicht existiert.

Unterhalb von .git/refs/ gibt es verschiedene Verzeichnisse, die für die „Art" von Referenz stehen. Fundamental unterscheiden sich diese Referenzen aber nicht, lediglich darin, wann und wie sie angewendet werden. Die Referenzen, die Sie am häufigsten verwenden werden, sind Branches. Sie sind unter .git/refs/heads/ gespeichert. *Heads* bezeichnet das, was in anderen Systemen zuweilen auch „Tip" genannt wird: Den neuesten Commit auf einem Entwicklungsstrang.[1] Branches rücken weiter, wenn Sie Commits auf einem Branch erstellen – sie bleiben also an der Spitze der Versionsgeschichte.

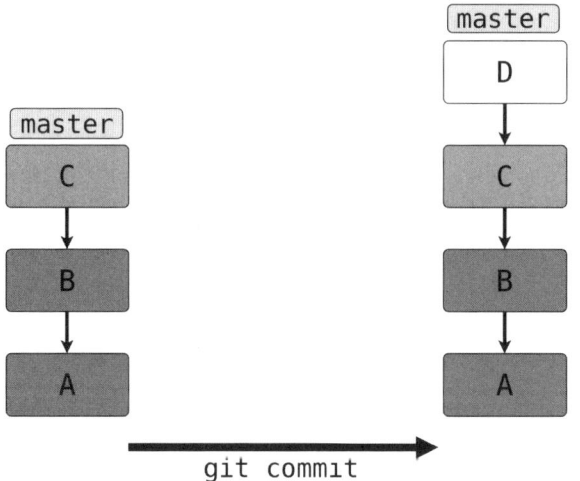

Abbildung 3.2: Der Branch referenziert immer den aktuellsten Commit

Branches in Repositories anderer Entwickler (z. B. der Master-Branch des offiziellen Repositorys), sog. Remote-Tracking-Branches, werden unter .git/refs/remotes/ abgelegt (siehe Abschnitt 5.2.2). Tags, statische Referenzen, die meist der Versionierung dienen, liegen unter .git/refs/tags/ (siehe Abschnitt 3.1.3).

---

1 Das hindert Sie natürlich nicht, einen Branch auf einen Commit „irgendwo in der Mitte" zu setzen, was auch sinnvoll sein kann.

3.1.1 HEAD und andere symbolische Referenzen

Eine Referenz, die Sie selten explizit, aber ständig implizit benutzen, ist HEAD. Sie referenziert meist den gerade ausgecheckten Branch, hier master:

```
$ cat .git/HEAD
ref: refs/heads/master
```

HEAD kann auch direkt auf einen Commit zeigen, wenn Sie `git checkout <commit-id>` eingeben. Sie sind dann allerdings im sogenannten *Detached-Head*-Modus, in dem Commits möglicherweise verlorengehen, siehe auch Abschnitt 3.2.1.

Der HEAD bestimmt, welche Dateien im Working Tree zu finden sind, welcher Commit Vorgänger bei der Erstellung eines neuen wird, welcher Commit per `git show` angezeigt wird etc. Wenn wir hier von „dem aktuellen Branch" sprechen, dann ist damit technisch korrekt der HEAD gemeint.

Die simplen Kommandos `log`, `show` und `diff` nehmen ohne weitere Argumente HEAD als erstes Argument an. Die Ausgabe von `git log` ist gleich der von `git log HEAD` usw. – dies gilt für die meisten Kommandos, die auf einem Commit operieren, wenn Sie keinen explizit angeben. HEAD ist somit vergleichbar mit der Shell-Variable PWD, die angibt „wo man ist".

Wenn wir von einem Commit sprechen, dann ist es einem Kommando in der Regel egal, ob man die Commit-ID komplett oder verkürzt angibt oder den Commit über eine Referenz, wie z.B. ein Tag oder Branch, ansteuert. Eine solche Referenz muss aber nicht immer eindeutig sein. Was passiert, wenn es einen Branch `master` gibt und ein Tag gleichen Namens? Git überprüft, ob die folgenden Referenzen existieren:

- `.git/<name>` (meist nur sinnvoll für HEAD o.ä.)

- `.git/refs/<name>`

- `.git/refs/tags/<name>`

- `.git/refs/heads/<name>`

- `.git/refs/remotes/<name>`

- `.git/refs/remotes/<name>/HEAD`

Die erste gefundene Referenz nimmt Git als Treffer an. Sie sollten also Tags immer ein eindeutiges Schema geben, um sie nicht mit Branches zu verwechseln. So können Sie Branches direkt über den Namen statt über heads/<name> ansprechen.

Besonders wichtig sind dafür die Suffixe ^ und ~<n>. Die Syntax <ref>^ bezeichnet den direkten Vorfahren von <ref>. Dieser muss aber nicht immer eindeutig sein: Wenn zwei oder mehr Branches zusammengeführt wurden, hat der Merge-Commit mehrere direkte Vorfahren. <ref>^ bzw. <ref>^1 bezeichnen dann den ersten *direkten* Vorfahren, <ref>^2 den zweiten usw.[2] Die Syntax HEAD^^ bedeutet also „der zwei Ebenen vorher liegende direkte Vorfahre des aktuellen Commits". Achten Sie darauf, dass ^ in Ihrer Shell möglicherweise eine spezielle Bedeutung hat und Sie es durch Anführungszeichen oder mit einem Backslash schützen müssen.

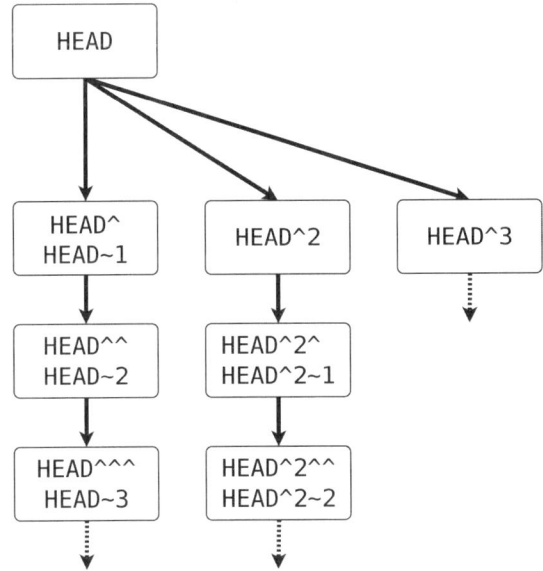

Abbildung 3.3:
Relative-Referenzen, ^ und ~<n>

Die Syntax <ref>~<n> kommt einer *n*-fachen Wiederholung von ^ gleich: HEAD~10 bezeichnet also den zehnten direkten Vorgänger des aktuellen Commits. Achtung: Das heißt nicht, dass zwischen HEAD und HEAD~10 nur elf Commits liegen: Da ^ bei einem etwaigen Merge nur dem ersten Strang folgt, liegen zwischen den beiden Referenzen die elf und alle durch einen Merge integrierten weiteren Commits. Die Syntax

---

2 Aufgrund der Tatsache, dass bei einem Merge die Reihenfolge der direkten Vorfahren gespeichert wird, ist es wichtig, immer vom kleineren *in* den größeren Branch zu mergen, also z.B. topic nach master. Wenn Sie dann mit master^^ Commits im Master-Branch untersuchen wollen, landen Sie nicht auf einmal auf Commits aus dem Topic-Branch (siehe auch Abschnitt 3.3).

ist übrigens in der Man-Page `git-rev-parse(1)` im Abschnitt „Specifying Revisions" dokumentiert.

3.1.2 Branches verwalten

Ein Branch ist in Git im Nu erstellt. Git muss lediglich den aktuell ausgecheckten Commit identifizieren und die SHA-1-Summe in der Datei `.git/refs/heads/<branch-name>` ablegen.

```
$ time git branch neuer-branch
git branch neuer-branch  0.00s user 0.00s system 100% cpu 0.008 total
```

Das Kommando ist so schnell, weil (im Gegensatz zu anderen Systemen) keine Dateien kopiert und keine weiteren Metadaten abgelegt werden müssen. Informationen über die Struktur der Versionsgeschichte sind immer aus dem Commit, den ein Branch referenziert, und seinen Vorfahren ableitbar.

Hier eine Übersicht der wichtigsten Optionen:

`git branch [-v]`
> Listet lokale Branches auf. Dabei ist der aktuell ausgecheckte Branch mit einem Sternchen markiert. Mit `-v` werden außerdem die Commit-IDs, auf die die Branches zeigen, sowie die erste Zeile der Beschreibung der entsprechenden Commits angezeigt.
>
> ```
> $ git branch -v
>   maint   65f13f2 Start 1.7.5.1 maintenance track
> * master  791a765 Update draft release notes to 1.7.6
>   next    b503560 Merge branch 'master' into next
>   pu      d7a491c Merge branch 'js/info-man-path' into pu
> ```

`git branch <branch> [<ref>]`
> Erstellt einen neuen Branch `<branch>`, der auf Commit `<ref>` zeigt (`<ref>` kann die SHA-1-Summe eines Commits sein, ein anderer Branch usw.). Wenn Sie keine Referenz angeben, ist dies `HEAD`, der aktuelle Branch.

`git branch -m <neuer-name>`
> `git branch -m <alter-name> <neuer-name>`
>
> In der ersten Form wird der aktuelle Branch in `<neuer-name>` umbenannt. In der zweiten Form wird `<alter-name>` in `<neuer-name>` umbenannt. Das Kommando schlägt fehl, wenn dadurch ein anderer Branch überschrieben würde.
>
> ```
> $ git branch -m master
> fatal: A branch named 'master' already exists.
> ```

Wenn Sie einen Branch umbenennen, gibt Git keine Meldung aus. Sie können also hinterher überprüfen, dass die Umbenennung erfolgreich war:

```
$ git branch
* master
  test
$ git branch -m test pu/feature
$ git branch
* master
  pu/feature
```

git branch -M ...
: Wie -m, nur dass ein Branch auch umbenannt wird, wenn dadurch ein anderer überschrieben wird. Achtung: Dabei können Commits des überschriebenen Branches verlorengehen!

git branch -d <branch>
: Löscht <branch>. Sie können mehrere Branches gleichzeitig angeben. Git weigert sich, einen Branch zu löschen, wenn er noch nicht komplett in seinen Upstream-Branch, oder, falls dieser nicht existiert, in HEAD, also den aktuellen Branch, integriert ist. (Mehr über Upstream-Branches finden Sie in Abschnitt 5.3.2.)

git branch -D ...
: Löscht einen Branch, auch wenn er Commits enthält, die noch nicht in den Upstream- oder aktuellen Branch integriert wurden. Achtung: Diese Commits können möglicherweise verlorengehen, wenn sie nicht anders referenziert werden.

Branches wechseln: checkout

Branches wechseln Sie mit `git checkout <branch>`. Wenn Sie einen Branch erstellen und direkt darauf wechseln wollen, verwenden Sie `git checkout -b <branch>`. Das Kommando ist äquivalent zu `git branch <branch> && git checkout <branch>`.

Was passiert bei einem Checkout? Jeder Branch referenziert einen Commit, der wiederum einen Tree referenziert, also das Abbild einer Verzeichnisstruktur. Ein `git checkout <branch>` löst nun die Referenz <branch> auf einen Commit auf und repliziert den Tree des Commits auf den Index und auf den Working Tree (d.h. auf das Dateisystem).

Da Git weiß, in welcher Version Dateien aktuell in Index und Working Tree vorliegen, müssen nur die Dateien, die sich auf dem aktuellen und dem neuen Branch unterscheiden, ausgecheckt werden.

Git macht es Anwendern schwer, Informationen zu verlieren. Daher wird ein Checkout eher fehlschlagen als eventuell nicht abgespeicherte Änderungen in einer Datei überschreiben. Das passiert in den folgenden beiden Fällen:

- Der Checkout würde eine Datei im Working Tree überschreiben, in der sich Änderungen befinden. Git gibt folgende Fehlermeldung aus: `error: Your local changes to the following files would be overwritten by checkout: datei`.

- Der Checkout würde eine ungetrackte Datei überschreiben, d.h. eine Datei, die nicht von Git verwaltet wird. Git bricht dann mit der Fehlermeldung ab: `error: The following untracked working tree files would be overwritten by checkout: datei`.

Liegen allerdings Änderungen im Working Tree oder Index vor, die mit beiden Branches verträglich sind, übernimmt ein Checkout diese Änderungen. Das sieht dann z.B. so aus:

```
$ git checkout master
A    neue-datei.txt
Switched to branch master
```

Das bedeutet, dass die Datei neue-datei.txt hinzugefügt wurde, die auf keinem der beiden Branches existiert. Da hier also keine Informationen verlorengehen können, wird die Datei einfach übernommen. Die Meldung: `A neue-datei.txt` erinnert Sie, um welche Dateien Sie sich noch kümmern sollten. Dabei steht A für hinzugefügt (*added*), D für gelöscht (*deleted*) und M für geändert (*modified*).

Wenn Sie ganz sicher sind, dass Sie Ihre Änderungen nicht mehr brauchen, können Sie per `git checkout -f` die Fehlermeldungen ignorieren und den Checkout trotzdem ausführen.

Wenn Sie sowohl die Änderungen behalten als auch den Branch wechseln wollen (Beispiel: Arbeit unterbrechen und auf einem anderen Branch einen Fehler korrigieren), dann hilft `git stash` (Abschnitt 4.5).

Konventionen zur Benennung von Branches

Sie können Branches prinzipiell fast beliebig benennen. Ausnahmen sind aber Leerzeichen, einige Sonderzeichen mit spezieller Bedeutung für Git

(z. B. *, ^, :, ~), sowie zwei aufeinanderfolgende Punkte (..) oder ein Punkt am Anfang des Namens.[3]

Sinnvollerweise sollten Sie Branch-Namen immer komplett in Kleinbuchstaben angeben. Da Git Branch-Namen unter `.git/refs/heads/` als Dateien verwaltet, ist die Groß- und Kleinschreibung wesentlich.

Sie können Branches in „Namespaces" gruppieren, indem Sie als Separator einen / verwenden. Branches, die mit der Übersetzung einer Software zu tun haben, können Sie dann z. B. `i18n/german`, `i18n/english` etc. nennen. Auch können Sie, wenn sich mehrere Entwickler ein Repository teilen, „private" Branches unter `<username>/<topic>` anlegen. Diese Namespaces werden durch eine Verzeichnisstruktur abgebildet, so dass dann unter `.git/refs/heads/` ein Verzeichnis `<username>/` mit der Branch-Datei `<topic>` erstellt wird.

Der Hauptentwicklungszweig Ihres Projekts sollte immer `master` heißen. Bugfixes werden häufig auf einem Branch `maint` (kurz für „maintenance") verwaltet. Das nächste Release wird meist auf `next` vorbereitet. Features, die sich noch in einem experimentellen Zustand befinden, sollten in `pu` (für „proposed updates") entwickelt werden oder in `pu/<feature>`. Eine detailliertere Beschreibung, wie Sie mit Branches die Entwicklung strukturieren und Release-Zyklen organisieren, finden Sie in Kapitel 6 über Workflows.

Gelöschte Branches und „verlorene" Commits

Commits kennen jeweils einen oder mehrere Vorgänger. Daher kann man den Commit-Graphen „gerichtet", d. h. von neueren zu älteren Commits, durchlaufen, bis man an einem Wurzel-Commit ankommt.

Andersherum geht das nicht: Wenn ein Commit seinen Nachfolger kennen würde, müsste diese Version irgendwo gespeichert werden. Dadurch würde sich die SHA-1-Summe des Commits ändern, worauf der Nachfolger den entsprechend neuen Commit referenzieren müsste, dadurch eine neue SHA-1-Summe erhielte, so dass wiederum der Vorgänger geändert werden müsste usw. Git kann also die Commits nur von einer benannten Referenz aus (z. B. ein Branch oder `HEAD`) in Richtung früherer Commits durchgehen.

Wenn daher die „Spitze" eines Branches gelöscht wird, wird der oberste Commit nicht mehr referenziert (im Git-Jargon: *unreachable*). Dadurch wird der Vorgänger nicht mehr referenziert usw. – bis der nächste Commit auftaucht, der irgendwie referenziert wird (sei es von einem Branch

---

[3] Wie Git eine Referenz auf Gültigkeit überprüft, können Sie bei Bedarf in der Man-Page `git-check-ref-format(1)` nachlesen.

oder dadurch, dass er einen Nachfolger hat, der wiederum von einem Branch referenziert wird).

Wenn Sie einen Branch löschen, werden die Commits auf diesem Branch also nicht gelöscht, sie gehen nur „verloren". Git findet sie einfach nicht mehr.

In der Objektdatenbank sind sie allerdings noch eine Weile lang vorhanden.[4] Sie können also einen Branch ohne weiteres wiederherstellen, indem Sie den vorherigen (und vermeintlich gelöschten) Commit explizit als Referenz angeben:

```
$ git branch -D test
Deleted branch test (was e32bf29).
$ git branch test e32bf29
```

Eine weitere Möglichkeit, gelöschte Commits wiederzufinden, ist das *Reflog* (siehe dafür Abschnitt 3.7).

3.1.3 Tags – Wichtige Versionen markieren

SHA-1-Summen sind zwar eine sehr elegante Lösung, um Versionen dezentral zu beschreiben, aber semantikarm und für Menschen unhandlich. Im Gegensatz zu linearen Revisionsnummern sagen uns Commit-IDs allein nichts über die Reihenfolge der Versionen.

Während der Entwicklung von Softwareprojekten müssen verschiedene „wichtige" Versionen so markiert werden, dass sie leicht in dem Repository zu finden sind. Die wichtigsten sind meist solche, die veröffentlicht werden, die sogenannten *Releases*. Auch *Release Candidates* werden häufig auf diese Weise markiert, also Versionen, die die Basis für die nächste Version bilden und im Zuge der Qualitätssicherung auf kritische Fehler untersucht werden, ohne dass neue Features hinzugefügt werden. Je nach Projekt und Entwicklungsmodell gibt es verschiedene Konventionen, um Releases zu bezeichnen, und Abläufe, wie sie vorbereitet und publiziert werden.

Im Open-Source-Bereich haben sich zwei Versionierungsschemata durchgesetzt: die klassische *Major/Minor/Micro-Versionierung* und neuerdings auch die *datumsbasierte Versionierung*. Bei der Major/Minor/Micro-Versionierung, welche z.B. beim Linux-Kernel und auch Git eingesetzt wird, ist eine Version durch drei (oft auch vier) Zahlen gekennzeichnet: `2.6.39` oder `1.7.1`. Bei der datumsbasierten Versionierung hingegen ist die Bezeichnung aus dem Zeitpunkt des Releases abgeleitet, z.B.:

---

4 Wie lange sie dort verweilen, bestimmen Sie mit entsprechenden Einstellungen für die *Garbage Collection* (Wartungsmechanismen), siehe Abschnitt B.1.

2011.05 oder 2011-05-19. Das hat den großen Vorteil, dass das Alter einer Version leicht ersichtlich ist.[5]

Git bietet Ihnen mit *Tags* („Etiketten") die Möglichkeit, beliebige Git-Objekte – meist Commits – zu markieren, um markante Zustände in der Entwicklungsgeschichte hervorzuheben. Tags sind, wie Branches auch, als Referenzen auf Objekte implementiert. Im Gegensatz zu Branches jedoch sind Tags statisch, dass heißt, sie werden nicht verschoben, wenn neue Commits hinzukommen, und zeigen stets auf dasselbe Objekt. Es gibt zwei Arten von Tags: *Annotated* (mit Anmerkungen versehen) und *Lightweight* („leichtgewichtig", d.h. ohne Anmerkungen). Annotated Tags sind mit Metadaten – z.B. Autor, Beschreibung oder GPG-Signatur – versehen. Lightweight Tags zeigen hingegen „einfach nur" auf ein bestimmtes Git-Objekt. Für beide Arten von Tags legt Git unter `.git/refs/tags/` bzw. `.git/packed-refs` Referenzen an. Der Unterschied ist, dass Git für jedes Annotated Tag ein spezielles Git-Objekt – und zwar ein *Tag-Objekt* – in der Objektdatenbank anlegt, um die Metadaten sowie die SHA-1-Summe des markierten Objekts zu speichern, während ein Lightweight Tag direkt auf das markierte Objekt zeigt. Abbildung 3.4 zeigt den Inhalt eines Tag-Objekts; vergleichen Sie auch die anderen Git-Objekte, Abbildung 2.4.

tag	158
b39273b...	
name	0.1
object	e2c67eb...
type	commit
tagger	Valentin
Erste Veröffentlichung	

Abbildung 3.4: Das Tag-Objekt

Das gezeigte Tag-Objekt hat sowohl eine Größe (158 Byte) als auch eine SHA-1-Summe. Es enthält die Bezeichnung (0.1), den Objekt-Typ und die SHA-1-Summe des referenzierten Objekts sowie den Namen und E-Mail des Autors, der im Git-Jargon *Tagger* heißt. Außerdem enthält das Tag eine Tag-Message, die zum Beispiel die Version beschreibt, sowie optional eine GPG-Signatur. Im Git-Projekt etwa besteht eine Tag-Message aus der aktuellen Versionsbezeichnung und der Signatur des Maintainers.

5   Eine detaillierte Übersicht der Vor- und Nachteile der beiden Schemata sowie eine Beschreibung des Release-Prozesses usw. finden Sie im Kapitel 6 des Buches *Open Source Projektmanagement* von Michael Prokop (Open Source Press, München, 2010).

Schauen wir im Folgenden zunächst, wie Sie Tags lokal verwalten. Wie Sie Tags zwischen Repositories austauschen, beschreibt Abschnitt 5.8.

Tags verwalten

Tags verwalten Sie mit dem Kommando `git tag`. Ohne Argumente zeigt es alle vorhandenen Tags an. Je nach Projektgröße lohnt es sich, die Ausgabe mit der Option -l und einem entsprechenden Muster einzuschränken. Mit folgendem Befehl zeigen Sie alle Varianten der Version 1.7.1 des Git-Projekts an, also sowohl die Release-Candidates mit dem Zusatz -rc* sowie die (vierstelligen) Maintenance-Releases:

```
$ git tag -l v1.7.1*
v1.7.1
v1.7.1-rc0
v1.7.1-rc1
v1.7.1-rc2
v1.7.1.1
v1.7.1.2
v1.7.1.3
v1.7.1.4
```

Den Inhalt eines Tags liefert Ihnen `git show`:

```
$ git show 0.1 | head
tag 0.1
Tagger: Valentin Haenel <valentin.haenel@gmx.de>
Date:   Wed Mar 23 16:52:03 2011 +0100

Erste Veröffentlichung

commit e2c67ebb6d2db2aab831f477306baa44036af635
Author: Valentin Haenel <valentin.haenel@gmx.de>
Date:   Sat Jan 8 20:30:58 2011 +0100
```

Gitk stellt Tags als gelbe, pfeilartige Kästchen dar, die sich deutlich von den grünen, rechteckigen Branches unterscheiden:

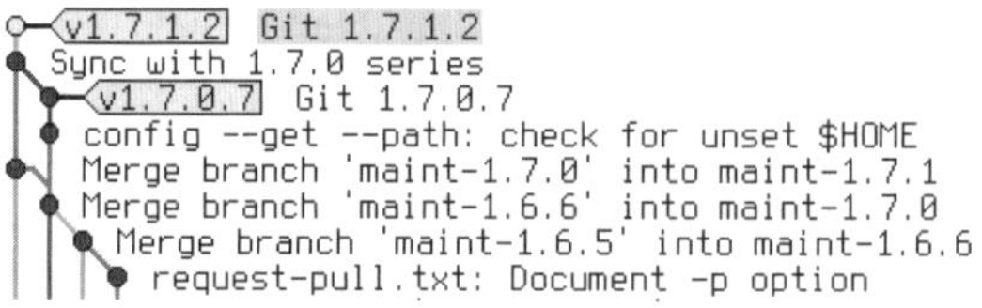

Abbildung 3.5:
Tags in Gitk

```
o─⟨v1.7.1.2⟩ Git 1.7.1.2
● Sync with 1.7.0 series
├─⟨v1.7.0.7⟩ Git 1.7.0.7
● config --get --path: check for unset $HOME
├● Merge branch 'maint-1.7.0' into maint-1.7.1
├● Merge branch 'maint-1.6.6' into maint-1.7.0
  ● Merge branch 'maint-1.6.5' into maint-1.6.6
  ● request-pull.txt: Document -p option
```

Lightweight Tags

Um den HEAD mit einem Lightweight Tag zu versehen, übergeben Sie den gewünschten Namen an das Kommando (in diesem Beispiel, um einen wichtigen Commit zu markieren):

```
$ git tag api-aenderung
$ git tag
api-aenderung
```

Sie können aber auch die SHA-1-Summe eines Objekts oder eine valide Revisionsbezeichnung (z.B. `master` oder `HEAD~23`) angeben, um ein Objekt nachträglich zu markieren.

```
$ git tag pre-regression HEAD~23
$ git tag
api-aenderung
pre-regression
```

Tags sind einzigartig – sollten Sie versuchen, ein Tag erneut zu erzeugen, bricht Git mit einer Fehlermeldung ab:

```
$ git tag pre-regression
fatal: tag 'pre-regression' already exists
```

Annotated Tags

Annotated Tags erzeugen Sie mit der Option `-a`. Wie bei `git commit` öffnet sich ein Editor, mit dem Sie die Tag-Message verfassen. Oder Sie übergeben die Tag-Message mit der Option `-m` – dann ist die Option `-a` redundant:

```
$ git tag -m "Zweite Veröffentlichung" 0.2
```

Signierte Tags

Um ein signiertes Tag zu überprüfen, verwenden Sie die Option `-v` (*verify*):

```
$ git tag -v v1.7.1
object d599e0484f8ebac8cc50e9557a4c3d246826843d
type commit
tag v1.7.1
tagger Junio C Hamano <gitster@pobox.com> 1272072587 -0700

Git 1.7.1
gpg: Signature made Sat Apr 24 03:29:47 2010 CEST using DSA key ID ↵
F3119D9A
gpg: Good signature from "Junio C Hamano <junkio@cox.net>"
...
```

Das setzt natürlich voraus, dass Sie sowohl GnuPG installiert als auch den Schlüssel des Signierenden bereits importiert haben.

Um selbst Tags zu signieren, müssen Sie zunächst den dafür bevorzugten Key einstellen:

```
$ git config --global user.signingkey <GPG-Key-ID>
```

Nun können Sie signierte Tags mit der Option `-s` (*sign*) erstellen:

```
$ git tag -s -m "Dritte Veröffentlichung" 3.0
```

Tags löschen und überschreiben

Mit den Optionen `-d` und `-f` löschen Sie Tags bzw. überschreiben sie:

```
$ git tag -d 0.2
Deleted tag '0.2' (was 4773c73)
```

Die Optionen sind mit Vorsicht zu genießen, besonders wenn Sie die Tags nicht nur lokal verwenden, sondern auch veröffentlichen. Unter bestimmten Umständen kann es dazu kommen, dass Tags unterschiedliche Commits bezeichnen – Version 1.0 im Repository X zeigt auf einen anderen Commit als Version 1.0 im Repository Y. Aber sehen Sie hierzu auch Abschnitt 5.8.

Lightweight vs. Annotated Tags

Für die öffentliche Versionierung von Software sind allgemein Annotated Tags sinnvoller. Sie enthalten im Gegensatz zu Lightweight Tags Metainformationen, aus denen zu ersehen ist, wer wann ein Tag erstellt hat – der Ansprechpartner ist eindeutig. Auch erfahren Benutzer einer Software so, wer eine bestimmte Version abgesegnet hat. Zum Beispiel ist klar, dass Junio C. Hamano die Git-Version 1.7.1 getaggt hat – sie hat also quasi sein „Gütesiegel". Die Aussage bestätigt natürlich auch die kryptographische Signatur. Lightweight Tags hingegen eignen sich vor allem, um lokal Markierungen anzubringen, zum Beispiel um bestimmte, für die aktuelle Aufgabe relevante Commits zu kennzeichnen. Achten Sie aber darauf, solche Tags nicht in ein öffentliches Repository hochzuladen (siehe Abschnitt 5.8), da diese sich sonst verbreiten könnten. Sofern Sie die Tags nur lokal verwenden, können Sie sie auch löschen, wenn sie ihren Dienst erfüllt haben (s. o.).

Non-Commit Tags

Mit Tags markieren Sie beliebige Git-Objekte, also nicht nur Commits, sondern auch Tree-, Blob- und sogar Tag-Objekte selbst! Das klassische Beispiel ist, den öffentlichen GPG-Schlüssel, der von dem Maintainer eines Projekts zum Signieren von Tags verwendet wird, in einem Blob zu hinterlegen.

So zeigt das Tag `junio-gpg-pub` im Git-Repository von Git auf den Schlüssel von Junio C. Hamano:

```
$ git show junio-gpg-pub | head -5
tag junio-gpg-pub
Tagger: Junio C Hamano <junkio@cox.net>
Date:   Tue Dec 13 16:33:29 2005 -0800

GPG key to sign git.git archive.
```

Weil dieses Blob-Objekt von keinem Tree referenziert wird, ist die Datei quasi getrennt vom eigentlichen Code, aber dennoch im Repository vorhanden. Außerdem ist ein Tag auf einen „einsamen" Blob notwendig, damit dieser nicht als *unreachable* gilt und im Zuge der Repository-Wartung gelöscht wird.[6]

Um den Schlüssel zu verwenden, gehen Sie wie folgt vor:

```
$ git cat-file blob junio-gpg-pub | gpg --import
gpg: key F3119B9A: public key "Junio C Hamano <junkio@cox.net>" imported
gpg: Total number processed: 1
gpg:               imported: 1
```

Sie können dann, wie oben beschrieben, alle Tags im Git-via-Git-Repository verifizieren.

Commits beschreiben

Tags sind sehr nützlich, um beliebige Commits „besser" zu beschreiben. Das Kommando `git describe` gibt eine Beschreibung, die aus dem aktuellsten Tag und dessen relativer Position im Commit-Graphen besteht. Hier ein Beispiel aus dem Git-Projekt: Wir beschreiben einen Commit mit dem SHA-1-Präfix 28ba96a, der sich im Commit-Graphen sieben Commits nach der Version 1.7.1 befindet:

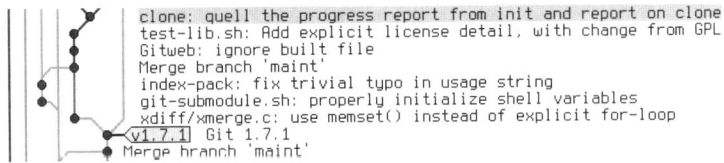

Abbildung 3.6: Der zu beschreibende Commit in Grau hervorgehoben

```
$ git describe --tags
v1.7.1-7-g28ba96a
```

Die Ausgabe von `git describe` ist wie folgt formatiert:

```
<tag>-<position>-g<SHA-1>
```

---

6   Um einen solchen getaggten Blob in ein Repository aufzunehmen, bedienen Sie sich des folgenden Kommandos: `git tag -am "<beschreibung>" <tag-name> $(git hash-object -w <datei>)`.

Das Tag ist v1.7.1; die Position besagt, dass sich sieben neue Commits zwischen dem Tag und dem beschriebenen Commit befinden.[7] Das Kürzel g vor der ID besagt, dass die Beschreibung aus einem Git-Repository abgeleitet ist, was in Umgebungen mit mehreren Versionsverwaltungssystemen nützlich ist. Standardmäßig sucht git describe nur nach Annotated Tags, mit der Option --tags erweitern Sie die Suche auch auf Lightweight Tags.

Das Kommando ist sehr nützlich, weil es einen inhaltsbasierten Bezeichner in etwas für Menschen Sinnvolles übersetzt: v1.7.1-7-g28ba96a ist deutlich näher an v1.7.1 als v1.7.1-213-g3183286. Dadurch können Sie die Ausgaben sinnvoll – wie im Git-Projekt auch – direkt in die Software einkompilieren:

```
$ git describe
v1.7.5-rc2-8-g0e73bb4
$ make
GIT_VERSION = 1.7.5.rc2.8.g0e73bb
...
$ ./git --version
git version 1.7.5.rc2.8.g0e73bb
```

Somit weiß ein Benutzer ungefähr, welche Version er hat, und kann nachvollziehen, aus welchem Commit die Version kompiliert wurde.

3.2 Versionen wiederherstellen

Ziel einer Versionskontrollsoftware ist es nicht nur, Änderungen zwischen Commits zu untersuchen. Wichtig ist vor allem auch, ältere Versionen einer Datei oder ganzer Verzeichnisbäume wiederherzustellen oder Änderungen rückgängig zu machen. Dafür sind in Git insbesondere die Kommandos checkout, reset und revert zuständig.

Das Git-Kommando checkout kann nicht nur Branches wechseln, sondern auch Dateien aus früheren Commits wiederherstellen. Die Syntax lautet allgemein:

```
git checkout [-f] <referenz> -- <muster>
```

checkout löst die angegebene Referenz (und wenn diese fehlt, HEAD) auf einen Commit auf und extrahiert alle Dateien, die auf <muster> passen, in den Working Tree. Ist <muster> ein Verzeichnis, bezieht sich das auf alle darin enthaltenen Dateien und Unterverzeichnisse. Sofern Sie kein Muster explizit angeben, werden alle Dateien ausgecheckt. Dabei werden

---

[7] Es handelt sich hierbei um die Commits, die mit git log v1.7.1..28ba96a erfasst werden.

Änderungen an einer Datei nicht einfach überschreiben, es sei denn, Sie geben die Option `-f` an (s. o.). Außerdem wird `HEAD` auf den entsprechenden Commit (bzw. Branch) gesetzt.

Wenn Sie allerdings ein Muster angeben, dann überschreibt `checkout` diese Datei(en) ohne Nachfrage. Um also alle Änderungen an `<datei>` zu verwerfen, geben Sie `git checkout -- <datei>` ein: Git ersetzt dann `<datei>` durch die Version im aktuellen Branch. Auf diese Weise können Sie auch den älteren Zustand einer Datei rekonstruieren:

```
$ git checkout ce66692 -- <datei>
```

Das doppelte Minus trennt die Muster von den Optionen bzw. Argumenten. Es ist allerdings nicht notwendig: Gibt es keine Branches oder andere Referenzen mit dem Namen, versucht Git, eine solche Datei zu finden. Die Separierung macht also nur eindeutig, dass Sie die entsprechende(n) Datei(en) wiederherstellen möchten.

Um den Inhalt einer Datei aus einem bestimmten Commit anzuschauen, ohne sie auszuchecken, nutzen Sie das folgende Kommando:

```
$ git show ce66692:<datei>
```

> **TIPP**
>
> Mit `--patch` bzw. `-p` rufen Sie `git checkout` im interaktiven Modus auf. Der Ablauf ist der gleiche wie bei `git add -p` (siehe Abschnitt 2.1.2), jedoch können Sie hier Hunks einer Datei schrittweise zurücksetzen.

3.2.1 Detached HEAD

Wenn Sie einen Commit auschecken, der nicht durch einen Branch referenziert wird, befinden Sie sich im sogenannten *Detached-HEAD*-Modus:

```
$ git checkout 3329661
Note: checking out '3329661'.

You are in 'detached HEAD' state. You can look around, make
experimental changes and commit them, and you can discard any
commits you make in this state without impacting any branches
by performing another checkout.

If you want to create a new branch to retain commits you create,
you may do so (now or later) by using -b with the checkout command
again. Example:

  git checkout -b new_branch_name

HEAD is now at 3329661... Add LICENSE file
```

3 Praktische Versionsverwaltung

Wie die Erklärung, die Sie durch setzen der Option `advice.detached-Head` auf `false` ausblenden können, schon warnt, werden Änderungen, die Sie nun tätigen, im Zweifel verlorengehen: Da Ihr `HEAD` danach die einzige direkte Referenz auf den Commit ist, werden weitere Commits nicht direkt von einem Branch referenziert (sie sind *unreachable*, s. o.).

Im Detached-HEAD-Modus zu arbeiten bietet sich also vor allem dann an, wenn Sie schnell etwas probieren wollen: Ist der Fehler eigentlich schon im Commit 3329661 aufgetaucht? Gab es zum Zeitpunkt von 3329661 eigentlich schon die Datei README?

TIPP Wenn Sie von dem ausgecheckten Commit aus mehr machen wollen als sich bloß umzuschauen und beispielsweise testen möchten, ob Ihre Software schon damals einen bestimmten Bug hatte, sollten Sie einen Branch erstellen:

```
$ git checkout -b <temp-branch>
```

Dann können Sie wie gewohnt Commits machen, ohne befürchten zu müssen, dass diese verlorengehen.

3.2.2 Commits rückgängig machen

Wenn Sie alle Änderungen, die ein Commit einbringt, rückgängig machen wollen, hilft das Kommando `revert`. Es löscht aber keinen Commit, sondern erstellt einen neuen, dessen Änderungen genau dem Gegenteil des anderen Commits entsprechen: Gelöschte Zeilen werden zu hinzugefügten und umgekehrt.

Angenommen, Sie haben einen Commit, der eine Datei `LICENSE` erstellt. Der Patch des entsprechenden Commits sieht so aus:

```
--- /dev/null
+++ b/LICENSE
@@ -0,0 +1 @@
+This software is released under the GNU GPL version 3 or newer.
```

Nun können Sie die Änderungen rückgängig machen:

```
$ git revert 3329661
Finished one revert.
[master a68ad2d] Revert "Add LICENSE file"
 1 files changed, 0 insertions(+), 1 deletions(-)
 delete mode 100644 LICENSE
```

Git erstellt einen neuen Commit auf dem aktuellen Branch – sofern Sie nichts anderes angeben – mit der Beschreibung `Revert "<Alte Commit-Nachricht>"`. Dieser Commit sieht so aus:

```
$ git show
commit a68ad2d41e9219383449d703521573477ee7da48
Author: Julius Plenz <feh@mali>
Date:   Mon Mar 7 05:28:47 2011 +0100

    Revert "Add LICENSE file"

    This reverts commit 3329661775af3c52e6b2ad7e9e7e7d789ba62712.

diff --git a/LICENSE b/LICENSE
deleted file mode 100644
index 3fd9c20..0000000
--- a/LICENSE
+++ /dev/null
@@ -1 +0,0 @@
-This software is released under the GNU GPL version 3 or newer.
```

Beachten Sie also, dass in der Versionsgeschichte eines Projekts ab nun sowohl der Commit als auch der Revert auftauchen. Sie machen also nur die *Änderungen* rückgängig, löschen aber keine Informationen aus der Versionsgeschichte.

Sie sollten daher revert nur einsetzen, wenn Sie eine Änderung, die bereits veröffentlicht wurde, rückgängig machen müssen. Entwickeln Sie allerdings lokal in einem eigenen Branch, ist es sinnvoller, diese Commits komplett zu löschen (siehe dafür den folgenden Abschnitt über reset sowie das Thema *Rebase*, Abschnitt 4.1).

Sofern Sie einen Revert durchführen wollen, allerdings nicht für sämtliche Änderungen des Commits, sondern nur für die einer Datei, können Sie sich zum Beispiel so behelfen:

```
$ git show -R 3329661 -- LICENSE | git apply --index
$ git commit -m 'Revert change to LICENSE from 3329661'
```

Das Kommando git show gibt die Änderungen von Commit 3329661 aus, die sich auf die Datei LICENSE beziehen. Die Option -R sorgt dafür, dass das Unified-Diff-Format „andersherum" angezeigt wird (*reverse*). Die Ausgabe wird an git apply weitergeleitet, um die Änderungen an der Datei und dem Index vorzunehmen. Anschließend werden die Änderungen eingecheckt.

Eine weitere Möglichkeit, eine Änderung rückgängig zu machen, besteht darin, eine Datei aus einem vorherigen Commit auszuchecken, sie dem Index hinzuzufügen und neu einzuchecken:

```
$ git checkout 3329661 -- <datei>
$ git add <datei>
$ git commit -m 'Reverting <datei> to resemble 3329661'
```

3.2.3 Reset und der Index

Wenn Sie einen Commit gänzlich löschen, also nicht nur rückgängig machen, dann verwenden Sie `git reset`. Das Reset-Kommando setzt den HEAD (und damit auch den aktuellen Branch) sowie wahlweise auch Index und Working Tree auf einen bestimmten Commit. Die Syntax lautet `git reset [<option>] [<commit>]`.

Die wichtigsten Reset-Typen sind die folgenden:

`--soft`
    Setzt nur den HEAD zurück; Index und Working Tree bleiben unberührt.

`--mixed`
    Voreinstellung, wenn Sie keine Option angeben. Setzt HEAD und Index auf den angegebenen Commit, die Dateien im Working Tree bleiben aber unberührt.

`--hard`
    Synchronisiert HEAD, Index und Working Tree und setzt sie auf den gleichen Commit. Dabei gehen möglicherweise Änderungen im Working Tree verloren!

Wenn Sie `git reset` ohne Optionen aufrufen, entspricht dies einem `git reset --mixed HEAD`. Das Kommando haben wir schon kennengelernt: Git setzt den aktuellen HEAD auf HEAD (verändert ihn also nicht) und den Index auf HEAD – dabei gehen die vorher hinzugefügten Änderungen verloren.

Die Anwendungsmöglichkeiten dieses Kommandos sind vielfältig und werden in den verschiedenen Kommandosequenzen wieder auftauchen. Daher ist es wichtig, die Funktionalität zu verstehen, auch wenn es teilweise alternative Kommandos gibt, die den gleichen Effekt haben.

Angenommen, Sie haben auf master zwei Commits gemacht, die Sie eigentlich auf einen neuen Branch verschieben wollen, um noch weiter daran zu arbeiten. Die folgende Kommandosequenz erstellt einen neuen Branch, der auf den HEAD zeigt, und setzt anschließend HEAD und damit den aktuellen Branch master zwei Commits zurück. Dann checken Sie den neuen Branch <neues-feature> aus.

```
$ git branch <neues-feature>
$ git reset --hard HEAD^^
$ git checkout <neues-feature>
```

Alternativ hat die folgende Sequenz den gleichen Effekt: Sie erstellen einen Branch <neues-feature>, der auf den aktuellen Commit zeigt.

Dann löschen Sie master und erstellen ihn neu, so dass er auf den zweiten Vorgänger des aktuellen Commits zeigt.

```
$ git checkout -b <neues-feature>
$ git branch -D master
$ git branch master HEAD^^
```

reset benutzen

Mit reset löschen Sie nicht beliebige Commits, sondern verschieben immer nur Referenzen. Dadurch gehen die nicht mehr referenzierten Commits verloren, werden also quasi gelöscht (*unreachable*). Sie können also mit reset nur die obersten Commits auf einem Branch löschen, nicht beliebige Commits „irgendwo aus der Mitte", da dies den Commit-Graphen zerstören würde. (Für das etwas kompliziertere Löschen von Commits „mittendrin" siehe Rebase, Abschnitt 4.1.)

Git speichert den ursprünglichen HEAD immer unter ORIG_HEAD ab. Falls Sie also fälschlicherweise einen Reset durchgeführt haben, machen Sie diesen mit git reset --hard ORIG_HEAD rückgängig (auch wenn der Commit vermeintlich gelöscht wurde). Das betrifft allerdings *nicht* die verlorengegangenen Änderungen am Working Tree (die Sie noch nicht eingecheckt haben) – diese werden unwiderruflich gelöscht.

Das Resultat von oben (zwei Commits auf einen neuen Branch verschieben) erreichen Sie also alternativ auch so:

```
$ git reset --hard HEAD^^
$ git checkout -b <neues-feature> ORIG_HEAD
```

Eine häufige Anwendung von reset ist, testweise Änderungen zu verwerfen. Sie wollen einen Patch probieren? Ein bisschen Debugging-Output einbauen? Ein paar Konstanten ändern? Gefällt das Ergebnis nicht, löscht ein git reset --hard alle Änderungen am Working Tree.

Auch können Sie mit Hilfe von reset Ihre Versionsgeschichte „schön machen". Wenn Sie beispielsweise ein paar Commits auf einem auf master aufbauenden Branch <feature> haben, die aber nicht sinnvoll gegliedert (oder viel zu groß) sind, können Sie einen Branch <reorder-feature> erstellen und *alle Änderungen in neue Commits verpacken*:

```
$ git checkout -b <reorder-feature> <feature>
$ git reset master
$ git add -p
$ git commit
$ ...
```

Das Kommando git reset master setzt Index und HEAD auf den Stand von master. Ihre Änderungen im Working Tree bleiben aber erhalten, d. h. alle Änderungen, die den Branch <feature> von master unterscheiden, sind nun lediglich in den Dateien im Working Tree enthalten. Jetzt können Sie die Änderungen *schrittweise* per `git add -p` hinzufügen und in (mehrere) handliche Commits verpacken.[8]

Angenommen, Sie arbeiten an einer Änderung und wollen diese temporär einchecken (um später daran weiterzuarbeiten). Dann können Sie folgende Kommandos verwenden:

```
$ git commit -m 'feature (noch unfertig)'
(später)
$ git reset --soft HEAD^
(weiterarbeiten)
```

Das Kommando `git reset --soft HEAD^` setzt den `HEAD` einen Commit zurück, lässt allerdings den Index sowie den Working Tree unberührt. Alle Änderungen aus Ihrem temporären Commit sind also nach wie vor im Index und Working Tree, aber der eigentliche Commit geht verloren. Sie können nun weitere Änderungen machen und später einen neuen Commit erstellen. Eine ähnliche Funktionalität stellt die Option `--amend` für `git commit` sowie auch das Kommando `git stash` (dt. „verstauen") bereit, das in Abschnitt 4.5 erklärt wird.

3.3 Branches zusammenführen: Merges

Das Zusammenführen von Branches nennt man in Git *mergen*; der Commit, der zwei oder mehr Branches miteinander verbindet, heißt entsprechend *Merge-Commit*.

Git stellt das Subkommando `merge` bereit, mit dem Sie einen Branch in einen anderen integrieren. Das bedeutet, dass alle Änderungen, die Sie auf dem Branch getätigt haben, in den aktuellen einfließen.

Beachten Sie, dass das Kommando den angegebenen Branch in den *aktuell ausgecheckten Branch* (d.h. `HEAD`) integriert. Das Kommando benötigt also nur ein Argument:

```
$ git merge <branch-name>
```

Wenn Sie wohlüberlegt mit Ihren Branches hantieren, dürfte es keine Probleme beim Mergen geben. Wenn doch, dann stellen wir in diesem Abschnitt auch Strategien vor, wie Sie Merge-Konflikte lösen.

Zunächst schauen wir uns einen Merge-Vorgang auf Objektebene an.

---

8 Um zu überprüfen, dass die Änderungen in Ihrem neuen Branch denen des alten entsprechen, verwenden Sie `git diff <reorder-feature> <feature>` – wenn das Kommando keine Ausgabe erzeugt, dann enthalten die Branches identische Änderungen.

3.3.1 Zwei Branches verschmelzen

Die zwei Branches `topic` und `master`, die Sie mergen wollen, referenzieren jeweils den aktuellsten Commit in einer Kette von Commits (F und D), und diese beiden Commits wiederum einen Tree (entspricht dem obersten Verzeichnis Ihres Projekts).

Zunächst berechnet Git eine sogenannte *Merge-Basis*, also einen Commit, den beide zu verschmelzenden Commits als gemeinsamen Vorfahren haben. In der Regel gibt es mehrere solcher Basen – im untenstehenden Diagramm A und B – , dann wird die neueste (die also die anderen Basen als Vorfahren hat) verwendet.[9] Anschaulich gesprochen, ist dies für einfache Fälle der Commit, an dem die Branches divergiert haben (also B).

Wenn Sie nun zwei Commits miteinander verschmelzen wollen (D und F zu M), dann müssen also die von den Commits referenzierten Trees verschmolzen werden.

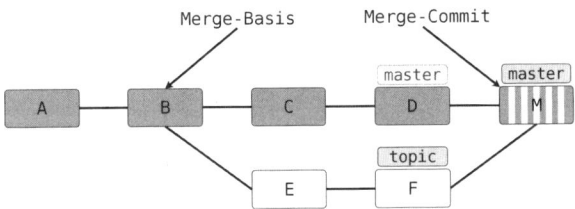

Abbildung 3.7: Merge-Basis und Merge-Commit

Dafür geht Git so vor:[10] Wenn ein Tree-Eintrag (ein weiterer Tree oder ein Blob) in beiden Commits gleich ist, wird genau dieser Tree-Eintrag auch im Merge-Commit übernommen. Das passiert in zwei Fällen:

1. Eine Datei wurde von keinem der beiden Commits geändert, oder ein Unterverzeichnis enthält keine geänderte Datei: Im ersten Fall ist die Blob-SHA-1-Summe dieser Datei in beiden Commits gleich, im zweiten Fall wird von beiden Commits das gleiche Tree-Objekt referenziert. Der referenzierte Blob bzw. Tree ist also derselbe wie der in der Merge-Basis referenzierte.

---

9   Es ist nicht zwingend notwendig, dass eine Merge-Basis existiert; wenn Sie zum Beispiel mehrere Root-Commits in einem Repository verwalten (siehe auch Abschnitt 4.7) und dann die darauf aufgebauten Branches mergen, gibt es – sofern vorher noch kein Merge stattfand – keine gemeinsame Basis. In diesem Fall erzeugt eine Datei, die auf beiden Seiten in verschiedenen Versionen vorliegt, einen Konflikt.

10 Die nachfolgende Beschreibung erläutert die Vorgehensweise der `resolve`-Strategie. Sie unterscheidet sich nur wenig von der Standard-Strategie `recursive`, siehe auch die Detailbeschreibung dieser Strategie in Abschnitt 3.3.3.

2. Eine Datei wurde *auf beiden Seiten* und *äquivalent* geändert (gleiche Blobs). Das passiert zum Beispiel, wenn aus dem einen Branch alle Änderungen an einer Datei per `git cherry-pick` (siehe Abschnitt 3.5) übernommen wurden. Der referenzierte Blob ist dann *nicht* derselbe wie in der Merge-Basis.

Wenn ein Tree-Eintrag in einem der Commits verschwindet, im anderen aber noch vorhanden ist und *der gleiche ist wie in der Merge-Basis*, dann wird er nicht übernommen. Das entspricht dem Löschen einer Datei oder eines Verzeichnisses, wenn an der Datei auf der anderen Seite keine Änderungen vorgenommen wurden. Analog, wenn ein Commit einen neuen Tree-Eintrag mitbringt, wird dieser in den Merge-Tree übernommen.

Was passiert nun, wenn eine Datei aus den Commits verschiedene Blobs aufweist, die Datei also zumindest auf der einen Seite verändert wurde? Im Falle, dass einer der Blobs der gleiche ist wie in der Merge-Basis, wurden nur auf einer Seite Änderungen an der Datei durchgeführt – Git kann diese Änderungen also einfach übernehmen.

Wenn sich aber *beide* Blobs von der Merge-Basis unterscheiden, könnte es möglicherweise zu Problemen kommen. Zunächst versucht Git, die Änderungen beider Seiten zu übernehmen.

Dafür wird in der Regel ein *3-Wege-Merge*-Algorithmus verwendet. Im Gegensatz zum klassischen 2-Wege-Merge-Algorithmus, der eingesetzt wird, wenn Sie zwei unterschiedliche Versionen A und B einer Datei haben und diese zusammenführen wollen, bezieht dieser 3-Wege-Algorithmus eine dritte Version C der Datei ein, extrahiert aus obiger Merge-Basis. Der Algorithmus kann daher, weil ein gemeinsamer Vorgänger der Datei bekannt ist, in vielen Fällen besser (d. h. nicht nur anhand der Zeilennummer bzw. des Kontextes) entscheiden, wie Änderungen zusammengeführt werden. In der Praxis werden so viele trivial lösbare Merge-Konflikte schon automatisch ohne Zutun des Nutzers gelöst.

Es gibt allerdings Konflikte, die kein noch so guter Merge-Algorithmus zusammenführen kann. Das passiert zum Beispiel, wenn in Version A der Datei der Kontext direkt vor einer Änderung in Datei B geändert wurde, oder, schlimmer noch, Version A und B und C unterschiedliche Versionen einer Zeile aufweisen.

Einen solchen Fall nennt man *Merge-Konflikt*. Git führt alle Dateien so gut es geht zusammen und präsentiert dem Nutzer dann die in Konflikt stehenden Änderungen, damit dieser sie manuell verschmelzen (und damit den Konflikt lösen) kann (siehe dafür Abschnitt 3.4).

Zwar ist es grundsätzlich möglich, mit einem speziell auf die jeweilige Programmiersprache ausgerichteten Algorithmus eine syntaktisch korrekte Auflösung zu erzeugen – allerdings kann ein Algorithmus nicht hinter die *Semantik* des Codes schauen, also die Bedeutung des Codes erfassen. Daher wäre eine so generierte Lösung in der Regel nicht sinnvoll.

3.3.2 Fast-Forward-Merges: Einen Branch vorspulen

Das Kommando `git merge` erzeugt nicht immer einen Merge-Commit. Ein trivialer Fall, der aber häufig vorkommt, ist der sogenannte *Fast-Forward-Merge*, also ein Vorspulen des Branches.

Ein Fast-Forward-Merge tritt dann auf, wenn ein Branch, z.B. `topic`, Kind eines zweiten Branches, `master`, ist:

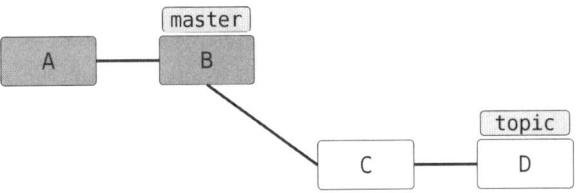

Abbildung 3.8: Vor dem *Fast-Forward*-Merge

Ein einfaches `git merge topic` im Branch `master` führt nun dazu, dass `master` einfach weitergerückt wird – es wird kein Merge-Commit erzeugt.

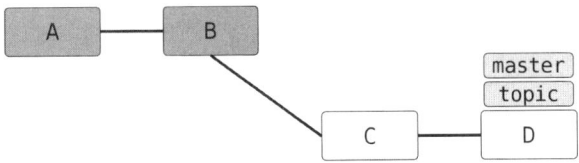

Abbildung 3.9: Nach dem *Fast-Forward*-Merge – es wurde kein Merge-Commit erzeugt

Ein solches Verhalten geht natürlich nur dann, wenn die beiden Branches nicht divergiert haben, wenn also die Merge-Basis beider Branches einer der beiden Branches selbst ist, in diesem Falle `master`.

Dieses Verhalten ist häufig wünschenswert:

1. Sie wollen Upstream-Änderungen, also Änderungen aus einem anderen Git-Repository, integrieren. Dafür verwenden Sie typischerweise ein Kommando wie `git merge origin/master`. Auch ein `git pull` wird einen Merge ausführen. Wie Sie Änderungen zwischen Git-Repositories austauschen, behandeln wir in Kapitel 5.

2. Sie wollen einen experimentellen Branch einpflegen. Da Sie besonders einfach und schnell Branches in Git erstellen, empfiehlt es sich,

3 Praktische Versionsverwaltung

für jedes Feature einen neuen Branch anzufangen. Wenn Sie nun etwas Experimentelles auf einem Branch ausprobiert haben und dies integrieren wollen, ohne dass man einen „Zeitpunkt der Integration" erkennen kann, dann geschieht das per *Fast-Forward*.

> **TIPP** Mit den Optionen `--ff-only` und `--no-ff` können Sie das Merge-Verhalten anpassen. Wenn Sie die erste Option verwenden und die Branches können nicht per Fast-Forward zusammengeführt werden, wird Git mit einer Fehlermeldung abbrechen. Die zweite Option zwingt Git dazu, einen Merge-Commit zu erstellen, obwohl ein Fast-Forward möglich gewesen wäre.

Es gibt verschiedene Meinungen, ob man Änderungen immer per Fast-Forward integrieren sollte oder lieber einen Merge-Commit erstellt, obwohl dies nicht unbedingt nötig ist. Die Resultate sind in beiden Fällen gleich: Die Änderungen aus einem Branch werden in einen anderen integriert.

Wenn Sie allerdings einen Merge-Commit erstellen, dann wird die *Integration* eines Features deutlich. Betrachten Sie die beiden folgenden Ausschnitte aus der Versionsgeschichte eines Projekts:

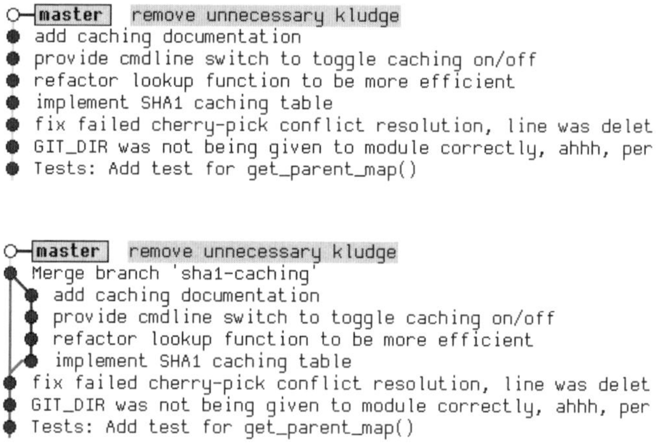

Abbildung 3.10: Integration eines Features mit und ohne Fast-Forward

```
o-[master] remove unnecessary kludge
● add caching documentation
● provide cmdline switch to toggle caching on/off
● refactor lookup function to be more efficient
● implement SHA1 caching table
● fix failed cherry-pick conflict resolution, line was delet
● GIT_DIR was not being given to module correctly, ahhh, per
● Tests: Add test for get_parent_map()


o-[master] remove unnecessary kludge
● Merge branch 'sha1-caching'
│● add caching documentation
│● provide cmdline switch to toggle caching on/off
│● refactor lookup function to be more efficient
│● implement SHA1 caching table
● fix failed cherry-pick conflict resolution, line was delet
● GIT_DIR was not being given to module correctly, ahhh, per
● Tests: Add test for get_parent_map()
```

Im oberen Fall können Sie nicht ohne weiteres erkennen, welche Commits ehemals im Branch `sha1-caching` entwickelt wurden, also mit einem spezifischen Feature der Software zu tun haben.

In der unteren Version jedoch können Sie auf den ersten Blick erkennen, dass es genau vier Commits auf diesem Branch gab und er dann integriert wurde. Da parallel nichts entwickelt wurde, wäre der Merge-Commit prinzipiell unnötig, allerdings macht er die Integration des Features deutlich.

> **TIPP**
>
> Es bietet sich daher an, statt auf die Magie von `git merge` zu vertrauen, zwei Aliase (siehe auch Abschnitt 1.3.1) zu kreieren, die einen Fast-Forward-Merge forcieren oder verbieten:
>
> ```
> nfm = merge --no-ff      # no-ff-merge
> ffm = merge --ff-only    #    ff-merge
> ```

Ein expliziter Merge-Commit ist auch hilfreich, weil Sie diesen mit einem einzigen Kommando rückgängig machen können. Dies ist beispielsweise dann sinnvoll, wenn Sie einen Branch integriert haben, der aber Fehler aufweist: Wenn der Code in Produktion läuft, ist es häufig wünschenswert, die gesamte Änderung vorerst wieder auszubauen, bis der Fehler korrigiert ist. Verwenden Sie dafür:

```
git revert -m 1 <merge-commit>
```

Git produziert dann einen neuen Commit, der alle Änderungen rückgängig macht, die durch den Merge verursacht wurden. Die Option `-m 1` gibt hier an, welche „Seite" des Merges als *Mainline*, also stabile Entwicklungslinie, gelten soll: deren Änderungen bleiben bestehen. Im obigen Beispiel würde `-m 1` dazu führen, dass die Änderungen der vier Commits aus dem Branch `sha1-caching`, also dem zweiten Strang des Merges, rückgängig gemacht würden.

3.3.3 Merge-Strategien

Git kennt fünf verschiedene Merge-Strategien, deren Verhalten teilweise noch durch Strategie-Optionen weiter angepasst werden kann. Die Strategie bestimmen Sie per `-s`, so dass ein Merge-Aufruf wie folgt lautet:

```
git merge -s <strategie> <branch>
```

Manche dieser Strategien können nur zwei Branches zusammenführen, andere eine beliebige Anzahl.

`resolve`
    Die `resolve`-Strategie kann zwei Branches mit Hilfe einer 3-Wege-Merge-Technik zusammenführen. Als Merge-Basis wird dafür die neueste (beste) aller möglichen Basen verwendet. Diese Strategie ist schnell und erzeugt generell gute Ergebnisse.

recursive
: Dies ist die Standard-Strategie, die Git einsetzt, um zwei Branches zu verschmelzen. Auch hier wird ein 3-Wege-Merge-Algorithmus eingesetzt. Allerdings geht diese Strategie geschickter vor als `resolve`: Existieren mehrere Merge-Basen, die allesamt „gleiche Berechtigung" haben,[11] dann führt Git zunächst diese Basen zusammen, um das Ergebnis dann als Merge-Basis für den 3-Wege-Merge-Algorithmus zu verwenden. Neben der Tatsache, dass dadurch auch Merges mit Dateiumbenennungen besser verarbeitet werden können, hat ein Testlauf auf der Versionsgeschichte des Linux-Kernels gezeigt, dass durch diese Strategien weniger Merge-Konflikte auftreten als mit der `resolve`-Strategie. Die Strategie kann durch diverse Optionen angepasst werden (s. u.).

octopus
: Standard-Strategie, wenn drei oder mehr Branches zusammengeführt werden. Die Octopus-Strategie kann im Gegensatz zu den beiden vorher genannten Strategien nur dann Merges durchführen, wenn kein Fehler auftritt, also keine manuelle Konfliktauflösung notwendig ist. Die Strategie ist besonders dafür gedacht, viele Topic-Branches, von denen bekannt ist, dass sie sich mit der Mainline (Haupt-Entwicklungsstrang) vertragen, zu integrieren.

ours
: Kann beliebig viele Branches verschmelzen, nutzt aber keinen Merge-Algorithmus. Stattdessen werden immer die Blobs bzw. Trees des aktuellen Branch (d.h. von dem Branch, von dem aus Sie `git merge` eingegeben haben) übernommen. Die Strategie wird vor allem dann verwendet, wenn Sie alte Entwicklungen mit dem aktuellen Stand der Dinge überschreiben wollen.

subtree
: Funktioniert wie `recursive`, allerdings vergleicht die Strategie die Trees nicht „auf gleicher Augenhöhe", sondern bemüht sich, den Tree der einen Seite als Subtree der anderen Seite zu finden und erst dann zu verschmelzen. Diese Strategie ist zum Beispiel dann sinnvoll, wenn Sie das Unterverzeichnis `Documentation/` Ihres Projekts in einem separaten Repository verwalten. Dann können Sie die Änderungen aus diesem Repository in das Haupt-Repository übernehmen,

---

11 Die `recursive`-Strategie geht also nur dann wesentlich intelligenter als `resolve` vor, wenn die *Topologie* der Commits (d.h. die Anordnung, wo abgezweigt und zusammengeführt wurde) wesentlich komplizierter ist als ein bloßes Abzweigen und anschließendes Zusammenführen.

indem Sie über `git pull -s subtree <documentation-repo>` die subtree-Strategie bemühen, die die Inhalte von <documentation-repo> als Unterverzeichnis des Haupt-Repositorys erkennt und den Merge-Vorgang nur auf das entsprechende Unterverzeichnis anwendet. Dieses Thema wird eingehender in Abschnitt 5.11 behandelt.

3.3.4 Optionen für die recursive-Strategie

Die Default-Strategie `recursive` kennt mehrere Optionen, die das Verhalten besonders bezüglich der Konfliktlösung anpassen. Sie bestimmen sie über die Option `-X`; die Syntax lautet also:

```
git merge -s recursive -X <option> <branch>
```

Sofern Sie nur zwei Branches mergen, müssen Sie die `recursive`-Strategie nicht explizit per `-s recursive` angeben.

Da die Strategie nur zwei Branches zusammenführen kann, ist es möglich, von *unserer* (engl. *our*) und *deren* (engl. *theirs*) Version zu sprechen: *unsere* Version ist dabei der ausgecheckte Branch beim Merge-Vorgang, während *deren* Version den Branch, den Sie integrieren wollen, referenziert.

`ours`
Wenn ein Merge-Konflikt auftritt, der normalerweise manuell gelöst werden müsste, wird stattdessen *unsere* Version verwendet. Die Strategie-*Option* unterscheidet sich allerdings von der *Strategie* ours, denn dort werden jegliche Änderungen der Gegenseite(n) ignoriert. Die ours-Option hingegen übernimmt alle Änderungen unserer sowie der Gegenseite und gibt nur im Konfliktfall und nur an den Konfliktstellen *unserer* Seite Vorrang.

`theirs`
Wie ours, nur dass genau gegenteilig vorgegangen wird: bei Konflikten wird *deren* Version bevorzugt.

`ignore-space-change, ignore-all-space, ignore-space-at-eol`
Da Whitespace in den meisten Sprachen keine syntaktische Rolle spielt, können Sie mit diesen Optionen Git anweisen, im Falle eines Merge-Konfliktes zu probieren, ob dieser automatisch lösbar ist, wenn Whitespace keine Rolle spielt. Ein häufiger Anwendungsfall ist, dass ein Editor oder eine IDE Quellcode automatisch umformatiert hat.

Die Option `ignore-space-at-eol` ignoriert Whitespace am Ende der Zeile, was insbesondere dann hilfreich ist, wenn beide Seiten verschiedene Zeilenende-Konventionen (LF/CRLF) verwenden. Geben Sie `ignore-space-change` an, wird *außerdem* Whitespace als reiner Trenner betrachtet: Für den Vergleich einer Zeile ist also unwesentlich, wie viele Leerzeichen oder Tabs an einer Stelle stehen – eingerückte Zeilen bleiben eingerückt, und getrennte Wörter bleiben getrennt. Die Option `ignore-all-space` ignoriert jeglichen Whitespace.

Generell geht die Strategie so vor: Falls *deren* Version nur durch die angegebene Option abgedeckte Whitespace-Änderungen hineinbringt, werden diese ignoriert und *unsere* Version verwendet; bringt sie weitere Änderungen mit, und *unsere* Version hat nur Whitespace-Änderungen, so wird *deren* Version verwendet. Wenn aber auf beiden Seiten nicht nur Whitespace geändert wurde, so gibt es weiterhin einen Merge-Konflikt.

Generell empfiehlt es sich nach einem Merge, den Sie nur mit Hilfe einer dieser Optionen lösen konnten, die entsprechenden Dateien noch einmal zu normalisieren, also die Zeilenenden und Einrückungen einheitlich zu machen.

`subtree=<tree>`
Ähnlich wie die `subtree`-*Strategie*, allerdings wird hier ein expliziter Pfad angegeben. Analog zum obigen Beispiel würden Sie

```
git pull -Xsubtree=Documentation <documentation-repo>
```

verwenden.

3.4 Merge-Konflikte lösen

Wie bereits beschrieben, sind manche Konflikte nicht durch Algorithmen aufzulösen – hier ist manuelle Nachbesserung nötig. Gute Team-Koordination sowie schnelle Integrationszyklen können größere Merge-Konflikte minimieren. Aber gerade in der frühen Entwicklung, wenn möglicherweise die Interna einer Software geändert werden, statt neue Features hinzuzufügen, kann es zu Konflikten kommen.

Wenn Sie in einem größeren Team arbeiten, dann ist in der Regel der Entwickler, der maßgeblich am konfliktbehafteten Code gearbeitet hat, dafür verantwortlich, eine Lösung zu finden. Eine solche Konfliktlösung ist aber meist nicht schwierig, wenn der Entwickler einen guten Überblick über die Software allgemein und insbesondere über sein Stück Code und dessen Interaktion mit anderen Teilen hat.

Wir werden die Lösung eines Merge-Konflikts anhand eines einfachen Beispiels in C durchgehen. Betrachten Sie die folgende Datei `output.c`:

```
int i;

for(i = 0; i < nr_of_lines(); i++)
    output_line(i);

print_stats();
```

Das Stück Code geht alle Zeilen einer Ausgabe durch und gibt diese nacheinander aus. Zuletzt liefert es eine kleine Statistik.

Nun ändern zwei Entwickler etwas an diesem Code. Der erste, Axel, schreibt eine Funktion, die die Zeilen umbricht, bevor sie ausgegeben werden, und ersetzt im obigen Codestück output_line durch seine verbesserte Version output_wrapped_line:

```
int i;
int tw = 72;

for(i = 0; i < nr_of_lines(); i++)
    output_wrapped_line(i, tw);

print_stats();
```

Die zweite Entwicklerin, Beatrice, modifiziert den Code, damit ihre neu eingeführte Konfigurationseinstellung max_output_lines honoriert wird, und nicht zu viele Zeilen ausgegeben werden:

```
int i;

for(i = 0; i < nr_of_lines(); i++) {
    if(i > config_get("max_output_lines"))
        break;
    output_line(i);
}

print_stats();
```

Beatrice verwendet also die „veraltete" Version output_line, und Axel hat noch nicht das Konstrukt, das die Konfigurationseinstellung überprüft.

Nun versucht Beatrice, ihre Änderungen auf Branch B in den Branch master zu übernehmen, auf dem Axel seine Änderungen schon integriert hat:

```
$ git checkout master
$ git merge B
Auto-merging output.c
CONFLICT (content): Merge conflict in output.c
Automatic merge failed; fix conflicts and then commit the result.
```

In der Datei output.c platziert Git nun sogenannte *Konflikt-Marker*, unten halbfett hervorgehoben, die anzeigen, wo sich Änderungen überschneiden. Es gibt zwei Seiten: Zum einen HEAD, d.h. der Branch, in den

Beatrice die Änderungen übernehmen will – in diesem Falle master. Die andere Seite ist der zu integrierende Branch – B. Die beiden Seiten werden durch eine Reihe von Gleichheitszeichen voneinander getrennt:

```
int i;
int tw = 72;

<<<<<<< HEAD
for(i = 0; i < nr_of_lines(); i++)
    output_wrapped_line(i, tw);
=======
for(i = 0; i < nr_of_lines(); i++) {
    if(i > config_get("max_output_lines"))
        break;
    output_line(i);
}
>>>>>>>

print_stats();
```

Zu beachten ist hier, dass nur die wirklich *konfliktbehafteten* Änderungen von Beatrice beanstandet werden. Axels Definition von tw weiter oben wird, obwohl bei Beatrice noch nicht vorhanden, anstandslos übernommen.

Beatrice muss nun den Konflikt lösen. Das passiert, indem sie zunächst die Datei direkt editiert, den Code so abwandelt, wie er sein soll, und anschließend die Konflikt-Marker entfernt. Wenn Axel in seiner Commit-Nachricht entsprechend ausführlich dokumentiert hat[12] wie seine neue Funktion arbeitet, sollte das schnell gehen:

```
int i;
int tw = 72;

for(i = 0; i < nr_of_lines(); i++) {
    if(i > config_get("max_output_lines"))
        break;
    output_wrapped_line(i, tw);
}

print_stats();
```

Anschließend muss Beatrice die Änderungen per git add hinzufügen. Sofern keine Konflikt-Marker mehr in der Datei verbleiben, ist dies für Git das Zeichen, dass ein Konflikt gelöst wurde. Schließlich muss das Resultat noch eingecheckt werden:

```
$ git add output.c
$ git commit
```

---

12 Die für den Merge relevanten Commits, die etwas an der Datei output.c geändert haben, kann Beatrice mit git log --merge -p -- output.c auflisten.

3.4 Merge-Konflikte lösen

In der Commit-Nachricht sollte unbedingt stehen, wie dieser Konflikt gelöst wurde. Auch mögliche Seiteneffekte auf andere Teile des Programms sollten nicht unerwähnt bleiben.

Normalerweise sind Merge-Commits „leer", d.h. in `git show` erscheint keine Diff-Ausgabe (weil die Änderungen ja von anderen Commits verursacht wurden). Im Falle eines Merge-Commits, der einen Konflikt löst, ist dies aber anders:

```
$ git show
commit 6e6c55810c884356402c078f30e45a997047058e
Merge: f894659 256329f
Author: Beatrice <beatrice@gitbu.ch>
Date:   Mon Feb 28 05:59:36 2011 +0100

    Merge branch 'B'
    
    * B:
      honor max_output_lines config option
    
    Conflicts:
        output.c

diff --cc output.c
index a2bd8ed,f4c8bec..e39e39d
--- a/output.c
+++ b/output.c
@@@ -1,7 -1,9 +1,10 @@@
  int i;
 +int tw = 72;

- for(i = 0; i < nr_of_lines(); i++)
+ for(i = 0; i < nr_of_lines(); i++) {
+     if(i > config_get("max_output_lines"))
+         break;
-     output_line(i);
+     output_wrapped_line(i, tw);
+ }

  print_stats();
```

Diese *kombinierte* Diff-Ausgabe unterscheidet sich vom üblichen Unidiff-Format: Es gibt nicht nur *eine* Spalte mit den Markern für hinzugefügt (+), entfernt (-) und Kontext bzw. ungeändert (), sondern zwei. Git vergleicht also das Resultat mit *beiden* Vorfahren. Die in der zweiten Spalte geänderten Zeilen entsprechen genau denen des Commits von Axel; die (halbfett markierten) Änderungen in der ersten Spalte sind der Commit von Beatrice inklusive Konfliktlösung.

Der Standard-Weg, wie oben gesehen, ist der folgende:

1. konfliktbehaftete Datei öffnen

2. Konflikt lösen, Marker entfernen

3. Datei per `git add` als „gelöst" markieren

4. Schritt eins bis drei für alle Dateien wiederholen, in denen Konflikte auftraten

5. Konfliktlösungen per `git commit` einchecken

Wenn Sie ad hoc nicht wissen, wie der Konflikt zu lösen ist (und zum Beispiel den ursprünglichen Entwickler damit beauftragen wollen, eine konfliktfreie Version des Codes zu produzieren), können Sie per `git merge --abort` den Merge-Vorgang abbrechen – also den Zustand Ihres Working Trees wieder auf den Stand bringen, auf dem er war, bevor Sie den Merge-Vorgang angestoßen haben. Dieses Kommando bricht auch einen Merge ab, den Sie schon teilweise gelöst haben. Achtung: Dabei gehen alle nicht eingecheckten Änderungen verloren.

> **TIPP** Um einen Überblick zu erhalten, welche Commits für den Merge-Konflikt relevante Änderungen an Ihrer Datei verursacht haben, können Sie das Kommando
>
> ```
> git log --merge -p -- <datei>
> ```
>
> verwenden. Git listet dann die Diffs von Commits auf, die seit der Merge-Basis Änderungen an <datei> vorgenommen haben.

Wenn Sie sich in einem Merge-Konflikt befinden, liegt eine Datei mit Konflikten in drei Stufen (*Stages*) vor: Stufe eins enthält die Version der Datei in der Merge-Basis (also die gemeinsame Ursprungsversion der Datei), Stufe zwei enthält die Version aus dem HEAD (also die Version aus dem Branch, *in den* Sie mergen). Stufe drei enthält schließlich die Datei in der Version des zu integrierenden Branches (dieser hat die symbolische Referenz MERGE_HEAD). Im Working Tree befindet sich die Kombination dieser drei Stufen mit Konflikt-Markern. Sie können diese Versionen aber jeweils mit `git show :<n>:<datei>` anzeigen:

```
$ git show :1:output.c
$ git show :2:output.c
$ git show :3:output.c
```

Mit einem speziell für 3-Wege-Merges entwickelten Programm behalten Sie allerdings wesentlich leichter den Überblick. Das Programm betrachtet die drei Stufen einer Datei, visualisiert sie entsprechend und bietet Ihnen Möglichkeiten an, Änderungen hin- und herzuschieben.

3.4.1 Hilfe beim Merge: mergetool

Bei nicht-trivialen Merge-Konflikten empfiehlt sich ein Merge-Tool, das die drei Stufen einer Datei entsprechend visualisiert und dadurch die Lösung des Konflikts erleichtert.

Gängige IDEs und Editoren wie z. B. Vim und Emacs bieten einen solchen Modus an. Außerdem gibt es externe Tools, wie zum Beispiel *KDiff3*[13] und *Meld*[14]. Letzteres visualisiert besonders gut, wie sich eine Datei zwischen den Commits verändert hat.

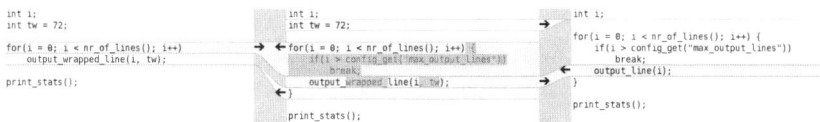

Abbildung 3.11: Der Beispiel-Merge-Konflikt, im Merge-Tool „Meld" visualisiert

Sie starten ein solches Merge-Tool über `git mergetool`. Git wird alle Dateien, die Konflikte enthalten, durchgehen und jeweils (wenn Sie Eingabe drücken) in einem Merge-Tool anzeigen. Per Default ist das Vimdiff[15].

Ein solches Programm wird in der Regel die drei Versionen einer Datei – *unsere* Seite, *deren* Seite sowie die soweit wie möglich zusammengeführte Datei inklusive Konflikt-Markern – in drei Spalten nebeneinander anzeigen, letztere sinnvollerweise in der Mitte. Wesentlich ist immer, dass Sie die Änderung (Konfliktlösung) in der mittleren Datei machen, also auf der Working-Copy. Die anderen Dateien sind temporär und werden wieder gelöscht, wenn das Merge-Tool beendet wurde.

Prinzipiell können Sie ein beliebiges anderes Tool verwenden. Das `mergetool`-Script legt lediglich die drei Stufen der Datei mit entsprechendem Dateinamen ab und startet das Diff-Tool auf diesen drei Dateien. Beendet sich das Programm wieder, überprüft Git, ob noch Konflikt-Marker in der Datei enthalten sind – wenn nicht, wird Git annehmen, dass der Konflikt erfolgreich gelöst wurde, und die Datei automatisch per `git add` dem Index hinzufügen. Wenn Sie also alle Dateien abarbeiten, müssen Sie schließlich nur noch einen Commit-Aufruf ausführen, um die Konfliktlösung zu besiegeln.

Welches Tool Git auf der Datei startet, regelt die Option `merge.tool`. Die folgenden Kommandos sind bereits vorkonfiguriert, d. h. Git weiß

---

13 http://kdiff3.sourceforge.net/
14 http://meld.sourceforge.net/
15 In Vimdiff können Sie mit Strg+W und anschließender Bewegung mit den Pfeiltasten oder h, j, k, l das Fenster in die entsprechende Richtung wechseln. Mit dp bzw. do schieben Sie Änderungen auf die andere Seite oder übernehmen sie von dort (*diff put – diff obtain*).

bereits, in welcher Reihenfolge das Programm die Argumente erwartet und welche Zusatzoptionen angegeben werden müssen:

```
araxis bc3 codecompare deltawalker diffmerge diffuse
ecmerge emerge gvimdiff gvimdiff2 gvimdiff3 kdiff3
meld opendiff p4merge tkdiff tortoisemerge
vimdiff vimdiff2 vimdiff3 xxdiff
```

Um Ihr eigenes Merge-Tool zu verwenden, müssen Sie `merge.tool` auf einen geeigneten Namen setzen, zum Beispiel mymerge, und anschließend zumindest die Option `mergetool.mymerge.cmd` angeben. Den darin gespeicherten Ausdruck wertet die Shell aus, und die Variablen BASE, LOCAL, REMOTE sowie MERGED, die die Datei mit den Konflikt-Markern enthält, sind auf die entsprechend erzeugten temporären Dateien gesetzt. Sie können die Eigenschaften Ihres Merge-Kommandos weiter konfigurieren, siehe dafür die Man-Page `git-config(1)` im Abschnitt der mergetool-Konfiguration.

TIPP Wenn Sie sich zeitweise (nicht dauerhaft) für ein anderes Merge-Programm entscheiden, geben Sie dieses über die Option `-t <tool>` an. Um also Meld auszuprobieren, geben Sie während eines Merge-Konflikts einfach `git mergetool -t meld` ein – dafür muss Meld natürlich installiert sein.

3.4.2 rerere: Reuse Recorded Resolution

Git besitzt ein relativ unbekanntes (und schlecht dokumentiertes), aber sehr hilfreiches Feature: Rerere, kurz für *Reuse Recorded Resolution* („gespeicherte Konfliktlösung wiederverwenden"). Sie müssen die Option `rerere.enabled` auf `true` setzen, damit das Kommando automatisch aufgerufen wird (beachten Sie das d am Ende von enabled).

Die Idee hinter Rerere ist simpel, aber effektiv: Sobald ein Merge-Konflikt auftritt, nimmt Rerere automatisch ein *Preimage* auf, ein Abbild der Konfliktdatei inklusive Markern. Im Falle des obigen Beispiels sähe das so aus:

```
$ git merge B
Auto-merging output.c
CONFLICT (content): Merge conflict in output.c
Recorded preimage for 'output.c'
Automatic merge failed; fix conflicts and then commit the result.
```

Wird der Konflikt wie oben gelöst und die Lösung eingecheckt, speichert Rerere die Konfliktlösung ab:

```
$ vim output.c
$ git add output.c
$ git commit
Recorded resolution for 'output.c'.
[master 681acc2] Merge branch 'B'
```

Bisher hat Rerere noch nicht wirklich geholfen. Jetzt aber können wir den Merge-Commit komplett löschen (und sind wieder in der Ausgangssituation vor dem Merge). Dann führen wir den Merge noch einmal aus:

```
$ git reset --hard HEAD^
HEAD is now at f894659 wrap output at 72 chars
$ git merge B
Auto-merging output.c
CONFLICT (content): Merge conflict in output.c
Resolved 'output.c' using previous resolution.
Automatic merge failed; fix conflicts and then commit the result.
```

Rerere bemerkt, dass der Konflikt bekannt ist und dass bereits eine Lösung gefunden wurde.[16] Also berechnet Rerere einen 3-Wege-Merge zwischen dem gespeicherten Preimage, der gespeicherten Lösung und der im Working Tree vorliegenden Version der Datei. So kann Rerere nicht nur dieselben Konflikte lösen, sondern auch *ähnliche* (wenn zwischenzeitlich weitere Zeilen außerhalb des Konfliktbereichs geändert wurden).

Das Ergebnis wird *nicht* direkt dem Index hinzugefügt. Die Lösung wird lediglich in die Datei übernommen. Sie können dann per `git diff` nachschauen, ob die Lösung sinnvoll aussieht, eventuell Tests laufen lassen etc. Wenn alles gut aussieht, übernehmen Sie wie üblich die automatische Lösung per `git add`.

Warum Rerere sinnvoll ist

Man könnte einwenden: Wer geht denn freiwillig das Risiko ein, einen bereits (möglicherweise aufwendig) gelösten Merge-Konflikt zu löschen, um ihn irgendwann wiederholen zu wollen?

Das Vorgehen ist allerdings wünschenswert: Zunächst ist es *nicht* sinnvoll, einfach periodisch und aus Gewohnheit die Mainline – also den Hauptentwicklungsstrang, z.B. `master` – in den Topic-Branch zu mergen (wir werden noch darauf zurückkommen). Wenn Sie aber einen langlebigen Topic-Branch haben und diesen gelegentlich darauf testen wollen, ob er sich mit der Mainline verträgt, dann wollen Sie nicht jedes Mal die

---

[16] Die Meldung `Automatic merge failed` bedeutet lediglich, dass ein Konflikt auftrat, der *nicht* durch einen 3-Wege-Merge gelöst werden konnte. Da Rerere keine sinnvolle Lösung garantieren kann, wird die Lösung nur „bereitgestellt", nicht aber als ultimative Lösung des Konflikts angesehen.

Konflikte von Hand auflösen – einmal gelöste Konflikte wird Rerere dann automatisch auflösen. Sie können so sukzessive Ihr Feature weiterentwickeln, wohlwissend, dass es mit der Mainline in Konflikt steht. Zum Zeitpunkt der Integration des Features sind die Konflikte aber alle automatisch lösbar (weil Sie gelegentlich Konfliktlösungen mit Rerere abgespeichert haben).

Außerdem wird Rerere auch automatisch in Konfliktfällen aufgerufen, die in einem Rebase-Prozess (siehe Abschnitt 4.1) entstehen. Auch hier gilt wieder: Einmal gelöste Konflikte können automatisch wieder gelöst werden. Wenn Sie einen Branch einmal testweise per Merge in die Mainline integriert und einen Konflikt gelöst haben, wird diese Lösung automatisch angewendet, wenn Sie diesen Branch per Rebase auf die Mainline neu aufbauen.

Rerere benutzen

Damit die Rerere-Funktionalität verwendet wird, müssen Sie, wie schon erwähnt, die Option `rerere.enabled` auf `true` setzen. Rerere wird dann automatisch aufgerufen, wenn ein Merge-Konflikt auftritt (um das Preimage aufzunehmen, möglicherweise auch um den Konflikt zu lösen) und wenn eine Konfliktlösung eingecheckt wird (um die Lösung abzuspeichern).

Rerere legt Informationen wie Preimage und Lösung in `.git/rr-cache/` ab, eindeutig identifiziert durch eine SHA-1-Summe. Das Subkommando `git rerere` müssen Sie fast nie aufrufen, da es von `merge` und `commit` schon erledigt wird. Sie können analog zu `git gc` auch `git rerere gc` verwenden, um sehr alte Lösungen zu löschen.

Was passiert, wenn eine falsche Konfliktlösung eingecheckt wurde? Dann sollten Sie die Konfliktlösung löschen, andernfalls wird Rerere die Lösung, wenn Sie den konfliktbehafteten Merge wiederholen, erneut anwenden. Dafür gibt es das Kommando `git rerere forget <datei>` – direkt nachdem Rerere eine falsche Lösung eingespielt hat, können Sie auf diese Weise die falsche Lösung löschen und den Ursprungszustand der Datei wiederherstellen (d.h. mit Konflikt-Markern). Wollen Sie nur Letzteres bewirken, hilft auch ein `git checkout -m <datei>`.

3.4.3 Konflikte vermeiden

Dezentrale Versionskontrollsysteme verwalten Merges generell wesentlich besser als zentrale. Das liegt vor allem daran, dass es bei dezentralen Systemen Usus ist, viele kleine Änderungen zunächst *lokal* einzuchecken. Dadurch entstehen keine „Monster-Commits", die wesentlich mehr

Konfliktpotential bieten. Diese feiner granulierte Entwicklungsgeschichte und der Umstand, dass Merges in der Regel wiederum Daten in der Versionsgeschichte sind (im Gegensatz zu einem simplen Kopieren der Codezeilen), führen dazu, dass dezentrale Systeme bei einem Merge nicht nur auf den bloßen Inhalt von Dateien schauen müssen.

Um Merge-Konflikte zu minimieren, ist Vorbeugung das beste Mittel. Machen Sie kleine Commits! Fassen Sie Ihre Änderungen so zusammen, dass der resultierende Commit als Einheit Sinn ergibt. Bauen Sie Topic-Branches immer auf dem neuesten Release auf. Mergen Sie von Topic-Branches in „Sammel-Branches" oder direkt in den `master`, nicht anders herum.[17] Der Einsatz von Rerere erlaubt es, dass bereits gelöste Konflikte nicht ständig erneut auftreten.

Offensichtlich zählt zur Vorbeugung auch gute Kommunikation unter den Entwicklern: Wenn mehrere Entwickler an der gleichen Funktion unterschiedliche und sich gegenseitig beeinflussende Änderungen implementieren, wird das früher oder später sicher zu Konflikten führen.

Ein weiterer Faktor, der leider häufig zu unnötigen(!) Konflikten führt, sind autogenerierte Inhalte. Angenommen, Sie schreiben die Dokumentation einer Software in *AsciiDoc*[18] oder arbeiten an einem LaTeX-Projekt mit mehreren Mitstreitern: Fügen Sie keinesfalls die kompilierten Man-Pages oder das kompilierte DVI/PS/PDF im Repository ein! In den autogenerierten Formaten können kleine Änderungen am Plaintext (d.h. in der Ascii- bzw. LaTeX-Version) große (und unvorhersehbare) Änderungen an den kompilierten Formaten hervorrufen, die Git nicht adäquat auflösen wird. Sinnvoll ist es stattdessen, entsprechende Makefile-Targets oder Scripte bereitzustellen, um die Dateien zu generieren, und möglicherweise die kompilierte Version auf einem separaten Branch vorzuhalten.[19]

---

17 Weitere nützliche Tipps finden Sie in Kapitel 6.
18 AsciiDoc ist eine simple, wiki-ähnliche Markup-Sprache: `http://www.methods.co.nz/asciidoc/`. Die Git-Dokumentation liegt in diesem Format vor und wird in HTML-Seiten und Man-Pages konvertiert, und auch dieses Buch wurde in AsciiDoc geschrieben!
19 Das Repository des Git-Projekts selbst verwaltet zum Beispiel die autogenerierte HTML-Dokumentation in einem Branch `html`, der von den Entwicklungsbranches vollständig abgekoppelt ist. So kann es bei Merges zwischen den Code-Branches nicht zu Konflikten wegen unterschiedlich kompilierter HTML-Dokumentation kommen. Wie Sie solche „entkoppelten" Branches erstellen, beschreiben wir in Abschnitt 4.7.

3.5 Einzelne Commits übernehmen: Cherry-Pick

Es wird vorkommen, dass Sie nicht direkt einen ganzen Branch integrieren wollen, sondern zunächst Teile, also einzelne Commits. Dafür ist das Git-Kommando `cherry-pick` („die guten Kirschen herauspicken") zuständig.

Das Kommando erwartet einen oder mehrere Commits, die auf den aktuellen Branch kopiert werden sollen. Zum Beispiel:

```
$ git cherry-pick d0c915d
$ git cherry-pick topic~5 topic~1
$ git cherry-pick topic~5..topic~1
```

Das mittlere Kommando kopiert zwei explizit angegebene Commits; das letzte Kommando hingegen kopiert alle zu der angegebenen Commit-Range gehörigen Commits.

Im Gegensatz zu einem Merge werden aber nur die Änderungen integriert, nicht der Commit selbst. Dafür müsste er nämlich seinen Vorgänger referenzieren, so dass dieser auch integriert werden müsste usw. – was einem Merge gleichkommt. Wenn Sie Commits mit `cherry-pick` übernehmen, entstehen dabei also *neue* Commits mit neuer Commit-ID. Git kann danach *nicht* ohne weiteres wissen, dass diese Commits eigentlich die gleichen sind.

Daher kann es, wenn Sie zwei Branches mergen, zwischen denen Sie Änderungen per Cherry-Pick ausgetauscht haben, zu Konflikten kommen.[20] Diese sind meist trivial zu lösen, möglicherweise sind auch die Strategie-Optionen `ours` bzw. `theirs` hilfreich (siehe Abschnitt 3.3.4). Das Rebase-Kommando hingegen erkennt solche Commit-Doppelungen,[21] und lässt die gedoppelten Commits aus. So können Sie einige Commits „aus der Mitte" übernehmen und dann den Branch, aus dem die Commits stammten, neu aufbauen.

Das `cherry-pick`-Kommando versteht außerdem selbst diese Merge-Strategie-Optionen: Wenn Sie einen Commit in den aktuellen Branch kopieren wollen, und im Konfliktfall dem neuen Commit recht geben wollen, verwenden Sie:

```
git cherry-pick -Xtheirs <commit>
```

---

20 Das liegt daran, dass das Merge-Kommando nicht jeden Commit einzeln untersucht. Stattdessen werden drei Trees verglichen, in denen *unter anderen* diese Änderungen enthalten sind, siehe Abschnitt 3.3.1.

21 Das liegt daran, dass Rebase intern mit `cherry-pick` arbeitet, was wiederum erkennt, wenn die Änderungen, die durch den Commit eingebracht würden, schon vorhanden sind. Eine ähnliche Funktionalität bietet auch `git cherry` bzw. `git patch-id`, das fast gleiche Patches erkennen kann.

TIPP

Über die Option -n bzw. --no-commit veranlassen Sie Git, die Änderungen eines Commits zwar in den Index zu übernehmen, aber noch keinen Commit daraus zu machen. So können Sie mehrere kleine Commits erst im Index „aggregieren" und dann als *einen* Commit verpacken:

```
$ git cherry-pick -n 785aa39 512f3e9 4e4a063
Finished one cherry-pick.
Finished one cherry-pick.
Finished one cherry-pick.
$ git commit -m "Diverse kleine Änderungen"
```

3.6 Visualisierung von Repositories

Wenn Sie einige Branches erstellt und wieder zusammengeführt haben, werden Sie gemerkt haben: Man verliert leicht den Überblick.

Die Anordnung der Commits und ihre Beziehungen untereinander bezeichnet man als *Topologie* eines Repositorys. Im Folgenden werden wir unter anderem das grafische Programm `gitk` vorstellen, um diese Topologien zu untersuchen.

Rufen Sie bei kleinen Repositories zunächst ganz einfach `gitk --all` auf, das das komplette Repository als Graphen darstellt. Ein Klick auf die einzelnen Commits zeigt die Metainformationen sowie den erzeugten Patch an.

3.6.1 Revision Parameters

Da die Auflistung mehrerer Commits kaum zu überblicken ist, untersuchen wir ein kleines Beispiel-Repository mit mehreren Branches, die untereinander gemergt wurden:

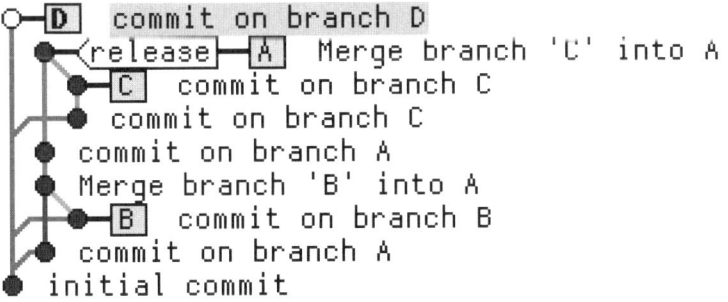

Abbildung 3.12: Der Graph der Commits, wie er in gitk dargestellt wird

Wir erkennen vier Branches (A-D) sowie einen Tag release. Diesen Baum können wir mit geeigneten Kommandozeilenoptionen auch per log-Kommando auf der Konsole anzeigen lassen (Branch- und Tag-Namen sind zur besseren Unterscheidung halbfett gedruckt):

```
$ git log --decorate --pretty=oneline --abbrev-commit --graph --all
* c937566 (HEAD, D) commit on branch D
| *   b0b30ef (release, A) Merge branch 'C' into A
| |\
| | * 807db47 (C) commit on branch C
| | * 996a53b commit on branch C
| |/
|/|
| * 83f6bf3 commit on branch A
| *   5b2c291 Merge branch 'B' into A
| |\
| | * 2417cf7 (B) commit on branch B
| |/
|/|
| * 0bf1433 commit on branch A
|/
* 4783886 initial commit
```

TIPP Die Ausgabe des log-Kommandos ist äquivalent zu der Ansicht in Gitk. Allerdings ist git log sehr viel schneller als Gitk und kommt ohne ein weiteres Programmfenster aus.

Für eine schnelle Übersicht ist es also viel praktischer, ein Alias einzurichten, das die vielen langen Optionen automatisch hinzufügt. Die Autoren verwenden dafür das Alias tree, das Sie wie folgt definieren können:

```
$ git config --global alias.tree 'log --decorate \
    --pretty=oneline --abbrev-commit --graph'
```

Per git tree --all erhalten Sie eine ASCII-Version des Graphen des Git-Repositorys. Im Folgenden nutzen wir dieses Alias, um die Topologie darzustellen.

Nun verändern wir obiges Kommando: Statt der Option --all, die alle Commits im Baum unterbringt, geben wir nun B an (den Namen des Branch):

```
$ git tree B
* 2417cf7 (B) commit on branch B
* 4783886 initial commit
```

Wir erhalten alle Commits, die von B aus erreichbar sind. Ein Commit kennt jeweils nur seinen bzw. seine Vorgänger (mehrere dann, wenn

Branches zusammengeführt werden). „Alle von B erreichbaren Commits" bezeichnet also die Liste der Commits von B an weiter bis zu einem Commit, der keinen Vorgänger hat (genannt *Root-Commit*).

Statt einer kann das Kommando auch mehrere Referenzen entgegennehmen. Um also die gleiche Ausgabe wie mit der Option --all zu erhalten, müssen Sie die Referenzen A, B und D angeben. C kann ausgelassen werden, weil der Commit auf dem Weg von A zum Root-Commit bereits „eingesammelt" wird.

Natürlich können Sie statt symbolischer Referenzen auch direkt eine SHA-1-Summe angeben:

```
$ git tree 5b2c291
*   5b2c291 Merge branch 'B' into A
|\
| * 2417cf7 (B) commit on branch B
* | 0bf1433 commit on branch A
|/
* 4783886 initial commit
```

Wird einer Referenz ein Caret (^) vorangestellt, so negiert das die Bedeutung.[22] Die Notation ^A bedeutet also: *nicht* die Commits, die von A aus erreichbar sind. Allerdings schließt dieser Schalter lediglich diese Commits aus, nicht jedoch die anderen ein. Obiges log-Kommando mit dem Argument ^A wird also nichts ausgeben, da Git nur weiß, welche Commits *nicht* angezeigt werden sollen. Wir fügen also wieder --all hinzu, um alle Commits aufzulisten, abzüglich derer, die von A erreichbar sind:

```
$ git tree --all ^A
* c937566 (HEAD, D) commit on branch D
```

Eine alternative Notation ist mit --not verfügbar: Statt ^A kann man auch --not A schreiben.

Besonders hilfreich sind solche Kommandos, um den *Unterschied* zwischen zwei Branches zu untersuchen: Welche Commits sind in Branch D, die nicht in A sind? Die Antwort liefert das Kommando:

```
$ git tree D ^A
* c937566 (HEAD, D) commit on branch D
```

Weil sich diese Frage häufig stellt, gibt es dafür eine andere, intuitivere Notation: A..D ist gleichbedeutend mit D ^A:

---

22 Möglicherweise besitzt das Zeichen ^ in Ihrer Shell eine besondere Bedeutung (dies ist z.B. in der Z-Shell oder rc-Shell der Fall). Dann müssen Sie das Zeichen maskieren, also das Argument in Anführungszeichen einfassen oder einen Backslash voranstellen. In der Z-Shell existiert außerdem das Kommando noglob, das Sie git voranstellen, um die Sonderbedeutung von ^ aufzuheben.

```
$ git tree A..D
* c937566 (HEAD, D) commit on branch D
```

Natürlich ist hier die Reihenfolge wichtig: „D ohne A" ist eine andere Menge von Commits als „A ohne D"! (Vergleiche auch den vollständigen Graphen.)

Im unserem Beispiel gibt es einen Tag `release`. Um zu überprüfen, welche Commits aus dem Branch D (der für „Development" stehen könnte) noch nicht im aktuellen Release enthalten sind, genügt die Angabe `release..D`.

> **TIPP** Die Syntax `A..B` kann man sich als Idiom „von A bis B" merken. Diese „Differenz" ist aber nicht symmetrisch, d.h. `A..B` sind in der Regel nicht die gleichen Commits wie `B..A`.
>
> Alternativ stellt Git die *symmetrische Differenz* `A...B` bereit. Sie entspricht dem Argument `A B --not $(git merge-base A B)`, bezieht also alle Commits ein, die von A *oder* von B erreichbar sind – aber nicht von beiden.

Referenz vs. Liste von Referenzen

Im Beispiel werden mit A immer alle Commits bezeichnet, die von A erreichbar sind. Aber eigentlich ist ein Branch ja nur eine Referenz auf *einen* Commit. Warum listet also `log` immer alle von A erreichbaren Commits auf, während das Git-Kommando `show` mit dem Argument A nur diesen einen Commit anzeigt?

Der Unterschied liegt darin, was die Kommandos als Argument erwarten: `show` erwartet ein *Objekt*, also eine Referenz auf *ein* Objekt, das dann angezeigt wird.[23] Viele andere Kommandos erwarten stattdessen einen (oder auch mehrere) *Commits*, und diese Kommandos wandeln die Argumente in eine Liste von Commits um (traversieren die Liste bis zum Root-Commit).

3.6.2 Gitk

Gitk ist ein in Tcl implementiertes grafisches Programm, das in der Regel von Distributoren zusammen mit den eigentlichen Git-Kommandos paketiert wird – Sie können sich also darauf verlassen, es auf fast jedem System vorzufinden.

---

23 Dies ist nicht nötigerweise ein Commit – das können auch Tags oder Blobs sein.

Es repräsentiert einzelne Commits oder das ganze Repository in einer dreiteiligen Ansicht: Oben die Baumstruktur mit zwei weiteren Spalten für Autor und Datum, unten eine Auflistung der Änderungen im Unified-Diff-Format sowie eine Liste von Dateien, um die angezeigten Änderungen einzuschränken.

Die Graph-Ansicht ist intuitiv: Verschiedene Farben helfen, die verschiedenen Versionsstränge zu unterscheiden. Commits sind jeweils blaue Punkte, mit zwei Ausnahmen: Der HEAD ist gelb markiert, und ein Commit, der nicht Root-Commit ist, dessen Vorgänger aber nicht angezeigt ist, wird weiß dargestellt.

Branches mit einer Pfeilspitze deuten an, dass auf dem Branch weitere Commits getätigt wurden. Aufgrund der zeitlichen Distanz der Commits blendet Gitk aber den Branch aus. Ein Klick auf die Pfeilspitze bringt Sie zu der Weiterführung des Branches.

Branches erscheinen als grüne Labels, der aktuell ausgecheckte Branch zusätzlich fett. Tags sind als gelbe Pfeile dargestellt.

Mit einem Rechtsklick auf einen Branch können Sie diesen löschen oder auschecken. Auf Commits öffnet ein Rechtsklick ein Menü, in dem Sie Aktionen mit dem markierten Commit ausführen können. Die einzige, die mit Gitk möglicherweise leichter zu bewerkstelligen ist als über die Kommandozeile, ist *Cherry-Picking*, also das Übernehmen einzelner Commits in einen anderen Branch (siehe auch Abschnitt 3.5).

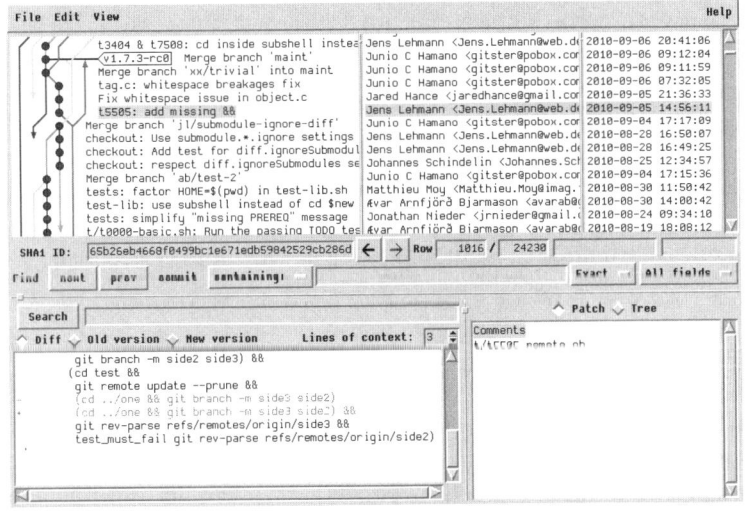

Abbildung 3.13: Komplizierte Topologie in Gitk

Gitk akzeptiert im wesentlichen die gleichen Optionen wie `git log`. Einige Beispiele:

```
$ gitk --since=yesterday -- doc/
$ gitk e13404a..48effd3
$ gitk --all -n 100
```

Das erste Kommando zeigt alle Commits seit gestern an, die Änderungen an einer Datei unterhalb des Verzeichnisses doc/ vorgenommen haben. Das zweite Kommando limitiert die Commits auf eine spezielle Range, während das dritte Kommando die 100 neuesten Commits aller Branches anzeigt.

> **TIPP** Erfahrungsgemäß sind Anfänger oft verwirrt, weil gitk standardmäßig nur den aktuellen Branch anzeigt. Das liegt vermutlich daran, dass gitk oft aufgerufen wird, um sich einen Überblick aller Branches zu verschaffen. Daher bietet sich folgendes Shell-Alias an: alias gik='gitk --all'

Viele Nutzer lassen gitk während der Arbeit offen. Dann ist es wichtig, von Zeit zu Zeit die Anzeige zu aktualisieren, damit auch aktuellere Commits erscheinen. Mit F5 (*Update*) laden Sie alle neuen Commits und erneuern die Darstellung der Referenzen. Manchmal, wenn Sie z.B. einen Branch löschen, reicht dies jedoch nicht aus. Zwar wird der Branch nicht mehr angezeigt, aber evtl. sind unerreichbare Commits weiterhin quasi als Artefakte in der GUI vorhanden. Mit der Tastenkombination Strg + F5 (*Reload*) wird das Repository vollständig neu eingelesen, was das Problem beseitigt.

Alternativ zu gitk können Sie auf UNIX-Systemen das GTK-basierte gitg oder Qt-basierte qgit verwenden; auf einem OS-X-System können Sie beispielsweise *GitX* verwenden; für Windows bieten sich die *GitExtensions* an. Einige IDEs verfügen mittlerweile auch über entsprechende Visualisierungen (z.B. das *Eclipse*-Plugin *EGit*). Weiterhin können Sie vollwertige Git-Clients wie *Atlassian SourceTree* (OS X, Windows; kostenlos), *Tower* (OS X; kommerziell) sowie *SmartGit* (Linux, OS X und Windows; kostenlos für nichtkommerzielle Nutzung) verwenden.

3.7 Reflog

Das *Reference Log* (*Reflog*) sind Log-Dateien, die Git für jeden Branch sowie HEAD anlegt. Darin wird gespeichert, wann eine Referenz von wo nach wo verschoben wurde. Das passiert vor allem bei den Kommandos checkout, reset, merge und rebase.

Diese Log-Dateien liegen unter .git/logs/ und tragen den Namen der jeweiligen Referenz. Das Reflog für den master-Branch finden Sie also unter .git/logs/refs/heads/master. Außerdem gibt es das Kommando git reflog show <referenz>, um das Reflog aufzulisten:

```
$ git reflog show master
48effd3 master@{0}: HEAD^: updating HEAD
ef51665 master@{1}: rebase -i (finish): refs/heads/master onto 69b9e27
231d0a3 master@{2}: merge @{u}: Fast-forward
...
```

Das Reflog-Kommando wird selten direkt benutzt und ist nur ein Alias für git log -g --oneline. Die Option -g bewirkt nämlich, dass das Kommando nicht die Vorgänger im Commit-Graphen anzeigt, sondern die Commits in der Reihenfolge des Reflogs abarbeitet.

Das können Sie ganz leicht ausprobieren: Erstellen Sie einen Test-Commit und löschen Sie ihn danach wieder mit git reset --hard HEAD^. Das Kommando git log -g wird nun zuerst den HEAD anzeigen, dann den gelöschten Commit und dann wieder den HEAD.

Das Reflog referenziert also auch Commits, die sonst nicht mehr referenziert sind, also „verloren" sind (siehe Abschnitt 3.1.2). So hilft das Reflog Ihnen möglicherweise, wenn Sie einen Branch gelöscht haben, von dem sich im Nachhinein herausstellt, dass Sie ihn doch gebraucht hätten. Zwar löscht ein git branch -D auch das Reflog des Branches. Allerdings haben Sie den Branch ja auschecken müssen, um Commits darauf zu machen: Suchen Sie also mit git log -g HEAD nach dem letzten Zeitpunkt, zu dem Sie den gesuchten Branch ausgecheckt haben. Dann erstellen Sie einen Branch, der auf diese (scheinbar verlorene) Commit-ID zeigt, und Ihre verlorenen Commits sollten wieder da sein.[24]

Kommandos, die eine oder mehrere Referenzen erwarten, können allerdings auch implizit das Reflog verwenden. Neben der Syntax, die sich schon bei der Ausgabe von git log -g findet (z.B. HEAD@{1} für die vorherige Position des HEAD), versteht Git auch <ref>@{<wann>}. Git interpretiert den Zeitpunkt <wann> als absolutes oder relatives Datum und konsultiert dann das Reflog der entsprechenden Referenz, um herauszufinden, was der zeitlich nächste Log-Eintrag ist. Dieser wird dann referenziert.

Zwei Beispiele:

```
$ git log 'master@{two weeks ago}..'
$ git show '@{1st of April, 2011}'
```

Das erste Kommando listet alle Commits zwischen HEAD und dem Commit auf, auf den der master-Branch vor zwei Wochen gezeigt hat (beach-

---

[24] Ob die Commits nicht schon aufgrund ihres Alters herausgefallen sind, hängt natürlich davon ab, wie oft Sie eine *Garbage-Collection* per git gc durchführen. Siehe auch Abschnitt B.1.

ten Sie das Suffix .., was eine Commit-Range bis HEAD bedeutet). Das muss nicht nötigerweise auch ein Commit sein, der zwei Wochen alt ist: Wenn Sie vor zwei Wochen testweise per `git reset --hard <initial-commit>` den Branch auf den allerersten Commit des Repositorys verschoben haben, dann wird genau dieser Commit referenziert.[25]

Die zweite Zeile zeigt den Commit an, auf den der (wegen fehlender expliziter Referenz vor dem @) aktuell ausgecheckte Branch am 1. April 2011 gezeigt hat. In beiden Kommandos muss das Argument mit Reflog-Anhang sinnvoll in Anführungszeichen eingefasst werden, damit Git das Argument komplett erhält.

Beachten Sie, dass das Reflog *nur* lokal vorliegt und somit nicht zum Repository gehört. Wenn Sie einem anderen Entwickler eine Commit-ID oder einen Tag-Namen schicken, dann referenziert dies den gleichen Commit – ein `master@{yesterday}` kann aber je nach Entwickler *verschiedene* Commits referenzieren.

TIPP Wenn Sie keinen Branch und keinen Zeitpunkt angeben, nimmt Git HEAD an. Somit können Sie in Kommandos @ als Kurzform für HEAD verwenden. Weiterhin verstehen viele Kommandos das Argument - als @{-1}, also „letzte Position des HEAD":

```
$ git checkout feature    # vorher auf "master"
$ git commit ...          # Änderungen, Commits machen
$ git checkout -          # zurück auf "master"
$ git merge -             # Merge von "feature"
```

---

25 Wollen Sie alle Commits der letzten zwei Wochen auflisten, verwenden Sie stattdessen `git log --since='two weeks ago'`.

Fortgeschrittene Konzepte

Das folgende Kapitel behandelt ausgewählte fortgeschrittene Konzepte. Im Vordergrund steht das Rebase-Kommando mit seinen vielfältigen Anwendungen. Wir finden heraus, wer wann eine Zeile im Quellcode verändert hat (*Blame*) und wie Sie Git anweisen, Dateien und Verzeichnisse zu ignorieren. Außerdem wird darauf eingegangen, wie Sie Änderungen am Working Tree in den Hintergrund stellen (*Stash*) und Commits annotieren (*Notes*). Zuletzt zeigen wir Ihnen, wie Sie schnell und automatisiert Commits finden, die einen Bug einführen (*Bisect*).

4.1 Commits verschieben – Rebase

Im Abschnitt über die Interna von Git wurde bereits erwähnt, dass man Commits in einem Git-Repository (anschaulich: dem Graphen) beliebig verschieben und modifizieren kann. Möglich wird das in der Praxis vor allem durch das Git-Kommando rebase. Das Kommando ist sehr mächtig und wichtig, aber zum Teil auch etwas anspruchsvoller in der Anwendung.

Rebase ist ein Kunstwort, was soviel bedeutet wie „etwas auf eine neue Basis stellen". Gemeint ist damit, dass eine Gruppe von Commits innerhalb des Commit-Graphen verschoben, also Commit für Commit auf Basis eines anderen Knotens aufgebaut wird. Die nachfolgenden Grafiken veranschaulichen die Funktionsweise:

Abbildung 4.1: Vor dem Rebase

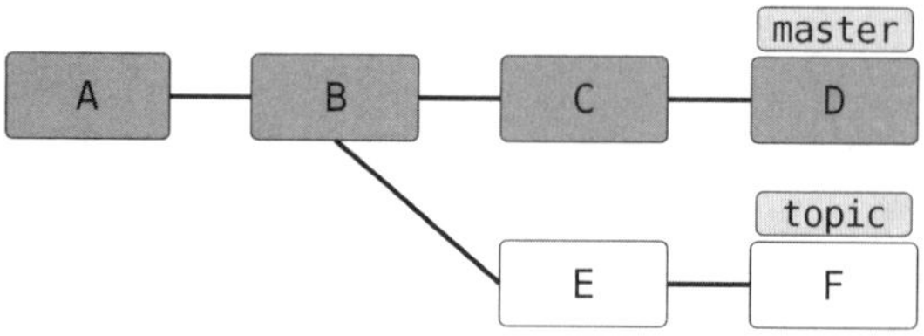

Abbildung 4.2: ...und danach

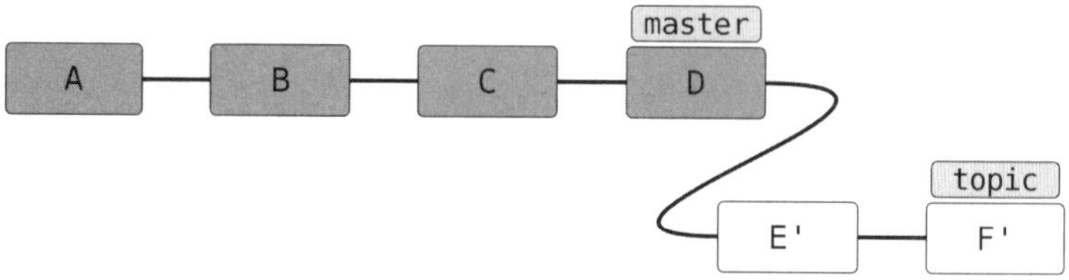

In der einfachsten Form lautet das Kommando `git rebase <referenz>` (im o.g. Diagramm: `git rebase master`). Damit markiert Git zunächst alle Commits `<referenz>..HEAD`, also die Commits, die von HEAD aus erreichbar sind (dem aktuellen Branch) abzüglich der Commits, die von `<referenz>` aus erreichbar sind – anschaulich gesprochen also alles, was im aktuellen Branch, aber nicht in `<referenz>` liegt. Im Diagramm sind das also E und F.

Die Liste dieser Commits wird zwischengespeichert. Anschließend checkt Git den Commit `<referenz>` aus und kopiert die einzelnen, zwischengespeicherten Commits in der ursprünglichen Reihenfolge als neue Commits in den Branch.

Hierbei sind einige Punkte zu beachten:

- Weil der erste Knoten des `topic`-Branches (E) nun einen neuen Vorgänger (D) hat, ändern sich seine Metadaten und somit seine SHA-1-Summe (er wird zu E'). Der zweite Commit (F) hat dann ebenfalls einen anderen Vorgänger (E' statt E), dessen SHA-1-Summe ändert sich (er wird zu F') usw. – dies wird auch als *Ripple Effect* bezeichnet. Insgesamt werden *alle* kopierten Commits neue SHA-1-Summen haben – sie sind also im Zweifel gleich (was die Änderungen betrifft), aber nicht identisch.

- Bei einer solchen Aktion können, genau wie bei einem Merge-Vorgang, konfliktbehaftete Änderungen auftreten. Git kann diese teilweise automatisch lösen, bricht aber mit einer entsprechenden Fehlermeldung ab, wenn die Konflikte nicht trivial sind. Der Rebase-Prozess kann dann entweder „repariert" und weitergeführt oder abgebrochen werden (s. u.).

- Sofern keine weitere Referenz auf den Knoten F zeigt, geht dieser verloren, weil die Referenz HEAD (und gegebenenfalls der entsprechende Branch) bei einem erfolgreichen Rebase auf den Knoten F' *verschoben* wird. Wenn also F keine Referenz mehr hat (und auch keine Vorgänger, die F referenzieren), kann Git den Knoten nicht mehr finden, und der Baum „verschwindet". Wenn Sie sich nicht sicher sind, ob Sie den Original-Baum noch einmal benötigen, können Sie zum Beispiel mit dem tag-Kommando einfach eine Referenz darauf setzen. Dann bleiben die Commits auch nach einem Rebase erhalten (dann aber in doppelter Form an verschiedenen Stellen im Commit-Graphen).

4.1.1 Ein Beispiel

Betrachten Sie folgende Situation: Der Branch sqlite-support zweigt vom Commit „fixed a bug..." ab. Der master-Branch ist aber schon weitergerückt, und ein neues Release 1.4.2 ist erschienen.

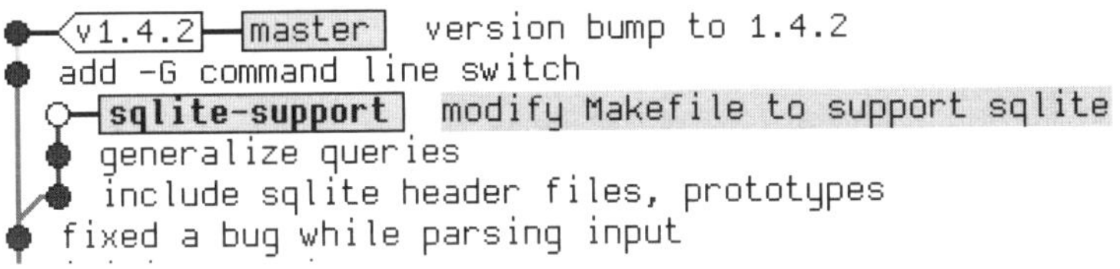

```
v1.4.2 master    version bump to 1.4.2
       add -G command line switch
sqlite-support   modify Makefile to support sqlite
       generalize queries
       include sqlite header files, prototypes
       fixed a bug while parsing input
```

Abbildung 4.3:
Vor dem Rebase

Nun wird sqlite-support ausgecheckt und neu auf master aufgebaut.

```
$ git checkout sqlite-support
$ git rebase master
First, rewinding head to replay your work on top of it...
Applying: include sqlite header files, prototypes
Applying: generalize queries
Applying: modify Makefile to support sqlite
```

Rebase wendet die drei Änderungen, die durch Commits aus dem Branch sqlite-support eingeführt werden, auf den master-Branch an. Danach sieht das Repository in Gitk wie folgt aus:

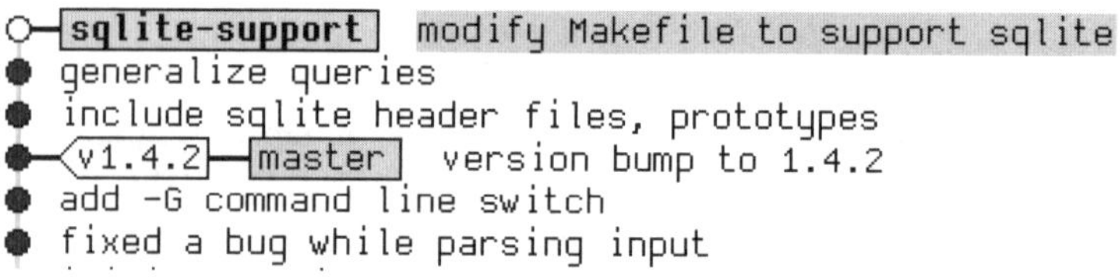

Abbildung 4.4:
Nach Rebase

```
o─ sqlite-support   modify Makefile to support sqlite
●   generalize queries
●   include sqlite header files, prototypes
●─<v1.4.2>─ master   version bump to 1.4.2
●   add -G command line switch
●   fixed a bug while parsing input
```

4.1.2 Erweiterte Syntax und Konflikte

Normalerweise wird `git rebase` immer den Branch, auf dem Sie gerade arbeiten, auf einen neuen aufbauen. Allerdings gibt es eine Abkürzung: Wollen Sie `topic` auf `master` aufbauen, befinden sich aber auf einem ganz anderen Branch, können Sie das per

```
$ git rebase master topic
```

Git macht intern Folgendes:

```
$ git checkout topic
$ git rebase master
```

Beachten Sie die (leider wenig intuitive) Reihenfolge:

```
git rebase <worauf> <was>
```

Bei einem Rebase kann es zu Konflikten kommen. Der Prozess hält dann mit folgender Fehlermeldung an:

```
$ git rebase master
...
CONFLICT (content): Merge conflict in <datei>
Failed to merge in the changes.
Patch failed at ...
The copy of the patch that failed is found in:
   .../.git/rebase-apply/patch

When you have resolved this problem, run "git rebase --continue".
If you prefer to skip this patch, run "git rebase --skip" instead.
To check out the original branch and stop rebasing, run "git rebase
--abort".
```

Sie gehen vor wie bei einem regulären Merge-Konflikt (siehe Abschnitt 3.4) – `git mergetool` ist hier sehr hilfreich. Fügen Sie dann einfach die geänderte Datei per `git add` hinzu und lassen Sie den Prozess per `git rebase --continue` weiterlaufen.[1]

---

[1] Wenn Sie Patch-Stacks mit Git verwalten, bei denen potentiell Konflikte auftreten können, sollten Sie sich in jedem Fall das Feature *Reuse Recorded Resolution* ansehen, kurz *rerere*. Rerere speichert Konfliktlösungen und korrigiert Konflikte automatisch, wenn schon eine Lösung gespeichert wurde, siehe auch Abschnitt 3.4.2.

Alternativ lässt sich der problematische Commit auch überspringen, und zwar mit dem Kommando `git rebase --skip`. Der Commit ist dann aber verloren, sofern er nicht in einem anderen Branch irgendwo referenziert wird! Sie sollten diese Aktion also nur ausführen, wenn Sie sicher wissen, dass der Commit obsolet ist.

Wenn das alles nicht weiterhilft (Sie z.B. den Konflikt nicht an der Stelle lösen können oder gemerkt haben, dass Sie gerade den falschen Baum umbauen), ziehen Sie die Notbremse: `git rebase --abort`. Dies verwirft alle Änderungen am Repository (auch schon erfolgreich kopierte Commits), so dass der Zustand danach genau so ist, wie zu dem Zeitpunkt, als der Rebase-Prozess gestartet wurde. Das Kommando hilft auch, wenn Sie irgendwann vergessen haben, einen Rebase-Prozess zu Ende zu führen, und sich andere Kommandos beschweren, dass sie ihre Arbeit nicht verrichten können, weil gerade ein Rebase im Gang ist.

4.1.3 Warum Rebase sinnvoll ist

Rebase ist vor allem sinnvoll, um die Commit-Geschichte eines Projekts einfach und leicht verständlich zu halten. Beispielsweise arbeitet ein Entwickler an einem Feature, hat dann aber ein paar Wochen lang etwas anderes zu tun. Währenddessen ist die Entwicklung im Projekt aber schon weiter vorangeschritten, es gab ein neues Release etc. Erst jetzt kommt der Entwickler dazu, ein Feature zu beenden. (Auch wenn Sie Patches per E-Mail verschicken wollen, hilft Rebase, Konflikte zu vermeiden, siehe dazu Abschnitt 5.9.)

Für die Versionsgeschichte ist es nun viel logischer, wenn sein Feature nicht über einen langen Zeitraum unfertig neben der eigentlichen Entwicklung „mitgeschleppt" wurde, sondern wenn die Entwicklung vom letzten stabilen Release abzweigt.

Für genau diese Änderung in der Geschichte ist Rebase gut: Der Entwickler kann nun einfach auf seinem Branch, auf dem er das Feature entwickelt hat, das Kommando `git rebase v1.4.2` eingeben, um seinen Feature-Branch neu auf dem Commit mit dem Release-Tag `v1.4.2` aufzubauen. So lässt sich wesentlich leichter ablesen, welche Unterschiede das Feature wirklich in die Software einbringt.

Auch passiert es jedem Entwickler im Eifer des Gefechts, dass Commits im falschen Branch landen. Da findet sich zufällig ein Fehler, der schnell durch einen entsprechenden Commit behoben wird; aber dann muss direkt noch ein Test geschrieben werden, um diesen Fehler in Zukunft zu vermeiden (ein weiterer Commit), was wiederum in der Dokumentation entsprechend zu vermerken ist. Nachdem die eigentliche Arbeit getan ist, kann man diese Commits mit Rebase an eine andere Stelle im Commit-Graphen „transplantieren".

Rebase kann auch dann sinnvoll sein, wenn in einem Branch ein Feature benötigt wird, das erst kürzlich in die Software eingeflossen ist. Ein *Merge* des `master`-Branches ist semantisch nicht sinnvoll, da dann diese und andere Änderungen untrennbar mit dem Feature-Branch verschmolzen werden. Stattdessen baut man den Branch per Rebase auf einen neuen Commit auf, in dem das benötigte Feature schon enthalten ist, und kann dieses dann in der weiteren Entwicklung nutzen.

4.1.4 Wann Rebase nicht sinnvoll ist – Rebase vs. Merge

Das Konzept von Rebase ist zunächst etwas schwierig zu verstehen. Aber sobald Sie verstanden haben, was damit möglich ist, stellt sich die Frage: Wozu braucht man überhaupt noch ein simples Merge, wenn man doch alles mit Rebase bearbeiten kann?

Wenn Git-Rebase nicht oder kaum angewendet wird, entwickelt sich häufig eine Projektgeschichte, die relativ unüberschaubar wird, weil ständig und jeweils für wenige Commits Merges ausgeführt werden müssen.

Wird Rebase dagegen zu viel angewendet, besteht die Gefahr, dass das gesamte Projekt sinnlos linearisiert wird: Das flexible Branching von Git wird zwar zur Entwicklung genutzt, die Branches werden aber dann reißverschlussartig per Rebase hintereinander(!) in den Veröffentlichungsbranch integriert. Das stellt uns vor allem vor zwei Probleme:

- Logisch zusammengehörige Commits sind nicht mehr als solche zu erkennen. Da alle Commits linear sind, vermischt sich die Entwicklung mehrerer Features untrennbar.

- Die Integration eines Branches kann nicht mehr ohne weiteres rückgängig gemacht werden, denn diejenigen Commits zu identifizieren, die einmal zu einem Feature-Branch gehörten, ist nur manuell möglich.

So verspielen Sie die Vorteile des flexiblen Branchings von Git. Die Schlussfolgerung ist, dass Rebase weder zu viel noch zu wenig angewendet werden sollte. Beides macht die Projektgeschichte (auf unterschiedliche Art und Weise) unübersichtlich.

Generell fahren Sie mit den folgenden Faustregeln gut:

1. Ein Feature wird, wenn es fertig wird, per *Merge* integriert. Sinnvollerweise sollte vermieden werden, einen *Fast-Forward-Merge* zu

erzeugen, damit der Merge-Commit als Zeitpunkt der Integration erhalten bleibt.

2. Während Sie entwickeln, sollten Sie häufig Rebase benutzen (besonders interaktives Rebase, s. u.).

3. Logisch getrennte Einheiten sollten auf getrennten Branches entwickelt werden – logisch zusammengehörige eventuell auf mehreren, die dann per Rebase verschmolzen werden (wenn das sinnvoll ist). Die Zusammenführung logisch getrennter Einheiten erfolgt dann per Merge.

4.1.5 Ein Wort der Warnung

Wie schon angesprochen, ändern sich bei einem Rebase zwangsläufig die SHA-1-Summen aller Commits, die „umgebaut" werden. Wenn diese Änderungen noch nicht veröffentlicht wurden, d. h. bei einem Entwickler im privaten Repository liegen, ist das auch nicht schlimm.

Wenn aber ein Branch (z.B. master) veröffentlicht[2] und später per Rebase umgeschrieben wird, hat das unschöne Folgen für alle Beteiligten: Alle Branches, die auf master aufbauen, referenzieren nun die alte Kopie des mittlerweile umgeschriebenen master-Branches. Also muss jeder Branch wiederum per Rebase auf den neuen master aufgebaut werden (wodurch sich wiederum alle Commit-IDs ändern). Dieser Effekt setzt sich fort und kann (je nachdem, wann so ein Rebase passiert und wie viele Entwickler an dem Projekt beteiligt sind) sehr zeitaufwendig zu beheben sein (das trifft vor allem dann zu, wenn Git-Neulinge dabei sind).

Daher sollten Sie immer an folgende Regel denken:

Bearbeiten Sie mit dem Rebase-Kommando nur unveröffentlichte Commits!	**WARNUNG**

Ausnahmen bilden Konventionen wie persönliche Branches oder pu. Letzterer ist ein Kürzel für *Proposed Updates* und ist in der Regel ein Branch, in dem neue, experimentelle Features auf Kompatibilität getestet werden. Auf diesen Branch baut sinnvollerweise niemand seine eigene Arbeit auf, daher kann er ohne Probleme und vorherige Ankündigung umgeschrieben werden.

---

2 Indem zum Beispiel der Branch in ein öffentlich verfügbares Repository hochgeladen wird, siehe Abschnitt 5.4.

Eine weitere Möglichkeit bieten private Branches, also solche, die zum Beispiel mit `<user>/` starten. Trifft man die Vereinbarung, dass Entwickler auf diesen Branches eigene Entwicklung betreiben, aber ihre Features immer nur auf „offiziellen" Branches aufbauen, dann dürfen die Entwickler ihre Branches beliebig umschreiben.

4.1.6 Code-Dopplungen vermeiden

Wird über einen langen Zeitraum an einem Feature entwickelt, und Teile des Features fließen schon in ein Mainstream-Release (z.B. per `cherry-pick`), dann erkennt das Rebase-Kommando diese Commits und lässt sie beim Kopieren bzw. Neuaufbauen der Commits aus, da die Änderung schon in dem Branch enthalten ist.

So besteht der neue Branch nach einem Rebase nur aus den Commits, die noch nicht in den Basis-Branch eingeflossen sind. Auf diese Weise treten Commits nicht doppelt in der Versionsgeschichte eines Projekts auf. Wäre der Branch einfach nur per Merge integriert worden, so wären mitunter die gleichen Commits mit unterschiedlichen SHA-1-Summen an verschiedenen Stellen im Commit-Graphen vorhanden.

4.1.7 Patch-Stacks verwalten

Es gibt Situationen, in denen es von einer Software eine Vanilla-Version („einfachste Version") gibt und außerdem eine gewisse Anzahl von Patches, die darauf angewendet werden, bevor die Vanilla-Version ausgeliefert wird. Zum Beispiel baut Ihre Firma eine Software, aber vor jeder Auslieferung an den Kunden müssen (je nach Kunde) einige Anpassungen vorgenommen werden. Oder Sie haben eine Open-Source-Software im Einsatz, diese aber ein wenig an Ihre Bedürfnisse angepasst – jedes Mal, wenn nun eine neue, offizielle Version der Software erscheint, müssen Sie Ihre Änderungen neu anwenden und die Software anschließend neu bauen.[3]

Um Patch-Stacks zu verwalten, gibt es einige Programme, die auf Git aufbauen, Ihnen aber den Komfort bieten, nicht direkt mit dem Rebase-Kommando arbeiten zu müssen. Beispielsweise erlaubt *TopGit*[4] Ihnen, Abhängigkeiten zwischen Branches zu definieren – wenn sich dann in einem Branch etwas ändert und andere Branches hängen davon ab, baut

---

[3] Im letzteren Fall machen Sie z.B. einfach ein `git remote update` (die neuen Commits werden in den Branch `origin/master` geladen) und bauen anschließend Ihren eigenen Branch von neuem auf `origin/master` auf. Siehe auch Abschnitt 5.1.

[4] Den Quellcode finden Sie unter `http://repo.or.cz/w/topgit.git`.

TopGit diese auf Wunsch neu auf. Eine Alternative zu TopGit ist *Stacked Git*[5].

4.1.8 Rebase einschränken mit --onto

Sie mögen sich nun gewundert haben: `git rebase <referenz>` kopiert immer *alle* Commits, die zwischen `<referenz>` und `HEAD` liegen. Was aber, wenn Sie nur einen Teil eines Branches umsetzen, quasi „transplantieren" möchten? Betrachten Sie folgende Situation:

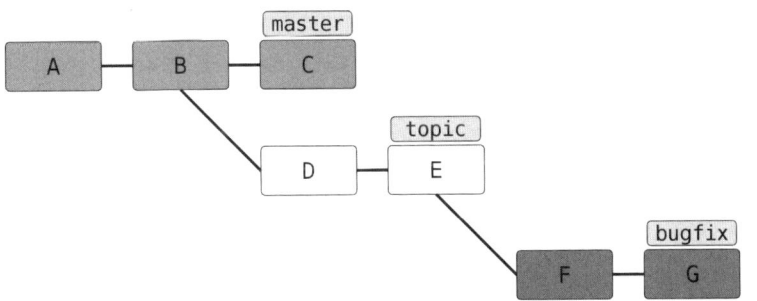

Abbildung 4.5: Vor dem rebase --onto

Sie haben gerade auf dem Branch `topic` ein Feature entwickelt, als Ihnen ein Fehler aufgefallen ist; Sie haben einen Branch `bugfix` erstellt und noch einen Fehler gefunden. Rein semantisch hat aber Ihr Branch `bugfix` nichts mit dem `topic`-Branch zu tun. Sinnvollerweise sollte er daher vom `master`-Branch abzweigen.

Wenn Sie nun aber per `git rebase master` den Branch `bugfix` neu aufbauen, passiert Folgendes: Alle Knoten, die in `bugfix` enthalten sind, aber nicht im `master`, werden der Reihe nach auf den `master`-Branch kopiert – das sind also die Knoten D, E, F und G. Dabei gehören jedoch D und E gar nicht zum Bugfix.

Hier kommt nun die Option `--onto` ins Spiel: Sie erlaubt, einen Start- und Endpunkt für die Liste der zu kopierenden Commits anzugeben. Die allgemeine Syntax lautet:

```
git rebase --onto <worauf> <start> <ziel>
```

In diesem Beispiel wollen wir nur die Commits F und G (oder auch: die Commits von `topic` bis `bugfix`) von oben auf `master` aufbauen. Daher lautet das Kommando:

```
$ git rebase --onto master topic bugfix
```

Das Ergebnis sieht aus wie erwartet:

---

5 Kurz `stg` oder StGit, erreichbar unter http://www.procode.org/stgit/.

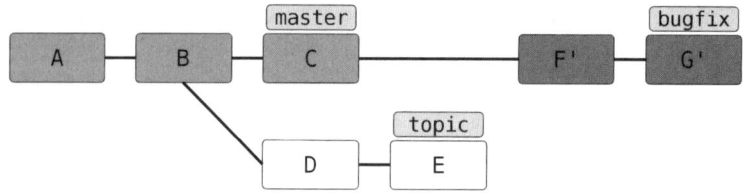

Abbildung 4.6: Nach einem rebase --onto

4.1.9 Einen Commit verbessern

Sie haben in Abschnitt 2.1 das Kommando `commit --amend` kennengelernt, mit dem Sie einen Commit verbessern. Es bezieht sich aber immer nur auf den aktuellen (letzten) Commit. Mit `rebase --onto` können Sie auch Commits anpassen, die weiter in der Vergangenheit liegen.

Suchen Sie zunächst den Commit heraus, den Sie editieren wollen, und erstellen Sie einen Branch darauf:

`$ git checkout -b fix-master 21d8691`

Anschließend führen Sie Ihre Änderungen aus, fügen geänderte Dateien mit `git add` hinzu und korrigieren dann den Commit mit `git commit --amend --no-edit` (die Option `--no-edit` übernimmt Meta-Informationen wie die Beschreibung des alten Commits und bietet diese nicht erneut zum Editieren an).

Nun spielen Sie alle Commits aus dem `master`-Branch von oben auf Ihren korrigierten Commit auf:

`$ git rebase --onto fix-master 21d8691 master`

Sie kopieren so alle Commits von 21d8691 (exklusive!) bis `master` (inklusive!). Der fehlerhafte Commit 21d8691 wird nicht mehr referenziert und taucht daher nicht mehr auf. Der Branch `fix-master` ist nun obsolet und kann gelöscht werden.

Eine äquivalente Möglichkeit, einen Commit zu editieren, haben Sie mit der Aktion `edit` im interaktiven Rebase (siehe Abschnitt 4.2.2).

4.1.10 Rebase feinjustieren

Es gibt Situationen, in denen Sie das Standardverhalten von `git rebase` anpassen müssen. Erstens ist dies der Fall, wenn Sie einen Branch mit Rebase bearbeiten, der Merges enthält. Rebase kann versuchen, diese nachzuahmen statt die Commits zu linearisieren. Zuständig ist die Option -p bzw. --preserve-merges.[6]

Mit der Option -m bzw. --merge können Sie `git rebase` anweisen, Merge-Strategien zu verwenden (siehe dafür auch Abschnitt 3.3.3). Wenn Sie diese Strategien anwenden, bedenken Sie, dass Rebase intern Commit für Commit per `cherry-pick` auf den neuen Branch aufspielt; daher sind die Rollen von `ours` und `theirs` vertauscht: `theirs` bezeichnet den Branch, den Sie auf eine neue Basis aufbauen!

Ein interessanter Anwendungsfall ist daher die Strategie-Option `theirs` für die Merge-Strategie `recursive`: Falls Konflikte auftreten, wird den Änderungen aus dem Commit, der kopiert wird, Vorrang gegeben. Ein solches Szenario ist also sinnvoll, wenn Sie wissen, dass es konfliktverursachende Änderungen gibt, sich aber sicher sind, dass die Änderungen des neu aufzubauenden Branches „richtiger" sind als die des Baumes, auf den Sie aufbauen. Wenn Sie `topic` neu auf `master` aufbauen, sähe ein solcher Aufruf so aus:

```
$ git checkout topic
$ git rebase -m -Xtheirs master
```

In den Fällen, in denen die `recursive`-Strategie (Default) den Änderungen aus Commits aus `topic` den Vorzug gibt, werden Sie einen entsprechenden Hinweis `Auto-merging <Commit-Beschreibung>` finden.

Eine kleine, sehr nützliche Option, die von Rebase direkt an `git apply` weitergeleitet wird, ist `--whitespace=fix`. Sie veranlasst Git, automatisch Whitespace-Fehler (z.B. Trailing-Spaces) zu korrigieren. Falls Sie Merge-Konflikte aufgrund von Whitespace haben (zum Beispiel wegen geänderter Einrückung), können Sie auch die in Abschnitt 3.3.4 vorgestellten Strategie-Optionen verwenden, um automatisch Lösungen erzeugen zu lassen (zum Beispiel durch Angabe von `-Xignore-space-change`).

---

[6] Das funktioniert auch problemlos, sofern alle Abzweigungen und Zusammenführungen *oberhalb* der neuen Referenz sind (also nur Commits enthalten sind, von denen aus man die neue Basis erreichen kann). Sonst schlägt Rebase bei jedem Commit fehl, der schon in der Geschichte enthalten ist (Fehlermeldung: „nothing to commit"); diese müssen dann stets mit einem `git rebase --continue` übersprungen werden.

4.2 Die Geschichte umschreiben – Interaktives Rebase

Rebase kennt einen interaktiven Modus; er ist zwar technisch gleich implementiert wie der normale Modus, allerdings ist der typische Anwendungsfall ein ganz anderer, denn der interaktive Rebase erlaubt es, die Geschichte umzuschreiben, d. h. Commits beliebig zu bearbeiten (und nicht nur zu verschieben).

Im interaktiven Rebase können Sie

- die Reihenfolge von Commits verändern

- Commits löschen

- Commits miteinander verschmelzen

- einen Commit in mehrere aufteilen

- die Beschreibung von Commits anpassen

- Commits auf jede sonst erdenkliche Weise bearbeiten

Sie aktivieren den Modus durch die Option `-i` bzw. `--interactive`. Prinzipiell läuft dann der Rebase-Prozess genau so wie vorher, allerdings erhalten Sie eine Liste von Commits, die Rebase umschreiben wird, bevor das Kommando damit anfängt. Das kann zum Beispiel so aussehen:

```
pick e6ec2b6 Fix expected values of setup tests on Windows
pick 95b104c t/README: hint about using $(pwd) rather than $PWD in tests
pick 91c031d tests: cosmetic improvements to the repo-setup test
pick 786dabe tests: compress the setup tests
pick 4868b2e Subject: setup: officially support --work-tree without
   --git-dir
```

Unter dieser Auflistung finden Sie einen Hilfstext, der beschreibt, was Sie nun mit den aufgelisteten Commits tun können. Im Wesentlichen gibt es pro Commit sechs mögliche Aktionen. Die Aktion schreiben Sie einfach statt der Standard-Aktion `pick` an den Anfang der Zeile, vor die SHA-1-Summe. Im Folgenden die Aktionen – Sie können diese auch jeweils durch ihren Anfangsbuchstaben abkürzen, also z. B. s für `squash`.

`pick`
„Commit verwenden" (Default). Entspricht der Behandlung von Commits im nicht-interaktive Rebase.

-
: Löschen Sie eine Zeile, dann wird der Commit nicht verwendet (geht verloren).

reword
: Commit-Beschreibung anpassen.

squash
: Commit mit dem vorherigen verschmelzen; Editor wird geöffnet, um die Beschreibungen zusammenzuführen.

fixup
: Wie `squash`, wirft aber die Beschreibung des Commits weg.

edit
: Freies Editieren. Sie können beliebige Aktionen ausführen.

exec
: Der Rest der Zeile wird als Kommando auf der Shell ausgeführt. Falls das Kommando sich nicht erfolgreich (das heißt mit Rückgabewert 0) beendet, hält der Rebase an.

Die Aktion `pick` ist die simpelste – sie besagt einfach, dass Sie den Commit verwenden wollen, Rebase soll diesen Commit so, wie er ist, übernehmen. Das Gegenteil von `pick` ist das simple Löschen einer kompletten Zeile. Der Commit geht dann verloren (wie `git rebase --skip`).

Wenn Sie die Reihenfolge der Zeilen tauschen, dann wird Git die Commits in der neu definierten Reihenfolge anwenden. Zu Anfang sind die Zeilen in der Reihenfolge, in der sie später angewendet werden – also genau anders herum als in der Baumansicht! Beachten Sie, dass Commits häufig aufeinander aufbauen; daher wird es bei der Vertauschung von Commits häufig zu Konflikten kommen, sofern die Commits auf den gleichen Dateien und an den gleichen Stellen Änderungen durchführen.

Das Kommando `reword` ist praktisch, wenn Sie Tippfehler in einer Commit-Nachricht haben und diese korrigieren wollen (oder bisher keine ausführliche verfasst haben und dies nun nachholen wollen). Der Rebase-Prozess wird bei dem mit `reword` markierten Prozess angehalten, und Git startet einen Editor, in dem die Nachricht des Commits bereits angezeigt wird. Sobald Sie den Editor beenden (Speichern nicht vergessen!), wird Git die neue Beschreibung einpflegen und den Rebase-Prozess weiterlaufen lassen.

4.2.1 Kleine Fehler korrigieren: Bug Squashing

Die Kommandos `squash` bzw. `fixup` erlauben es, zwei oder mehr Commits miteinander zu verschmelzen.

Niemand schreibt immer sofort fehlerfreien Code. Häufig gibt es einen großen Commit, in dem Sie ein neues Feature implementiert haben; kurz darauf finden sich kleine Fehler. Was tun? Eine ausführliche Beschreibung, warum Sie aus Unachtsamkeit vergessen haben, eine Zeile hinzuzufügen oder zu entfernen? Nicht wirklich sinnvoll, und vor allem störend für andere Entwickler, die später Ihren Code überprüfen wollen. Schöner wäre es doch, die Illusion zu wahren, dass der Commit gleich beim ersten Mal fehlerfrei war...

Für jeden Fehler, den Sie finden, machen Sie einen kleinen Commit mit einer mehr oder weniger sinnvollen Beschreibung. Das könnte dann zum Beispiel so aussehen:

```
$ git log --oneline master..feature
b5ffeb7 fix feature 1
34c4453 fix feature 2
ac445c6 fix feature 1
ae65efd implement feature 2
cf30f4d implement feature 1
```

Wenn sich einige solche Commits angesammelt haben, starten Sie einen interaktiven Rebase-Prozess über die letzten Commits. Schätzen Sie dazu einfach ab, auf wie vielen Commits Sie arbeiten wollen, und bearbeiten Sie dann beispielsweise per `git rebase -i HEAD~5` die letzten fünf.

Im Editor erscheinen die Commits nun in umgekehrter Reihenfolge im Vergleich zur Ausgabe von `git log`. Ordnen Sie nun die kleinen Bugfix-Commits so an, dass sie *unter* dem Commit, den sie korrigieren, stehen. Markieren Sie dann die Korrektur-Commits mit `squash` (oder `s`), also z.B. so:

```
pick cf30f4d implement feature 1
s ac445c6 fix feature 1
s b5ffeb7 fix feature 1
pick ae65efd implement feature 2
s 34c4453 fix feature 2
```

Speichern Sie die Datei und beenden Sie den Editor; der Rebase-Prozess startet. Weil Sie `squash` ausgewählt haben, hält Rebase an, nachdem Commits verschmolzen wurden. Im Editor erscheinen die Commit-Nachrichten der verschmolzenen Commits, die Sie nun geeignet zusammenfassen. Verwenden Sie statt `squash` das Schlüsselwort `fixup` oder kurz `f`, wird die Commit-Nachricht der so markierten Commits weggeworfen – für diese Arbeitsweise also vermutlich praktischer.

Nach dem Rebase sieht die Versionsgeschichte viel aufgeräumter aus:

```
$ git log --oneline master..feature
97fe253 implement feature 2
6329a8a implement feature 1
```

> **TIPP**
>
> Oft kommt es vor, dass man eine kleine Änderung noch in den zuletzt getätigten Commit „schleusen" möchte. Hier bietet sich folgendes Alias an, das an die fixup-Aktion angelehnt ist:
>
> ```
> $ git config --global alias.fixup "commit --amend --no-edit"
> ```
>
> Wie oben schon erwähnt, übernimmt die Option --no-edit eins zu eins die Meta-Informationen des alten Commits, insbesondere die Commit-Message.

Wenn Sie die Commit-Nachricht mit fixup! bzw. squash! beginnen, gefolgt vom Anfang der Beschreibung des Commits, den Sie korrigieren wollen, können Sie das Kommando

```
$ git rebase -i --autosquash master
```

aufrufen. Die wie oben mit fixup! bzw. squash! markierten Commits werden automatisch an die richtige Stelle verschoben und mit der Aktion squash bzw. fixup versehen. So können Sie den Editor direkt beenden, und die Commits werden verschmolzen. Falls Sie häufig mit dieser Option arbeiten, können Sie dieses Verhalten auch durch eine Konfigurationsoption zum Standard bei Rebase-Aufrufen machen: Setzen Sie dafür die Einstellung rebase.autosquash auf true.

4.2.2 Commits beliebig editieren

Wenn Sie einen Commit mit edit markieren, kann er beliebig editiert werden. Dabei geht Rebase wie in den anderen Fällen auch sequentiell die Commits durch. Bei den Commits, die mit edit markiert sind, hält Rebase an und HEAD wird auf den entsprechenden Commit gesetzt. Sie können dann den Commit ändern, als wäre er der aktuellste im Branch. Anschließend lassen Sie Rebase weiterlaufen:

```
$ vim ...
# Korrekturen vornehmen
$ git add ...
$ git commit --amend
$ git rebase --continue
```

Im Wesentlichen erreichen Sie dabei dasselbe wie im Beispiel git rebase --onto in Abschnitt 4.1.9 – allerdings können Sie auch weit kompliziertere Aktionen ausführen. Einen häufigen Anwendungsfall beschreibt folgendes „Rezept".

Commits aufteilen

Jeder Programmierer kennt das: Diszipliniert und penibel jede Änderung einzuchecken, ist anstrengend und unterbricht häufig den Arbeitsfluss. Das führt in der Praxis zu Commits, die groß und unübersichtlich sind. Damit die Versionsgeschichte aber für andere Entwickler – und Sie selbst! – nachvollziehbar bleibt, sollten die Änderungen in so kleine logische Einheiten wie möglich aufgeteilt werden.

Im Übrigen ist es nicht nur für Entwickler hilfreich, so vorzugehen. Auch die automatisierte Fehlersuche mittels `git bisect` funktioniert besser und akkurater, je kleiner und sinnvoller die Commits sind (siehe Abschnitt 4.8).

Mit ein wenig Erfahrung können Sie einen Commit sehr schnell aufteilen. Wenn Sie häufig große Commits produzieren, sollte Ihnen der folgende Arbeitsschritt zur Routine werden.

Zunächst starten Sie den Rebase-Prozess und markieren den Commit, den Sie aufteilen wollen, mit `edit`. Rebase hält dort an, HEAD zeigt auf diesen Commit.

Anschließend setzen Sie den HEAD einen Commit zurück, ohne allerdings die Änderungen von HEAD (der aufzuteilende Commit) wegzuwerfen. Das passiert durch das Kommando `reset` (siehe auch Abschnitt 3.2.3; beachten Sie, dass, sofern Sie die Commit-Beschreibung noch brauchen, Sie diese vorher kopieren sollten):

```
$ git reset HEAD^
```

Die Änderungen, die der aufzuteilende Commit verursacht, sind nun noch in den Dateien vorhanden; der Index und das Repository spiegeln aber den Stand des Vorgänger-Commits wider. Sie haben also die Änderungen des aufzuteilenden Commits in den *unstaged*-Zustand verschoben (das können Sie verifizieren, indem Sie `git diff` vor und nach dem reset-Aufruf betrachten).

Nun können Sie einige Zeilen hinzufügen, einen Commit erstellen, weitere Zeilen hinzufügen und schließlich einen dritten Commit für die übrigen Zeilen erstellen:

```
$ git add -p
$ git commit -m "Erster Teil"
$ git add -p
$ git commit -m "Zweiter Teil"
$ git add -u
$ git commit -m "Dritter (und letzter) Teil";
```

Was passiert? Durch das Reset-Kommando haben Sie den HEAD einen Commit zurückgesetzt. Mit jedem Aufruf von `git commit` erstellen Sie einen neuen Commit, aufbauend auf dem jeweiligen HEAD. Statt des einen großen Commits (den Sie durch den reset-Aufruf weggeworfen haben) haben Sie nun drei kleinere Commits an dessen Stelle gesetzt.

Lassen Sie jetzt Rebase weiterlaufen (`git rebase --continue`) und die übrigen Commits von oben auf HEAD (der jetzt der neueste Ihrer drei Commits ist) aufbauen.

4.3 Wer hat diese Änderungen gemacht? – git blame

Wie andere Versionskontrollsysteme hat auch Git ein Kommando blame bzw. annotate, das alle Zeilen einer Datei mit Datum und Autor der letzten Änderung versieht. So können Sie z.B. schnell herausfinden, wer der Verantwortliche für eine Zeile Code ist, die ein Problem verursacht, oder seit wann das Problem besteht.

Dabei ist das Kommando annotate lediglich für Umsteiger gedacht und hat die gleiche Funktionalität wie das Kommando blame, nur ein etwas anderes Ausgabeformat. Sie sollten also im Zweifel immer blame verwenden.

Nützliche Optionen sind -M, um Code-Verschiebungen, und -C, um Code-Kopien anzuzeigen. Anhand des Dateinamens in der Ausgabe können Sie dann erkennen, aus welcher Datei möglicherweise Code kopiert oder verschoben wurde. Wird kein Dateiname angezeigt, konnte Git keine Code-Bewegungen oder -Kopien finden. Wenn Sie diese Optionen verwenden, ist es meist sinnvoll, per -s die Angabe von Autor und Datum zu unterdrücken, damit die Anzeige noch ganz auf den Bildschirm passt.

Aus der folgenden Ausgabe erkennt man z.B., dass die Funktion end_url_with_slash ursprünglich aus der Datei http.c stammte. Die Option -L<m>,<n> grenzt die Ausgabe auf die entsprechenden Zeilen ein.

```
$ git blame -C -s -L123,135 url.c
638794cd url.c  123) char *url_decode_parameter_value(const char
 **query)
638794cd url.c  124) {
ce83eda1 url.c  125)     struct strbuf out = STRBUF_INIT;
730220de url.c  126)     return url_decode_internal(query, "&", &out,
 1);
638794cd url.c  127) }
d7e92806 http.c 128)
eb9d47cf http.c 129) void end_url_with_slash(struct strbuf *buf, const
```

```
            char *url)
5ace994f http.c 130) {
5ace994f http.c 131)     strbuf_addstr(buf, url);
5ace994f http.c 132)     if (buf->len && buf->buf[buf->len - 1] != '/')
5ace994f http.c 133)         strbuf_addstr(buf, "/");
5ace994f http.c 134) }
3793a309 url.c  135)
```

4.3.1 Blame grafisch

Eine bequeme Alternative zu `git blame` auf der Konsole bietet das grafische Tool `git gui blame` (hierfür müssen Sie gegebenenfalls das Paket `git-gui` installieren).

Abbildung 4.7: Ein Stück Code, das aus einer anderen Datei verschoben wurde

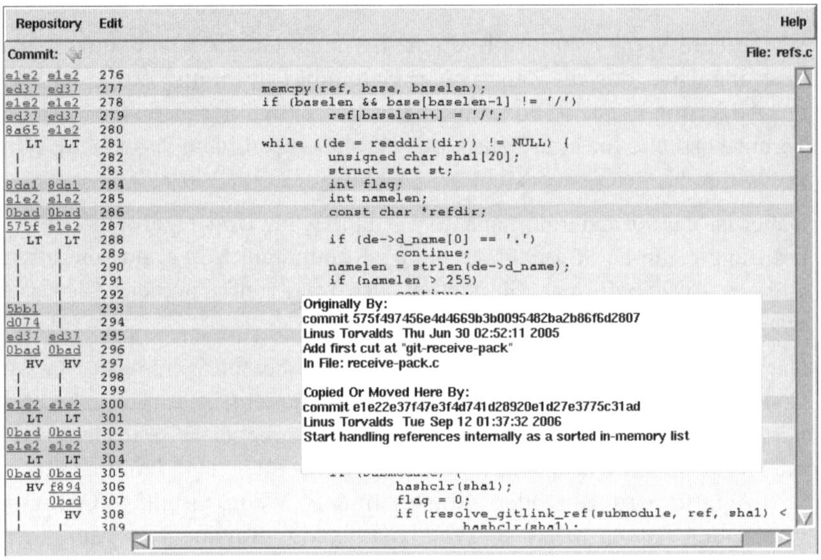

Wenn Sie eine Datei per `git gui blame <datei>` untersuchen, werden die unterschiedlichen Blöcke, die aus verschiedenen Commits stammen, mit Grautönen hinterlegt dargestellt. Links sehen Sie die abgekürzte Commit-ID sowie die Initialen des Autors.

Erst wenn Sie mit der Maus über einen solchen Block fahren, erscheint ein kleines Popup-Fenster mit Informationen zum Commit, der die Zeilen geändert hat, möglicherweise auch mit einer Mitteilung, aus welcher Datei und welchem Commit dieser Codeblock verschoben oder kopiert wurde.

Bei der Code-Review interessiert man sich häufig dafür, wie eine Datei eigentlich vor einer bestimmten Änderung aussah. Dafür bietet das grafische Blame-Tool die folgende Möglichkeit, in der Versionsgeschichte zurückzugehen: Klicken Sie mit der rechten Maustaste auf die Commit-ID eines Code-Blocks und wählen Sie im Kontextmenü Blame Parent Commit aus – nun wird der Vorgänger dieser Änderung angezeigt. Sie können auf diese Weise mehrere Schritte zurückgehen. Über den grünen Pfeil links oben können Sie wieder in die Zukunft springen.

4.4 Dateien ignorieren

In fast jedem Projekt fallen Dateien an, die Sie nicht versionieren wollen. Sei es der binäre Output des Compilers, die autogenerierte Dokumentation im HTML-Format oder die Backup-Dateien, die Ihr Editor erzeugt. Git bietet Ihnen verschiedene Ebenen, um Dateien zu ignorieren:

- benutzerspezifische Einstellung

- repositoryspezifische Einstellung

- repositoryspezifische Einstellung, die mit eingecheckt wird

Welche Option Sie wählen, hängt ganz von Ihrem Anwendungsfall ab. Die benutzerspezifischen Einstellungen sollten Dateien und Muster enthalten, die für den Benutzer relevant sind, beispielsweise Backup-Dateien, die Ihr Editor erzeugt. Solche Muster werden üblicherweise in einer Datei im $HOME-Verzeichnis abgelegt. Mit der Option core.excludesfile geben Sie an, welche Datei dies sein soll, z.B. im Fall von ~/.gitignore:

```
$ git config --global core.excludesfile ~/.gitignore
```

Bestimmte Dateien und Muster sind an ein Projekt gebunden und gelten für jeden Teilnehmer, z.B. Compiler-Output und autogenerierte HTML-Dokumentation. Diese Einstellung legen Sie in der Datei .gitignore ab, die Sie ganz normal einchecken und somit an alle Entwickler ausliefern.

Zuletzt lässt sich die Datei .git/info/exclude für repositoryspezifische Einstellungen nutzen, die nicht mit einem Klon ausgeliefert werden sollen, also Einstellungen, die gleichzeitig projekt- und benutzerspezifisch sind.

4.4.1 Syntax für Muster

Die Syntax für Muster ist der Shell-Syntax nachempfunden:

- Leere Zeilen haben keinen Effekt und können zum Gliedern und Trennen verwendet werden.

- Zeilen, die mit einem # anfangen, werden als Kommentare gewertet und haben ebenfalls keinen Effekt.

- Ausdrücke, die mit ! anfangen, werden als Negation gewertet.

- Ausdrücke, die mit einem / enden, werden als Verzeichnis gewertet. Der Ausdruck man/ erfasst das Verzeichnis man, nicht aber die gleichnamige Datei oder den Symlink.

- Ausdrücke, die kein / enthalten, werden als Shell-Glob für das aktuelle und alle Unterverzeichnisse gewertet. Der Ausdruck *.zip in der obersten .gitignore etwa erfasst alle Zip-Dateien in der Verzeichnisstruktur des Projekts.

- Der Ausdruck ** umfasst Null oder mehr Dateien und Verzeichnisse. Sowohl t/data/set1/store.txt als auch t/README.txt werden durch das Muster t/**/*.txt erfasst.

- Sonst wird das Muster als Shell-Glob gewertet, genauer als Shell-Glob, das von der Funktion fnmatch(3) mit dem Flag FNM_PATHNAME ausgewertet wird. Das heißt, das Muster doc/*html erfasst doc/index.html, nicht aber doc/api/singleton.html.

- Ausdrücke, die mit einem / beginnen, sind an den Pfad gebunden. Der Ausdruck /*.sh zum Beispiel erfasst upload.sh, nicht aber scripts/check-for-error.sh.

Ein Beispiel:[7]

```
$ cat ~/.gitignore
# vim swap files
.*.sw[nop]

# python bytecode
*.pyc

# documents
*.dvi
*.pdf

# miscellaneous
*.*~
*.out
```

---

[7] Weitere Beispiele finden Sie auf der Man-Page zu gitignore(5) und unter http://help.github.com/git-ignore/.

4.4.2 Nachträglich ignorieren oder versionieren

Dateien, die bereits versioniert sind, werden nicht automatisch ignoriert. Um eine solche Datei trotzdem zu ignorieren, weisen Sie Git explizit an, die Datei zu „vergessen":

```
$ git rm documentation.pdf
```

Um die Datei mit dem nächsten Commit zu löschen, aber trotzdem im Working Tree vorzuhalten:

```
$ git rm --cached documentation.pdf
```

Dateien, die bereits ignoriert werden, erscheinen in der Ausgabe von `git status` nicht. Außerdem weigert sich `git add`, die Datei zu übernehmen; mit der Option `--force` bzw. `-f` zwingen Sie Git, die Datei doch zu beachten:

```
$ git add documentation.pdf
The following paths are ignored by one of your .gitignore files:
documentation.pdf
Use -f if you really want to add them.
fatal: no files added
$ git add -f documentation.pdf
```

4.4.3 Ignorierte und unbekannte Dateien löschen

Das Kommando `git clean` löscht ignorierte sowie unbekannte (sog. *untracked*) Dateien. Da evtl. Dateien unwiederbringlich verlorengehen könnten, verfügt das Kommando über die Option `--dry-run` (bzw. `-n`); sie gibt Auskunft, was gelöscht würde. Als weitere Vorsichtsmaßnahme weigert sich das Kommando, irgendetwas zu löschen, außer Sie übergeben explizit die Option `--force` bzw. `-f`.[8]

Standardmäßig löscht `git clean` nur die unbekannten Dateien, mit `-X` entfernt es nur die ignorierten Dateien und mit `-x` sowohl unbekannte als auch ignorierte. Mit der Option `-d` werden zusätzlich Verzeichnisse gelöscht, die in Frage kommen. Um also unbekannte sowie ignorierte Dateien und Verzeichnisse zu löschen, geben Sie ein:

```
$ git clean -dfx
```

---

[8] Das Verhalten wird unterbunden, indem Sie die Einstellung `clean.requireForce` auf `false` setzen.

4.5 Veränderungen auslagern – git stash

Der Stash (Lager) ist ein Mechanismus, der dazu dient, noch nicht gespeicherte Veränderungen am Working Tree kurzfristig auszulagern. Ein klassischer Anwendungsfall: Ihr Chef bittet Sie, so schnell wie möglich einen kritischen Bug zu beheben, Sie haben aber gerade angefangen, ein neues Feature zu implementieren. Mit dem Kommando git stash räumen Sie die unfertigen Zeilen vorübergehend „aus dem Weg", ohne einen Commit zu erzeugen, und können sich so mit einem sauberen Working Tree dem Fehler zuwenden. Außerdem bietet der Stash Abhilfe, wenn Sie den Branch nicht wechseln können, weil dadurch Veränderungen verlorengehen würden (siehe auch Abschnitt 3.1.2).

4.5.1 Grundlegende Benutzung

Mit git stash speichern Sie den aktuellen Zustand von Working Tree und Index, sofern diese sich von HEAD unterscheiden:

```
$ git stash
Saved working directory and index state WIP on master: b529e34 new spec
 how the script should behave
HEAD is now at b529e34 new spec how the script should behave
```

Mit der Option --keep-index bleibt der Index intakt. Das heißt, alle Veränderungen die bereits im Index sind, bleiben im Working Tree und im Index vorhanden und werden zusätzlich im Stash gespeichert.

Die Veränderungen am Working Tree sowie dem Index werden „beiseite geschafft", und Git erzeugt keinen Commit auf dem aktuellen Branch. Um den gespeicherten Zustand wieder herzustellen, also um den gespeicherten Patch auf dem aktuellen Working Tree anzuwenden und gleichzeitig den Stash zu löschen, verwenden Sie:

```
$ git stash pop
...
Dropped refs/stash@{0} (d4cc94c37e92390e5fabf184a3b5b7ebd5c3943a)
```

Sie können zwischen dem Abspeichern und dem Wiederherstellen das Repository beliebig verändern, z.B. den Branch wechseln, Commits machen usw. Der Stash wird immer auf den aktuellen Working Tree angewendet.

Das Kommando git stash pop ist eine Abkürzung für die zwei Kommandos git stash apply (Stash anwenden) und git stash drop (Stash verwerfen):

```
$ git stash apply
...
```

```
$ git stash drop
Dropped refs/stash@{0} (d4cc94c37e92390e5fabf184a3b5b7ebd5c3943a)
```

Sowohl pop als auch apply pflegen die Veränderungen in den Working Tree ein, der Zustand des Index wird nicht wieder hergestellt. Mit der Option `--index` stellen Sie auch den abgespeicherten Zustand des Index wieder her.

> **TIPP**
>
> Mit der Option `--patch` (bzw. kurz `-p`) starten Sie einen interaktiven Modus, d.h. Sie können wie mit `git add -p` und `git reset -p` einzelne Hunks auswählen, um sie dem Stash hinzuzufügen:
>
> ```
> $ git stash -p
> ```
>
> Die Konfigurationseinstellung `interactive.singlekey` (siehe Abschnitt 2.1.2) gilt auch hier.

4.5.2 Konflikte lösen

Es kann zu Konflikten kommen, wenn Sie einen Stash auf einem anderen Commit anwenden als dem, auf dem er entstanden ist:

```
$ git stash pop
Auto-merging hello.pl
CONFLICT (content): Merge conflict in hello.pl
```

In dem Fall verwenden Sie die üblichen Rezepte zum Lösen des Konflikts, siehe Abschnitt 3.4. Wichtig ist aber, dass die Konflikt-Marker die Bezeichnungen `Updated Upstream` (die Version im aktuellen Working Tree) sowie `Stashed Changes` (Veränderungen im Stash) tragen:

```
<<<<<<< Updated upstream
# E-Mail: valentin.haenel@gmx.de
========
# E-Mail: valentin@gitbu.ch
>>>>>>> Stashed changes
```

> **WICHTIG**
>
> Sollten Sie versucht haben, einen Stash mit `git stash pop` anzuwenden, wird der Stash *nicht* automatisch gelöscht. Sie müssen ihn explizit mit `git stash drop` löschen.

4.5.3 Wenn Sie den Stash nicht anwenden können...

Der Stash wird per Default auf den aktuellen Working Tree angewendet, vorausgesetzt dieser ist sauber – wenn nicht, bricht Git ab:

```
$ git stash pop
Cannot apply to a dirty working tree, please stage your changes
```

Git schlägt zwar vor, dass Sie die Änderungen dem Index hinzufügen, wie Sie aber vorgehen sollten, hängt von Ihrem Ziel ab. Wenn Sie die Änderungen im Stash zusätzlich zu denen im Working Tree haben wollen, bietet sich Folgendes an:

```
$ git add -u
$ git stash pop
$ git reset HEAD
```

Zur Erläuterung: Zuerst werden die noch nicht gespeicherten Veränderungen am Working Tree dem Index hinzugefügt; dann die Veränderungen aus dem Stash herausgeholt und auf den Working Tree angewendet, und zuletzt noch der Index zurückgesetzt.

Alternativ dazu können Sie auch einen zusätzlichen Stash erstellen, und die Veränderungen, die Sie haben wollen, auf einen sauberen Working Tree anwenden:

```
$ git stash
$ git stash apply stash@{1}
$ git stash drop stash@{1}
```

Bei diesem Rezept verwenden Sie mehrere Stashes. Zuerst lagern Sie die Veränderungen am Working Tree in einen neuen Stash aus, dann holen Sie die Veränderungen, die Sie eigentlich haben wollen, aus dem vorherigen Stash und löschen diesen nach der Anwendung.

4.5.4 Nachricht anpassen

Standardmäßig setzt Git für einen Stash die folgende Nachricht:

```
WIP: on <branch>: <sha1> <commit-msg>
```

`<branch>`
der aktuelle Branch

`<sha1>`
die Commit-ID des HEAD

`<commit-msg>`
die Commit-Nachricht des HEAD

Meist reicht dies aus, um einen Stash zu identifizieren. Wenn Sie vorhaben, Ihre Stashes länger vorzuhalten (möglich, aber nicht wirklich zu empfehlen), oder wenn Sie mehrere machen wollen, raten wir, diese mit einer besseren Anmerkung zu versehen:

```
$ git stash save "unfertiges feature"
Saved working directory and index state On master: unfertiges feature
HEAD is now at b529e34 new spec how the script should behave
```

4.5.5 Stashes einsehen

Git verwaltet alle Stashes als Stack, d. h. aktuellere Zustände liegen oben auf und werden zuerst verarbeitet. Die Stashes sind mit einer Reflog-Syntax (siehe auch Abschnitt 3.7) benannt:

```
stash@{0}
stash@{1}
stash@{2}
...
```

Erzeugen Sie einen neuen Stash, wird dieser als stash@{0} bezeichnet und die Nummer der anderen wird inkrementiert: Aus stash@{0} wird stash@{1}, aus stash@{1} wird stash@{2} usw.

Geben Sie keinen expliziten Stash an, beziehen sich die Kommandos apply, drop und show auf den neuesten, also stash@{0}.

Um einzelne Stashes einzusehen, verwenden Sie git stash show. Standardmäßig druckt dieses Kommando eine Bilanz der hinzugefügten und entfernten Zeilen aus (wie git diff --stat):

```
$ git stash show
git-stats.sh |    4 ++--
 1 files changed, 2 insertions(+), 2 deletions(-)
```

> **TIPP**
> Das Kommando git stash show akzeptiert zusätzlich allgemeine Diff-Optionen, die das Format beeinflussen, z.B. -p, um ein Patch im Diff-Format auszugeben:
>
> ```
> $ git stash show -p stash@{0}
> diff --git a/git-stats.sh b/git-stats.sh
> index 62f92fe..1235fd3 100755
> --- a/git-stats.sh
> +++ b/git-stats.sh
> @@ -1,6 +1,6 @@
>  #!/bin/bash
> -START=18.07.2010
> -END=25.07.2010
> +START=18.07.2000
> +END=25.07.2020
>    echo "Number of commits per author:"
> ```

Das Kommando git stash list gibt eine Liste der derzeit angelegten Stashes aus:

```
$ git stash list
stash@{0}: WIP on master: eae23b6 add number of merge commits to output
stash@{1}: WIP on master: b1ee2cf start and end date in one place only
```

4.5.6 Stashes löschen

Einzelne Stashes löschen Sie mit dem Kommando `git stash drop`, alle mit `git stash clear`. Sollten Sie versehentlich einen Stash löschen, finden Sie diesen nicht über die üblichen Reflog-Mechanismen wieder! Jedoch gibt folgender Befehl die ehemaligen Stashes aus:[9]

```
$ git fsck --unreachable | grep commit | cut -d" " -f3 | \
    xargs git log --merges --no-walk --grep=WIP
```

> **TIPP** Für den Notfall merken Sie sich, dass Sie den Befehl ganz am Ende der Man-Page von `git-stash(1)` finden.

Außerdem ist wichtig, dass die so gezeigten Einträge nur als unerreichbare Objekte in der Objektdatenbank vorhanden sind und somit auch den normalen Wartungsmechanismen unterliegen – sie werden also nach einiger Zeit gelöscht und nicht dauerhaft vorgehalten.

4.5.7 Wie ist der Stash implementiert?

Git erzeugt für jeden Stash zwei Commit-Objekte, eines für die Veränderungen am Working Tree und eines für die Veränderungen am Index. Beide haben den aktuellen `HEAD` als Vorfahren, das Working-Tree-Objekt hat das Index-Objekt als Vorfahren. Dadurch wird ein Stash in Gitk als Dreieck angezeigt, was im ersten Moment etwas verwirrend ist:

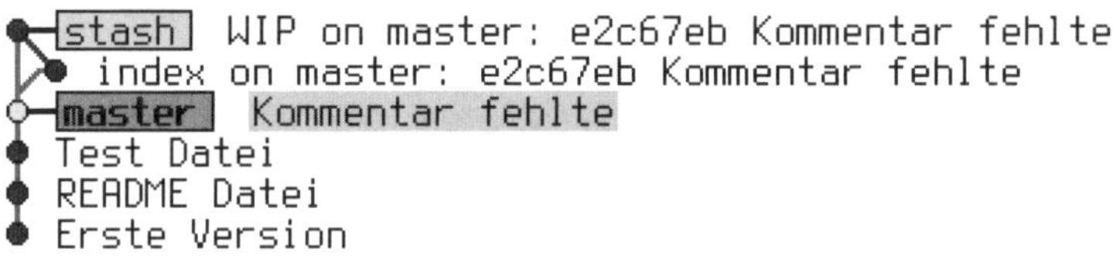

Abbildung 4.8: Ein Stash in Gitk

```
   stash   WIP on master: e2c67eb Kommentar fehlte
   index on master: e2c67eb Kommentar fehlte
   master  Kommentar fehlte
   Test Datei
   README Datei
   Erste Version
```

Mit dem Alias `git tree` (siehe Abschnitt 3.6.1) sieht das so aus:

---

[9] Das Kommando sucht zuerst alle Commit-Objekte heraus, die nicht mehr erreichbar sind, und schränkt die Liste dann auf diejenigen ein, die Merge-Commits sind und deren Commit-Message die Zeichenkette `WIP` enthält – die Eigenschaften, die ein Commit-Objekt aufweist, das als Stash erstellt wurde, vgl. Abschnitt 4.5.7.

```
*   f1fda63 (refs/stash) WIP on master: e2c67eb Kommentar fehlte
|\
| * 4faee09 index on master: e2c67eb Kommentar fehlte
|/
* e2c67eb (HEAD, master) Kommentar fehlte
* 8e2f5f9 Test Datei
* 308aea1 README Datei
* b0400b0 Erste Version
```

Da die Stash-Objekte nicht durch einen Branch referenziert sind, wird das Working-Tree-Objekt mit einer besonderen Referenz, `refs/stash`, am Leben erhalten. Dies gilt aber nur für den neuesten Stash. Ältere Stashes werden nur im Reflog (siehe Abschnitt 3.7) referenziert und erscheinen deshalb auch nicht in Gitk. Im Gegensatz zu normalen Reflog-Einträgen verfallen gespeicherte Stashes jedoch nicht und werden deshalb auch nicht durch die normalen Wartungsmechanismen gelöscht.

4.6 Commits annotieren – git notes

In der Regel ist es nicht ohne Weiteres möglich, Commits, die einmal veröffentlicht wurden, noch einmal zu ändern oder zu erweitern. Manchmal wünscht man sich jedoch, man könnte Commits im Nachhinein noch Informationen „anhängen", ohne dass der Commit sich ändert. Das könnten Ticket-Nummern sein, Informationen darüber, ob die Software kompiliert, wer sie getestet hat usw.

Git bietet mit dem Kommando `git notes` eine Möglichkeit, nachträglich Notizen an einen Commit zu heften. Dabei sind die Notizen ein abgekoppelter „Branch" von Commits, referenziert durch `refs/notes/commits`, auf dem die Entwicklung der Notes gespeichert wird. Auf diesem Branch liegen die Notizen zu einem Commit in einer Datei vor, deren Dateiname der SHA-1-Summe des Commits entspricht, den sie beschreibt.

Diese Interna können Sie aber außer Acht lassen – in der Praxis können Sie die Notizen komplett mit `git notes` verwalten. Wichtig ist nur zu wissen: Pro Commit können Sie nur eine Notiz speichern.[10] Dafür können Sie die Notizen aber im Nachhinein editieren bzw. erweitern.

Um eine neue Notiz hinzuzufügen: `git notes add <commit>`. Wenn Sie `<commit>` auslassen, wird HEAD verwendet. Analog zu `git commit` öffnet sich ein Editor, in dem Sie die Notiz verfassen. Alternativ können Sie diese direkt per `-m "<notiz>"` angeben.

---

10 Das stimmt nicht ganz; Sie können unter `refs/notes/commits` nur eine Notiz pro Commit speichern, zusätzlich aber z.B. unter `refs/notes/bts` noch weitere Notizen, die sich auf das Bug-Tracking-System beziehen – dort aber auch nur eine pro Commit.

Die Notiz wird dann per Default immer unter der Commit-Nachricht angezeigt:

```
$ git show 8e8a7c1f
commit 8e8a7c1f4ca66aa024acde03a58c2b67fa901f88
Author: Julius Plenz <julius@plenz.com>
Date:   Sun May 22 15:48:46 2011 +0200

    Schleife optimieren

Notes:
    Dies verursacht Bug #2319 und wird mit v2.1.3-7-g6dfa88a korrigiert
```

Mit der Option `--no-notes` können Sie Kommandos wie `log` oder `show` explizit anweisen, Notizen nicht anzuzeigen.

Das Kommando `git notes add` beendet sich mit einem Fehler, wenn zu dem angegebenen Commit schon eine Notiz vorliegt. Verwenden Sie dann stattdessen das Kommando `git notes append`, um weitere Zeilen an die Notiz anzuhängen, oder aber direkt `git notes edit`, um die Notiz beliebig zu editieren.

Per Default werden die Notizen nicht hoch- oder runtergeladen, Sie müssen das explizit über die folgenden Kommandos tun:

```
$ git push <remote> refs/notes/commits
$ git fetch <remote> refs/notes/commits:refs/notes/commits
```

Das Notizen-Konzept ist in Git nicht besonders weit entwickelt. Insbesondere macht es Probleme, wenn mehrere Entwickler parallel Notizen zu Commits erstellen und diese dann zusammengeführt werden müssen. Für weitere Informationen siehe die Man-Page `git-notes(1)`.

> **TIPP** Wenn Sie Notizen verwenden wollen, bietet sich dies meist nur im Zusammenhang mit Ticket-, Bug-Tracking- oder Continuous-Integration-Systemen an: Diese könnten automatisiert Notizen erstellen und so möglicherweise hilfreiche Zusatzinformationen im Repository ablegen.
>
> Um die Notizen bei jedem `git fetch` automatisch herunterzuladen, fügen Sie eine Refspec der folgenden Form in die Datei `.git/config` ein (siehe auch Abschnitt 5.3.1):
>
> ```
> fetch = +refs/notes/*:refs/notes/*
> ```

4.7 Mehrere Root-Commits

Bei der Initialisierung eines Repositorys wird der erste Commit, der sogenannte *Root-Commit*, erstellt. Dieser Commit ist in der Regel der einzige im ganzen Repository, der keinen Vorgänger hat.

Allerdings ist es auch möglich, mehrere Root-Commits in einem Repository zu haben. Das kann in den folgenden Fällen sinnvoll sein:

- Sie wollen zwei eigenständige Projekte miteinander verbinden, die vorher in getrennten Repositories entwickelt wurden (siehe dafür auch Subtree-Merges in Abschnitt 5.11.2).
- Sie wollen einen vollständig abgekoppelten Branch verwalten, auf dem Sie eine Todo-Liste vorhalten, kompilierte Binaries oder autogenerierte Dokumentation.

Im Falle, dass Sie zwei Repositories zusammenführen wollen, reicht in der Regel dieses Kommando:

```
$ git fetch -n <anderes-repo> master:<anderer-master>
warning: no common commits
...
From <anderes-repo>
 * [new branch]      master      -> <anderer-master>
```

Der Branch `master` des anderen Repositorys wird als `<anderer-master>` ins lokale Repository kopiert, inklusive aller Commits, bis Git eine Merge-Basis findet oder einen Root-Commit. Die Warnung „no common commits" deutet schon darauf hin, dass die beiden Versionsgeschichten keinen gemeinsamen Commit haben. Das Repository hat nun zwei Root-Commits.

Beachten Sie, dass ein Merge zwischen zwei Branches, die keine gemeinsamen Commits haben, fehlschlagen wird, sobald eine Datei auf beiden Seiten existiert und nicht gleich ist. Abhilfe schaffen hier möglicherweise Subtree-Merges, siehe Abschnitt 5.11.2.

Sie können aber auch, anstatt ein anderes Repository zu importieren, einen komplett abgekoppelten Branch neu erstellen, also einen zweiten Root-Commit. Dafür reichen die folgenden beiden Kommandos aus:

```
$ git checkout --orphan <newroot>
$ git rm --cached -rf .
```

Das erste setzt den `HEAD` auf den (noch nicht existierenden) Branch `<newroot>`. Das rm-Kommando löscht alle von Git verwalteten Dateien aus dem Index, lässt sie aber im Working Tree intakt. Sie haben nun also einen Index, der nichts enthält, und einen Branch, auf dem noch kein Commit existiert.

Sie können jetzt mit dem Kommando `git add` Dateien zum neuen Root-Commit hinzufügen und ihn dann mit `git commit` erzeugen.

4.8 Regressionen finden – git bisect

Eine Regression bezeichnet in der Softwareentwicklung den Zeitpunkt, ab dem ein bestimmtes Feature eines Programms nicht mehr funktioniert. Das kann nach einem Update von Bibliotheken sein, nach der Einführung neuer Features, die Seiteneffekte verursachen etc.

Solche Regressionen zu finden, ist mitunter schwer. Wenn Sie eine umfangreiche Test-Suite einsetzen, dann sind Sie relativ gut davor geschützt, trivial erkennbare Regressionen einzubauen (z. B. weil Sie vor jedem Commit ein `make test` laufen lassen).

Wenn die Regression reproduzierbar ist („Mit den Argumenten <x> stürzt das Programm ab", „die Konfigurationseinstellung <y> führt zu einem Speicherzugriffsfehler"), dann können Sie mit Git die Suche nach dem Commit, der diese Regression verursacht, automatisieren.

Git stellt dafür das Kommando `bisect` zur Verfügung, dessen Algorithmus nach dem Prinzip „teile und herrsche" (engl. *divide and conquer*) funktioniert: Zunächst definieren Sie einen Zeitpunkt (also einen Commit), zu dem die Regression noch nicht aufgetreten war (good), anschließend einen Zeitpunkt, zu dem sie auftritt (genannt bad, lassen Sie diesen weg, nimmt Git HEAD an).

Das `bisect`-Kommando geht von der idealisierten Annahme aus, dass die Regression durch *einen* Commit eingeleitet wurde – es gibt also einen Commit, *vor* dem alles in Ordnung war, und *nach* dem der Fehler auftritt.[11]

Nun wählt Git einen Commit aus der Mitte zwischen good und bad und checkt ihn aus. Sie müssen dann überprüfen, ob die Regression weiterhin vorhanden ist. Wenn ja, dann setzt Git bad auf diesen Commit, wenn nein, wird good auf diesen Commit gesetzt. Dadurch fällt circa die Hälfte der zu untersuchenden Commits weg. Git wiederholt den Schritt, bis nur noch ein Commit übrig bleibt.

Die Anzahl der Schritte, die `bisect` benötigt, verhält sich also logarithmisch zur Anzahl der Commits, die Sie untersuchen: Für n Commits benötigen Sie ca. $\log_2(n)$ Schritte. Bei 32 Commits sind das zwar maximal fünf Schritte, für 1024 Commits aber maximal 10 Schritte, weil Sie ja im ersten Schritt schon 512 Commits eliminieren können.

---

11 Dieser Commit muss natürlich nicht den Kern der Regression ausmachen, sie wurde möglicherweise durch einen ganz anderen Commit vorbereitet.

4.8.1 Benutzung

Eine `bisect`-Sitzung starten Sie mit den folgenden Kommandos:

```
$ git bisect start
$ git bisect bad <funktioniert-nicht>
$ git bisect good <funktioniert>
```

Sobald Sie die beiden Punkte definiert haben, checkt Git einen Commit in der Mitte aus, Sie befinden sich also ab jetzt im *Detached-Head*-Modus (siehe Abschnitt 3.2.1). Nachdem Sie überprüft haben, ob die Regression noch immer vorhanden ist, können Sie ihn mit `git bisect good` bzw. `git bisect bad` markieren. Git checkt automatisch den nächsten Commit aus.

Möglicherweise können Sie den ausgecheckten Commit nicht testen, z. B. weil das Programm nicht fehlerfrei kompiliert. In diesem Fall können Sie per Git `git bisect skip` einen anderen Commit in der Nähe auswählen lassen und mit diesem wie gewohnt verfahren. Die Fehlersuche können Sie jederzeit abbrechen per `git bisect reset`.

4.8.2 Automatisierung

Idealerweise können Sie automatisiert testen, ob der Fehler auftritt – mit einem Test, der erfolgreich laufen muss, wenn die Regression nicht auftritt.

Sie können dann wie oben die Punkte good und bad definieren. Danach geben Sie `git bisect run <pfad/zum/test>` ein.

Anhand des Rückgabewerts entscheidet `bisect`, ob der überprüfte Commit good ist (wenn das Script sich erfolgreich, d. h. mit Rückgabewert 0 beendet) oder bad (Werte 1–127). Ein Spezialfall ist der Rückgabewert 125, der ein `git bisect skip` bewirkt. Wenn Sie also ein Programm haben, das kompiliert werden muss, sollten Sie als erstes ein Kommando wie `make || exit 125` einbauen, so dass der Commit übersprungen wird, wenn das Programm nicht richtig kompiliert.

Bisect kann dann ganz automatisch den problematischen Commit identifizieren. Das sieht z. B. so aus:

```
$ git bisect run ./t.sh
Bisecting: 9 revisions left to test after this (roughly 3 steps) ...
Bisecting: 4 revisions left to test after this (roughly 2 steps) ...
Bisecting: 2 revisions left to test after this (roughly 1 step) ...
Bisecting: 0 revisions left to test after this (roughly 0 steps) ...
d29758fffc080d0d0a8ee9e5266fdf75fcb98076 is the first bad commit
```

TIPP Mit kleinen Commits und sinnvollen Beschreibungen können Sie sich durch das `bisect`-Kommando bei der Suche nach obskuren Fehlern viel Arbeit sparen.

Achten Sie daher besonders darauf, dass Sie keine Commits erzeugen, die die Software in einem „kaputten" Zustand lassen (kompiliert nicht etc.), was ein späterer Commit repariert.

Verteiltes Git

Git ist ein *verteiltes* Versionskontrollsystem. Um diese Eigenschaft zu verstehen, ist zunächst ein kurzer Exkurs in die Welt der *zentralen* Versionsverwaltung notwendig: Wie der Name schon sagt, wird bei einem zentralen Versionskontrollsystem, wie z.B. RCS, CVS und Subversion, die Entwicklungsgeschichte zentral auf einem Server in *dem* Repository abgespeichert, und alle Entwickler synchronisieren ihre Arbeit mit diesem einen Repository. Entwickler, die etwas verändern möchten, laden sich eine aktuelle Version auf ihren Rechner herunter (*Checkout*), pflegen ihre Modifikationen ein und schicken diese dann wieder an den Server zurück (*Commit*).

5.1 Wie funktioniert verteilte Versionsverwaltung?

Einer der großen Nachteile des zentralen Ansatzes ist, dass für die meisten Arbeitsschritte eine Verbindung zum Server bestehen muss. Möchten Sie z.B. die Geschichte einsehen oder einen Commit machen, brauchen Sie eine Netzwerkverbindung zum Server. Leider ist diese nicht immer gewährleistet, vielleicht ist der Server außer Betrieb oder Sie arbeiten gerade auf Ihrem Laptop ohne (W)LAN-Anschluss.

Bei verteilten Systemen ist das anders geregelt: Grundsätzlich verfügt hier jeder Entwickler über eine eigene, lokale Kopie des Repositorys – stellt sich also die Frage, wie Entwickler Veränderungen untereinander austauschen.

Ein Ansatz ist, ein einzelnes „Haupt-Repository" bereitzustellen, das alle Entwickler nutzen, um ihre lokalen Repositories zu synchronisieren. Die Entwickler verbinden sich also ab und zu mit diesem Repository, laden die eigenen Commits hoch (*Push*) und die der Kollegen herunter (*Fetch* bzw. *Pull*). Dieser sehr zentrale Ansatz kommt in der Praxis häufig zum Einsatz. Eine Darstellung finden Sie in Abbildung 5.1.

Es gibt im Git-Umfeld allerdings zwei nennenswerte Alternativen, die wir in diesem Kapitel vorstellen: den *Integration-Manager*-Workflow, bei dem mehrere öffentliche Repositories zum Einsatz kommen (Abschnitt 5.6), und den Patch-Austausch per E-Mail (Abschnitt 5.9).

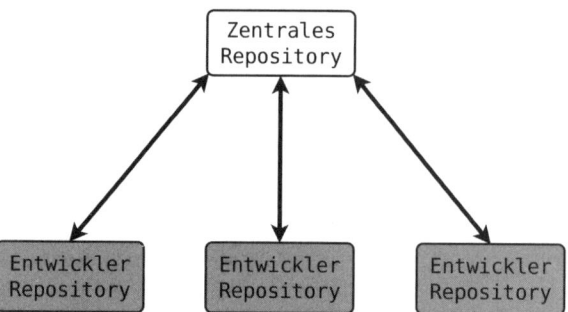

Abbildung 5.1: Zentraler Workflow mit verteilter Versionsverwaltung

Im Unterschied zu zentralen Systemen erfolgen die Commit- und Checkout-Vorgänge bei Git lokal. Auch andere alltägliche Aufgaben, wie das Einsehen der Geschichte oder das Wechseln in einen Branch, spielen sich lokal ab. Einzig das Hoch- und Herunterladen von Commits sind nichtlokale Vorgänge. Dadurch ergeben sich im Vergleich zur zentralen Versionsverwaltung zwei wichtige Vorteile: Es wird kein Netzwerk gebraucht, und alles geht (darum) schneller. Wie häufig Sie Ihr Repository synchronisieren, hängt unter anderem von der Größe und der Entwicklungsgeschwindigkeit des Projekts ab. Arbeiten Sie gerade mit einem Kollegen an den Interna Ihrer Software, müssen Sie wahrscheinlich häufiger synchronisieren als bei einem Feature, das keine weitreichenden Auswirkungen auf die übrige Codebasis hat. Es kann durchaus sein, dass einmaliges Synchronisieren pro Tag genügt. So können Sie auch ohne permanente Netzanbindung produktiv arbeiten.

In diesem Kapitel geht es darum, wie Sie Veränderungen zwischen Ihrem lokalen und einem entfernten Repository (*Remote Repository* oder *Remote*) austauschen, was Sie beachten müssen, wenn Sie mit mehreren Remotes arbeiten, und wie Sie Patches per E-Mail verschicken, so dass sie leicht vom Empfänger einzupflegen sind.

Die wichtigsten Kommandos im Überblick:

`git remote`
: Allgemeine Konfiguration von Remotes: hinzufügen, entfernen, umbenennen usw.

`git clone`
: Komplette Kopie herunterladen.

`git pull` und `git fetch`
: Commits und Referenzen aus einem Remote herunterladen.

`git push`
: Commits und Referenzen in ein Remote hochladen.

5.2 Repositories klonen

Den ersten Befehl in Zusammenhang mit den Remote-Repositories haben Sie bereits kennengelernt: `git clone`. Hier illustrieren wir den Klonvorgang mit unserem „Git-Spickzettel" [1]:

```
$ git clone git://github.com/esc/git-cheatsheet-de.git
Initialized empty Git repository in /tmp/test/git-cheatsheet-de/.git/
remote: Counting objects: 77, done.
remote: Compressing objects: 100% (77/77), done.
remote: Total 77 (delta 45), reused 0 (delta 0)
Receiving objects: 100% (77/77), 132.44 KiB, done.
Resolving deltas: 100% (45/45), done.
```

Bei diesem Aufruf gibt Git diverse Statusmeldungen aus. Die wichtigsten sind: die Benachrichtigung, in welches Verzeichnis das neue Repository

---

[1] Wir haben den Spickzettel im Zusammenhang mit verschiedenen Git-Workshops erarbeitet. Er steht unter einer Creative-Commons-Lizenz und wird mit der Git-Hosting-Plattform Github, die wir in Anhang D beschreiben, verwaltet.

geklont wird (`Initialized empty Git repository in /tmp/test/git-cheatsheet-de/.git/`), sowie die Bestätigung, dass alle Objekte erfolgreich empfangen wurden (`Receiving objects: 100% (77/77), 132.44 KiB, done.`). Ist der Klonvorgang erfolgreich, wird der `master`-Branch ausgecheckt,[2] und der Working Tree samt Repository befindet sich in dem Verzeichnis `git-cheatsheet-de`.

```
$ cd git-cheatsheet-de
$ ls
cheatsheet.pdf   cheatsheet.tex   Makefile   README
$ ls -d .*
.git/
```

Um den Klon in einem anderen Verzeichnis zu erstellen, übergeben Sie es einfach als Argument:

```
$ git clone git://github.com/esc/git-cheatsheet-de.git cheatsheet
Initialized empty Git repository in /tmp/test/cheatsheet/.git/
$ ls
cheatsheet/
```

Außerdem wird das Ursprungsrepository, also die Herkunft des Klons, als Remote-Repository mit dem Namen `origin` konfiguriert. Das Kommando `git remote` zeigt die Einstellung an:

```
$ git remote
origin
```

Die Einstellung wird in der Konfigurationsdatei `.git/config` mit dem Eintrag `remote` festgehalten, in diesem Fall nur für `origin`:

```
[remote "origin"]
    fetch = +refs/heads/*:refs/remotes/origin/*
    url = git://github.com/esc/git-cheatsheet-de.git
```

Sie sehen in dem Ausschnitt zwei Einstellungen: `fetch` und `url`. Die erste, der sog. *Refspec*, gibt an, welche Veränderungen bei der Synchronisation mit dem Remote-Repository heruntergeladen werden sollen, und die zweite, mit welcher URL dies geschieht.

Außerdem dient `git remote` zum Verwalten von Remote-Repositories. Sie können z. B. mit `git remote add` weitere Remote-Repositories hinzufügen, über `git remote set-url` die URL für das Remote-Repository anpassen usw., doch dazu später mehr.

Der Name `origin` ist nur eine Konvention; mit `git remote rename` passen Sie den Namen des Ursprungsrepositorys Ihren Wünschen entsprechend an, z. B. von `origin` zu `github`:

---

[2] Genau genommen checkt Git nicht „blind" den Branch `master` aus. Tatsächlich schaut Git nach, welchen Branch der `HEAD` der Gegenseite referenziert, und checkt diesen aus.

```
$ git remote rename origin github
$ git remote
github
```

Mit der Option `--origin` bzw. `-o` setzen Sie den Namen gleich beim Klonen:

```
$ git clone -o github git://github.com/esc/git-cheatsheet-de.git
```

5.2.1 Repository-URLs

Git unterstützt mehrere Protokolle, um auf ein Remote-Repository zuzugreifen, die gängigsten drei sind das Git-Protokoll, SSH und HTTP(S). Das Git-Protokoll wurde speziell für Git entwickelt und begünstigt die Datenübertragung, da immer die kleinstmögliche Datenmenge übertragen wird. Es unterstützt keine Authentifizierung und wird daher häufig in einer SSH-Verbindung übertragen. Dadurch wird sowohl eine effiziente (Git-Protokoll) als auch sichere (SSH) Übertragung gewährleistet. HTTP(S) kommt dann zum Einsatz, wenn eine Firewall sehr restriktiv konfiguriert ist und die zugelassenen Ports drastisch eingeschränkt sind.[3]

Im Allgemeinen enthält eine valide URL das Übertragungsprotokoll, die Adresse des Servers sowie den Pfad zu dem Repository:[4]

- `ssh://[user@]gitbu.ch[:port]/pfad/zum/repo.git/`

- `git://gitbu.ch[:port]/pfad/zum/repo.git/`

- `http[s]://gitbu.ch[:port]/pfad/zum/repo.git/`

Für das SSH-Protokoll existiert noch die Kurzform:

- `[user@]gitbu.ch:pfad/zum/repo.git/`

Außerdem ist es möglich, lokale Repositories mit der folgenden Syntax zu klonen:

- `/pfad/zum/repo.git/`

- `file:///pfad/zum/repo.git/`

---

[3] Weitere Informationen zu dem Git-Protokoll finden Sie in Abschnitt 7.1.1 (siehe auch Abschnitt 3.1.1).

[4] Eine vollständige Auflistung der möglichen URLs finden Sie in der Man-Page git-clone(1) im Abschnitt „Git URLs".

Wenn Sie wissen wollen, welche URLs für ein Remote-Repository konfiguriert sind, verwenden Sie die Option `--verbose` bzw. `-v` von `git remote`:

```
$ git remote -v
origin  git://github.com/esc/git-cheatsheet-de.git (fetch)
origin  git://github.com/esc/git-cheatsheet-de.git (push)
```

Sie sehen, dass es zwei URLs für das Remote-Repository `origin` gibt, die aber standardmäßig auf denselben Wert gesetzt sind. Die erste URL (`fetch`) gibt an, von wo und mit welchem Protokoll Veränderungen heruntergeladen werden. Die zweite URL (`push`) gibt an, wohin und mit welchem Protokoll Veränderungen hochgeladen werden. Unterschiedliche URLs sind vor allem dann interessant, wenn Sie mit verschiedenen Protokollen herunter- bzw. hochladen. Ein gängiges Beispiel ist, mit dem Git-Protokoll (`git://`) herunterzuladen und mit dem SSH-Protokoll (`ssh://`) hoch. Es wird dann ohne Authentifizierung und Verschlüsselung heruntergeladen, was einen Geschwindigkeitsvorteil bietet, aber mit Authentifizierung und Verschlüsselung hochgeladen, was sicherstellt, dass nur Sie oder andere zugriffsberechtigte Personen hochladen können. Mit dem Kommando `git remote set-url` passen Sie die URLs an:

```
$ git remote set-url --add \
  --push origin git@github.com:esc/git-cheatsheet-de.git
$ git remote -v
origin  git://github.com/esc/git-cheatsheet-de.git (fetch)
origin  git@github.com:esc/git-cheatsheet-de.git (push)
```

TIPP Falls Sie die URL eines Repositorys anpassen wollen, ist es häufig schneller, dies direkt in der Konfigurationsdatei .git/config zu tun. Git stellt dafür das Kommando `git config -e` bereit: es öffnet diese Datei in Ihrem Editor.

5.2.2 Remote-Tracking-Branches

Der aktuelle Zustand des Remote-Repositorys wird lokal gespeichert. Git verwendet dazu den Mechanismus der *Remote-Tracking-Branches*, spezielle Branches – also lokale Referenzen – , die den Zustand der Branches im Remote, sog. *Remote-Branches*, widerspiegeln. Sie „verfolgen" also die Remote-Branches und werden bei einer Synchronisation mit dem Remote entsprechend von Git vorgerückt bzw. gesetzt, sofern sich die Branches in dem Remote verändert haben. Im Hinblick auf den Commit-Graphen sind Remote-Tracking-Branches Markierungen innerhalb des Graphen, die auf die gleichen Commits zeigen wie die Branches im Remote-Repository. Sie können Remote-Tracking-Branches nicht wie normale Branches verändern, Git verwaltet sie automatisch, sorgt also für deren Aktualisierung. Wenn Sie ein Repository klonen, initialisiert Git für jeden Remote-Branch einen Remote-Tracking-Branch.

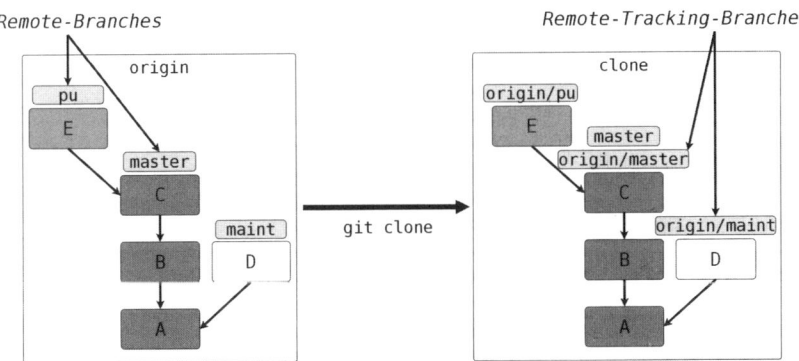

Abbildung 5.2: Erzeugte Remote-Tracking-Branches

In Abbildung 5.2 sehen Sie ein Beispiel. Das Remote-Repository origin hat drei Branches: pu, maint und master. Git erstellt in dem geklonten Repository für jeden dieser *Remote-Branches* einen *Remote-Tracking-Branch*. Außerdem wird in dem Klon ein lokaler Branch master erstellt, der dem Remote-Branch master entspricht. Dieser wird ausgecheckt und ist der Branch, in dem Sie arbeiten sollten, wenn Sie vorhaben, Commits in den master hochzuladen (siehe aber auch Abschnitt 5.3.1).

In dem Beispiel mit dem Git-Spickzettel gibt es auf der Remote-Seite nur einen einzigen Branch, nämlich master. Darum erzeugt Git in dem Klon auch nur einen Remote-Tracking-Branch, und zwar origin/master. Der Befehl git branch -r zeigt alle Remote-Tracking-Branches an:

```
$ git branch -r
  origin/HEAD -> origin/master
  origin/master
```

Der Sondereintrag origin/HEAD -> origin/master besagt, dass in dem Remote-Repository der HEAD auf den Branch master zeigt. Das ist für das Klonen insofern wichtig, als dieser Branch nach dem Klonen ausgecheckt wird. Die Liste der Remote-Tracking-Branches ist in dem Beispiel etwas spärlich, mehr Einträge sehen Sie in einem Klon des Git-via-Git Repositorys:

```
$ git branch -r
  origin/HEAD -> origin/master
  origin/html
  origin/maint
  origin/man
```

```
origin/master
origin/next
origin/pu
origin/todo
```

Alle Branches lassen Sie sich mit `git branch -a` anzeigen:

```
$ git branch -a
* master
  remotes/origin/HEAD -> origin/master
  remotes/origin/master
```

In diesem Fall verwendet Git das Präfix `remotes/`, um Remote-Tracking-Branches eindeutig von den normalen zu unterscheiden. Haben Sie die Farbausgabe aktiviert, werden die unterschiedlichen Branches zudem farblich kodiert: der ausgecheckte Branch grün, Remote-Tracking-Branches rot.

Remote-Tracking-Branches sind auch nur Referenzen und werden daher wie alle Referenzen unter `.git/refs` gespeichert. Da es sich aber um besondere Referenzen handelt, die zudem noch mit einem Remote-Repository verknüpft sind, landen sie unter `.git/refs/remotes/<remote-name>` (siehe auch Abschnitt 3.1.1). In Gitk werden die Remote-Tracking-Branches mit dem Präfix `remotes/<remote-name>/` angezeigt, das zudem dunkelgelb gefärbt ist (Abbildung 5.3).

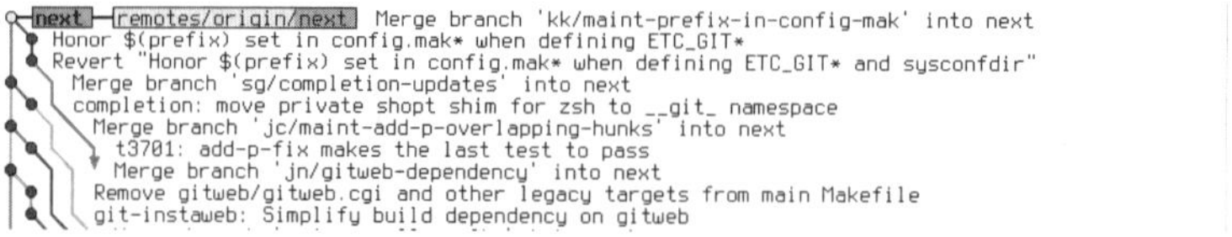

Abbildung 5.3: Branch next und der entsprechende Remote-Tracking-Branch in Gitk

```
next   remotes/origin/next  Merge branch 'kk/maint-prefix-in-config-mak' into next
              Honor $(prefix) set in config.mak* when defining ETC_GIT*
              Revert "Honor $(prefix) set in config.mak* when defining ETC_GIT* and sysconfdir"
              Merge branch 'sg/completion-updates' into next
              completion: move private shopt shim for zsh to __git_ namespace
              Merge branch 'jc/maint-add-p-overlapping-hunks' into next
              t3701: add-p-fix makes the last test to pass
              Merge branch 'jn/gitweb-dependency' into next
              Remove gitweb/gitweb.cgi and other legacy targets from main Makefile
              git-instaweb: Simplify build dependency on gitweb
```

5.3 Commits herunterladen

Was bedeutet es nun, wenn Sie zwei Repositories synchronisieren, etwa einen Klon mit dem Ursprung? Synchronisation bedeutet in diesem Kontext zweierlei: erstens das Herunterladen von Commits und Referenzen, zweitens das Hochladen. Im Hinblick auf den Commit-Graphen muss der lokale Graph mit dem auf der Remote-Seite synchronisiert werden, damit beide dieselbe Struktur haben. In diesem Abschnitt behandeln wir zunächst, wie Sie Commits und Referenzen aus einem Remote herunterladen. Dafür gibt es zwei Kommandos: `git fetch` und `git pull`. Wir stellen zuerst beide Kommandos vor und beschreiben in Abschnitt 5.3.3, welches Kommando unter welchen Umständen zu bevorzugen ist.

5.3.1 git fetch

Sobald in einem Remote neue Commits von anderen Entwicklern angelegt wurden, wollen Sie diese in Ihr lokales Repository herunterladen. Im einfachsten Fall wollen Sie nur herausfinden, welche Commits Sie lokal noch nicht haben, diese herunterladen und die Remote-Tracking-Branches auf den neuesten Stand bringen, so dass sie den aktuellen Zustand im Remote widerspiegeln.

Verwenden Sie dazu das Kommando `git fetch`:

```
$ git fetch origin
...
From github.com:esc/git-cheatsheet-de
   79170e8..003e3c7  master     -> origin/master
```

Git quittiert den Aufruf mit einer Meldung, dass `origin/master` von dem Commit 79170e8 auf den Commit 003e3c7 gesetzt wurde. Die Notation `master -> origin/master` besagt, dass der Branch `master` aus dem Remote verwendet wurde, um den Remote-Tracking-Branch `origin/master` zu aktualisieren. Sprich: Branches aus dem Remote auf der linken Seite und Remote-Tracking-Branches auf der rechten.

Welche Auswirkung das auf den Commit-Graphen hat, sehen Sie in Abbildung 5.4: Auf der linken Seite ist der Ausgangszustand des Remote `origin` und daneben der des Klons dargestellt. Sowohl im Remote als auch im Klon sind seit der letzten Synchronisation neue Commits hinzugekommen (C und D). Der Remote-Tracking-Branch `origin/master` im Klon zeigt auf Commit B; dies ist der letzte Zustand des Remotes, der dem Klon bekannt ist. Durch einen Aufruf von `git fetch origin` aktualisiert Git den Remote-Tracking-Branch im Klon, damit dieser den aktuellen Zustand des `master` (zeigt auf Commit C) im Remote widerspiegelt. Dazu lädt Git den fehlenden Commit C herunter und setzt anschließend den Remote-Tracking-Branch darauf.

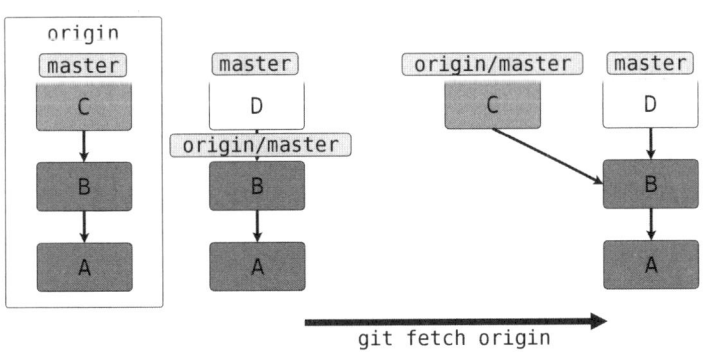

Abbildung 5.4: Remote-Tracking-Branches werden aktualisiert

Refspec

Der *Refspec* (*Reference Specification*) sorgt dafür, dass die Remote-Tracking-Branches gesetzt werden. Dies ist eine Beschreibung der Referenzen, die aus dem Remote geholt werden sollen. Ein Beispiel gab es schon weiter oben:

```
[remote "origin"]
    fetch = +refs/heads/*:refs/remotes/origin/*
    url = git://github.com/esc/git-cheatsheet-de.git
```

In dem Eintrag `fetch` wird der Refspec für das Remote gespeichert. Er hat die Form: `<remote-refs>:<lokale-refs>` mit einem optionalen Plus (+). Das Beispiel ist so konfiguriert, dass alle Branches, also alle Referenzen, die im Remote unter `refs/heads` gespeichert sind, lokal unter `refs/remotes/origin` landen.[5] Somit wird z.B. der Branch `master` aus dem Remote `origin` (`refs/heads/master`) lokal als `refs/remotes/origin/master` gespeichert.

Im Normalfall werden die Remote-Tracking-Branches, ähnlich wie bei einem Fast-Forward-Merge, „vorgespult". Der Remote-Tracking-Branch wird also nur aktualisiert, wenn der Ziel-Commit ein Nachfahre der aktuellen Referenz ist. Es kann vorkommen, dass dies nicht möglich ist, z.B. nach einem Rebase. In dem Fall verweigert Git, den Remote-Tracking-Branch zu aktualisieren. Das Plus setzt jedoch dieses Verhalten außer Kraft, und der Remote-Tracking-Branch wird trotzdem aktualisiert. Sollte das vorkommen, weist Git mit dem Zusatz (`forced update`) darauf hin:

```
 + f5225b8..0efec48 pu         -> origin/pu  (forced update)
```

Diese Einstellung ist in der Praxis sinnvoll und wird daher standardmäßig gesetzt. Außerdem müssen Sie sich als Benutzer nicht darum kümmern, den Refspec zu setzen, denn wenn Sie das Kommando `git clone` oder `git remote add` verwenden, erstellt Ihnen Git automatisch den entsprechenden Default-Eintrag. Manchmal wollen Sie den Refspec explizit einschränken. Wenn Sie z.B. Namespaces für alle Entwickler verwenden und Sie nur an dem `master`-Branch sowie an den Branches der anderen Entwickler in Ihrem Team (Beatrice und Carlos) interessiert sind, könnte das so aussehen:

```
[remote "firma"]
    url = axel@example.com:produkt.git
    fetch = +refs/heads/master:refs/remotes/origin/master
    fetch = +refs/heads/beatrice/*:refs/remotes/origin/beatrice/*
    fetch = +refs/heads/carlos/*:refs/remotes/origin/carlos/*
```

---

5   Der Stern (*) wird wie bei der Shell auch als *Wildcard* interpretiert und zieht alle Dateien in einem Verzeichnis in Betracht.

Im Hinblick auf den Commit-Graphen ist es so, dass Git nur die Commits herunterlädt, die notwendig sind, um Referenzen in dem Commit-Graphen zu erreichen. Das ist sinnvoll, weil Commits, die nicht durch eine Referenz „gesichert" sind, als unerreichbar gelten, und letztlich irgendwann gelöscht werden (siehe auch Abschnitt 3.1.2). In dem letzten Beispiel ist es deshalb für Git nicht notwendig, Commits herunterzuladen, die durch die Branches referenziert werden, die nicht im Refspec stehen. Im Sinne der Verteiltheit muss Git also nicht zwingend den gesamten Commit-Graphen synchronisieren, es reichen die „relevanten" Teile.

Sie können alternativ auch den Refspec auf der Kommandozeile angeben:

```
$ git fetch origin +refs/heads/master:refs/remotes/origin/master
```

Sollte ein Refspec vorliegen, der keine Referenz auf der rechten Seite des Doppelpunkts hat, liegt kein Ziel zum Speichern vor. In dem Fall legt Git die Referenz stattdessen in der Datei .git/FETCH_HEAD ab, und Sie können den Spezialbegriff FETCH_HEAD für einen Merge verwenden:

```
$ git fetch origin master
From github.com:esc/git-cheatsheet-de
 * branch            master     -> FETCH_HEAD
$ cat .git/FETCH_HEAD
003e3c70ce7310f6d6836748f45284383480d40e
        branch 'master' of github.com:esc/git-cheatsheet-de
$ git merge FETCH_HEAD
```

Das Feature kann nützlich sein, wenn Sie ein einziges Mal an einem Branch im Remote interessiert sind, für den Sie keinen Remote-Tracking-Branch konfiguriert haben und das auch nicht tun wollen.

Verfallene Remote-Tracking-Branches löschen

Sollte ein Remote-Branch gelöscht werden (wie z.B. in Abschnitt 5.4.1 beschrieben), bezeichnet man den entsprechenden Remote-Tracking Branch als *stale* („abgelaufen" bzw. „verfallen"). Da solche Branches meist keinen weiteren Nutzen haben, löschen Sie sie (engl. *prune*, „beschneiden"):

```
$ git remote prune origin
```

Direkt beim Herunterladen löschen:

```
$ git fetch --prune
```

Da dies häufig das gewünschte Verhalten ist, bietet Git die Option fetch.prune an. Setzen Sie diese auf true, dann verhält sich git fetch bei jedem Aufruf so, als ob Sie es mit der Option --prune aufgerufen hätten.

Lokale Branches zum Arbeiten

Bisher haben wir nur besprochen, wie Sie die Veränderung in einem Remote verfolgen. Wenn Sie selbst Veränderungen vornehmen, die auf einem der Branches im Remote aufbauen, müssen Sie zuerst einen lokalen Branch erstellen, in dem Sie Commits machen dürfen:[6]

```
$ git checkout -b next origin/next
Branch next set up to track remote branch next from origin.
Switched to a new branch next
```

Wenn noch kein lokaler Branch mit Namen next existiert, funktioniert auch folgende Abkürzung:

```
$ git checkout next
Branch next set up to track remote branch next from origin.
Switched to a new branch next
```

Die Meldung set up to track besagt, dass Git den Branch next aus dem Remote origin als *Upstream-Branch* für den lokalen Branch next konfiguriert. Dies ist eine Art „Verknüpfung", die anderen Git-Kommandos zugute kommt. Genaueres finden Sie in Abschnitt 5.3.2.

In dem lokalen Branch können Sie wie gewohnt arbeiten. Beachten Sie aber, dass Sie die Commits immer nur *lokal* tätigen. Um Ihre Arbeit zu veröffentlichen, also in ein Remote hochzuladen, brauchen Sie noch das Kommando git push (Abschnitt 5.4).

5.3.2 git pull

Angenommen, Sie wollen Commits aus dem Remote-Repository in Ihren lokalen Branch übernehmen. Dazu führen Sie zuerst ein git fetch aus, um neue Commits zu holen, und anschließend mergen Sie die Veränderung aus dem entsprechenden Remote-Tracking-Branch:[7]

```
$ git merge origin/master
Updating 79170e8..003e3c7
```

---

[6] Remote-Tracking-Branches sind nur dazu gedacht, die Branches in einem Remote zu verfolgen. Das Auschecken eines Remote-Tracking-Branches führt zu einem Detached-Head-State samt entsprechender Warnung.

[7] Das Mergen von origin/master nach master ist ein ganz normaler Merge-Vorgang. Im obigen Beispiel wurden in der Zwischenzeit keine weiteren lokalen Commits getätigt und von daher auch keine Merge-Commits erstellt. Der master wurde per Fast-Forward auf origin/master vorgerückt.

```
Fast-forward
 cheatsheet.pdf |  Bin 89792 -> 95619 bytes
 cheatsheet.tex |   19 ++++++++++++++++---
 2 files changed, 16 insertions(+), 3 deletions(-)
```

Für diesen Anwendungsfall stellt Git das Kommando `git pull` bereit, um Ihren Workflow zu beschleunigen. Es ist eine Kombination von `git fetch` und `git merge` oder `git rebase`.

Neue Commits von `origin` herunterladen und alle Commits, die vom dortigen `master` referenziert werden, in den aktuellen Branch mergen ist also mit folgendem Kommando zu erledigen:

```
$ git pull origin master
...
From github.com:esc/git-cheatsheet-de
   79170e8..003e3c7  master     -> origin/master
Updating 79170e8..003e3c7
Fast-forward
 cheatsheet.pdf |  Bin 89792 -> 95619 bytes
 cheatsheet.tex |   19 ++++++++++++++++---
 2 files changed, 16 insertions(+), 3 deletions(-)
```

In Abbildung 5.5 illustrieren wir den Vorgang. Auf der linken Seite sehen Sie das Remote-Repository `origin` und daneben den aktuellen Zustand des lokalen Repositorys. Das Repository wurde geklont, als es nur die Commits A und B enthielt, daher zeigt der Remote-Tracking-Branch `origin/master` auf B. Mittlerweile sind sowohl im Remote (C) als auch im lokalen Repository (D) Commits hinzugekommen.

Auf der rechten Seite ist der Zustand nach `git pull origin master` abgebildet. Commit C wurde ins lokale Repository übernommen. Der im `pull` enthaltene `fetch`-Aufruf hat den Remote-Tracking-Branch aktualisiert, d.h. er zeigt auf denselben Commit wie der `master` in `origin` und spiegelt somit den dortigen Zustand wider. Außerdem hat der im `pull` enthaltene `merge`-Aufruf den `master` aus `origin` in den lokalen `master` integriert, was Sie an dem Merge-Commit M sowie der aktuellen Position des lokalen `master` erkennen.

Abbildung 5.5:
Was bei einem
Pull passiert

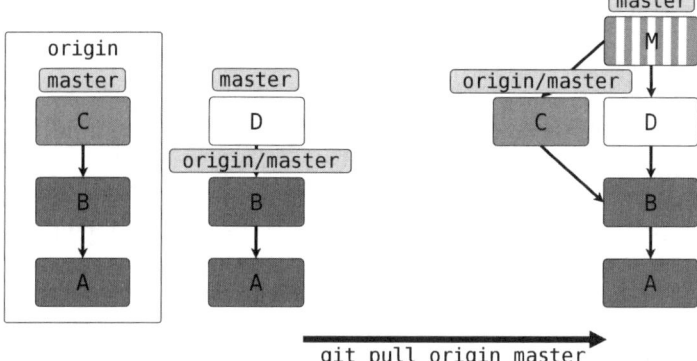

git pull origin master

Alternativ weist die Option --rebase das Pull-Kommando an, nach dem fetch den lokalen Branch per Rebase auf den Remote-Tracking-Branch aufzubauen:

`$ git pull --rebase origin master`

In Abbildung 5.6 sehen Sie, was passiert, wenn Sie statt des Standard-Merge einen Rebase ausführen.

Abbildung 5.6:
Was bei einem
Pull mit Rebase
passiert

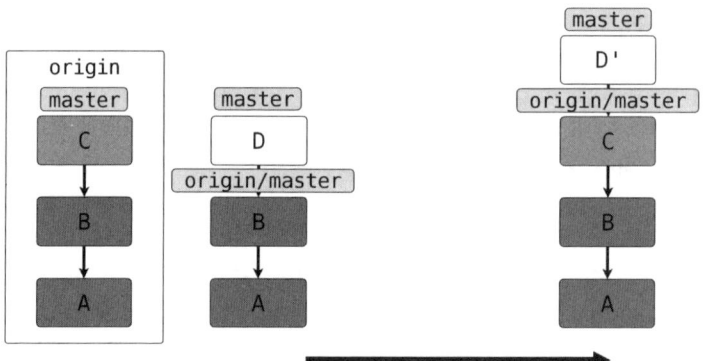

git pull --rebase origin master

Die Ausgangssituation ist dieselbe wie in Abbildung 5.5. Der im pull enthaltene fetch rückt den Remote-Tracking-Branch origin/master auf den Commit C. Der rebase erzeugt jedoch keinen Merge-Commit; stattdessen erhält der Commit D durch einen Aufruf von rebase eine neue Basis, und der lokale master wird auf den neuen Commit D' gesetzt. (Rebase wird ausführlich in Abschnitt 4.1 beschrieben.)

Upstream-Branches

Oft werden git fetch, git pull und git push ohne Argumente ausgeführt. Git verwendet in dem Fall unter anderem die Konfiguration der

Upstream-Branches, um zu entscheiden, was zu tun ist. Aus der Config des Repositorys:

```
[branch "master"]
    remote = origin
    merge = refs/heads/master
```

Der Eintrag besagt, dass der lokale Branch master mit dem Remote-Branch master im origin-Repository verknüpft ist.

Der Eintrag remote weist git fetch und git pull an, von welchem Remote aus Commits heruntergeladen werden. Der Eintrag merge wiederum weist git pull an, dass die neuen Commits aus dem Remote-Branch master in den lokalen master gemergt werden sollen. Das erlaubt es, beide Kommandos ohne Argumente zu verwenden, was in der Praxis sehr häufig vorkommt.

```
$ git fetch
...
From github.com:esc/git-cheatsheet-de
   79170e8..003e3c7  master     -> origin/master
$ git pull
...
From github.com:esc/git-cheatsheet-de
   79170e8..003e3c7  master     -> origin/master
Updating 79170e8..003e3c7
Fast-forward
 cheatsheet.pdf | Bin 89792 -> 95619 bytes
 cheatsheet.tex |  19 +++++++++++++++++---
 2 files changed, 16 insertions(+), 3 deletions(-)
```

Wenn kein Upstream-Branch konfiguriert ist, versucht es git fetch mit origin und bricht ansonsten ab:

```
$ git fetch
fatal: No remote repository specified.  Please, specify either a URL or
a remote name from which new revisions should be fetched.
```

> **TIPP**
> Wenn Sie möchten, dass die Änderungen aus einem Upstream-Branch bei git pull standardmäßig per Rebase statt mit einem Merge übernommen werden, setzen Sie den Wert der Einstellung branch.<name>.rebase auf true, z.B.:
>
> ```
> $ git config branch.master.rebase true
> ```

5.3.3 git fetch vs. git pull

Git-Anfängern stellt sich häufig die Frage, ob sie nun fetch oder pull verwenden sollen. Die Antwort hängt davon ab, wie entwickelt wird:

Wie groß ist das Projekt? Wie viele Remotes gibt es? Wie stark werden Branches eingesetzt?

Verteiltes Git für Anfänger

Besonders für Anfänger ist es sinnvoll, dass alle Teilnehmer auf demselben Branch arbeiten (meist `master`), sich mit demselben Repository synchronisieren (zentraler Workflow) und nur `git pull` zum Herunterladen bzw. `git push` zum Hochladen verwenden. Das erübrigt die Auseinandersetzung mit komplexeren Aspekten wie Objektmodell, Branching und Verteilung; und die Teilnehmer können mit einigen wenigen Kommandos Verbesserungen beisteuern.

Es entsteht der folgende Arbeitsablauf:

```
# Repository Klonen
$ git clone <URL>
# Arbeiten und lokale Commits machen
$ git add ...
$ git commit
# Veränderungen von Anderen herunterladen
$ git pull
# Eigene Veränderungen hochladen
$ git push
# Weiter arbeiten, und Synchronisation bei Bedarf wiederholen
$ git commit
```

Dieser Ansatz hat Vor- und Nachteile. Von Vorteil ist sicherlich, dass nur ein geringes Verständnis von Git notwendig ist, um dem Arbeitsablauf erfolgreich zu folgen. Die automatische Konfiguration der Upstream-Branches sorgt dafür, dass `git push` und `git pull` auch ohne Argument das „Richtige" tun. Außerdem ähnelt dieser Workflow dem, was Umsteiger von Subversion gewöhnt sind.

Allerdings gibt es auch Nachteile, die hauptsächlich mit dem impliziten Merge zusammenhängen. Angenommen, das Team besteht aus zwei Teilnehmern, Beatrice und Carlos. Beide haben lokale Commits gemacht, und Beatrice hat ihre bereits hochgeladen. Carlos führt nun `git pull` aus und erhält die Meldung `Merge made by recursive`. Behält man den Commit-Graphen im Hinterkopf, ist das logisch: Der lokale Branch und der `master` des Remote sind auseinandergelaufen (*diverged*), darum wurden sie durch einen Merge wieder vereint. Jedoch versteht Carlos die Meldung nicht, da er ja an einem anderen Teil des Codes gearbeitet hat als seine Kollegin und seines Erachtens kein Merge notwendig war. Ein Problem liegt darin, dass der Term *Merge* bei vielen, die zentrale Versionsverwaltung gewohnt sind, die Assoziation hat, Veränderungen würden an derselben Datei zusammengeführt. Bei Git jedoch ist ein Merge in jedem Fall als Zusammenführung von Commits in einem Commit-

Graphen zu verstehen. Dies kann das Zusammenführen von Veränderungen an derselben Datei meinen, setzt das aber nicht voraus.

Neben der Verwirrung der Nutzer sorgt dieser Arbeitsablauf für „unsinnige" Commits in der Geschichte. Im Idealfall sollen Merge-Commits ein sinnvoller Eintrag in der Geschichte sein. Ein Außenstehender erkennt sofort, dass ein Entwicklungszweig eingeflossen ist. Jedoch kommt bei diesem Arbeitsablauf zwangsläufig hinzu, dass der lokale master und dessen Pendant im Remote auseinanderlaufen und durch einen Merge wieder zusammengeführt werden. Die dabei entstehenden Merge-Commits sind aber nicht sinnvoll – sie sind eigentlich nur eine Nebenwirkung des Workflows und verringern die Lesbarkeit der Geschichte. Zwar bietet die Option --rebase für git pull Abhilfe, aber die Man-Page rät explizit vom Einsatz der Option ab, sofern Sie nicht schon das Prinzip des Rebase verinnerlicht haben. Haben Sie dieses verstanden, ist Ihnen auch die Entstehung des Commit-Graphen vertraut und wie er zu manipulieren ist – dann lohnt es sich für Sie, als Workflow gleich die featuregetriebene Entwicklung mit Branches anzustreben.

Verteiltes Git für Fortgeschrittene

Sobald Sie das Objektmodell und den Commit-Graphen verstanden haben, empfehlen wir Ihnen einen Workflow einzusetzen, der im Wesentlichen aus `git fetch`, manuellen Merges und vielen Branches besteht. Es folgen als Anregung einige Rezepte.

Sofern Sie master als Integrationsbranch verwenden, müssen Sie nach einem Aufruf von `git fetch` Ihren lokalen master vorrücken. Um genau zu sein, müssen Sie alle lokalen Branches, die eine Entsprechung auf der Remote-Seite haben, vorrücken. Git bietet dafür die Syntax @{upstream} bzw. @{u} an, was dem für den aktuellen Branch konfigurierten Remote-Tracking-Branch entspricht. Dies kann sehr hilfreich sein.

```
# Veränderungen von Anderen herunterladen
$ git remote update
...
   79170e8..003e3c7  master     -> origin/master

# Den Status der Remote-Tracking-Branches abfragen
$ git branch -vv
* master 79170e8 [origin/master: behind 1] Lizenz hinzugefügt

# Veränderungen einsehen
$ git log -p ..@{u}

# Heruntergeladene Änderungen übernehmen
$ git merge @{u}
Updating 79170e8..003e3c7
```

```
Fast-forward
...

# ... oder eigene Änderungen darauf neu aufbauen
$ git rebase @{u}

# Änderungen dann hochladen
$ git push
```

TIPP Wenn Sie häufiger lokale Branches mit Ihrem Remote-Tracking-Branch synchronisieren, empfehlen wir Ihnen folgendes Alias:

```
$ git config --global alias.fft "merge --ff-only @{u}"
```

Damit können Sie ganz bequem mit `git fft` (*Fast-Forward-Tracking*) einen Branch vorrücken. Die Option `--ff-only` verhindert, dass versehentlich Merge-Commits entstehen, wo eigentlich keine hingehören.

Hilfreich ist in diesem Kontext auch Kapitel 6, wo beschrieben wird, wie Sie übersichtlich mit vielen Topic-Branches arbeiten.

5.4 Commits hochladen: git push

Das Gegenstück zu `fetch` und `pull` bildet das Kommando `git push`. Damit laden Sie Git-Objekte und Referenzen in ein Remote hoch – z.B. den lokalen `master` in den Branch `master` im Remote `origin`:

```
$ git push origin master:master
```

Wie bei `git fetch` geben Sie die Referenzen zum Hochladen mit einem Refspec an. Dieser hat jedoch die umgekehrte Form:

```
<lokale-refs>:<remote-refs>
```

Diesmal befinden sich die lokalen Referenzen auf der linken Seite des Doppelpunktes, und die Remote-Referenzen auf der rechten.

Lassen Sie den Doppelpunkt und die Remote-Referenz weg, wird der lokale Name auch auf der Remote-Seite verwendet und von Git erstellt, falls er nicht existiert:

```
$ git push origin master
Counting objects: 73, done.
Compressing objects: 100% (33/33), done.
Writing objects: 100% (73/73), 116.22 KiB, done.
Total 73 (delta 42), reused 68 (delta 40)
Unpacking objects: 100% (73/73), done.
To git@github.com:esc/git-cheatsheet-de.git
 * [new branch]      master -> master
```

Den Vorgang hinter `git push` zeigt Abbildung 5.7. Die Ausgangssituation sehen Sie auf der linken Seite (es ist das Ergebnis eines `pull`-Aufrufes). Die fehlenden Commits D und M lädt Git in das Remote `origin` hoch. Gleichzeitig wird der Remote-Branch `master` auf den Commit M vorgerückt, so dass dieser dem lokalen Branch `master` entspricht. Außerdem wird der Remote-Tracking-Branch `origin/master` vorgerückt, damit er den aktuellen Zustand im Remote widerspiegelt.

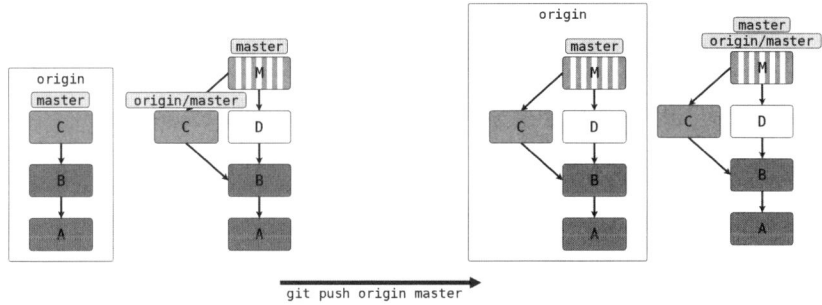

Abbildung 5.7: Referenzen und Commits hochladen

Analog zu `fetch` weigert sich Git, Referenzen zu aktualisieren, bei denen der Ziel-Commit kein Nachfahre des aktuellen Commits ist:

```
$ git push origin master
...
 ! [rejected]        master -> master (non-fast-forward)
error: failed to push some refs to 'git@github.com:esc/git-cheatsheet-de.git'
To prevent you from losing history, non-fast-forward updates were rejected
Merge the remote changes before pushing again.  See the 'Note about fast-forwards' section of 'git push --help' for details.
```

Dieses Verhalten setzen Sie entweder durch ein vorangestelltes Plus (+) im Refspec oder durch die Option `--force` bzw. kurz `-f` außer Kraft:[8]

```
$ git push origin --force master
$ git push origin +master
```

Vorsicht! Es können Commits auf der Remote-Seite verloren gehen – zum Beispiel wenn sie per `git reset --hard` einen Branch verschoben haben und Commits nicht mehr referenziert werden.

Sie erhalten die Fehlermeldung auch, wenn Sie Commits, die bereits per `git push` veröffentlicht wurden, nachträglich mit `git rebase` oder `git commit --amend` modifiziert haben. Daher hier noch einmal die aus-

---

8 Das „Forcieren" findet aber nur lokal statt: Der Empfänger-Server kann trotz Angabe der Option `-f` das Hochladen unterbinden. Dafür ist die Option `receive.denyNonFastForwards` zuständig, bzw. die Rechtezuweisung `RW` bei Gitolite (siehe Abschnitt 7.2.2).

drückliche Warnung: Vermeiden Sie es, Commits, die Sie bereits veröffentlicht haben, nachträglich zu verändern! Durch die veränderten SHA-1-Summen kommt es zu Doppelungen, wenn Andere die ursprünglichen Commits bereits heruntergeladen haben.

5.4.1 Remote-Referenzen löschen

Es gibt zwei Möglichkeiten, um Referenzen im Remote wieder zu löschen: Die ältere (vor Git Version 1.7.0) ist, beim Refspec die lokale Referenz wegzulassen – diese Anweisung bedeutet, Sie möchten „nichts" hochladen. Sie ersetzen also eine existierende durch die leere Referenz.

```
$ git push origin :bugfix
```

In neueren Git-Versionen wird aber in der Regel das Kommando `git push` mit der Option `--delete` verwendet, was syntaktisch viel deutlicher ist:

```
$ git push origin --delete bugfix
```

Beachten Sie, dass in anderen Klonen der ggf. vorhandene Remote-Tracking-Branch `origin/bugfix` dadurch *nicht* automatisch verschwindet! Siehe dafür den Abschnitt über *Pruning* weiter oben (Abschnitt 5.3).

5.4.2 Push ohne Argumente: push.default

Im Alltag führen Sie `git push` oft ohne Angabe von Remote und Refspec aus. In dem Fall entscheidet Git anhand der Konfigurationseinträge (Upstream-Branch und `push.default`), welche Referenzen wohin geschickt werden.

```
$ git push
...
To git@github.com:esc/git-cheatsheet-de.git
   79170e8..003e3c7  master -> master
```

Git geht standardmäßig so vor:[9] Wenn Sie kein Remote angeben, dann sucht Git die Upstream-Konfiguration des aktuellen Branches heraus. Sofern der Name des Branches auf der Remote-Seite mit dem Namen des lokalen Branches übereinstimmt, wird die entsprechende Referenz hochgeladen (dies soll Sie davor schützen, bei fehlerhafter Upstream-Konfiguration zum Beispiel Ihren Branch `devel` nach `master` hochzuladen). Ist

---

9 Dies ist das Standard-Verhalten seit Version 2.0 (`push.default=simple`). Frühere Git-Versionen verwendeten ohne weitere Konfiguration die Einstellung `push.default=matching`, die besonders für Anfänger fehlerträchtig sein kann.

kein Upstream-Branch konfiguriert, bricht Git mit einer Fehlermeldung ab:

```
$ git push
fatal: The current branch master has no upstream branch.
To push the current branch and set the remote as upstream, use

    git push --set-upstream origin master
```

Wenn Sie mit `git push <remote>` zwar ein Remote, aber keinen Branch angeben, so versucht Git, den aktuellen Branch unter dem gleichen Namen in das Remote hochzuladen.

Die hier beschriebene Strategie wird auch als `simple` bezeichnet. Sie tut für die meisten Anwendungsfälle das, was der Nutzer erwartet, und schützt vor vermeidbaren Fehlern. Die dafür zuständige Option `push.default` können Sie aber bei Bedarf auch auf einen der folgenden Werte setzen:

`nothing`
  Nichts hochladen. Dies ist sinnvoll, wenn Sie immer explizit angeben wollen, welchen Branch Sie wohin hochladen wollen.

`upstream`
  Wenn der aktuelle Branch einen Upstream-Branch hat, dorthin pushen.

`current`
  Den aktuellen Branch in einen Remote-Branch gleichen Namens pushen.

`matching`
  Lädt alle lokal existierenden Referenzen hoch, für die es im entsprechenden Remote bereits eine Referenz gleichen Namens gibt. Achtung: Sie laden dadurch potentiell mehrere Branches gleichzeitig hoch!

5.4.3 Konfiguration des Upstream-Branches

Git nimmt die Konfiguration von Upstream-Branches in einigen Fällen automatisch vor (zum Beispiel nach einem `git clone`). Insbesondere für neue Branches, die Sie das erste Mal hochladen, müssen Sie dies allerdings explizit tun. Sie können dafür entweder im Nachhinein die Option `--set-upstream-to` oder kurz `-u` von `git branch` verwenden:

```
$ git push origin new-feature
$ git branch -u origin/new-feature
Branch new-feature set up to track remote branch new-feature from origin.
```

Alternativ und wenn Sie daran denken, können Sie aber auch gleich beim Aufruf von `git push` mit der Option `-u` die Konfiguration schreiben lassen:

```
$ git push -u origin new-feature
```

Um die Upstream-Konfiguration Ihrer Branches anzuzeigen, rufen Sie `git branch -vv` auf. In der Ausgabe wird (falls vorhanden) der Upstream-Partner eines Branches in eckigen Klammern angezeigt.

5.5 Remotes untersuchen

In diesem Abschnitt stellen wir Techniken vor, mit denen Sie ein Remote einsehen und Ihr lokales Repository damit vergleichen.

5.5.1 Zusammenfassung eines Remotes

Das Kommando `git remote show` gibt eine prägnante Zusammenfassung des Remotes, inklusive den dort verfügbaren Branches, ob diese lokal verfolgt werden (Tracking-Status) und welche lokalen Branches für bestimmte Aufgaben konfiguriert sind.

Das Kommando muss beim Remote den aktuellen Stand erfragen, d.h. der Befehl scheitert, wenn das Remote nicht verfügbar ist, z.B. aufgrund fehlender Netzwerkverbindung. Die Option `-n` unterbindet die Abfrage.

```
$ git remote show origin
* remote origin
  Fetch URL: git://git.kernel.org/pub/scm/git/git.git
  Push  URL: git://git.kernel.org/pub/scm/git/git.git
  HEAD branch: master
  Remote branches:
    html    tracked
    maint   tracked
    man     tracked
    master  tracked
    next    tracked
    pu      tracked
    todo    tracked
  Local branches configured for 'git pull':
    master merges with remote master
    pu     merges with remote pu
  Local refs configured for 'git push':
    master pushes to master (local out of date)
    pu     pushes to pu     (up to date)
```

5.5.2 Vergleich mit dem Upstream

Haben Sie einen Upstream-Branch konfiguriert, erhalten Sie beim Wechseln des Branches (`git checkout`) und Abfragen des Status (`git status`) eine Benachrichtigung über den Zustand des Branches im Vergleich mit dem Upstream, z.B.:

```
$ git checkout master
Your branch is behind 'origin/master' by 73 commits, and can be
fast-forwarded.
```

Hier gibt es vier verschiedene Möglichkeiten:

- Die Branches zeigen auf denselben Commit. Git zeigt keine besondere Nachricht an. Dieser Zustand heißt auch *up-to-date*.

- Der lokale Branch hat Commits, die noch nicht im Upstream verfügbar sind:

  ```
  Your branch is ahead of 'origin/master' by 16 commits.
  ```

- Der Remote-Tracking-Branch hat Commits, die in dem lokalen Branch noch nicht verfügbar sind:

  ```
  Your branch is behind 'origin/master' by 73 commits, and
  can be fast-forwarded.
  ```

- Sowohl die zweite als auch die dritte Bedingung treffen zu, ein Zustand der im Git-Jargon als *diverged* bezeichnet wird:

  ```
  Your branch and 'origin/master' have diverged, and have 16
  and 73 different commit(s) each, respectively.
  ```

Mit der Option `-v` (nur den Vergleich) oder `-vv` (Vergleich und Upstream-Bezeichnung) zeigt `git branch` die entsprechenden Informationen für lokale Branches:

```
$ git branch -vv
* master     0a464e9 [origin/master: ahead 1] docs: fix grammar in
git-tags.txt
  feature    cd3065f Merge branch 'kc/gitweb-pathinfo-w-anchor'
  next       be8b495 [origin/next] Merge branch master into next
  pu         0c0c536 [origin/pu: behind 3] Merge branch
'jk/maint-merge-rename-create' into pu
```

Das Kommando gibt für alle Branches das SHA-1-Präfix sowie die Commit-Message des aktuellen Commits aus. Ist für den Branch ein Upstream konfiguriert, liefert Git sowohl den Namen als auch einen Vergleich zum Upstream. In dem Beispiel sehen Sie vier verschiedene Branches. master hat einen zusätzlichen Commit, der noch nicht ins Remote hochgeladen wurde, und ist daher *ahead*. Der Branch feature wiederum hat keinen Upstream-Branch konfiguriert, ergo: er existiert momentan nur lokal. Der Branch next ist auf demselben Stand wie der entsprechende Remote-Tracking-Branch (*up-to-date*). Der Branch pu andererseits „hinkt" seinem Upstream hinterher und wird daher als behind angezeigt. Der einzige Zustand, der hier fehlt, ist *diverged* – dann werden sowohl *ahead* als auch *behind* inklusive der Anzahl der „fehlenden" Commits angezeigt.

5.6 Verteilter Workflow mit mehreren Remotes

Git unterstützt das Arbeiten mit mehreren Remotes. Ein beliebter Workflow, der sich diese Eigenschaft zu Nutze macht, ist der *Integration-Manager Workflow*. Hier gibt es kein „zentrales" Repository im eigentlichen Sinne, das heißt eines, auf das alle aktiven Entwickler Schreibzugriff haben. Stattdessen gibt es nur ein quasi-offizielles Repository, das *blessed* („gesegnet") genannt wird. Es ist beispielsweise über die jeweilige Projekt-Domain erreichbar und erlaubt nur den wichtigsten Maintainern (oder gar nur einem) Schreibzugriff.

Jeder, der zu dem Projekt beitragen will, klont das Blessed Repository und beginnt mit der Arbeit. Sobald er Fehler behoben oder ein neues Feature implementiert hat, stellt er seine Verbesserungen über ein öffentlich zugängliches Repository, einem sog. *Developer-Public*, zur Verfügung. Danach sendet er an einen der Maintainer des offiziellen Repositorys (oder an die Mailingliste) einen sog. *Pull-Request*, also die Aufforderung, gewissen Code aus seinem öffentlichen Repository in das offizielle Repository zu übernehmen. Die Infrastruktur für diesen Ablauf sehen Sie in Abbildung 5.8. Es ist zwar theoretisch möglich, Interessenten direkten Zugriff auf die eigene Entwicklungsmaschine zu geben, das geschieht in der Praxis aber beinahe nie.

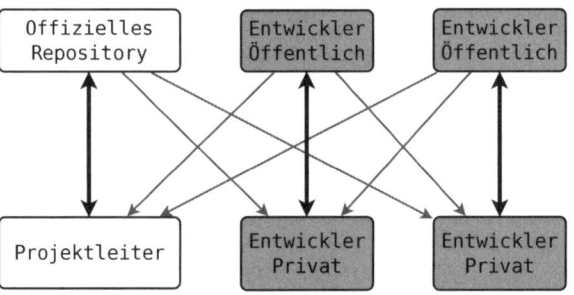

Abbildung 5.8: Integration-Manager Workflow

Einer der Maintainer, die Zugriff auf das Haupt-Repository haben, überprüft dann, ob der Code funktioniert, ob er den Qualitätsanforderungen entspricht usw. Eventuelle Fehler oder Unklarheiten teilt er dem Autor des Codes mit, der diese dann wiederum in seinem Repository korrigiert. Erst wenn der Maintainer zufrieden ist, übernimmt er die Änderungen in das Haupt-Repository, so dass der Code in einem der folgenden Releases mitgeliefert wird. Maintainer, die neuen Code eingliedern, werden oft als *Integration Manager* bezeichnet, was dem Workflow seinen Namen gegeben hat. Oft haben solche Maintainer mehrere Remotes konfiguriert, eines für jeden Mitwirkenden.

Einer der großen Vorteile dieses Workflows ist, dass außer den Maintainern auch interessierte User Zugriff auf die öffentlichen Entwickler-Repositories haben, etwa Kollegen oder Freunde des Entwicklers. Diese müssen nicht warten, bis der Code seinen Weg in das offizielle Repository gefunden hat, sondern können direkt nach der Bereitstellung die Verbesserungen ausprobieren. Insbesondere die Hosting-Plattform Github setzt sehr stark auf diesen Workflow. Die dort eingesetzte Weboberfläche bietet eine Vielzahl von Features, um diesen Workflow zu unterstützen, z.B. eine Visualisierung, die alle verfügbaren Klons eines Projekts und die darin enthaltenen Commits anzeigt, sowie die Möglichkeit, Merges direkt im Webinterface durchzuführen. Eine ausführliche Beschreibung dieses Dienstes finden Sie in Anhang D.

5.7 Remotes verwalten

Mit `git remote` verwalten Sie zusätzliche Remotes. Um z.B. ein neues Remote eines anderen Entwicklers hinzuzufügen, verwenden Sie das Kommando `git remote add`. Meist wollen Sie im Anschluss die Remote-Tracking-Branches initialisieren, was Sie mit `git fetch` erreichen:

```
$ git remote add example git://example.com/example.git
$ git fetch example
...
```

> **TIPP**
> Um beide Arbeitsschritte in einem Aufruf zu erledigen, verwenden Sie die Option `-f` für *fetch*:
> ```
> $ git remote add -f example git://example.com/example.git
> ```

Brauchen Sie das Remote nicht mehr, können Sie es mit `git remote rm` aus Ihrer lokalen Konfiguration wieder entfernen. Dadurch werden auch alle Remote-Tracking-Branches für dieses Remote wieder gelöscht:

```
$ git remote rm example
```

Remotes müssen nicht zwingend per `git remote add` konfiguriert werden. Sie können einfach die URL auf der Kommandozeile verwenden,[10] zum Beispiel, um die Objekte und Referenzen für einen Bugfix herunterzuladen:

```
$ git fetch git://example.com/example.git bugfix:bugfix
```

Selbstverständlich geht das auch mit `pull` und `push`.

Arbeiten Sie mit mehreren Remotes, bietet sich das Kommando `git remote update --prune` an. Damit führen Sie `fetch` für alle Remotes durch, wobei die Option `--prune` dafür sorgt, dass alle abgelaufenen Remote-Tracking-Branches gelöscht werden.

TIPP Folgendes Alias hat sich bei uns sehr bewährt, da es viele Arbeitsschritte, die in der Praxis oft hintereinander ausgeführt werden, vereint:

```
$ git config --global alias.ru "remote update --prune"
```

5.7.1 Pull-Request

Um einen Pull-Request automatisch zu generieren, gibt es das Git-Kommando `request-pull`. Die Syntax lautet:

```
git request-pull <Anfang> <URL> [<Ende>]
```

Als `<URL>` geben Sie Ihr öffentliches Repository an (entweder als tatsächliche URL oder als konfiguriertes Remote-Repository), und als `<Anfang>` wählen Sie die Referenz, auf die das Feature aufbaut (in vielen Fällen den Branch `master`, der mit dem Master-Branch des offiziellen Repositorys übereinstimmen sollte). Optional können Sie ein `<Ende>` angeben; lassen Sie diese Angabe weg, so verwendet Git `HEAD`.

Die Ausgabe erfolgt nach Standard-Out und enthält die URL sowie den Branch-Namen des Repositorys, die Kurzbeschreibung aller Commits nach Autor sowie ein Diff-Stat, also eine Bilanz von hinzugekommenen und gelöschten Zeilen nach Dateien. Diese Ausgabe lässt sich bequem an ein E-Mail-Programm weiterleiten. Fügen Sie noch die Option `-p` hinzu, wird unter den Text noch ein Patch mit allen Änderungen angehängt.

Zum Beispiel um jemanden darum zu bitten, die zwei neuesten Commits aus einem Repository herunterzuladen:

---

10 Im Git-Jargon werden solche Remotes als *Anonymous* bezeichnet.

```
$ git request-pull HEAD~2 origin
The following changes since commit d2640ac6a1a552781[...]c48e08e695d53:

  README verbessert (2010-11-20 21:27:20 0100)

are available in the git repository at:
  git@github.com:esc/git-cheatsheet-de.git master

Valentin Haenel (2):
      Lizenz hinzugefügt
      URL hinzugefügt und Metadaten neu formatiert

 cheatsheet.pdf |  Bin 89513 -> 95619 bytes
 cheatsheet.tex |   18 ++++++++++++++++--
 2 files changed, 16 insertions(), 2 deletions(-)
```

5.8 Tags austauschen

Tags werden ebenfalls mit den Remote-Kommandos `fetch` bzw. `pull` und `push` ausgetauscht. Im Gegensatz zu Branches, die sich verändern, sind Tags jedoch „statisch". Aus diesem Grund werden Remote-Tags nicht noch einmal zusätzlich lokal referenziert, es gibt also kein Äquivalent zu den Remote-Tracking-Branches für die Tags. Tags, die Sie aus Ihren Remote-Repositories erhalten, speichert Git ganz normal unter `.git/refs/tags/` bzw. `.git/packed-refs`.

5.8.1 Tags herunterladen

Prinzipiell lädt Git neue Tags automatisch bei einem Aufruf von `git fetch` bzw. `git pull` herunter. Das heißt, wenn Sie einen Commit herunterladen, auf den ein Tag zeigt, so wird dieses Tag mitgeliefert. Schließen Sie jedoch mit einem Refspec einzelne Branches aus, so werden Commits in diesen Branches nicht heruntergeladen – und somit auch keine Tags, die evtl. auf diese Commits zeigen. Fazit: Git lädt nur relevante Tags herunter. Mit den Optionen `--no-tags` (keine Tags) und `--tags` bzw. `-t` (alle Tags) passen Sie das Standardverhalten an. Beachten Sie aber, dass Sie mit `--tags` nicht nur die Tags herunterladen, sondern notwendigerweise auch die Commits, auf die die Tags zeigen.

Git benachrichtigt Sie, wenn neue Tags eintreffen:

```
$ git fetch
[fetch output]
From git://git.kernel.org/pub/scm/git/git
 * [new tag]         v1.7.4.2   -> v1.7.4.2
```

Wenn Sie wissen wollen, welche Tags auf der Remote-Seite vorhanden sind, verwenden Sie `git ls-remote` mit der Option `--tags`. Zum Beispiel erhalten Sie alle Release-Candidates der Git-Version 1.7.1 mit folgendem Aufruf:

```
$ git ls-remote origin --tags v1.7.1-rc*
bdf533f9b47dc58ac452a4cc92c81dc0b2f5304f    refs/tags/v1.7.1-rc0
537f6c7fb40257776a513128043112ea43b5cdb8    refs/tags/v1.7.1-rc0^{}
d34cb027c31d8a80c5dbbf74272ecd07001952e6    refs/tags/v1.7.1-rc1
b9aa901856cee7ad16737343f6a372bb37871258    refs/tags/v1.7.1-rc1^{}
03c5bd5315930d8d88d0c6b521e998041a13bb26    refs/tags/v1.7.1-rc2
5469e2dab133a197dc2ca2fa47eb9e846ac19b66    refs/tags/v1.7.1-rc2^{}
```

Git gibt die SHA-1-Summen der Tags und deren Inhalt[11] aus.

5.8.2 Tags hochladen

Git lädt Tags nicht automatisch hoch. Sie müssen diese, ähnlich den Branches, explizit an `git push` übergeben, z.B. um das Tag v0.1 hochzuladen:

```
$ git push origin v0.1
```

Wenn Sie gleich alle Tags hochladen wollen, verwenden Sie die Option `--tags`. Aber Vorsicht: Vermeiden Sie diese Option, wenn Sie, wie in Abschnitt 3.1.3 beschrieben, Annotated Tags zur Kennzeichnung von Versionen verwenden und Lightweight Tags, um lokal etwas zu markieren. Denn mit der Option würden Sie, wie schon gesagt, *alle* Tags hochladen.

Achtung: Wenn Sie ein Tag einmal hochgeladen haben, sollten Sie es auf keinen Fall verändern! Der Grund: Angenommen, Axel verändert ein Tag, etwa v0.7, das er bereits veröffentlicht hat. Zunächst zeigte es auf den Commit 5b6eef und nun auf bab18e. Beatrice hatte bereits die erste Version, die auf 5b6eef zeigt, heruntergeladen, Carlos aber noch nicht. Beim nächsten Mal, wenn Beatrice `git pull` aufruft, lädt Git *nicht* die neue Version von dem Tag v0.7 herunter; die Annahme ist, dass sich Tags nicht verändern, und darum überprüft Git die Gültigkeit des Tags nicht! Führt Carlos nun `git pull` aus, erhält er auch das Tag v0.7, das aber jetzt auf bab18e zeigt. Zuletzt sind zwei Versionen des Tags – die jeweils auf unterschiedliche Commits zeigen – im Umlauf. Keine besonders hilfreiche Situation. Wirklich verwirrend wird es, wenn sowohl Carlos als auch Beatrice dasselbe, öffentliche Repository verwenden und standardmäßig alle Tags hochladen.[12] Das Tag „springt" quasi im öffent-

---

11 Die Syntax `<tag>^{}` dereferenziert ein Tag-Objekt, liefert also das Commit-, Tree- oder Blob-Objekt, auf das das Tag zeigt.

12 Zum Beispiel mit dem Alias `push = push --tags`.

lichen Repository zwischen zwei Commits hin und her; welche Version Sie mit einem Klon erhalten, hängt davon ab, wer zuletzt gepusht hat.

Sollte Ihnen dieses Missgeschick doch einmal passieren, haben Sie zwei Möglichkeiten:

1. Die vernünftige Alternative: Statt das Tag zu ersetzen, erstellen Sie ein neues und laden es ebenfalls hoch. Benennen Sie das neue Tag entsprechend den Projektkonventionen. Heißt das alte `v0.7`, nennen Sie das neue etwa `v0.7.1`.

2. Wenn Sie das Tag *wirklich* ersetzen wollen: Geben Sie öffentlich zu (Mailingliste, Wiki, Blog), dass Sie einen Fehler gemacht haben. Weisen Sie alle Entwickler und Nutzer darauf hin, dass sich ein Tag geändert hat, und bitten Sie darum, dass jeder dieses Tag bei sich überprüft. Die Größe des Projekts und Ihre Risikobereitschaft entscheiden, ob diese Lösung machbar ist.

5.9 Patches per E-Mail

Eine Alternative zum Einrichten eines öffentlichen Repositorys ist es, automatisch Patches per E-Mail zu verschicken. Das Format der E-Mail wird dabei so gewählt, dass die Maintainer die per E-Mail empfangenen Patches automatisch von Git einspielen lassen können. Gerade für kleine Fehlerkorrekturen und sporadische Mitarbeit ist das meist weniger aufwändig und schneller. Es gibt viele Projekte, die auf diese Art des Austauschs setzen, allen voran das Git-Projekt selbst.

Der Großteil der Patches für Git wird über die Mailingliste beigesteuert. Dort durchlaufen sie einen stringenten Review-Prozess, der meistens zu Korrekturen und Verbesserungen führt. Die Patches werden vom Autor so lange verbessert und erneut an die Liste geschickt, bis ein Konsens erreicht ist. Währenddessen speichert der Maintainer die Patches regelmäßig in einem Branch in seinem Repository, und stellt sie über den pu-Branch zum Testen bereit. Sofern die Patch-Serie von den Teilnehmern auf der Liste als fertig betrachtet wird, wandert der Branch über die verschiedenen Integrations-Branches pu und next, wo die Veränderungen auf Kompatibilität und Stabilität geprüft werden. Ist alles in Ordnung, landet der Branch schließlich im `master` und bildet von dort aus einen Teil des nächsten Releases.

Der Ansatz *Patches per E-Mail* wird durch folgende Git-Kommandos realisiert:

git format-patch
: Commits zum Verschicken als Patches formatieren.

git send-email
: Patches verschicken.

git am
: Patches aus einer Mailbox in den aktuellen Branch einpflegen (*a*pply from *m*ailbox).

5.9.1 Patches exportieren

Das Kommando `git format-patch` exportiert einen oder mehrere Commits als Patches im Unix-Mailbox-Format und gibt pro Commit eine Datei aus. Die Dateinamen bestehen aus einer sequenziellen Nummerierung und der Commit-Message und enden auf `.patch`.[13] Als Argument erwartet das Kommando entweder einen einzelnen Commit oder eine Auswahl wie z.B. `A..B`. Geben Sie einen einzelnen Commit an, wertet Git dies als die Auswahl von dem Commit bis zum HEAD.

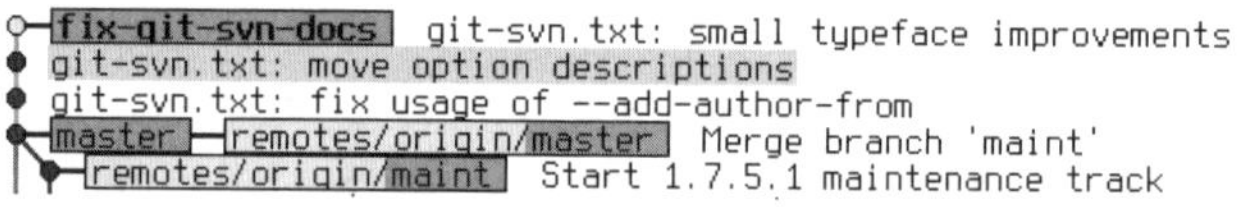

Abbildung 5.9:
Drei Commits nach master als Patches formatieren

```
fix-git-svn-docs   git-svn.txt: small typeface improvements
                   git-svn.txt: move option descriptions
                   git-svn.txt: fix usage of --add-author-from
master  remotes/origin/master   Merge branch 'maint'
        remotes/origin/maint    Start 1.7.5.1 maintenance track
```

Abbildung 5.9 zeigt die Ausgangssituation. Wir wollen die drei Commits in dem Branch `fix-git-svn-docs`, also alle Commits ab `master`, als Patches exportieren:

```
$ git format-patch master
0001-git-svn.txt-fix-usage-of-add-author-from.patch
0002-git-svn.txt-move-option-descriptions.patch
0003-git-svn.txt-small-typeface-improvements.patch
```

TIPP Um nur den HEAD zu exportieren, verwenden Sie die Option `-1`. Dann erzeugt `format-patch` nur für den ersten Commit einen Patch:

```
$ git format-patch -1
0001-git-svn.txt-small-typeface-improvements.patch
```

Das geht auch für beliebige SHA-1-Summen:

---

[13] Wie Sie die Nummerierung, den Text und das Datei-Suffix anpassen, finden Sie in der Man-Page `git-format-patch(1)`.

```
$ git format-patch -1 9126ce7
0001-git-svn.txt-fix-usage-of-add-author-from.patch
```

Die generierten Dateien enthalten unter anderem die Header-Felder `From`, `Date` und `Subject`, die zum Verschicken als E-Mail dienen. Diese Felder werden anhand der im Commit vorhandenen Information – Autor, Datum und Commit-Message – vervollständigt. Des weiteren enthalten die Dateien eine Diff-Stat-Zusammenfassung sowie die Veränderungen selbst als Patch im Unified-Diff-Format. Den Zusatz `[PATCH m/n]` [14] in der Betreff-Zeile nutzt Git später, um die Patches in der richtigen Reihenfolge anzuwenden.

Es folgt ein entsprechender Ausschnitt:

```
$ cat 0003-git-svn.txt-small-typeface-improvements.patch
From 6cf93e4dae1e5146242338b1b9297e6d2d8a08f4 Mon Sep 17 00:00:00 2001
From: Valentin Haenel <valentin.haenel@gmx.de>
Date: Fri, 22 Apr 2011 18:18:55 0200
Subject: [PATCH 3/3] git-svn.txt: small typeface improvements

Signed-off-by: Valentin Haenel <valentin.haenel@gmx.de>
Acked-by: Eric Wong <normalperson@yhbt.net>
---
 Documentation/git-svn.txt |    8 ++++----
 1 files changed, 4 insertions(), 4 deletions(-)

diff --git a/Documentation/git-svn.txt b/Documentation/git-svn.txt
...
```

Wenn Sie vorhaben, eine Serie von Patches zu verschicken, ist es empfehlenswert, mit der Option `--cover-letter` eine Art „Deckblatt" zu erzeugen, in dem Sie die Serie beschreiben. Die Datei heißt standardmäßig `0000-cover-letter.patch`. Abgesehen von den Standard-Headern, sieht eine solche Datei wie folgt aus:

```
Subject: [PATCH 0/3] *** SUBJECT HERE ***

*** BLURB HERE ***

Valentin Haenel (3):
  git-svn.txt: fix usage of --add-author-from
  git-svn.txt: move option descriptions
  git-svn.txt: small typeface improvements

 Documentation/git-svn.txt |   22 +++++++++++-----------
 1 files changed, 11 insertions(+), 11 deletions(-)
```

[14] Die Zahl n ist die Gesamtzahl an Patches, die exportiert wurden, und m ist die Nummer des aktuellen Patches. In der Betreff-Zeile des dritten Patch von fünf steht dann z. B. [PATCH 3/5].

Wie Sie sehen, ist im `Subject:` noch das Präfix [PATCH 0/3] eingetragen; so sehen alle Empfänger sofort, dass es sich um ein Deckblatt handelt. Außerdem enthält die Datei die Ausgabe von `git shortlog` sowie `git diff --stat`. Ersetzen Sie *** SUBJECT HERE *** durch einen Betreff und *** BLURB HERE *** durch eine Zusammenfassung der Patch-Serie. Verschicken Sie die Datei zusammen mit den Patch-Dateien.

TIPP Häufig werden Mailing-Listen, auf die Patches geschickt werden, dazu verwendet, die Patches inhaltlich und syntaktisch zu kritisieren und den Autor um Verbesserung zu bitten. Hat der Autor die Verbesserungen vorgenommen, schickt er die korrigierte Serie als *Reroll* erneut an die Liste. Je nach Größe der Patch-Serie und Anforderungen des Projektes kann eine Patch-Serie durchaus mehrere Rerolls durchlaufen, bis sie angenommen wird.

Wenn Sie eine Patch-Serie an eine Mailing-Liste schicken: Halten Sie die Commits auf einem eigenen Branch vor, und arbeiten Sie die Korrekturen in neuen Commits (bei fehlender Funktionalität) oder mit interaktivem Rebase (zum Anpassen bestehender Commits) ein. Verwenden Sie anschließend das Kommando `git format-patch` mit der Option `--reroll-count=<n>` (oder kurz `-v <n>`): Sie erzeugen so Patches, die als Subject-Zeile z.B. [PATCH v2] tragen und machen so deutlich, dass es sich um den ersten Reroll dieser Serie handelt.

5.9.2 Patches versenden

Versenden Sie die generierten Dateien mit `git send-email` (oder einem E-Mail-Client Ihrer Wahl). Das Kommando erwartet als einziges zwingendes Argument entweder eine oder mehrere Patch-Dateien, ein Verzeichnis voller Patches oder aber eine Auswahl von Commits (in dem Fall ruft Git zusätzlich intern `git format-patch` auf):

```
$ git send-email 000*
0000-cover-letter.patch
0001-git-svn.txt-fix-usage-of-add-author-from.patch
0002-git-svn.txt-move-option-descriptions.patch
0003-git-svn.txt-small-typeface-improvements.patch
Who should the emails appear to be from? [Valentin Haenel
<valentin.haenel@gmx.de>]

$ git send-email master
/tmp/HMSotqIfnB/0001-git-svn.txt-fix-usage-of-add-author-from.patch
/tmp/HMSotqIfnB/0002-git-svn.txt-move-option-descriptions.patch
/tmp/HMSotqIfnB/0003-git-svn.txt-small-typeface-improvements.patch
Who should the emails appear to be from? [Valentin Haenel
<valentin.haenel@gmx.de>]
```

Das Kommando `git send-email` setzt die Felder `Message-Id` sowie `In-Reply-To`. Damit sehen alle E-Mails nach der ersten wie Antworten auf diese aus und werden dadurch von den meisten Mail-Programmen als zusammenhängender *Thread* angezeigt:[15]

	Valentin Haenel <valentin.haenel@gmx.de>	▼ [PATCH 0/2] Documentation fixes for git-svn.txt
	Valentin Haenel <valentin.haenel@gmx.de>	[PATCH 1/2] git-svn.txt: move option descriptions
	Valentin Haenel <valentin.haenel@gmx.de>	[PATCH 2/2] git-svn.txt: small typeface improvements
	Eric Wong <normalperson@yhbt.net>	▼ Re: [PATCH 0/2] Documentation fixes for git-svn.txt
	Valentin Haenel <valentin.haenel@gmx.de>	▼ [PATCH] git-svn.txt: fix usage of --add-author-from
	Junio C Hamano <gitster@pobox.com>	Re: [PATCH] git-svn.txt: fix usage of --add-author-from

Abbildung 5.10: Patch-Serie als Mail-Thread

Das Kommando können Sie über Optionen – beispielsweise `--to`, `--from` und `--cc` – anpassen (siehe die Man-Page `git-send-email(1)`). Die unbedingt benötigten Angaben werden aber, sofern nicht angegeben, interaktiv abgefragt – vor allem wird eine Adresse benötigt, an die die Patches geschickt werden sollen.[16]

Bevor die E-Mails tatsächlich versendet werden, wird Ihnen der Header nochmals angezeigt; Sie sollten überprüfen, ob alles Ihren Wünschen entspricht, und anschließend die Frage `Send this email? ([y]es|[n]o|[q]uit|[a]ll):` mit y für „yes" beantworten. Um sich mit dem Kommando vertraut zu machen, kann man zunächst alle E-Mails nur an sich selbst schicken oder die Option `--dry-run` verwenden.

TIPP Alternativ zu `git send-email` können Sie den Inhalt der Dateien in einen der vielen online *Pastebin*-Dienste, zum Beispiel *dpaste*[17] oder *gist.github*[18] einwerfen und den Verweis darauf per IRC oder Jabber verschicken. Zum Einpflegen lädt sich der Empfänger den Inhalt in eine Datei herunter und übergibt diese an `git am` (s.u.).

Wenn Sie Ihren bevorzugten *Mail User Agent* (MUA) (z.B. Thunderbird, Kmail o.a.) verwenden wollen, um Patches zu verschicken, gibt es even-

---

15 Sie sehen in Abbildung 5.10 eine etwas andere Reihenfolge der Patches als in den bisherigen Beispielen. Das liegt daran, dass die erste Version der Patch-Serie aus nur zwei Patches bestand, und das dritte erst nach dem Feedback von der Git-Mailingliste dazukam. Die Serie wurde dann erweitert und per Rebase auf den Stand gebracht, wie sie in diesem Abschnitt abgebildet ist.

16 Sofern auf Ihrem System kein *Mail Transfer Agent* (MTA) installiert bzw. für den E-Mail-Versand konfiguriert ist, können Sie auch einen externen SMTP-Server verwenden. Passen Sie dafür die in der Sektion „Use GMail as the SMTP server" der bereits erwähnten Man-Page beschriebenen Einstellungen an.

17 http://dpaste.com/

18 https://gist.github.com/

tuell einiges zu beachten. Manche MUAs sind berüchtigt, Patches so zu verstümmeln, dass sie Git nicht mehr als solche erkennt.[19]

5.9.3 Patches einpflegen

Mit `git format-patch` exportierte Patch-E-Mails werden von dem Git-Kommando `git am` (*apply from mailbox*) wieder in Commits zurückübersetzt. Aus jeder E-Mail wird ein neuer Commit erzeugt, dessen Meta-Informationen (Autor, Commit-Message usw.) aus den Header-Zeilen der E-Mail (`From`, `Date`) generiert werden. Wie schon erwähnt, erkennt Git an der Nummer im Subject, in welcher Reihenfolge die Commits einzupflegen sind. Um das Beispiel von vorhin zu vollenden: Befinden sich die E-Mails im Maildir-Verzeichnis `patches`, dann reicht:

```
$ git am patches
Applying: git-svn.txt: fix usage of --add-author-from
Applying: git-svn.txt: move option descriptions
Applying: git-svn.txt: small typeface improvements
```

TIPP Das Kommando versteht neben den Formaten *Maildir* und *mbox* auch Dateien, die die Ausgabe von `git format-patch` enthalten:

```
$ git \
  am 0001-git-svn.txt-fix-usage-of-add-author-from.patch
Applying: git-svn.txt: fix usage of --add-author-from
```

Wenn Sie Patches von Anderen mit `git am` einpflegen, unterscheiden sich die Werte von *Author/AuthorDate* und *Committer/CommitDate*. Somit werden sowohl der Autor des Commits als auch der, der ihn einspielt, gewürdigt. Insbesondere bleiben die Attribuierungen erhalten; es bleibt nachvollziehbar, wer welche Codezeilen geschrieben hat. Mit Gitk werden die Author- und Committer-Werte standardmäßig angezeigt; auf der Kommandozeile setzen Sie die Option `--format=fuller` ein, die unter anderem von `git log` und `git show` akzeptiert wird:

```
$ git show --format=fuller 12d3065
commit 12d30657d411979af3ab9ca7139b5290340e4abb
Author:     Valentin Haenel <valentin.haenel@gmx.de>
AuthorDate: Mon Apr 25 23:36:15 2011 +0200
Commit:     Junio C Hamano <gitster@pobox.com>
```

---

[19] Nützliche Tipps und Tricks für diverse MUAs finden Sie in der Datei `Documentation/SubmittingPatches` im Git-via-Git-Repository im Abschnitt „MUA specific hints" sowie in der Man-Page von `git-format-patch(1)` in den Abschnitten „MUA-specific Hints" und „Discussion".

```
CommitDate: Tue Apr 26 11:48:34 2011 -0700

    git-svn.txt: fix usage of --add-author-from
```

Bei dem Workflow *Dictator and Lieutenants* (Abschnitt 5.10) kommt es vor, dass mehr als nur zwei Personen in einen Commit involviert sind. In dem Fall ist es sinnvoll, dass jeder, der den Patch begutachtet, ihn auch „absegnet", allen voran der Autor. Zu diesem Zweck gibt es die Option `--signoff` (kurz `-s`) für die Kommandos `git commit` und `git am`, die Name und E-Mail des Committers der Commit-Message anhängt:

```
Signed-off-by: Valentin Haenel <valentin.haenel@gmx.de>
```

Das Feature ist vor allem bei größeren Projekten von Vorteil, meist haben diese auch Richtlinien, wie Commits zu formatieren sind und wie sie am besten verschickt werden.[20]

Beim Einpflegen von Patches mit `git am` kann es zu Konflikten kommen, z.B. wenn die Patches auf einer älteren Version beruhen und die betreffenden Zeilen bereits verändert wurden. In dem Fall wird der Prozess unterbrochen und Sie haben dann mehrere Möglichkeiten, wie Sie weiter vorgehen. Entweder Sie lösen den Konflikt, aktualisieren den Index und führen den Prozess mit `git am --continue` fort, oder Sie überspringen den Patch mit `git am --skip`. Mit `git am --abort` brechen Sie den Prozess ab und stellen den ursprünglichen Zustand des aktuellen Branches wieder her.

Da die Patches meist Veränderungen von Anderen enthalten, kann es mitunter schwierig sein, die richtige Lösung für einen Konflikt zu finden. Die beste Strategie für Patches, die sich nicht anwenden lassen, ist es, den Autor der Patches zu bitten, diese per Rebase auf eine wohldefinierte Basis, bspw. den aktuellen `master`, aufzubauen und erneut zu schicken.

> **TIPP**
> Eine Alternative zu `git am` ist das etwas rudimentäre Kommando `git apply`. Es dient dazu, einen Patch auf den Working Tree oder Index (mit der Option `--index`) anzuwenden. Es ähnelt so dem klassischen Unix-Kommando `patch`. Es ist vor allem dann nützlich, wenn Sie den Patch bzw. die Metadaten vor dem Commit noch bearbeiten wollen oder auch wenn Ihnen jemand die Ausgabe von `git diff` statt `git format-patch` als Patch geschickt hat.

---

20 Für das Git-Projekt finden Sie diese unter: `Documentation/SubmittingPatches` im Quellcode-Repository.

5.10 Ein verteilter, hierarchischer Workflow

Der Integration-Manager-Workflow skaliert nicht mit der Größe des Projekts. Bei großem Wachstum ist irgendwann der Maintainer mit der Komplexität des Projekts und der Anzahl der eingehenden Patches überfordert. Der sog. *Dictator and Lieutenants*-Workflow, der ausgiebig bei der Entwicklung des Linux-Kerns angewandt wird, schafft hier Abhilfe. In diesem Fall ist die Software meist in verschiedene Subsysteme unterteilt, und Beiträge werden von den *Lieutenants* (auch *Subsystem-Maintainer*) untersucht und dann an den *Benevolent Dictator* („Gütiger Diktator") weitergeleitet. Dieser lädt die Veränderungen schließlich in das *blessed* („gesegnete") Repository hoch, mit dem sich wiederum alle Mitstreiter synchronisieren.

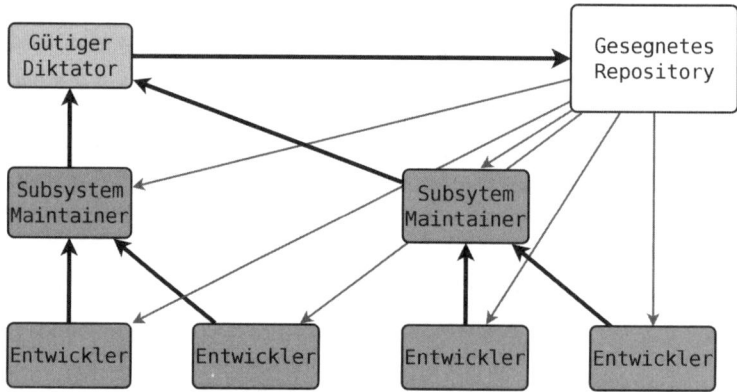

Abbildung 5.11: Workflow: *Dictator and Lieutenants*

Der Workflow basiert auf Vertrauen: Der Diktator vertraut seinen Lieutenants und übernimmt deren weitergeleitete Modifikationen meist ohne Kontrolle. Vorteil ist, dass der Diktator entlastet wird, aber trotzdem ein Vetorecht behält, was zu dem Titel Benevolent Dictator führte.

Historisch bedingt ist das offizielle Repository oft nur das öffentliche Repository des aktuellen Haupt-Maintainers oder des Original-Autors. Wichtig ist, dass dieses Repository nur aufgrund sozialer Konventionen existiert. Sollte eines Tages ein anderer Entwickler das Projekt besser vorantreiben, kann es sein, dass sein öffentliches Repository das neue Blessed Repository wird. Aus technischer Sicht spricht nichts dagegen.

Die Projekte, die in der Praxis diesen Workflow einsetzen, favorisieren den Patch-Austausch per Mail. Jedoch ist die Art des Austauschs eher zweitrangig, und die Subsystem-Maintainer könnten genauso gut Pull-Requests von den ihnen bekannten Entwicklern erhalten; oder aber die Mitstreiter mischen ganz nach Belieben öffentliche Repositories und per E-Mail verschickte Patches. Die Flexibilität von Git – insbesondere die

Vielzahl von verschiedenen Methoden zum Austausch von Veränderungen – unterstützen jeden erdenklichen Workflow im Sinne der freien, offenen Entwicklung. Sicherlich eine Eigenschaft, die maßgeblich zur Beliebtheit von Git beigetragen hat.

5.11 Unterprojekte verwalten

Bei größeren Softwareprojekten ist es bisweilen nötig, bestimmte Teile eines Programms in eigene Projekte auszulagern. Das ist zum Beispiel in den folgenden Situationen der Fall:

- Ihre Software hängt von einer bestimmten Version einer Bibliothek ab, die Sie mit dem Quellcode zusammen ausliefern wollen.

- Ihr anfänglich kleines Projekt wird mit der Zeit so groß, dass Sie die Funktionalität in eine Bibliothek auslagern wollen, die als eigenständiges Projekt verwaltet werden soll.

- Eigenständige Teile Ihrer Software werden von anderen Entwicklergruppen verwaltet.

Mit Git können Sie auf zwei verschiedene Weisen damit umgehen: Sie verwalten die Module als sogenannte *Git-Submodules* oder als *Subtrees* – in beiden Fällen verwalten Sie Quellcode in einem Unterverzeichnis Ihres Projekts.

Als Submodule verwalten Sie ein abgekoppeltes Repository, das nichts mit Ihrem übergeordneten Repository zu tun hat. Arbeiten Sie stattdessen mit Subtrees, dann wird die Projektgeschichte des Unterverzeichnisses untrennbar mit dem übergeordneten Projekt verbunden. Beides hat Vor- und Nachteile.

Wir betrachten beide Techniken beispielhaft, indem wir ein fiktionales Projekt erstellen, das die libgit2 benötigt. Die Bibliothek bietet, ähnlich der libgit.a, eine API, um Git-Repositories zu untersuchen und zu verändern.[21] Die in C geschriebene Bibliothek kann ihre Funktionen u.a. auch nach Lua, Ruby, Python, PHP und JavaScript herausreichen.

---

21 Die libgit.a wird beim Kompilieren von Git erzeugt und versammelt alle Funktionen, die in Git „öffentlich" sind. Sie ist allerdings nicht *reentrant* oder Thread-sicher, so dass sie nur eingeschränkt verwendet werden kann. Diese Einschränkungen hat libgit2 nicht.

5.11.1 Submodules

Submodules werden von Git als Unterverzeichnisse verwaltet, die einen speziellen Eintrag in der Datei .gitmodules besitzen. Zuständig für den Umgang mit ihnen ist das Kommando git submodule.

Zunächst müssen wir die Bibliothek importieren. Das geschieht mit dem folgenden Kommando:

```
$ git submodule add git://github.com/libgit2/libgit2.git libgit2
Cloning into libgit2...
remote: Counting objects: 4296, done.
remote: Compressing objects: 100% (1632/1632), done.
remote: Total 4296 (delta 3214), reused 3530 (delta 2603)
Receiving objects: 100% (4296/4296), 1.92 MiB | 788 KiB/s, done.
Resolving deltas: 100% (3214/3214), done.
```

An der Ausgabe von git status können wir nun erkennen, dass ein neues Verzeichnis libgit2 vorliegt, sowie die Datei .gitmodules mit folgendem Inhalt erstellt wurde:

```
[submodule "libgit2"]
  path = libgit2
  url = git://github.com/libgit2/libgit2.git
```

Diese Datei wurde auch schon dem Index hinzugefügt, also für den Commit vorbereitet. Das Verzeichnis libgit2 hingegen taucht in der Ausgabe von git diff --staged nicht wie gewohnt auf:

```
$ git diff --staged -- libgit2
diff --git a/libgit2 b/libgit2
new file mode 160000
index 0000000..b64e11d
--- /dev/null
+++ b/libgit2
@@ -0,0 +1 @@
+Subproject commit 7c80c19e1dffb4421f91913bc79b9cb7596634a4
```

Anstatt alle Dateien des Verzeichnisses aufzulisten, speichert Git eine „spezielle" Datei (erkennbar an dem unüblichen Datei-Modus 160000), die lediglich den Commit, auf dem das Modul gerade steht, festhält.

Wir importieren diese Änderungen und können von nun an die libgit2 in ihrem Unterverzeichnis kompilieren und dann gegen sie linken:

```
$ git commit -m "libgit2-submodule importiert"
```

Das übergeordnete Projekt und die libgit2 sind nun im Working Tree zusammengeführt – ihre Versionsgeschichte aber ist und bleibt getrennt. In dem Git-Repository der libgit2 können Sie sich genau so verhalten wie in einem „echten" Repository. Sie können sich zum Beispiel die Ausgabe von git log in dem übergeordneten Projekt und nach einem cd libgit2 in dem Submodule anschauen.

Änderungen im Submodule

Nun hat die `libgit2` als Default-Branch (also der `HEAD` auf der Serverseite) den Branch `development` ausgewählt. Es ist möglicherweise nicht die beste Idee, diesen Entwicklungsbranch mehr oder weniger mit Ihrem Repository zu verdrahten.

Wir wechseln also in das Verzeichnis `libgit2` und checken das neueste Tag aus, `v0.10.0`:

```
$ cd libgit2
$ git checkout v0.10.0
# Nachricht über "detached HEAD state"
$ cd ..
$ git diff
diff --git a/libgit2 b/libgit2
index 7c80c19..7064938 160000
--- a/libgit2
+++ b/libgit2
@@ -1 +1 @@
-Subproject commit 7c80c19e1dffb4421f91913bc79b9cb7596634a4
+Subproject commit 7064938bd5e7ef47bfd79a685a62c1e2649e2ce7
```

Das übergeordnete Git-Repository sieht also einen Wechsel des `HEAD`, der durch das Kommando `git checkout v0.10.0` in `libgit2/` passiert ist, als Änderung der Pseudo-Datei `libgit2`, die nun auf den entsprechenden neuen Commit zeigt.

Jetzt können wir diese Änderung dem Index hinzufügen und als Commit abspeichern:

```
$ git add libgit2
$ git commit -m "Libgit2-Version auf v0.10.0 setzen"
```

Achtung: Fügen Sie niemals *Dateien* aus `libgit2` oder das *Verzeichnis* `libgit2/` (endet mit Slash) hinzu – das zerbricht das Modulkonzept von Git, Sie verwalten dann auf einmal Dateien aus dem Submodule in dem übergeordneten Projekt.

Analog können Sie per `submodule update` (oder `git remote update` im Verzeichnis `libgit2/`) neue Commits runterladen und ein Update der Bibliothek entsprechend im übergeordneten Repository festhalten.

Aus Sicht eines Nutzers

Wie sieht das Ganze nun aus Sicht eines Nutzer aus, der das Projekt zum ersten Mal klont? Zunächst ist offensichtlich, dass das oder die Submodules *nicht* fest mit dem Repository verbunden sind und nicht mit ausgeliefert werden:

```
$ git clone /dev/shm/super clone-super
$ cd clone-super
```

```
$ ls
bar.c  foo.c  libgit2/
$ ls -l libgit2
total 0
```

Das Verzeichnis `libgit2/` ist leer. Alles, was Git also über die Submodules weiß, steckt in der Datei `.gitmodules`. Sie müssen dieses Modul erst initialisieren und dann das Repository des Moduls herunterladen:

```
$ git submodule init
Submodule 'libgit2' (git://github.com/libgit2/libgit2.git)
registered for path 'libgit2'
$ git submodule update
...
Submodule path 'libgit2': checked ↵
out '7064938bd5e7ef47bfd79a685a62c1e2649e2ce7'
```

Wir sehen also, dass `libgit2` automatisch auf den in unserem Repository festgelegten Stand von `v0.10.0` gesetzt wird. Prinzipiell kann nun aber der Nutzer auch in das Verzeichnis wechseln, den Branch development auschecken und das Projekt gegen diese Version kompilieren. Submodules erhalten die Flexibilität des Unter-Repositorys – der Eintrag, auf welchem Stand das Modul steht, ist also nur eine „Empfehlung".

5.11.2 Subtrees

Im Gegensatz zu Submodules, die ihren Charakter als eigenständiges Git-Repository wahren, verschmelzen Sie die Geschichte zweier Projekte direkt, wenn Sie mit Subtrees arbeiten. Eine Gegenüberstellung beider Ansätze folgt im Anschluss.

Im Wesentlichen basiert diese Technik auf sogenannten Subtree-Merges, auf die schon kurz in Abschnitt 3.3.3 über Merge-Strategien eingegangen wurde. In unserem Beispiel erfolgt ein Subtree-Merge, indem reguläre Commits aus dem Repository der `libgit2` unterhalb des *Trees* (Verzeichnisses) `libgit2/` gemergt werden – eine Datei auf oberster Ebene in dem Repository der Bibliothek wird also zu einer Datei auf oberster Ebene des Trees `libgit2/`, der wiederum Teil eines Repositorys ist.

Git verfügt über ein Kommando, um Subtree-Merges zu verwalten.[22] Dabei müssen Sie immer explizit durch `-P <prefix>` angeben, auf wel-

---

22 Das Kommando ist kein Standard-Kommando von Git, wird aber von einigen Linux-Distributionen (z.B. Debian, Archlinux) sowie im Windows-Git-Installer automatisch mit installiert. Überprüfen Sie durch einen Aufruf von `git subtree`, ob das Kommando installiert ist. Falls nicht, können Sie das Script unter `/usr/share/doc/git/contrib/subtree/` suchen, oder aus dem Quellcode von Git (unter `contrib/subtree`) kopieren.

5.11 Unterprojekte verwalten

ches Unterverzeichnis Sie sich beziehen. Um die `libgit2` in Version 0.8.0 zu importieren, verwenden Sie:

```
$ git subtree add -P libgit2 \
  git://github.com/libgit2/libgit2.git v0.8.0
git fetch git://github.com/libgit2/libgit2.git v0.8.0
From git://github.com/libgit2/libgit2
 * tag               v0.8.0     -> FETCH_HEAD
Added dir 'libgit2'
```

Das Kommando lädt automatisch alle benötigten Commits herunter und erzeugt einen Merge-Commit, der alle Dateien der `libgit2` unterhalb des Verzeichnisses `libgit2/` erstellt. Der Merge-Commit verknüpft nun die bisherige Versionsgeschichte mit der der `libgit2` (dadurch, dass ein Original-Commit referenziert wird und der wiederum andere Commits referenziert).

Dieses Vorgehen hat nun zur Folge, dass in Ihrem Repository von nun an *alle* relevanten Commits der `libgit2` vorhanden sind. Ihr Repository hat also nun zwei Root-Commits (siehe auch Multi-Root-Repositories in Abschnitt 4.7).

Die Dateien liegen nun untrennbar mit dem Projekt verbunden vor. Ein `git clone` dieses Repositorys würde auch alle Dateien unterhalb von `libgit2` übertragen.[23]

Was passiert nun, wenn Sie ein „Upgrade" auf v0.10.0 machen wollen? Verwenden Sie dafür das `pull`-Kommando von `git subtree`:

```
$ git subtree -P libgit2 \
  pull git://github.com/libgit2/libgit2.git v0.10.0
From git://github.com/libgit2/libgit2
 * tag               v0.10.0    -> FETCH_HEAD
Merge made by the 'recursive' strategy.
...
```

Beachten Sie: Da die Original-Commits der `libgit2` vorliegen, ändern diese Commits auch scheinbar Dateien auf oberster Ebene (z. B. `COPYING`, wenn Sie per `git log --name-status` die Versionsgeschichte untersuchen). Tatsächlich werden diese Änderungen aber in `libgit2` ausgeführt – dafür ist der jeweilige Merge-Commit verantwortlich, der die Trees entsprechend ausrichtet.

> **TIPP**
> Wenn Sie nicht an der Versionsgeschichte eines Unterprojektes interessiert sind, aber einen bestimmten Stand im Repository verankern wol-

---

23 Achten Sie daher darauf, dass Sie mit dieser Technik nur Inhalte einbinden, die Sie auch weitergeben *dürfen*. Je nach Lizenz ist die Benutzung einer Software möglicherweise erlaubt, aber nicht die Weiterverbreitung (engl. *Distribution*).

len, können Sie die Option --squash verwenden. Die Kommandos git subtree add/pull mergen dann nicht die entsprechenden Commits, sondern erzeugen nur *einen* Commit, der alle Änderungen enthält. Achtung: Verwenden Sie diese Option nicht, wenn Sie das Projekt nicht auch per --squash importiert haben; dies führt zu Merge-Konflikten.

Ein Unterverzeichnis abspalten

Möglicherweise stehen Sie irgendwann vor der Aufgabe, ein Unterverzeichnis Ihres Projektes als eigenes Repository verwalten zu wollen. Sie möchten die Änderungen aber weiterhin in dem ursprünglichen Projekt integrieren.

Beispielsweise wird die Dokumentation, die unter doc/ lag, von nun an in einem eigenen Repository verwaltet. Gelegentlich, das heißt alle paar Wochen, wollen Sie die neuesten Entwicklungen dann in das Haupt-Repository übernehmen.

Das Kommando git subtree bietet dafür ein eigenes Subkommando split an, mit dem Sie diesen Schritt automatisieren können. Es erstellt eine Versionsgeschichte, die alle Änderungen eines Verzeichnisses enthält, und gibt den neuesten Commit aus – diesen können Sie dann in ein (leeres) Remote hochladen.

```
$ git subtree split -P doc --rejoin
Merge made by the 'ours' strategy.
563c68aa14375f887d104d63bf817f1357482576
$ git push <neues-doku-repo> 563c68aa14375:refs/heads/master
```

Die Option --rejoin bewirkt, dass die so abgespaltene Versionsgeschichte direkt wieder per git subtree merge in das aktuelle Projekt integriert wird. Sie können von nun an per git subtree pull die neuen Commits integrieren. Wollen Sie stattdessen mit der Option --squash arbeiten, lassen Sie --rejoin weg.

5.11.3 Submodules vs. Subtrees

Die Frage „Submodules oder Subtrees?" lässt sich nicht generell, sondern nur von Fall zu Fall beantworten. Ausschlaggebendes Kriterium sollte die Zugehörigkeit des Unterprojektes zu dem übergeordneten sein: Wenn Sie fremde Software einbinden, dann vermutlich eher als Submodule, eigene mit begrenztem Aufkommen an Commits und einer direkten Relation zum Hauptprojekt eher als Subtree.

Beispielsweise müssen Sie bei der Installation von CGit (siehe Abschnitt 7.5) ein Submodule initialisieren und updaten, um die lib-

`git.a` zu kompilieren. CGit benötigt also den Sourcecode von Git, will aber nicht die Entwicklungsgeschichte mit der von Git verschmelzen (die im Vergleich wenigen CGit-Commits würden darin auch untergehen!). Sie können aber CGit auch gegen eine andere Git-Version kompilieren, wenn Sie das möchten – die Flexibilität des Unter-Repositorys bleibt gewahrt.

Der grafische Repository-Browser Gitk hingegen wird als Subtree verwaltet. Er wird in `git://ozlabs.org/~paulus/gitk` entwickelt, aber im Haupt-Git-Repository mit der Subtree-Merge-Strategie unterhalb von `gitk-git/` eingebunden.

Workflows

Mit *Workflows* (dt. *Arbeitsabläufe*) werden in der Software-Entwicklung in der Regel Strategien bezeichnet, die Arbeitsabläufe im Team definieren (z. B. die *Agile Softwareentwicklung*). Wir können uns bei diesem Thema allgemein hier nur auf Literaturhinweise beschränken.[1]

In Git kann man „Workflows" unter zwei Aspekten sehen: Abläufe (Kommandosequenzen), die den einzelnen Nutzer betreffen, sowie projektbezogene Arbeitsabläufe (z. B. Release-Management). Auf beide Aspekte wird im Folgenden eingegangen.

---

1 Zu empfehlen ist u. a. das dritte Kapitel von *Open Source Projektmanagement* von Michael Prokop (Open Source Press, München, 2010). Auch das *Manifesto for Agile Software Development* hält unter `http://agilemanifesto.org/` aufschlussreiche Hinweise bereit.

6.1 Anwender

Nachfolgend finden Sie eine Auflistung genereller Entwicklungsstrategien (ohne bestimmte Reihenfolge):

Machen Sie möglichst kleine, eigenständige Commits
Unterteilen Sie Ihre Arbeit in kleine, logische Schritte und tätigen Sie für jeden Schritt einen Commit. Die Commits sollten unabhängig von zukünftigen Commits sein und möglichst alle Tests (sofern vorhanden) bestehen. Das erleichtert es Ihren Kollegen bzw. den Maintainern, nachzuvollziehen, was Sie gemacht haben. Außerdem steigert es den Wirkungsgrad von Kommandos, die die Geschichte untersuchen, bspw. `git bisect` und `git blame`. Haben Sie keine Angst, zu kleine Commits zu tätigen. Es ist im Nachhinein einfacher, mehrere kleine Commits mit `git rebase --interactive` zusammenzufassen als einen großen in mehrere kleine zu teilen.

Entwickeln Sie in Topic-Branches
Branching geht in Git leicht, schnell und intuitiv vonstatten. Anschließendes Mergen funktioniert problemlos, auch wiederholt. Nutzen Sie diese Flexibilität von Git: Entwickeln Sie nicht direkt in `master`, sondern jedes Feature in seinem eigenen Branch, genannt *Topic-Branch*.

Dadurch bieten sich einige Vorteile: Sie können Features unabhängig voneinander entwickeln; Sie erhalten einen wohldefinierten Zeitpunkt der Integration (Merge); Sie können die Entwicklung per Rebase „stromlinienförmig" und übersichtlich gestalten, bevor Sie sie veröffentlichen; Sie erleichtern es anderen Entwicklern, ein neues Feature isoliert zu testen.

Verwenden Sie Namespaces
Sie können durch /-Zeichen im Branch-Namen verschiedene Klassen von Branches kreieren. In einem zentralen Repository können Sie sich durch Ihre Initialen einen eigenen Namensraum schaffen (z. B. `jp/refactor-base64`) oder Ihre Features je nach Stabilität unter `experimental/` oder `pu/` (s. u.) ablegen.

Rebase early, Rebase often
Wenn Sie auf Topic-Branches häufig mit Rebase arbeiten, erzeugen Sie eine deutlich lesbarere Versionsgeschichte. Das ist für Sie und andere Entwickler praktisch und hilft, den eigentlichen Programmiervorgang in logische Einheiten aufzuteilen.

Verschmelzen Sie Kleinstcommits, wenn sie zusammengehören. Nehmen Sie sich bei Bedarf die Zeit, große Commits noch einmal sinnvoll aufzuteilen (siehe Abschnitt 4.2.2).

Verwenden Sie allerdings Rebase nur für eigene Commits: Verändern Sie keinesfalls bereits veröffentlichte Commits oder die Commits anderer Entwickler.

Unterscheiden Sie bewusst zwischen FF- und regulären Merges
Integrieren Sie Änderungen aus dem Upstream immer per Fast-Forward (Sie spulen die lokale Kopie der Branches einfach vor). Integrieren Sie im Gegensatz dazu neue Features durch reguläre Merges. Hilfreich für die Unterscheidung sind auch die in Abschnitt 3.3.2 vorgestellten Aliase.

Beachten Sie die Merge-Richtung
Das Kommando `git merge` zieht einen oder mehrere Branches in den aktuellen hinein. Beachten Sie daher immer die Richtung, in der Sie einen Merge durchführen: Integrieren Sie Topic-Branches in die *Mainline* (den Branch, auf dem Sie das stabile Release vorbereiten), nicht umgekehrt.[2] Auf diese Weise können Sie auch im Nachhinein noch die Geschichte eines Features von der Mainline isolieren (`git log topic` listet nur die relevanten Commits auf).

Criss-Cross-Merges (überkreuzte Merges) sind nach Möglichkeit zu vermeiden: Sie entstehen, wenn Sie einen Branch A in einen Branch B und eine ältere Version von B in A integrieren.

Testen Sie die Verträglichkeit von Features per Throw-Away-Integration
Erstellen Sie einen neuen (Wegwerf-)Branch und mergen Sie die Features, deren Kompatibilität Sie testen wollen. Lassen Sie die Testsuite laufen oder testen Sie das Zusammenspiel der neuen Komponenten auf andere Weise. Den Branch können Sie anschließend löschen und die Features weiter getrennt voneinander entwickeln. Solche *Throw-Away*-Branches werden in der Regel nicht veröffentlicht.

Gewisse Arbeitsschritte tauchen wieder und wieder auf. Im Folgenden ein paar allgemeine Lösungsstrategien:

---

[2] Eine Ausnahme besteht, wenn Sie eine neue Entwicklung in der Mainline in Ihrem Topic-Branch benötigen; in dem Fall können Sie allerdings auch überlegen, den Topic-Branch per Rebase neu aufzubauen, so dass er die benötigte Funktionalität schon beinhaltet.

Einen kleinen Bug fixen
> Wenn Sie einen kleinen Bug bemerken, den Sie schnell korrigieren wollen, können Sie das auf zwei Arten tun: vorliegende Änderungen per Stash in den Hintergrund schieben (siehe Abschnitt 4.5), den entsprechenden Branch auschecken, den Bug beheben, wieder den Branch wechseln und den Stash anwenden. Die andere Möglichkeit besteht darin, auf dem Branch, auf dem Sie gerade arbeiten, den Fehler zu beheben und nachträglich den/die entsprechenden Commit(s) per Cherry-Pick oder Rebase-Onto (siehe Abschnitt 3.5 bzw. Abschnitt 4.1.8) in den dafür vorgesehenen Bugfix- oder Topic-Branch zu übernehmen.

Einen Commit korrigieren
> Mit `git commit --amend` können Sie den letzten Commit anpassen. Die Option `--no-edit` bewirkt, dass die Beschreibung beibehalten und nicht erneut zur Bearbeitung angeboten wird.
>
> Um tiefer liegende Commits zu korrigieren, verwenden Sie entweder interaktives Rebase und das `edit`-Keyword (siehe Abschnitt 4.2.2) oder Sie erstellen für jede Korrektur einen kleinen Commit, ordnen diese schließlich im interaktiven Rebase entsprechend an und versehen sie mit der Aktion `fixup`, um den ursprünglichen Commit zu korrigieren.

Welche Branches sind noch nicht in `master`*?*
> Verwenden Sie `git branch -vv --no-merged`, um herauszufinden, welche Branches noch nicht in den aktuellen Branch integriert sind.

Mehrere Änderungen aus unterschiedlichen Quellen zusammenfassen
> Nutzen Sie den Index, um mehrere Änderungen zusammenzufassen, z. B. Änderungen, die einander ergänzen, aber in verschiedenen Branches oder als Patches vorliegen. Die Kommandos `git apply`, `git cherry-pick --no-commit` sowie `git merge --squash` wenden die entsprechenden Änderungen nur auf den Working Tree bzw. Index an, ohne einen Commit zu erzeugen.

6.2 Ein Branching-Modell

Der folgende Abschnitt stellt ein Branching-Modell vor, das an das in der Man-Page `gitworkflows(7)` beschriebene Modell angelehnt ist. Das Branching-Modell bestimmt, welcher Branch welche Funktionen erfüllt, wann und wie Commits aus einem Branch übernommen werden, welche Commits als Releases getaggt werden sollen usw. Es ist flexibel, skaliert gut und kann bei Bedarf erweitert werden (s. u.).

In seiner Grundform besteht das Modell aus vier Branches: maint, master, next, und pu (*Proposed Updates*). Der master-Branch dient vor allem der Vorbereitung des nächsten Releases und zum Sammeln trivialer Änderungen. pu-Branch(es) dienen der Feature-Entwicklung (Topic-Branches). In dem Branch next werden halbwegs stabile neue Features gesammelt, im Verbund auf Kompatibilität, Stabilität und Korrektheit getestet und bei Bedarf verbessert. Auf dem maint-Branch werden kritische Bug-Fixes für vorangegangene Versionen gesammelt und als Maintenance-Releases veröffentlicht.

Prinzipiell werden Commits immer durch einen Merge in einen anderen Branch integriert (in Abbildung 6.1 durch Pfeile angedeutet). Im Gegensatz zum Cherry-Picking werden dabei Commits nicht gedoppelt, und Sie können einem Branch leicht ansehen, ob er einen bestimmten Commit schon enthält oder nicht.

Das folgende Diagramm ist eine schematische Darstellung des zehn Punkte umfassenden Workflows, der unten detailliert erläutert wird.

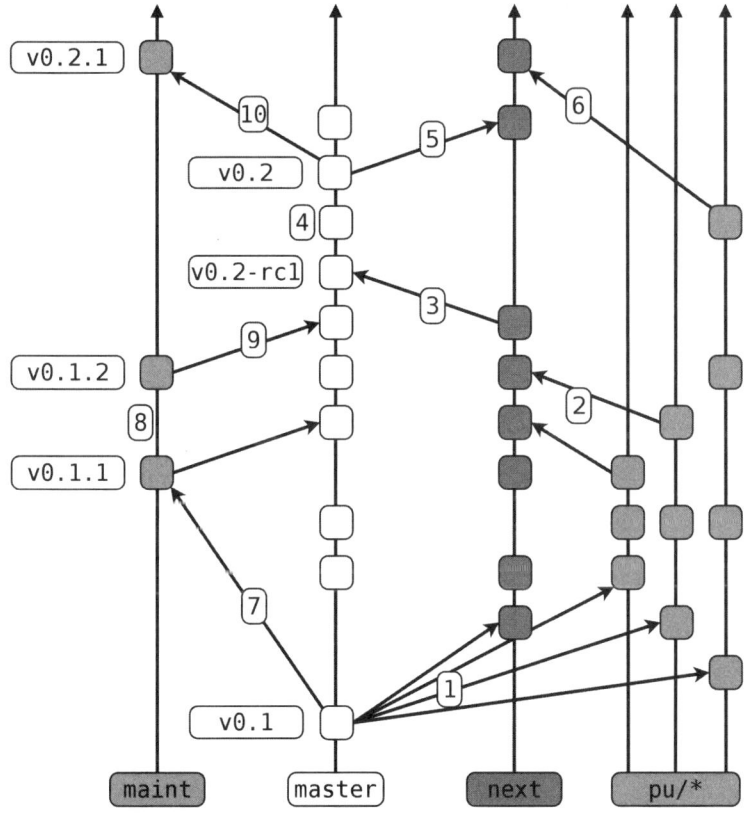

Abbildung 6.1:
Branch-Modell gemäß git-workflows (7)

1. Neue Topic-Branches entstehen von wohldefinierten Punkten, z. B. getaggten Releases, auf dem `master`.

   ```
   $ git checkout -b pu/cmdline-refactor v0.1
   ```

2. Hinreichend stabile Features werden aus ihrem jeweiligen `pu`-Branch nach `next` übernommen (*Feature Graduation*).

   ```
   $ git checkout next
   $ git merge pu/cmdline-refactor
   ```

3. Releasevorbereitung: Wenn sich genügend neue Features in `next` (featuregetriebene Entwicklung) angesammelt haben, wird `next` nach `master` gemergt und ggf. ein Release-Candidate-Tag (RC-Tag) erzeugt (Suffix `-rc<n>`).

   ```
   $ git checkout master
   $ git merge next
   $ git tag -a v0.2-rc1
   ```

4. Von nun an werden nur noch sogenannte *Release-Critical Bugs* (RC-Bugs) direkt im `master` korrigiert. Es handelt sich hierbei um „Show-Stopper", also Bugs, die die Funktionalität der Software maßgeblich einschränken oder neue Features unbenutzbar machen. Gegebenenfalls können Sie Merges von problematischen Branches wieder rückgängig machen (siehe Abschnitt 3.2.2).

   Was während der Release-Phase mit `next` passiert, hängt von der Größe des Projekts ab. Sind alle Entwickler damit beschäftigt, die RC-Bugs zu beheben, so bietet sich ein Entwicklungsstopp für `next` an. Bei größeren Projekten, wo während der Release-Phase schon die Entwicklung für das übernächste Release vorangetrieben wird, kann `next` weiterhin als Integrations-Branch für neue Features dienen.

5. Sind alle RC-Bugs getilgt, wird der `master` als Release getaggt und ggf. als Quellcode-Archiv, Distributions-Paket usw. veröffentlicht. Außerdem wird `master` nach `next` gemergt, um alle Fixes für RC-Bugs zu übertragen. Wurden in der Zwischenzeit keine weiteren Commits auf `next` getätigt, so ist dies ein Fast-Forward-Merge. Nun können auch wieder neue Topic-Branches aufgemacht werden, die auf dem neuen Release basieren.

   ```
   $ git tag -a v0.2
   $ git checkout next
   $ git merge master
   ```

6. Feature-Branches, die es nicht ins Release geschafft haben, können nun entweder in den `next`-Branch gemergt werden, oder aber, falls

sie noch nicht fertig sind, per Rebase auf eine neue, wohldefinierte Basis aufgebaut werden.

```
$ git checkout pu/numeric-integration
$ git rebase next
```

7. Um Feature-Entwicklung sauber von Bug-Fixes und *Maintenance* („Instandhaltung") zu trennen, werden Bug-Fixes, die eine vorangegangene Version betreffen, im Branch maint getätigt. Dieser Maintenance-Branch zweigt, wie die Feature-Branches auch, an wohldefinierten Stellen von master ab.

8. Haben sich genügend Bug-Fixes angesammelt oder wurde ein kritischer Bug behoben, z. B. ein Security-Bug, wird der aktuelle Commit auf dem maint-Branch als Maintenance-Release getaggt und kann über die gewohnten Kanäle publiziert werden.

```
$ git checkout maint
$ git tag -a v0.1.1
```

Manchmal kommt es vor, dass Bug-Fixes, die auf master gemacht wurden, auch in maint gebraucht werden. In diesem Fall ist es in Ordnung, diese per git cherry-pick dorthin zu übertragen. Das sollte aber eher die Ausnahme als die Regel sein.

9. Damit Bug-Fixes auch künftig verfügbar sind, wird der maint-Branch nach einem Maintenance-Release nach master gemergt.

```
$ git checkout master
$ git merge maint
```

Sind die Bug-Fixes sehr dringend, können sie mit git cherry-pick in den entsprechenden Branch (next oder pu/*) übertragen werden. Wie bei einem git cherry-pick nach maint auch, sollte dies nur selten passieren.

10. Bei einem neuen Release wird der maint-Branch per Fast-Forward auf den Stand von master gebracht, so dass maint nun auch alle Commits enthält, die das neue Release ausmachen. Ist hier kein Fast-Forward möglich, ist das ein Anzeichen dafür, dass sich noch Bug-Fixes in maint befinden, die nicht in master sind (siehe Punkt 9).

```
$ git checkout maint
$ git merge --ff-only master
```

Das Branching-Modell können Sie beliebig erweitern. Ein Ansatz, den man oft antrifft, ist die Verwendung von *Namespaces* (siehe Abschnitt 3.1) im Zusatz zu den pu/*-Branches. Das hat den Vorteil, dass jeder Entwickler einen eigenen Namensraum verwendet, der per Konvention abgegrenzt ist. Eine andere, sehr beliebte Erweiterung ist es, für jede vorangegangene Version einen eigenen `maint`-Branch zu erhalten. Dadurch wird es möglich, beliebig viele ältere Versionen zu pflegen. Dazu wird vor dem Merge von `maint` nach `master` in Punkt 9 ein entsprechender Branch für die Version erstellt.

```
$ git branch maint-v0.1.2
```

Bedenken Sie aber, dass diese zusätzlichen Maintenance-Branches einen erhöhten Wartungsaufwand bedeuten, da jeder neue Bug-Fix geprüft werden muss. Ist er auch für eine ältere Version relevant, muss er per `git cherry-pick` in den Maintenance-Branch für die Version eingebaut werden. Außerdem muss ggf. eine neue Maintenance-Version getaggt und veröffentlicht werden.

6.3 Releases-Management

Sobald ein Projekt mehr als nur ein, zwei Entwickler hat, ist es in der Regel sinnvoll, einen Entwickler mit dem Management der Releases zu beauftragen. Dieser *Integration Manager* entscheidet nach Rücksprache mit den anderen (z. B. über die Mailingliste), welche Branches integriert und wann neue Releases erstellt werden.

Jedes Projekt hat eigene Anforderungen an den Release-Ablauf. Nachfolgend einige generelle Tipps, wie Sie die Entwicklung überwachen und den Release-Prozess teilweise automatisieren können.[3]

6.3.1 Aufgaben sondieren

Der Maintainer einer Software muss einen guten Überblick über die Features haben, die aktiv entwickelt und bald integriert werden sollen. In den meisten Entwicklungsmodellen *graduieren* Commits von einem Branch auf den nächsten – im oben vorgestellten Modell zunächst aus den pu-Branches nach `next` und dann nach `master`.

Zunächst sollten Sie Ihre lokalen Branches immer aufräumen, um nicht den Überblick zu verlieren. Dabei hilft besonders das Kommando `git branch --merged master`, das alle Branches auflistet, die schon vollständig in `master` (oder einen anderen Branch) integriert sind. Diese können Sie in der Regel löschen.

---

[3] Weitere Anregungen finden Sie im Kapitel 6 des Buches *Open Source Projektmanagement* von Michael Prokop (Open Source Press, München, 2010).

Um einen groben Überblick zu erhalten, welche Aufgaben anstehen, empfiehlt es sich, `git show-branch` einzusetzen. Ohne weitere Argumente listet es alle lokalen Branches auf, jeden mit einem Ausrufezeichen (!) in eigener Farbe. Der aktuelle Branch erhält einen Stern (*). Unterhalb der Ausgabe werden alle Commits ausgegeben sowie für jeden Branch in der jeweiligen Spalte ein Plus (+) bzw. ein Stern (*), wenn der Commit Teil des Branches ist. Ein Minus (-) signalisiert Merge-Commits.

```
$ git show-branch
! [for-hjemli] initialize buf2 properly
 * [master] Merge branch 'stable'
  ! [z-custom] silently discard "error opening directory" messages
---
+   [for-hjemli] initialize buf2 properly
 -- [master] Merge branch 'stable'
+*  [master^2] Add advice about scan-path in cgitrc.5.txt
+*  [master^2^] fix two encoding bugs
+*  [master^] make enable-log-linecount independent of -filecount
+*  [master~2] new_filter: correctly initialise ... for a new filter
+*  [master~3] source_filter: fix a memory leak
  + [z-custom] silently discard "error opening directory" messages
  + [z-custom^] Highlight odd rows
  + [z-custom~2] print upstream modification time
  + [z-custom~3] make latin1 default charset
+*+ [master~4] CGIT 0.9
```

Es werden nur so viele Commits gezeigt, bis eine gemeinsame Merge-Basis aller Commits gefunden wird (im Beispiel: `master~4`). Wollen Sie nicht alle Branches gleichzeitig untersuchen, sondern z.B. nur die Branches unter `pu/`, dann geben Sie dies explizit als Argument an. `--topics <branch>` bestimmt `<branch>` als Integrations-Zweig, dessen Commits nicht explizit angezeigt werden.

Das folgende Kommando zeigt Ihnen also alle Commits aller pu-Branches und deren Relation zu `master`:

```
$ git show-branch --topics master "pu/*"
```

> **TIPP**
>
> Es lohnt sich, die Kommandos, die Sie zum Release-Management verwenden, zu dokumentieren (so dass andere Ihre Aufgaben eventuell weiterführen können). Außerdem sollten Sie gängige Schritte durch Aliase abkürzen.
>
> Das o.g. Kommando könnten Sie wie folgt in ein Alias todo umwandeln:

```
$ git config --global alias.todo \
  "!git rev-parse --symbolic --branches | \
  xargs git show-branch --topics master"
```

Das Kommando `git show-branch` erkennt allerdings nur *gleiche*, das heißt identische Commits. Wenn Sie einen Commit per `git cherry-pick` in einen anderen Branch übernehmen, sind die Änderungen fast die gleichen, `git show-branch` würde dies aber nicht erkennen, da sich die SHA-1-Summe des Commits ändert.

Für diese Fälle ist das Tool `git cherry` zuständig. Es verwendet intern das kleine Tool `git-patch-id`, das einen Commit auf seine bloßen Änderungen reduziert. Dabei werden Whitespace-Änderungen sowie die kontextuelle Position der Hunks (Zeilennummern) ignoriert. Das Tool liefert also für Patches, die essentiell die gleiche Änderung einbringen, die gleiche ID.

In der Regel wird `git cherry` eingesetzt, wenn sich die Frage stellt: Welche Commits wurden schon in den Integrations-Branch übernommen? Dafür wird das Kommando `git cherry -v <upstream> <topic>` verwendet: Es listet alle Commits auf `<topic>` auf, und stellt ihnen ein Minus (-) voran, wenn sie schon in `<upstream>` sind, ansonsten ein Plus (+). Das sieht z.B. so aus:

```
$ git cherry --abbrev=7 -v master z-custom
+ ae8538e guess default branch from HEAD
- 6f70c3d fix two encoding bugs
- 42a6061 Add advice about scan-path in cgitrc.5.txt
+ cd3cf53 make latin1 default charset
+ 95f7179 Highlight odd rows
+ bbaabe9 silently discard "error opening directory" messages
```

Zwei der Patches wurden schon nach `master` übernommen. Das erkennt `git cherry`, obwohl sich die Commit-IDs dabei geändert haben.

6.3.2 Release erstellen

Git bietet die folgenden zwei nützlichen Werkzeuge, um ein Release vorzubereiten:

`git shortlog`
    Fasst die Ausgabe von `git log` zusammen.

`git archive`
    Erstellt automatisiert ein Quellcode-Archiv.

Zu einem guten Release gehört ein sogenanntes *Changelog*, also eine Zusammenfassung der wichtigsten Neuerungen inklusive Danksagungen an Personen, die Hilfe beigesteuert haben. Hier kommt `git shortlog` zum Einsatz. Das Kommando zeigt die jeweiligen Autoren, wie viele Commits jeder gemacht hat und die Commit-Messages der einzelnen Commits. So ist sehr gut ersichtlich, wer was gemacht hat.

```
$ git shortlog HEAD~3..
Georges Khaznadar (1):
      bugfix: 3294518

Kai Dietrich (6):
      delete grammar tests in master
      updated changelog and makefile
      in-code version number updated
      version number in README
      version number in distutils setup.py
      Merge branch 'prepare-release-0.9.3'

Valentin Haenel (3):
      test: add trivial test for color transform
      test: expose bug with ID 3294518
      Merge branch 'fix-3294518'
```

Mit der Option --numbered bzw. -n wird die Ausgabe, statt alphabetisch, nach der Anzahl der Commits sortiert. Mit --summary bzw. -s fallen die Commit-Nachrichten weg.

Sehen Sie aber im Zweifel davon ab, einfach die Ausgabe von `git log` oder `git shortlog` in die Datei `CHANGELOG` zu schreiben. Gerade bei vielen, technischen Commits ist das Changelog dann nicht hilfreich (wen diese Informationen interessieren, der kann immer im Repository nachschauen). Sie können aber die Ausgabe als Grundlage nehmen, unwichtige Änderungen löschen und die restlichen zu sinnvollen Gruppen zusammenfassen.

> **TIPP**
>
> Oft stellt sich für den Maintainer die Frage, was sich seit dem letzten Release verändert hat. Hier hilft `git-describe` (siehe Abschnitt 3.1.3), das in Verbindung mit --abbrev=0 das erste erreichbare Tag vom HEAD aus ausgibt:
>
> ```
> $ git describe
> wiki2beamer-0.9.2-20-g181f09a
> $ git describe --abbrev=0
> wiki2beamer-0.9.2
> ```
>
> In Kombination mit `git shortlog` lässt sich die gestellte Frage sehr einfach beantworten:
>
> ```
> $ git shortlog -sn $(git describe --abbrev=0)..
>     15  Kai Dietrich
> ```

```
4  Valentin Haenel
1  Georges Khaznadar
```

Das Kommando `git archive` hilft beim Erstellen eines Quellcode-Archivs. Das Kommando beherrscht sowohl das Tar- als auch das Zip-Format. Zusätzlich können Sie mit der Option `--prefix=` ein Präfix für die zu speichernden Dateien setzen. Die oberste Ebene des Repositorys wird dann unterhalb dieses Präfix abgelegt, üblicherweise der Name und die Versionsnummer der Software:

```
$ git archive --format=zip --prefix=wiki2beamer-0.9.3/ HEAD \
  > wiki2beamer-0.9.3.zip
$ git archive --format=tar --prefix=wiki2beamer-0.9.3/ HEAD \
  | gzip > wiki2beamer-0.9.3.tgz
```

Als zwingendes Argument erwartet das Kommando einen Commit (bzw. einen Tree), der als Archiv gepackt werden soll. Im o.g. Beispiel ist das HEAD. Es hätte aber auch eine Commit-ID, eine Referenz (Branch oder Tag) oder direkt ein Tree-Objekt sein können.[4]

Auch hier können Sie `git describe` einsetzen, nachdem Sie einen Release-Commit getaggt haben. Bei einem geeigneten Tag-Schema <name>-<X.Y.Z> wie oben reicht dann folgendes Kommando:

```
$ version=$(git describe)
$ git archive --format=zip --prefix=$version/ HEAD > $version.zip
```

Es kann sein, dass nicht alle Dateien, die Sie in Ihrem Git-Repository verwalten, auch in den Quellcode-Archiven vorkommen sollten, z.B. die Projekt-Webseite. Sie können zusätzlich noch Pfade angeben – um also das Archiv auf das Verzeichnis `src` und die Dateien `LICENSE` und `README` zu beschränken, verwenden Sie:

```
$ version=$(git describe)
$ git archive --format=zip --prefix=$version/ HEAD src LICENSE README \
  > $version.zip
```

Git speichert, sofern Sie einen Commit als Argument angeben, die SHA-1-Summe mit im Archiv ab. Im Tar-Format wird dies als *Pax-Header-Eintrag* mit eingespeichert, den Git mit dem Kommando `git get-tar-commit-id` wieder auslesen kann:

```
$ zcat wiki2beamer-0.9.3.tgz | git get-tar-commit-id
181f09a469546b4ebdc6f565ac31b3f07a19cecb
```

---

4 Jeder Commit referenziert genau einen Tree. Allerdings verhält sich `git archive` verschieden, je nachdem, ob Sie einen Commit (der einen Tree referenziert) oder einen Tree direkt angeben: Der Zeitpunkt der letzten Modifikation, der im Archiv aufgenommen wird, ist bei Trees die Systemzeit – bei einem Commit allerdings wird der Zeitpunkt des Commits gesetzt.

In Zip-Dateien speichert Git die SHA-1-Summe einfach im Kommentarfeld:

```
$ unzip -l wiki2beamer-0.9.3.zip | head -5
Archive:  wiki2beamer-0.9.3.zip
181f09a469546b4ebdc6f565ac31b3f07a19cecb
  Length      Date    Time    Name
---------  ---------- -----   ----
        0  05-06-2011 20:45   wiki2beamer-0.9.3/
```

TIPP

Ein Problem, das Sie bedenken sollten, ist, dass zum Beispiel .gitignore-Dateien automatisch mit gepackt werden. Da sie aber außerhalb eines Git-Repositorys keine Bedeutung haben, lohnt es sich, sie mit dem Git-Attribut (siehe Abschnitt 8.1) export-ignore auszuschließen. Das geschieht durch einen Eintrag .gitignore export-ignore in .git/info/attributes.

Auch können Sie vor dem Einpacken des Archivs automatische Keyword-Ersetzungen vornehmen (siehe Abschnitt 8.1.2).

Teil II

Fortgeschrittene Szenarien

Git auf dem Server

Im Folgenden geht es um das Hosting von Git-Repositories und *Gitolite*, mit dem Sie Zugriffsrechte auf Repositories über SSH-Public-Keys flexibel verwalten. Außerdem werden Installation und Konfiguration der zwei Web-Interfaces *Gitweb* und *CGit* erläutert, alternativ für Apache oder Lighttpd

7.1 Einen Git-Server hosten

Zunächst einige Grundlagen: Wie unterscheiden sich Repositories auf einem Server von denen eines normalen Nutzers? Und wie tauscht Git die Änderungen aus?

7.1.1 Das Git-Protokoll

Git ist auf dezentrale Verwaltung der Repositories ausgelegt; die kleinste Einheit, um Änderungen zwischen Repositories auszutauschen, sind Commits. Da sich aber zwischen zwei Versionen einer Software bisweilen tausende von Commits ansammeln und eine einzelne, commitweise Übertragung viel Overhead erzeugen würde, werden Commits vor der Übertragung zu sogenannten *Packfiles* zusammengefasst. Diese Packfiles sind ein simples, aber effektives Format.[1] Sie werden auch verwendet, um (ältere) Commits auf der Festplatte platzsparend zu lagern (`git gc` bzw. `git repack`, siehe Abschnitt B.1).

Diese Packfiles werden in der Regel über das Git-Protokoll übertragen, das standardmäßig auf Port 9418/TCP läuft. Das Git-Protokoll ist vom Design her bewusst sehr einfach gehalten und bietet nur wenige Funktionen, die unmittelbar mit der Struktur von Git zu tun haben: Welche Daten gesendet oder empfangen werden sollen sowie eine Möglichkeit für Sender- und Empfängerseite, sich auf die kleinstmögliche Datenmenge zu einigen, die übertragen werden muss, um beide Seiten zu synchronisieren.

Das Git-Protokoll enthält daher *keine* Möglichkeit der Authentifizierung. Stattdessen verwendet Git eine bereits vorhandene, sichere und einfache Authentifizierungsstruktur: SSH, die *Secure Shell*.

Während das Git-Protokoll also unverschlüsselt und in Rohform für anonymen *Lesezugriff* uneingeschränkt verwendet werden kann, funktioniert ein Schreiben bzw. Hochladen über das Git-Protokoll nur, wenn dies über SSH erfolgt.

Des Weiteren unterstützt Git auch den Transport über HTTP(S), FTP(S), sowie Rsync. Zwar gilt die Unterstützung für letzteres mittlerweile als *deprecated*, es sollte also nicht mehr benutzt werden; für HTTP(S) finden sich aber gewisse Anwendungsfälle: In besonders restriktiven Umgebungen mit sehr einschränkenden Firewall-Regeln kann man eventuell über HTTP(S) (also nur auf Port 80 bzw. 443) auf ein Repository lesend wie schreibend zugreifen. Plattformen wie GitHub (siehe Anhang D) bieten HTTPS daher als Standard-Transportmethode an.

---

1 Eine genauere Beschreibung findet sich im Git-Quellrepository im Verzeichnis `Documentation/technical`. Dort finden sich drei Dateien, die das Packfile-Format erklären, teilweise entstanden aus Erklärungen von Linus Torvalds im IRC: `pack-format.txt`, `pack-heuristics.txt`, `pack-protocol.txt`. Moderne Versionen von Git verwenden außerdem zusätzlich einen „Bitmap Reachability Index", der in `bitmap-format.txt` erklärt ist.

7.1.2 Repositories auf dem gleichen Rechner

Wollen Sie Änderungen an Repositories auf dem gleichen Rechner synchronisieren, muss dies nicht über Umwege erfolgen: Git kommuniziert direkt über Unix-Pipes mit der Gegenseite, handelt eine gemeinsame Basis aus und synchronisiert die Daten. (Dafür ist es natürlich nötig, dass der Nutzer, der das Git-Kommando aufruft, zumindest Leseberechtigung auf die Packfiles des anderen Repositorys hat.)

7.1.3 Bare Repositories – Repositories ohne Working Tree

Bisher haben Sie vermutlich größtenteils mit Git-Repositories gearbeitet, die Working Tree und Repository in einem waren: Die repositoryinternen Daten werden in einem Unterverzeichnis .git gespeichert, alle anderen Dateien gehören dem Working Tree an, d.h. Sie können sie editieren, während Git die Veränderung an diesen Dateien beobachtet und abspeichert (*Tracking*).

Ein sogenanntes *Bare Repository*, also ein „bloßes" Repository, hat keinen zugeordneten Working Tree. Es enthält nur die Dateien und Verzeichnisse, die in einem „regulären" Repository unterhalb von .git gespeichert sind.

Ein solches Bare Repository erstellen Sie durch git init --bare. Schauen Sie sich den Unterschied zwischen den beiden Möglichkeiten an:

```
$ cd /tmp/ && mkdir init-test && cd init-test
$ git init
Initialized empty Git repository in /tmp/init-test/.git/
$ ls -AF
.git/

$ mkdir ../init-test-bare && cd ../init-test-bare
$ git init --bare
Initialized empty Git repository in /tmp/init-test-bare/
$ ls -AF
branches/  config  description  HEAD  hooks/  info/  objects/  refs/
```

Um ein Backup eines Ihrer normalen Repositories anzulegen, können Sie (z.B. auf einem USB-Stick) ein neues Bare Repository erstellen und alle Ihre Referenzen (und damit alle Ihre Commits) hochladen:

```
$ git init --bare /mnt/usb/repo-backup/
$ git push --all /mnt/usb/repo-backup/
```

7.1.4 Zugriffsrechte eines Repositorys

Bei `git init` werden die Dateien in der Regel mit Lese- und Schreibberechtigung entsprechend der gesetzten umask angelegt. Für den Endanwender ist dies auch eine günstige Wahl. Wollen Sie aber ein Repository auf einem Server einrichten, dann können Sie mit der Option `--shared` angeben, wer (auf Dateisystemebene) auf das Repository zugreifen kann.

umask
: Default, wenn `--shared` nicht angegeben ist; verwendet die aktuell gesetzte umask.

group
: Default, wenn nur `--shared` angegeben wird. Vergibt Schreibrechte an alle Gruppenmitglieder. Speziell werden auch Verzeichnisse auf den Modus `g+sx` gesetzt, erlauben es also allen Gruppenmitgliedern, neue Dateien zu erstellen (also Commits hochzuladen). Beachten Sie, dass, wenn die umask Leseberechtigung für alle Nutzer (a+r) vorgibt, diese weiterhin vergeben wird.

all
: Das gleiche wie group, nur dass unabhängig von der umask Leseberechtigung für alle explizit vergeben wird.

0<nnn>
: Setzt die umask explizit auf <nnn>.

Wenn Sie ein Repository mit `--shared` initialisieren, wird automatisch die Option `receive.denyNonFastForwards` gesetzt. Sie verhindert, dass Commits hochgeladen werden, die nicht per Fast-Forward integriert werden können (selbst, wenn der Nutzer dies explizit will via `git push -f`).

7.1.5 Zugriff per SSH: Die Git-Shell

In der Regel kann der Schreib-Zugriff auf Git-Repositories, die auf einem anderen Rechner liegen, nur per SSH erfolgen. Allerdings ist es im Allgemeinen nicht wünschenswert, einem Nutzer, der Zugriffsrechte auf ein Repository erhalten soll, auch gleich Nutzerrechte auf dem ganzen System einzuräumen.

Dieses Problem umgeht Git mit dem mitgelieferten Programm `git-shell`. Es funktioniert wie eine Shell, erlaubt aber nur die Ausführung von vier Git-Kommandos, die für das Hoch- und Runterladen von Packfiles zuständig sind. Interaktive Benutzung oder Ausführung anderer Kommandos verweigert die Shell, sofern Sie nicht den „Interaktiven Modus" der Shell explizit aktivieren – siehe dafür die Man-Page `git-shell(1)`.

Wenn Sie einen neuen Benutzer anlegen und ihm z. B. per `chsh <user>` die Git-Shell zuweisen, kann er sich nicht per SSH einloggen, aber auf alle Git-Repositories, auf denen er Schreibberechtigung hat, Commits hochladen.

7.1.6 Zugriff per SSH: Öffentliche Schlüssel

Es ist ein wesentlicher Vorteil, dass Git SSH als verschlüsselten und authentifizierten Transportkanal verwendet, denn die meisten Nutzer haben bereits ein Schlüsselpaar (öffentlich/privat), mit dem sie sich auf anderen Rechnern einloggen.

Anstatt also umständlich Passwörter für Accounts zu vergeben (und dann zu versenden), kann ein Systemadministrator den Zugriff auf Git-Repositories auf Nutzer limitieren, die sich gegen öffentliche SSH-Schlüssel authentifizieren. Das spart dem Nutzer Zeit (durch die möglicherweise wegfallende wiederholte Eingabe eines Passworts), aber auch dem Administrator, der sich nicht um Passwortänderungen kümmern muss (die durch Einsatz der Git-Shell nicht ohne weiteres möglich wären).

7.1.7 Beispiel: Zwei Nutzer wollen kollaborieren

Im Folgenden wollen wir beispielhaft die Kommandos entwickeln, mit denen Sie zwei Nutzer `max` und `moritz` auf Ihrem System einrichten und sie auf dem gleichen Repository arbeiten lassen.

Zunächst müssen wir ein Repository einrichten, auf das die beiden später zugreifen wollen. Unter der Annahme, dass vielleicht später weitere Repositories folgen sollen, erstellen wir eine Unix-Gruppe `git` (generell für Git-Nutzer) und ein Verzeichnis `/var/repositories` mit Leseberechtigung für Mitglieder der Gruppe `git`, außerdem eine Gruppe `git-beispiel` und ein entsprechendes Verzeichnis, schreibbar nur für Mitglieder von `git-beispiel`, in dem sich dann später das Repository befindet:

```
$ groupadd git
$ groupadd git-beispiel
$ mkdir -m 0750 /var/repositories
$ mkdir -m 0770 /var/repositories/git-beispiel
$ chown root:git /var/repositories
$ chown root:git-beispiel /var/repositories/git-beispiel
```

Wir erstellen auch gleich ein Repository in dem zuletzt angelegten Verzeichnis:

```
$ git init --bare --shared /var/repositories/git-beispiel
$ chown -R nobody:git /var/repositories/git-beispiel
```

Als nächstes erstellen wir die beiden Nutzer. Beachten Sie, dass bei diesem Aufruf *kein* Homeverzeichnis für die Nutzer unter /home/ erstellt wird. Außerdem werden beide der Gruppe git und git-beispiel hinzugefügt:

```
$ adduser --no-create-home --shell /usr/bin/git-shell max
$ adduser --no-create-home --shell /usr/bin/git-shell moritz
$ adduser max git
$ adduser max git-beispiel
$ adduser moritz git
$ adduser moritz git-beispiel
```

Als nächstes müssen wir den Nutzern per passwd noch jeweils ein Passwort zuweisen, damit sie sich per SSH einloggen können. Anschließend können die neuen Nutzer nun gemeinsam an einem Projekt entwickeln. Das Remote fügen Sie wie folgt hinzu:

```
$ git remote add origin max@server:/var/repositories/git-example
```

Alle weiteren Nutzer, die an diesem Projekt mitarbeiten wollen, müssen der Gruppe git-beispiel angehören. Dieser Ansatz basiert also wesentlich auf der Nutzung von Unix-Gruppen und Unix-Nutzern. Allerdings will ein Server-Admin in der Regel nicht nur Git anbieten, sondern diverse Services. Und die Nutzerverwaltung vollständig über Unix-Gruppen zu regeln, ist eher unflexibel.

7.2 Gitolite: Git einfach hosten

Die oben beschriebene Art und Weise, Nutzer zu verwalten, bringt einige wesentliche Nachteile. Namentlich:

- Für jeden Nutzer muss ein vollwertiger Unix-Account angelegt werden. Das bedeutet einen großen Mehraufwand für den Administrator und öffnet möglicherweise auch Sicherheitslücken.

- Für jedes Projekt muss eine eigene Unix-Gruppe erstellt werden.

- Für jeden angelegten Nutzer müssen manuell (oder per Script) die Zugriffsberechtigungen angepasst werden.

Abhilfe schafft das Programm *Gitolite*.[2]

Gitolite ist aus dem Projekt *Gitosis* hervorgegangen, das mittlerweile als veraltet angesehen wird. Die Idee: Auf dem Server wird lediglich *ein* Unix-Benutzer (z. B. `git`) angelegt. Intern verwaltet dann Gitolite eine Liste von Nutzern mit zugehörigen SSH-Schlüsseln. Diese Nutzer haben aber keinen „wirklichen" Nutzer-Account auf dem System.

Nutzer loggen sich *ausschließlich* mit ihrem öffentlichen SSH-Schüssel auf diesem Account `git` ein. Das bringt drei wesentliche Vorteile:

- Kein Passwort muss vergeben oder geändert werden.

- Nutzer können mehrere SSH-Schlüssel hinterlegen (für verschiedene Rechner, auf denen sie arbeiten).

- Anhand des SSH-Schlüssels, mit dem sich ein Nutzer einloggt, kann Gitolite *eindeutig*[3] den internen Nutzernamen ableiten und somit auch die Berechtigungen auf den von Gitolite verwalteten Repositories.

7.2.1 Gitolite installieren

Die Installation von Gitolite ist einfach. Sie müssen dafür nur Ihren Public-Key bereithalten, um sich als Administrator eintragen zu können. Root-Rechte benötigen Sie nicht, es sei denn, Sie müssen den Nutzer `git` erst erstellen.[4] Überspringen Sie also den nachfolgenden Schritt, wenn Sie bereits einen solchen Nutzer erstellt haben.

Zunächst erstellen Sie einen Nutzer auf dem Rechner, der als Git-Server arbeiten soll (im Folgenden `<server>`). In der Regel wird dieser Nutzer `git` genannt, Sie können ihn aber auch anders nennen (z. B. `gitolite`).

---

2   Die hier beschriebene Installation und Konfiguration bezieht sich auf Gitolite in Version 3.6. Seit Gitolite Version 1.5, das in der ersten Auflage dieses Buches beschrieben wurde, gab es einige inkompatible Änderungen, die Sie hier nachlesen können: http://gitolite.com/gitolite/migr.html

3   Ein Nutzer kann sich nur mit seinem privaten Schlüssel bei einem SSH-Server authentifizieren, wenn er eine mit seinem öffentlichen (und bei Gitolite hinterlegten) Schlüssel verschlüsselte Nachricht entschlüsseln kann. Anhand des Schlüssels, gegen den sich der Nutzer authentifiziert, kann Gitolite also den internen Nutzernamen ableiten.

4   Einige Distributionen stellen auch vorgefertigte Pakete von Gitolite zur Verfügung. Von deren Einsatz ist allerdings eher abzuraten, weil sie meist veraltet sind und außerdem global und mit einer bestimmten Konfiguration installiert werden. Wenn Sie dann einen anderen Nutzernamen als den von den Entwicklern ausgesuchten wählen, müssen Sie einen erheblichen Mehraufwand betreiben, um Gitolite zum Laufen zu bringen.

Als Homeverzeichnis können Sie `/home/git` angeben oder auch, wie hier im Beispiel, etwas wie `/var/git`:

```
server# adduser --home /var/git git
```

Werden Sie nun zum Nutzer git. Gitolite braucht die Verzeichnisse `.ssh/` und `bin/`, also müssen wir diese erstellen:

```
server$ mkdir -m 0700 ~/.ssh ~/bin
```

Klonen Sie nun das Gitolite-Repository, und installieren Sie einen Symlink nach `bin` (dies ist schon die ganze Installation):

```
server$ git clone git://github.com/sitaramc/gitolite
server$ gitolite/install -ln
```

Sie können nun Gitolite konfigurieren und Ihren öffentlichen Schlüssel eintragen, mit dem Sie die Gitolite-Konfiguration verwalten wollen:

```
server$ bin/gitolite setup -pk <ihr-key>.pub
```

Überprüfen Sie auf dem Rechner, auf dem Sie normalerweise arbeiten (und wo Sie den entsprechenden privaten Schlüssel hinterlegt haben), ob Gitolite funktioniert:

```
client$ ssh -T git@<server>
...
 R W    gitolite-admin
```

Sie sollten erkennen, dass Sie mit Ihrem Key Lese- und Schreibberechtigung auf dem Repository `gitolite-admin` besitzen. Dieses klonen Sie nun auf Ihren Computer:

```
client$ git clone git@<server>:gitolite-admin
```

Das Repository enthält die gesamte Konfiguration für Gitolite. Sie checken Ihre Änderungen dort ein und laden Sie per `git push` hoch: Der Server aktualisiert automatisch die Einstellungen.

7.2.2 Gitolite-Konfiguration

Im Gitolite-Admin-Verzeichnis befinden sich zwei Unterverzeichnisse, `conf` und `keydir`. Um Gitolite einen neuen Nutzer vorzustellen, müssen Sie dessen SSH-Schlüssel unter `keydir/<nutzer>.pub` ablegen. Hat der Nutzer mehrere Schlüssel, können Sie diese in einzelnen Dateien vom Format `<nutzer>@<beschreibung>.pub` ablegen:

```
client$ cat > keydir/feh@laptop1.pub
ssh-dss AAAAB3NzaC1kc3M ... dTw== feh@mali
^D
client$ cat > keydir/feh@laptop2.pub
```

```
ssh-dss AAAAB3NzaC1kc3M ... 5LA== feh@deepthought
^D
```

Vergessen Sie nicht, mit `git add keydir` und einem anschließenden `git commit` die neuen Schlüssel einzuchecken. Um diese der Gitolite-Installation bekannt zu machen, müssen Sie außerdem die Commits durch `git push` hochladen.

Danach können Sie diesem Nutzernamen in der Konfigurationsdatei `conf/gitolite.conf` Berechtigungen zuweisen.

Über sogenannte *Makros* können Sie sich viel administrativen Aufwand bzw. Tipparbeit sparen. Sie können Gruppen (von Nutzern oder Repositories) zusammenfassen, z. B.

```
@test_entwickler = max markus felix
@test_repos      = test1 test2 test3
```

Diese Makros werden auch rekursiv ausgewertet. Bei der Definition muss nicht klar sein, ob es sich um Nutzer oder Repositories handelt; die Makros werden erst zur Laufzeit ausgewertet. So können Sie Gruppen aus anderen Gruppen zusammensetzen:

```
@proj = @developer @tester @admins
```

Es gibt eine spezielle Gruppe `@all`, die, je nach Kontext, alle Nutzer oder alle Repositories enthält.

Ein (oder mehrere) Repositories können Sie wie folgt konfigurieren:

```
repo @test_repos
    RW+ = @test_entwickler
```

R und W stehen für Lese- bzw. Schreibzugriff. Das Plus bedeutet, dass auch ein forciertes Hochladen erlaubt ist (*non-fast-forward*, also auch das Löschen von Commits).

Für ein Repository können natürlich mehrere solcher Zeilen eingetragen werden. In einem kleinen Projekt könnte es Maintainer, weitere Entwickler und Tester geben. Dann könnten die Zugriffsrechte wie folgt geregelt werden:

```
@maintainers = ... # Hauptentwickler/Chefs
@developers  = ... # Weitere Entwickler
@testers     = ...

repo Projekt
    RW+ = @maintainers
    RW  = @developers
    R   = @testers
```

So haben die Tester nur Lesezugriff, während die Entwickler zwar neue Commits hochladen dürfen, aber nur, wenn diese per *fast-forward* integriert werden können. Die Hauptmaintainer dürfen „alles".

Diese Zeilen werden sequentiell abgearbeitet. Trifft die Zeile für einen Nutzer zu, so autorisiert Gitolite den Nutzer und stattet ihn mit den entsprechenden Rechten aus. Sofern keine Zeile auf den Nutzer zutrifft, wird er zurückgewiesen und darf an dem Repository nichts verändern.

Ein Nutzer kann alle seine Berechtigungen anzeigen lassen, indem er sich einfach per SSH auf dem Git-Server einloggt. Direkt nach der Installation sieht dies für den Administrator dann so aus:

```
$ ssh -q git@<server>
hello feh, this is git@mjanja running gitolite3 v3.6.1-6-gdc8b590 on git ↵
2.1.0

 R W    gitolite-admin
 R W    testing
```

7.2.3 Eigentümer und Beschreibung

Sofern Sie später ein webbasiertes Tool installieren wollen, mit dem man die Git-Repositories durchstöbern kann, sollten Sie auch gleich einen Verantwortlichen benennen und das Projekt beschreiben:

```
repo <repo-name>
  # Zugriffsrechte
  config gitweb.owner = "Julius Plenz"
  config gitweb.description = "Ein Test-Repository"
```

Damit dies funktioniert, müssen Sie allerdings erst aktivieren, dass Gitolite diese Config-Einstellungen setzen darf: Das geschieht auf dem Server, wo Gitolite installiert ist, in der Datei .gitolite.rc: Tragen Sie dort unter dem Schlüssel GIT_CONFIG_KEYS den Wert gitweb\..* ein.

7.2.4 Zugriffsrechte auf Datei- oder Branch-Ebene

Gerade in Firmenumgebungen müssen die Zugriffsrechte häufig noch feiner differenziert werden als ein bloßes „hat Zugriff" und „darf nicht zugreifen". Dafür bietet Gitolite Zugriffsbeschränkung auf Verzeichnis- und Datei- sowie Tag- und Branch-Ebene an.

Wir betrachten zunächst einen Fall, der häufig auftritt: Entwickler sollen auf Entwicklungs-Branches beliebig entwickeln können, aber nur eine kleine Gruppe von Maintainern soll „wichtige" Branches wie z. B. master, bearbeiten können.

Das ließe sich in etwa so umsetzen:

```
@maintainers = ...
@developers  = ...
```

```
repo Projekt
    RW+ dev/        = @developers
    RW+             = @maintainers
    R               = @developers
```

Hier wird ein „Entwicklungs-Namespace" geschaffen: Die Gruppe der Entwickler kann beliebig mit Branches unterhalb von dev/ verfahren, also z.B. dev/feature erstellen oder auch wieder löschen. Den Branch master können die Entwickler allerdings nur lesen, nicht aber verändern – das ist den Maintainern vorbehalten.

Der Teil zwischen den *Flags* (RW+) und dem Gleichzeichen ist ein sogenannter Perl-kompatibler regulärer Ausdruck (*Perl-Compatible Regular Expression*, kurz PCRE). Sofern er *nicht* mit refs/ beginnt, bezieht sich der Ausdruck auf alle Referenzen unterhalb von refs/heads/, also Branches. Im o.g. Beispiel können also beliebige Referenzen *unterhalb* von refs/heads/dev/ modifiziert werden – nicht aber der Branch dev selbst oder irgendwas-dev!

Beginnt ein solcher Ausdruck aber explizit mit einem refs/, kann man beliebige Referenzen verwalten. Auf die folgende Weise richtet man ein, dass alle Maintainer *Release-Candidate*-Tags[5] erstellen dürfen, aber nur *ein* Maintainer wirklich den Versionierungs-Tag (bzw. beliebige andere) erstellen darf:

```
repo Projekt
    RW+ refs/tags/v.*-rc[0-9]+$     = @maintainers
    RW+ refs/tags/                  = <projektleiter>
```

Will einer der Maintainer trotzdem einen Tag wie z.B. v1.0 hochladen, passiert Folgendes:

```
remote: W refs/tags/v1.0 <repository> <user> DENIED by fallthru
remote: error: hook declined to update refs/tags/v1.0
To <user>:<repository>
 ! [remote rejected] v1.0 -> v1.0 (hook declined)
```

Wie oben schon angesprochen, werden hier die Regeln nacheinander angewendet. Da der Tag v1.0 nicht auf den o.g. regulären Ausdruck zutrifft, kommt nur die untere Zeile in Frage, allerdings passt der Nutzername nicht. Keine Zeile bleibt übrig (fallthru), daher wird die Aktion nicht erlaubt.

---

5   Ein *Release Candidate* einer Software ist eine Vorab-Version eines neuen Releases, das der Öffentlichkeit (und nicht nur einer kleinen Gruppe von Beta-Testern) zugänglich gemacht wird. In das finale Release fließen dann nur noch Bugfixes ein. Auf Version 1.0 RC 1 (v1.0-rc1) folgt RC 2 (v1.0-rc2) usw., bis Version 1.0 herausgegeben wird (v1.0).

7.2.5 Persönliche Namespaces

Etwas flexibler ist das Konzept persönlicher Namespaces. So erhält jeder Entwickler seine eigene Hierarchie von Branches, die er verwalten kann.

Dafür gibt es ein spezielles Schlüsselwort, USER, das jeweils durch den gerade zugreifenden Nutzernamen ersetzt wird. Damit wird Folgendes möglich:

```
repo Projekt
    RW+ p/USER/    = @developers
    R              = @developers @maintainers
```

Nun können alle Developer unterhalb von p/<user>/ beliebig ihre Branches verwalten. Die untere Direktive sorgt dafür, dass alle diese Branches auch lesen können. Nun kann max z.B. p/max/bugfixes erstellen, aber moritz kann nur lesend darauf zugreifen.

7.2.6 Zugriffsregelung auf Dateiebene

Gitolite erlaubt auch Zugriffsbeschränkungen auf Datei- und Verzeichnisebene. Zuständig dafür ist die virtuelle Referenz VREF/NAME. So können Sie beispielsweise dem Dokumentations-Team nur den (schreibenden[6]) Zugriff auf doc/ erlauben:

```
@doc = ...    # Dokumentations-Team

repo Projekt
    RW VREF/NAME/doc/    = @doc
    -  VREF/NAME/        = @doc
```

Hierbei sind allerdings folgende Fallstricke zu beachten: Sobald das Schlüsselwort VREF/NAME einmal auftaucht, werden die dateibasierten Regeln für *alle* Nutzer angewendet. Trifft keine von ihnen zu, so wird der Zugriff *zugelassen* – daher ist die zweite Regel wichtig, die den Zugriff für @doc verbietet, es sei denn, der Commit modifiziert nur Dateien unter doc/ (siehe auch weiter unten Abschnitt 7.2.7).

Die Zugriffskontrolle prüft auf Commit-Ebene, welche Dateien verändert werden; stecken in einem Commit Änderungen an einer Datei, die der Nutzer nicht editieren darf, wird der gesamte push-Vorgang abgebrochen. Insbesondere können keine Aktionen ausgeführt werden, die Commits anderer Entwickler involvieren, die Dateien außerhalb des erlaubten Bereiches modifizieren.

---

[6] Den *lesenden* Zugriff auf ein Unterverzeichnis kann Gitolite natürlich nicht verbieten; das würde das Konzept des Git-Objekt-Modells mit seiner kryptografisch garantierten Integrität ad absurdum führen.

Konkret auf das o. g. Beispiel bezogen heißt das, dass die Mitglieder von
@doc im Allgemeinen *keine neuen Branches erstellen können*. Einen neuen
Branch zu erstellen hieße nämlich, ein neue Referenz auf einen initialen
Commit zu erstellen und dann alle Commits vom obersten bis zur Wurzel per *fast-forward* zu integrieren, also die gesamte Projekt-Historie.
Darin befinden sich aber sicherlich Commits, die Dateien außerhalb von
doc/ verändern, und somit wird die Aktion verboten.

7.2.7 Aktionen explizit verbieten

Bisher wurde ein Nutzer nur abgewiesen, wenn er durch alle Regeln
durchgefallen war (fallthru), ihm also keine Rechte zugewiesen wurden. Allerdings lässt sich durch das Flag - (statt RW) explizit der Zugriff
einschränken. Auch hier werden die Regeln wieder von oben nach unten
durchgegangen.

```
repo Projekt
    -    VREF/NAME/Makefile    = @developers
```

Diese Direktive verbietet Mitgliedern von @developers, Commits zu
erstellen, die das Makefile verändern.[7]

Nach Konvention sollten Sie niemals forcierte Updates in die Branches
master oder maint hochladen (siehe auch Abschnitt 3.1). Diese Policy
können Sie nun mit Gitolite forcieren:

```
repo Projekt
    RW   master maint     = @developers
    -    master maint     = @developers
    RW+                   = @developers
```

Wird ein Branch, der *nicht* master oder maint heißt, hochgeladen, so
wird lediglich die dritte Regel angewendet und der beliebige Zugriff
(inkl. nicht-*fast-forward*-Updates) erlaubt. Commits, die per *fast-forward*
auf master oder maint integriert werden können, werden durch die erste
Regel erlaubt. Beachten Sie allerdings das fehlende Plus-Zeichen: Ein
forciertes Update wird nicht durch die erste Regel abgedeckt, aber durch
die zweite, die explizit alles verbietet (was nicht vorher schon erlaubt
wurde).

---

[7] Beachten Sie auch, dass es hier wieder zu Problemen bei der Erstellung von Branches kommen kann, s. o.

7.2.8 Sollte man Policies forcieren?

Mit den hier vorgestellten Mitteln und weiteren, die Sie der Dokumentation[8] entnehmen können, sind Sie in der Lage, Policies sehr flexibel zu forcieren. Allerdings ist es möglicherweise nicht sinnvoll, alles bis ins kleinste Detail zu kontrollieren. Wie oben bereits angesprochen, ist besonders eine Kontrolle auf Dateinamen-Ebene problematisch. Wenn dann stundenlange Arbeit in einem Commit steckt, er aber nicht hochgeladen werden kann, weil eine dieser Restriktionen es verbietet, ist die Frustration groß (und diesen Commit zu korrigieren, ist auch nicht ganz trivial, siehe *Rebase*, Abschnitt 4.1).

Auf Branch-Ebene ist es sinnvoll, nur einer eingeschränkten Gruppe von Entwicklern Zugriff auf „wichtige" Branches zu geben (wie z. B. `master`). Allerdings geht natürlich eine strikte Kontrolle, wer was machen darf, erheblich zu Lasten der Flexibilität, und gerade diese Flexibilität macht das Branching in Git so praktisch.

7.3 Git-Daemon: Anonymer, lesender Zugriff

Der Git-Daemon erlaubt unverschlüsselten, anonymen, lesenden Zugriff auf Git-Repositories über das Git-Protokoll. Er wird mit Git mitgeliefert und läuft in der Regel auf TCP-Port 9418 (und kann somit auch ohne Root-Rechte gestartet werden).

- Die Übertragung findet unverschlüsselt statt. Die kryptografische Integrität, die Git ständig überprüft, schließt es allerdings aus, dass Angreifer den Datenstrom manipulieren und Schadcode einschmuggeln können.[9]

- Dieser Weg ist ideal, um schnell und einfach Quellcode einer großen Menge von Leuten zugänglich zu machen. Es wird nur das Minimum an nötigen Informationen heruntergeladen (es werden nur die benötigten Commits ausgehandelt und dann gepackt übertragen).

Um ein oder mehrere Repositories zu exportieren, reicht prinzipiell ein einfacher Aufruf von `git daemon <pfad>`, wobei `<pfad>` der Pfad ist, in dem Ihre Repositories liegen. Es können auch mehrere Pfade angegeben

---

8   Die Dokumentation findet sich unter `http://gitolite.com/`. Der Autor hat außerdem das Buch „Gitolite Essentials" veröffentlicht (Packt Publishing, 2014).

9   Streng genommen ist es dafür nötig, dass der kopierte HEAD mit dem der Gegenseite übereinstimmt. Besser noch überprüfen Sie ein von einem Entwickler signiertes Versions-Tag.

werden. Sofern Sie Gitolite schon wie oben aufgesetzt haben, ist /var/git/repositories ein sinnvoller Pfad.

Zum Testen können Sie einen Git-Daemon auf einem einzigen Repository laufen lassen:

```
$ touch .git/git-daemon-export-ok
$ git daemon --verbose /home/feh/testrepo
```

Dann klonen Sie (am besten in ein temporäres Verzeichnis) eben dieses Repository:

```
$ git clone git://localhost/home/feh/testrepo
Initialized empty Git repository in /tmp/tmp.kXtkwxKgkc/testrepo/.git/
remote: Counting objects: 130, done.
remote: Compressing objects: 100% (102/102), done.
Receiving objects: 100% (130/130), 239.71 KiB, done.
Resolving deltas: 100% (54/54), done.
remote: Total 130 (delta 54), reused 0 (delta 0)
```

Der Git-Daemon exportiert ein Repository aber nur, wenn eine Datei git-daemon-export-ok im .git-Verzeichnis angelegt wird (wie oben geschehen; im Falle von *Bare Repositories* muss dies natürlich im Verzeichnis selbst geschehen). Dies erfolgt aus Sicherheitsgründen: So können etwa unter /var/git/repositories viele (auch private) Repositories liegen, aber nur diejenigen, die wirklich ohne Zugriffskontrolle exportiert werden sollen, erhalten diese Datei.

Der Daemon akzeptiert allerdings die Option --export-all, die diese Restriktion aufhebt und alle Repositories in allen Unterverzeichnissen exportiert.

Eine weitere wichtige Einstellung ist der *Base Path*, also der Pfad, in dem die eigentlichen Git-Repositories liegen. Startet man den Git-Daemon wie folgt:

```
$ git daemon --base-path=/var/git/repositories /var/git/repositories
```

wird jeder Anfrage nach einem Git-Repository der *Base Path* vorangestellt. Nun können Nutzer ein Repository mit der Adresse git://<server>/<projekt>.git klonen, anstatt das umständliche git://<server>/var/git/repositories/<projekt>.git zu verwenden.

7.3.1 Git-Daemon und Inetd

Im Regelfall soll der Git-Daemon eine große Anzahl von Repositories ständig ausliefern. Dafür läuft er ständig im Hintergrund oder wird für jede Anfrage neu gestartet. Letztere Aufgabe übernimmt typischerweise der aus OpenBSD stammende *Inetd*. Damit das funktioniert, muss lediglich folgende (eine!) Zeile in die /etc/inetd.conf eingetragen werden:

```
git    stream  tcp     nowait  <user>  /usr/bin/git git daemon
  --inetd --base-path=/var/git/repositories /var/git/repositories
```

Dabei muss <user> ein Nutzer sein, der auf die Repositories lesend zugreifen kann. Das kann root sein, weil der Inetd normalerweise mit Root-Rechten läuft, sollte aber sinnvollerweise git oder ein ähnlich unprivilegierter Account sein.

Die Konfiguration für den xinetd ist analog, aber selbsterklärender. Sie wird z.B. unter /etc/xinet.d/git-daemon abgelegt:

```
service git
{
    disable         = no
    type            = UNLISTED
    port            = 9418
    socket_type     = stream
    wait            = no
    user            = <user>
    server          = /usr/bin/git
    server_args     = daemon --inetd --base-path=... ...
    log_on_failure  += USERID
}
```

Vergessen Sie nicht, den jeweiligen Daemon per /etc/init.d/[x]inetd restart neu zu starten.[10]

7.3.2 Der Debian-Weg: Git-Daemon sv

Debian bietet ein Paket git-daemon-run an, das Konfigurationsdateien für sv [11] enthält. Das Paket erstellt im wesentlichen einen Nutzer gitlog sowie zwei ausführbare Shell-Scripte, /etc/sv/git-daemon/run und /etc/sv/git-daemon/log/run. Modifizieren Sie ersteres, damit der Git-Daemon auf dem Verzeichnis gestartet wird, in dem Ihre Repositories liegen:

```
#!/bin/sh
exec 2>&1
echo 'git-daemon starting.'
exec git-daemon --verbose --listen=203.0.113.1 --user=git --group=git \
  --reuseaddr --base-path=/var/git/repositories /var/git/repositories
```

Wenn Sie den Git-Daemon auf diese Weise (oder auf ähnliche Weise per SysV-Init) aus einem Shell-Script starten, wird das Skript mit Root-Rechten ausgeführt. Folgende Optionen sind daher sinnvoll:

---

10 In manchen Distributionen, wie z.B. Debian, heißt der Daemon openbsd-inetd.
11 Das Programm sv ist Teil des Init-Frameworks *runit* (http://smarden.org/runit/). Es ersetzt die Funktionalität des SysV-Init, kann aber auch darin integriert werden.

`--user=<user>`
: Nutzer, als der der Daemon läuft (z. B. `git`). Muss lesend auf die Repositories zugreifen können.

`--group=<group>`
: Gruppe, als die der Daemon läuft. Sinnvollerweise die Nutzergruppe (`git`) oder nobody.

`--reuseaddr`
: Verhindert, dass der Neustart des Daemons schief läuft, weil noch offene Verbindungen auf ein Timeout warten. Diese Option benutzt die Bind-Adresse trotz eventuell noch bestehender Verbindungen. Diese Option sollten Sie immer dann angeben, wenn eine Instanz kontinuierlich läuft.

Wenn Sie das SysV-Init verwenden, Dienste also in der Regel über Symlinks in /etc/rc2.d/ zu Scripten in /etc/init.d/ gestartet werden, müssen Sie für einen automatischen Start des Git-Daemon beim Booten des Systems außerdem folgende Symlinks anlegen:

```
# ln -s /usr/bin/sv /etc/init.d/git-daemon
# ln -s ../init.d/git-daemon /etc/rc2.d/S92git-daemon
# ln -s ../init.d/git-daemon /etc/rc0.d/K10git-daemon
# ln -s ../init.d/git-daemon /etc/rc6.d/K10git-daemon
```

7.3.3 Der Git-Daemon auf einem Produktivsystem

Auf einem Produktivsystem, das mehr als nur ein Git-Server ist, trifft man möglicherweise auf folgende Situationen:

- Es gibt mehrere Netzwerkkarten bzw. virtuelle Interfaces.

- Der Service soll auf einem anderen Port laufen.

- Verschiedene IPs sollen verschiedene Repositories ausliefern.

Der Git-Daemon bietet Optionen, um auf solche Situationen zu reagieren. Sie sind nachfolgend zusammengefasst. Für detailliertere Erklärungen ist die Man-Page `git-daemon` zu konsultieren.

`--max-connections=<n>`
: Per Default erlaubt der Git-Daemon nur 32 gleichzeitige Verbindungen. Mit dieser Optionen können Sie die Anzahl erhöhen. Ein Wert von 0 lässt beliebig viele Verbindungen zu.[12]

`--syslog`
: Verwendet den Syslog-Mechanismus statt Standard-Error, um Fehlermeldungen zu loggen.

`--port=<n>`
: Verwendet einen anderen Port als 9418.

`--listen=<host/ip>`
: Bestimmt, an welches Interface sich der Git-Daemon binden soll. Per Default ist der Daemon auf allen Interfaces erreichbar, bindet also auf `0.0.0.0`. Ein Einstellung von `127.0.0.1` z.B. erlaubt nur Verbindungen vom lokalen Rechner.

`--interpolated-path=<template>`
: Soll ein Git-Daemon abhängig von der Interface-Adresse verschiedene Repositories anbieten, so wird dies über das `<template>` geregelt: `%IP` wird durch die IP-Adresse des Interfaces, über das die Verbindung eingeht, ersetzt, und `%D` durch den angegebenen Pfad. Mit einem Template von `/repos/%IP%D` erscheint bei einem `git clone git://localhost/testrepo` die folgende Nachricht in den Logfiles: `Interpolated dir '/repos/127.0.0.1/testrepo'` (weil die Verbindung über das Loopback-Interface zustande kommt). Für jedes Interface, auf dem der Git-Daemon läuft, muss in diesem Fall in `/repos/` ein Unterverzeichnis mit der entsprechenden IP-Adresse des Interfaces existieren, in dem sich exportierbare Repositories befinden.

7.3.4 Über Gitolite exportierbare Repositories festlegen

Gitolite kennt einen speziellen Nutzernamen, daemon. Für alle Repositories, auf denen dieser Nutzer Leseberechtigung hat, wird automatisch die Datei `git-daemon-export-ok` angelegt. Sie können also über Gitolite direkt festlegen, welche Repositories exportiert werden sollen:

```
repo Projekt
    R = daemon
```

---

12 Beachten Sie, dass eine Instanz des Git-Daemons nicht „teuer" ist. Das Zusammenpacken der angeforderten Objekte ist es allerdings. Nur weil Ihr Server also mehrere Dutzend HTTP-Abfragen pro Sekunde schafft, heißt das nicht, dass er auch dieselbe Anzahl Git-Verbindungen schafft.

Beachten Sie allerdings, dass diese Einstellung wirkungslos ist, wenn Sie den Git-Daemon mit der Option `--export-all` starten. Auch können Sie nicht per `repo @all` allen Repositories diese Berechtigung vergeben.

7.4 Gitweb: Das integrierte Web-Frontend

Git kommt mit einem integrierten, browserbasierten Frontend, genannt *Gitweb*. Über das Frontend lässt sich die gesamte Versionsgeschichte eines Projekts durchsuchen: Jeder Commit kann mit allen Details angezeigt werden, Unterschiede zwischen Commits, Dateien oder Branches ebenso wie alle Log-Nachrichten. Außerdem kann jeder Snapshot individuell als Tar-Archiv heruntergeladen werden (das ist besonders für Git-Neulinge praktisch).

Um einen Überblick über die Funktionalität zu erhalten, können Sie mit dem Kommando `git instaweb` ohne weitere Konfiguration einen temporären Webserver mit Gitweb aufsetzen.

Git bringt keinen eigenen Webserver mit. Über die Option `--httpd=<webserver>` können Sie festlegen, welchen Webserver Git verwenden soll, um die Seite auszuliefern. Um Gitweb lediglich auszuprobieren, empfiehlt es sich, den Webserver `webrick` zu verwenden – das ist ein kleiner Webserver, der automatisch mit der Scriptsprache Ruby ausgeliefert wird.

Sobald Sie das nachfolgende Kommando ausführen, wird der Webserver gestartet und die Seite im Browser aufgerufen (welcher Browser verwendet wird, können Sie über die Option `--browser` festlegen).

```
$ git instaweb --httpd=webrick
```

Beachten Sie, dass das Kommando auf der obersten Ebene eines Git-Verzeichnisses gestartet werden muss. Stoppen Sie den Webserver, wenn nötig, mit folgendem Befehl:

```
$ git instaweb --stop
```

7.4.1 Gitweb global installieren

Viele Distributionen bringen Gitweb bereits als eigenes Paket oder direkt im Git-Paket mit. Unter Debian heißt das korrespondierende Paket `git-web`. Wenn Sie nicht sicher sind, ob Gitweb auf Ihrem System verfügbar ist, sollten Sie das unter `/usr/share/gitweb` prüfen und ggf. nachinstallieren.

Gitweb benötigt lediglich ein großes Perl-Script plus Konfigurationsdatei sowie optional ein Logo, CSS-Stylesheet und Favicon. Die Konfigurationsdatei liegt üblicherweise unter /etc/gitweb.conf, kann aber auch beliebig anders benannt werden. Wichtig ist, dass bei jedem Aufruf des Perl-Scripts über die Umgebungsvariable GITWEB_CONFIG übergeben wird, wo sich diese Datei befindet.

In der Regel sollten Sie schon eine solche Datei haben. In nachfolgender Liste sind die wichtigsten Konfigurationsmöglichkeiten dargestellt.

Achtung: Die Datei muss in validem Perl geschrieben sein. Vergessen Sie also insbesondere nicht das abschließende Semikolon bei der Variablenzuweisung!

$projectroot
: Verzeichnis, in dem Ihre Git-Repositories liegen.

$export_ok
: Dateiname, der bestimmt, ob ein Repository in Gitweb sichtbar sein soll. Sie sollten diese Variable auf "git-daemon-export-ok" setzen, damit nur diejenigen Repositories angezeigt werden, die auch durch den Git-Daemon ausgeliefert werden.

@git_base_url_list
: Array von URLs, über die das Projekt geklont werden kann. Diese URLs erscheinen in der Projektübersicht und sind sehr hilfreich, um Leuten schnellen Zugriff auf den Quellcode zu geben, nachdem sie sich einen kurzen Überblick verschafft haben. Geben Sie am besten die URL an, unter der Ihr Git-Daemon erreichbar ist, also z.B. ('git://git.example.com').

$projects_list
: Zuordnung von Projekten und ihren Besitzern. Diese Projektliste kann automatisch von Gitolite erzeugt werden; siehe die Beispiel-Konfigurationsdatei weiter unten.

$home_text
: Absoluter Pfad zu einer Datei, die z.B. einen firmen- oder projektspezifischen Textbaustein enthält. Dieser wird oberhalb der Auflistung der Repositories eingeblendet.

Sofern Sie Gitolite wie oben installiert haben und Ihre Repositories unter /var/git/repositories liegen, sollte folgende Konfiguration für Gitweb ausreichen:

```
$projects_list = "/var/git/projects.list";
$projectroot = "/var/git/repositories";
$export_ok = "git-daemon-export-ok";
@git_base_url_list = ('git://example.com');
```

7.4.2 Gitweb und Apache

Ausgehend davon, dass Sie das CGI-Script unter /usr/lib/cgi-bin und die Bild- und CSS-Dateien unter /usr/share/gitweb installiert haben (wie es z.B. auch das Debian-Paket gitweb macht), konfigurieren Sie Apache wie folgt:

Erstellen Sie /etc/apache2/sites-available/git.example.com mit folgendem Inhalt:

```
<VirtualHost *:80>
  ServerName     git.example.com
  ServerAdmin    admins@example.com

  SetEnv GITWEB_CONFIG /etc/gitweb.conf

  Alias /gitweb.css         /usr/share/gitweb/gitweb.css
  Alias /git-logo.png       /usr/share/gitweb/git-logo.png
  Alias /git-favicon.png    /usr/share/gitweb/git-favicon.png
  Alias /                   /usr/lib/cgi-bin/gitweb.cgi

  Options +ExecCGI
</VirtualHost>
```

Dann müssen Sie den virtuellen Host aktivieren und Apache die Konfiguration neu laden lassen:

```
# a2ensite git.example.com
# /etc/init.d/apache2 reload
```

7.4.3 Gitweb und Lighttpd

Je nachdem, wie Sie virtuelle Hosts in Lighttpd realisieren, sieht die Konfiguration möglicherweise anders aus. Wichtig sind drei Dinge: Dass Sie Aliase für die global installierten Gitweb-Dateien machen, die Umgebungsvariable GITWEB_CONFIG setzen und dass CGI-Scripte ausgeführt werden. Dafür müssen Sie die Module mod_alias, mod_setenv und mod_cgi laden (sofern noch nicht geschehen).

Die Konfiguration sieht dann wie folgt aus:[13]

```
$HTTP["host"] =~ "^git\.example\.com(:\d+)?$" {
    setenv.add-environment = ( "GITWEB_CONFIG" => "/etc/gitweb.conf" )
    alias.url = (
        "/gitweb.css"       => "/usr/share/gitweb/gitweb.css",
        "/git-logo.png"     => "/usr/share/gitweb/git-logo.png",
        "/git-favicon.png"  => "/usr/share/gitweb/git-favicon.png",
```

---

[13] Beachten Sie, dass die Reihenfolge in der alias.url-Direktive wichtig ist. Wenn Sie die Zeile "/" => ... nach oben verschieben, startet Lighttpd nicht mehr bzw. die Alias-Zuordnung wird nicht die gewünschte sein.

7 Git auf dem Server

```
            "/"              => "/usr/lib/cgi-bin/gitweb.cgi",
    )
    $HTTP["url"] =~ "^/$" {
        cgi.assign = ( ".cgi" => "" )
    }
}
```

Abbildung 7.1: Übersichtsseite von Gitweb

Abbildung 7.2: Darstellung eines Commits in Gitweb

7.5 CGit – CGI for Git

CGit („CGI für Git") ist ein alternatives Webfrontend. Im Gegensatz zu Gitweb, das komplett in Perl geschrieben ist, ist CGit in C geschrieben und arbeitet, wo möglich, mit Caching. Dadurch ist es viel schneller als Gitweb.

Um CGit zu installieren, müssen Sie zuerst die Sourcen herunterladen. Es wird die aktuelle Git-Version benötigt, um auf Routinen aus dem Git-

Quellcode zurückzugreifen. Dafür muss das bereits konfigurierte Submodul initialisiert und der Code heruntergeladen werden:

```
$ git clone git://git.zx2c4.com/cgit
...
$ cd cgit
$ git submodule init
Submodule 'git' (git://git.kernel.org/pub/scm/git/git.git) registered
for path 'git'
$ git submodule update
<Git-Sourcen werden heruntergeladen.>
```

Per Default installiert CGit die CGI-Datei in einem etwas obskuren Verzeichnis /var/www/htdocs/cgit. Um etwas sinnvollere Alternativen zu wählen, legen Sie im CGit-Verzeichnis eine Datei cgit.conf an, die automatisch vom Makefile inkludiert wird:

```
CGIT_SCRIPT_PATH=/usr/lib/cgi-bin
CGIT_DATA_PATH=/usr/share/cgit
```

Nun lässt sich das Programm mit make install übersetzen und installieren. Allerdings empfiehlt es sich, checkinstall [14] zu verwenden, so dass Sie das Paket ggf. leicht wieder loswerden können.

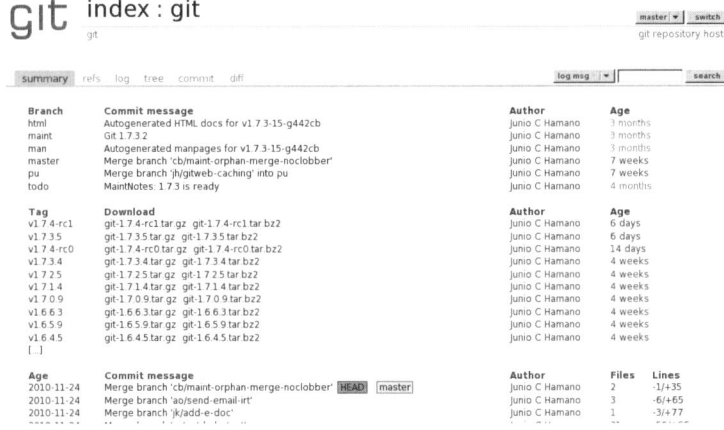

Abbildung 7.3: Übersichtsseite von CGit

7.5.1 CGit und Apache und Lighttpd

Die Einbindung in Apache und Lighttpd erfolgt ähnlich. Da CGit allerdings „hübschere" URLs verwendet (wie z.B. http://git.example.com/dwm/tree/dwm.c für die Datei dwm.c aus dem dwm-

---

[14] Das Tool checkinstall baut automatisch Debian- oder RPM-Pakete, die alle Dateien enthalten, die durch make install installiert worden wären. Homepage des Programmes: http://www.asic-linux.com.mx/~izto/checkinstall/

Repository), muss ein wenig Aufwand betrieben werden, um die URLs umzuschreiben.

Die folgenden Konfigurationen lassen CGit auf git.example.com laufen:

```
<VirtualHost *:80>
    ServerName git.example.com

    AcceptPathInfo On
    Options +ExecCGI

    Alias /cgit.css /usr/share/cgit/cgit.css
    Alias /cgit.png /usr/share/cgit/cgit.png
    AliasMatch ^/(.*) /usr/lib/cgi-bin/cgit.cgi/$1
</VirtualHost>
```

Für Lighttpd muss man ein wenig tricksen. Sie dürfen nicht vergessen, virtual-root=/ zu konfigurieren (s.u. – diese Einstellung ist auch für Apache nicht schädlich).

```
$HTTP["host"] =~ "^git\.example\.com(:\d+)?$" {
    alias.url = (
        "/cgit.css" => "/usr/share/cgit/cgit.css",
        "/cgit.png" => "/usr/share/cgit/cgit.png",
        "/cgit.cgi" => "/usr/lib/cgi-bin/cgit.cgi",
        "/"         => "/usr/lib/cgi-bin/cgit.cgi",
    )
    cgi.assign = ( ".cgi" => "" )
    url.rewrite-once = (
        "^/cgit\.(css|png)" => "$0", # statische Seiten "durchreichen"
        "^/.+" => "/cgit.cgi$0"
    )
}
```

7.5.2 Konfiguration

Die Konfiguration wird über die Datei /etc/cgitrc geregelt. Eine Liste der unterstützten Optionen finden Sie in der Datei cgitrc.5.txt im Quellverzeichnis von CGit (leider bringt das Programm keine sonstige Dokumentation mit). Die wichtigsten sind nachfolgend aufgeführt:

clone-prefix
: URL, unter der der Quellcode (bevorzugt per Git-Protokoll) heruntergeladen werden kann (analog zu @git_base_url_list von Gitweb).

enable-index-links
: Wenn auf 1 gesetzt, erscheint in der Auflistung der Repositories eine weitere Spalte, mit direkten Links zu den Tabs „summary", „log" und „tree".

`enable-gitweb-owner`
: Wenn auf 1 gesetzt, dann wird der Eigentümer aus der Konfiguration `gitweb.owner` des Git-Repositorys ausgelesen. Gitolite setzt diese Option automatisch, wenn Sie einen Namen festlegen, siehe Abschnitt 7.2.3.

`enable-log-filecount`
: Zeigt zu jedem Commit eine Spalte an, in der die Anzahl der geänderten Dateien stehen.

`enable-log-linecount`
: Analog zu `-filecount`, zeigt eine Bilanz von hinzugekommenen/entfernten Zeilen an.

`scan-path`
: Pfad, den CGit nach Git-Repositories durchsuchen soll. Achtung: Diese Option berücksichtigt *nicht*, ob das Repository durch die Datei `git-daemon-export-ok` freigegeben wurde (siehe auch `project-list`)! Beachten Sie außerdem, dass die auf diese Weise hinzugefügten Repositories nur die Einstellungen erben, die bis dahin getätigt wurden. Es empfiehlt sich daher, die `scan-path`-Zeile als letzte in der Datei aufzuführen.

`project-list`
: Liste von Projektdateien, die im `scan-path` berücksichtigt werden sollen. Gitolite legt eine solche Datei für alle öffentliches Repositories an. Siehe die Beispielkonfiguration weiter unten.

`remove-suffix`
: Wenn die Option auf 1 gesetzt wird: Das Suffix `.git` wird aus URLs bzw. aus dem Namen von Repositories entfernt.

`root-title`
: Überschrift, die auf der Startseite neben dem Logo angezeigt wird.

`root-desc`
: Schriftzug, der auf der Startseite unter der Überschrift angezeigt wird.

`side-by-side-diffs`
: Wird die Option auf 1 gesetzt, werden bei der Diff-Ausgabe zwei Dateien nebeneinander angezeigt, anstatt das Unified-Diff-Format zu verwenden.

snapshots
: Gibt an, welche Snapshot-Formate angeboten werden. Per Default werden keine angeboten. Möglich sind `tar`, `tar.gz`, `tar.bz2` und `zip`. Geben Sie die gewünschten Formate durch Leerzeichen getrennt an.

virtual-root
: Legt fest, welche URL CGit jedem Link voranstellen soll. Sofern Sie CGit auf „oberster" Ebene, also z.B. `http://git.example.com`, laufen lassen wollen, sollte diese Option den Wert / erhalten (dies ist vor allem notwendig, wenn Sie Lighttpd verwenden). Wollen Sie CGit stattdessen in einem Unterverzeichnis laufen lassen, sollten Sie diese Option entsprechend anpassen, z.B. auf `/git`.

Mit folgender Konfiguration taucht jedes Repository, auf dem Sie in Gitolite dem Nutzer `gitweb` Zugriff erlaubt haben, in der Auflistung auf – außerdem werden Beschreibung und Autor (sofern angegeben, siehe Abschnitt 7.2.3) angezeigt:

```
virtual-root=/
enable-gitweb-owner=1
remove-suffix=1
project-list=/var/git/projects.list
scan-path=/var/git/repositories
```

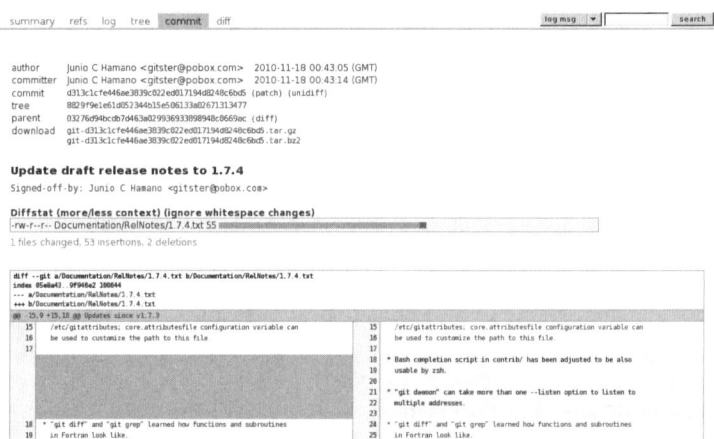

Abbildung 7.4: Darstellung eines Commits in CGit

7.5.3 Einzelne Repositories speziell konfigurieren

Durch die oben erläuterte Option `scan-path` ist es in Kombination mit Gitolite in der Regel nicht nötig, Repositories einzeln hinzuzufügen und zu konfigurieren. Wollen Sie dies aber tun bzw. sind Ihre Repositories nicht an einer zentralen Stelle gelagert, können Sie dies pro Repository wie folgt:

```
repo.url=foo
repo.path=/pub/git/foo.git
repo.desc=the master foo repository
repo.owner=fooman@example.com
```

Für weitere repositoryspezifische Konfigurationen konsultieren Sie die Beispiel-Konfigurationsdatei bzw. in die Erläuterungen der Optionen in der Datei `cgitrc.5.txt` im Quellverzeichnis von CGit. Sie können diese händisch konfigurierten Repositories auch unter verschiedenen Sektionen gruppieren (Option `section`).

7.5.4 Caching ausnutzen

CGit ist im Vergleich zu Gitweb besonders schnell, weil es in C geschrieben ist und außerdem Caching unterstützt. Das ist vor allem dann notwendig, wenn Sie viele Repositories und/oder viele Seitenzugriffe in kurzer Zeit haben.

CGit verwendet einen simplen Hash-Mechanismus, um zu überprüfen, ob eine Anfrage schon im Cache vorhanden und nicht zu alt ist (konfigurierbar, siehe folgende Liste). Wenn ein solcher Cache-Eintrag vorhanden ist, wird dieser ausgeliefert, statt die gleiche Seite neu zu erzeugen (der HTTP-Header `Last-Modified` bleibt auf dem alten Stand, d. h. der Browser weiß, von wann die Seite ist).

CGit speichert auch das Resultat von `scan-path` zwischen. So muss CGit für die Übersichtsseite nicht jedes Mal alle Repositories einzeln hinzufügen.

`cache-root`
: Pfad, unter dem die Cache-Dateien gespeichert werden; der Default ist `/var/cache/cgit`.

`cache-size`
: Anzahl der Einträge (d. h. einzelne Seiten), die der Cache enthält. Der Default-Wert ist 0, also ist Caching ausgeschaltet. Ein Wert ab 500 sollte selbst für große Seiten reichen.

`cache-<typ>-ttl`
: Zeit in Minuten, die ein Cache-Eintrag als „aktuell" gilt. Die Zeit können Sie für einzelne Seiten speziell konfigurieren. Mögliche Typen sind: `scanrc` für das Ergebnis von `scan-path`, `root` für die Auflistung der Repositories, `repo` für die „Startseite" eines Repositorys sowie `dynamic` bzw. `static` für die „dynamischen" Seiten (wie z. B. für Branch-Namen) bzw. statische Seiten (wie z. B. für einen Commit, der

anhand seiner SHA-1-Summe identifiziert wird). Per Default sind diese Werte auf fünf Minuten gesetzt, bis auf `scanrc` (15).

Ein weiterer wichtiger Faktor, der beeinflusst, wie schnell sich die Index-Seite aufbaut, ist die Verwendung von sogenannten *Agefiles*. Die Spalte *Idle* („untätig") wird normalerweise jedes Mal neu erzeugt, indem CGit die Branches jedes Repositorys durchgeht und das Alter notiert. Das ist allerdings nicht sehr schnell.

Praktischer ist es, pro Repository eine Datei zu verwenden, die angibt, wann der letzte Commit hochgeladen wurde. Das lässt sich am besten mit Hooks (siehe Abschnitt 8.2) erledigen. Verwenden Sie dieses Kommando im Hook `post-update`:

```
mkdir -p info/web || exit 1
git for-each-ref \
    --sort=-committerdate \
    --format='%(committerdate:iso8601)' \
    --count=1 'refs/heads/*' \
    > info/web/last-modified
```

Wenn Sie statt `info/web/last-modified` (relativ zu `$GIT_DIR`) einen anderen Pfad verwenden wollen, nutzen Sie für die Angabe den CGit-Konfigurationsschlüssel `agefile`.

Git automatisieren

In diesem Kapitel stellen wir fortgeschrittene Techniken zum Automatisieren von Git vor. Im ersten Abschnitt über *Git-Attribute* zeigen wir Ihnen, wie Sie Git anweisen, bestimmte Dateien gesondert zu behandeln, zum Beispiel um bei Grafiken ein externes Diff-Kommando aufzurufen.

Weiter geht es mit *Hooks* – kleine Scripte, die beim Aufruf verschiedener Git Kommandos ausgeführt werden, beispielsweise um alle Entwickler per E-Mail zu benachrichtigen, wenn neue Commits im Repository eintreffen.

Danach geben wir eine grundlegende Einführung ins Scripting mit Git und zeigen Ihnen nützliche *Plumbing-Kommandos*.

Zum Abschluss stellen wir das mächtige filter-branch-Kommando vor, mit dem Sie die Projektgeschichte im großen Stil umschreiben, etwa um eine Datei mit einem Passwort aus *allen* Commits zu entfernen.

8.1 Git-Attribute – Dateien gesondert behandeln

Über *Git-Attribute* können Sie einzelnen oder einer Gruppe von Dateien bestimmte Eigenschaften zuweisen, so dass Git sie besonders behandelt; Beispiele wären, für bestimmte Dateien das Zeilenende zu forcieren oder sie als binär zu markieren.

Die Attribute schreiben Sie wahlweise in die Datei .gitattributes oder .git/info/attributes. Letztere gilt für ein Repository und wird nicht von Git verwaltet. Eine Datei .gitattributes wird in der Regel eingecheckt, so dass alle Entwickler diese Attribute verwenden. Außerdem können Sie in Unterverzeichnissen weitere Attribut-Definitionen hinterlegen.

Eine Zeile in dieser Datei hat das Format:

```
<muster>  <attrib1> <attrib2> ...
```

Ein Beispiel:

```
*.eps    binary
*.tex    -text
*.c      filter=indent
```

In der Regel können Attribute gesetzt (z.B. binary), aufgehoben (-text) oder auf einen Wert gesetzt werden (filter=indent). Die Man-Page gitattributes(5) beschreibt detailliert, wie Git die Attribute interpretiert.

Ein Projekt, das parallel auf Windows- und Unix-Rechnern entwickelt wird, leidet darunter, dass die Entwickler verschiedene Konventionen für Zeilenenden verwenden. Dies ist bedingt durch das Betriebssystem: Windows-Systeme verwenden einen Carriage Return, gefolgt von einem Line Feed (CRLF), während unixoide Systeme nur einen Line Feed (LF) verwenden.

Über geeignete Git-Attribute bestimmen Sie eine adäquate Policy – in diesem Fall sind die Attribute text bzw. eol zuständig. Das Attribut text bewirkt, dass die Zeilenenden „normalisiert" werden. Egal, ob der Editor eines Entwicklers CRLF oder nur LF verwendet, Git wird im Blob nur die Version mit LF speichern. Setzen Sie das Attribut auf auto, wird Git diese Normalisierung nur ausführen, wenn die Datei auch wie Text aussieht.

Das Attribut eol hingegen bestimmt, was bei einem Checkout passiert. Unabhängig von der Einstellung core.eol des Nutzers können Sie so für einige Dateien z.B. CRLF vorgeben (weil das Format dies benötigt).

```
*.txt    text
*.csv    eol=crlf
```

Mit diesen Attributen werden .txt-Dateien intern immer mit LF gespeichert und bei Bedarf (plattform- bzw. nutzerabhängig) als CRLF ausgecheckt. CSV-Dateien hingegen werden auf allen Plattformen mit CRLF ausgecheckt. (Intern wird Git all diese Blobs mit einfachen LF-Endungen speichern.)

8.1.1 Filter: Smudge und Clean

Git bietet über *Filter* eine Möglichkeit, Dateien nach einem Checkout zu „verschmutzen" (*smudge*) und vor einem `git add` wieder zu „säubern" (*clean*).

Die Filter erhalten keine Argumente, sondern nur den Inhalt des Blobs auf Standard-In. Die Ausgabe des Programms wird als neuer Blob verwendet.

Für einen Filter müssen Sie jeweils ein Smudge- und ein Clean-Kommando definieren. Fehlt eine der Definitionen oder ist der Filter `cat`, wird der Blob unverändert übernommen.

Welcher Filter für welche Art von Dateien verwendet wird, definieren Sie über das Git-Attribut `filter`. Um beispielsweise C-Dateien vor einem Commit automatisch richtig einzurücken, können Sie folgende Filterdefinitionen verwenden (statt `<indent>` sind beliebige andere Namen möglich):

```
$ git config filter.<indent>.clean indent
$ git config filter.<indent>.smudge cat
$ echo '*.c filter=<indent>' > .git/info/attributes
```

Um eine C-Datei zu „säubern", ruft Git nun automatisch das Programm `indent` auf, das auf Standardsystemen installiert sein sollte.[1]

8.1.2 Keywords in Dateien

So lassen sich prinzipiell auch die bekannten Keyword-Expansionen realisieren, so dass z.B. `$Version$` zu `$Version: v1.5.4-rc2$` wird.

Sie definieren die Filter in Ihrer Konfiguration und statten dann entsprechende Dateien mit diesem Git-Attribut aus. Das geht z.B. so:

```
$ git config filter.version.smudge ~/bin/git-version.smudge
$ git config filter.version.clean ~/bin/git-version.clean
$ echo '* filter=version' > .git/info/attributes
```

Ein Filter, der das `$Version$`-Keyword ersetzt bzw. wieder aufräumt, könnte als Perl-Einzeiler realisiert werden; zunächst der Smudge-Filter:

---

[1] Sie können das Programm `indent` aus dem GNU-Projekt von http://www.gnu.org/software/indent/ herunterladen.

```
#!/bin/sh
version=`git describe --tags`
exec perl -pe 's/$Version(:\s[^$]+)?$/$Version: '"$version"'$/g'
```

Und der Clean-Filter:

```
#!/usr/bin/perl -p
s/$Version: [^$]+$/$Version$/g
```

Wichtig ist, dass mehrmalige Anwendung eines solchen Filters keine unkontrollierten Veränderungen in der Datei vornimmt. Ein doppelter Aufruf von Smudge sollte durch einen einfachen Aufruf von Clean wieder behoben werden können.

Einschränkungen

Das Konzept von Filtern in Git ist bewusst simpel gehalten und wird auch in künftigen Versionen nicht erweitert werden. Die Filter erhalten *keine* Informationen über den Kontext, in dem sich Git gerade befindet: Passiert ein Checkout? Ein Merge? Ein Diff? Sie erhalten lediglich den Blob-Inhalt. Die Filter sollen also nur *kontextunabhängige* Manipulationen durchführen.

Zum Zeitpunkt, da Smudge aufgerufen wird, ist der HEAD möglicherweise noch nicht auf dem aktuellen Stand (der obige Filter würde bei einem git checkout eine falsche Versionsnummer in die Datei schreiben, da er *vor* dem Versetzen des HEAD aufgerufen wird). Die Filter eignen sich also nur bedingt zur Keyword-Expansion.

Das mag zwar Nutzer, die sich an dieses Feature in anderen Versionskontrollsystemen gewöhnt haben, verärgern. Es gibt allerdings keine guten Argumente, *innerhalb* eines Versionskontrollsystems eine solche Expansion durchzuführen. Die internen Mechanismen, die Git verwendet, um zu überprüfen, ob Dateien verändert wurden, werden lahmgelegt (da sie immer durch den Clean-Filter geschickt werden müssen). Außerdem kann man aufgrund der Struktur von Git-Repositories einen Blob durch die Commits bzw. Trees hindurch „verfolgen", kann also bei Bedarf die Zugehörigkeit einer Datei zu einem Commit immer an ihrem Inhalt erkennen.

Eine Keyword-Expansion ist also nur *außerhalb* von Git sinnvoll. Dafür ist dann aber nicht Git zuständig, sondern ein entsprechendes Makefile-Target oder ein Script. So kann beispielsweise ein make dist alle Vorkommen von VERSION durch die Ausgabe von git describe --tags ersetzen. Git wird die Dateien als „geändert" anzeigen. Sobald die Dateien verteilt sind (z.B. als Tarball), kann mit git reset --hard wieder aufgeräumt werden.

Alternativ sorgt das Attribut `export-subst` dafür, dass eine Expansion der Form `$Format:<Pretty>$` durchgeführt wird. Dabei muss `<Pretty>` ein Format sein, das für `git log --pretty=format:<Pretty>` gültig ist, also z.B. `%h` für die gekürzte Commit-Hash-Summe. Git expandiert diese Attribute nur, wenn die Datei per `git archive` (siehe Abschnitt 6.3.2) verpackt wird.

8.1.3 Eigene Diff-Programme

Der interne Diff-Mechanismus von Git eignet sich sehr gut für alle Arten von Plaintext. Er versagt aber bei Binärdateien – Git gibt lediglich aus, ob sie sich unterscheiden oder nicht. Wenn Sie allerdings ein Projekt haben, in dem Sie Binärdaten verwalten müssen, wie z.B. PDF-, OpenOffice-Dokumente oder Bilder, dann ist es sinnvoll, ein spezielles Programm zu definieren, das sinnvolle Diffs dieser Dateien erstellt.

So gibt es beispielsweise `antiword` und `pdftotext`, um Word-Dokumente und PDFs nach Plaintext zu konvertieren. Für OpenOffice-Formate gibt es analoge Scripte. Bei Bildern können Sie Kommandos aus der Image-Magick-Suite verwenden (siehe auch das Beispiel weiter unten). Wenn Sie statistische Daten verwalten, können Sie die geänderten Datensets nebeneinander plotten. Je nach Beschaffenheit der Daten gibt es meist adäquate Möglichkeiten, Veränderungen zu visualisieren.

Solche Konvertierungsprozesse sind natürlich verlustbehaftet: Sie können diese Diff-Ausgabe nicht nutzen, um beispielsweise in einem Merge-Konflikt sinnvoll Änderungen in den Dateien vorzunehmen. Aber um einen schnellen Überblick zu erhalten, wer was geändert hat, reichen solche Techniken allemal aus.

API für externe Diff-Programme

Git bietet eine simple API für eigene Diff-Filter. Einem Diff-Filter werden immer die folgenden sieben Argumente übergeben:

1. Pfad (Name der Datei im Git-Repository)

2. alte Version der Datei

3. alte SHA-1-ID des Blobs

4. alte Unix-Rechte

5. neue Version der Datei

6. neue SHA-1-ID des Blobs

7. neue Unix-Rechte

Die Argumente 2 und 5 sind möglicherweise temporäre Dateien, die gelöscht werden, sobald sich das Diff-Programm wieder beendet; Sie müssen sich also nicht um das Aufräumen kümmern.

Wenn eine der beiden Dateien nicht existiert (neu hinzugefügt oder gelöscht), dann wird /dev/null als Dateiname übergeben. Der entsprechende Blob ist dann 00000..., auch in dem Fall, dass eine Datei noch nicht als festes Objekt in der Objektdatenbank liegt (also nur im Working Tree oder Index). Diese Fälle muss das Diff-Kommando entsprechend behandeln können.

Externe Diffs konfigurieren

Es gibt zwei Möglichkeiten, ein externes Diff-Programm aufzurufen. Die erste Methode ist temporär: Setzen Sie einfach vor dem Aufruf von git diff die Umgebungsvariable GIT_EXTERNAL_DIFF auf den Pfad zu Ihrem Programm:

```
$ GIT_EXTERNAL_DIFF=</pfad/zum/diff-kommando> git diff HEAD^
```

Die andere Möglichkeit ist persistent, erfordert aber ein wenig Konfiguration. Zunächst definieren Sie ein eigenes Diff-Kommando <name>:

```
$ git config diff.<name>.command </pfad/zum/diff-kommando>
```

Das Kommando muss mit den oben erwähnten sieben Argumenten umgehen können. Nun müssen Sie über das Git-Attribut diff definieren, welches Diff-Programm aufgerufen wird. Schreiben Sie dazu z.B. folgende Zeilen in die Datei .gitattributes:

```
*.jpg diff=imgdiff
*.pdf diff=pdfdiff
```

Wenn Sie die Datei einchecken, müssen andere Nutzer auch entsprechende Kommandos für imgdiff bzw. pdfdiff gesetzt haben, sonst sehen sie die reguläre Ausgabe. Wollen Sie diese Einstellung nur für ein Repository vorgeben, schreiben Sie diese Informationen nach .git/info/attributes.

Bilder vergleichen

Ein häufiger Anwendungsfall sind Bilder: Was hat sich zwischen zwei Versionen eines Bildes geändert? Das zu visualisieren, ist nicht immer einfach. Das Tool compare aus der ImageMagick-Suite markiert für Bilder gleicher Größe die Stellen, die sich geändert haben. Auch kann man die beiden Bilder hintereinander animieren und durch das „Flackern" erkennen, wo das Bild geändert wurde.

Stattdessen wollen wir ein Programm, das die beiden Bilder gegenüberstellt. Zwischen den beiden Bildern wird eine Art „Differenz" dargestellt: Alle Bereiche, in denen Änderungen aufgetreten sind, werden aus dem *neuen* Bild auf weißen Untergrund kopiert. Das Diff zeigt also, welche Bereiche hinzugekommen sind.

Dafür speichern wir folgendes Script unter `$HOME/bin/imgdiff`:[2]

```sh
#!/bin/sh

OLD="$2"
NEW="$5"

# "xc:none" ist "Nichts", entspricht einem fehlenden Bild
[ "$OLD" = "/dev/null" ] && OLD="xc:none"
[ "$NEW" = "/dev/null" ] && NEW="xc:none"

exec convert "$OLD" "$NEW" -alpha off \
    \( -clone 0-1 -compose difference -composite -threshold 0 \) \
    \( -clone 1-2 -compose copy_opacity -composite \
       -compose over -background white -flatten \) \
    -delete 2 -swap 1,2 +append \
    -background white -flatten x:
```

Zuletzt müssen wir noch das Diff-Kommando konfigurieren und dessen Verwendung durch einen Eintrag in der Datei `.git/info/attributes` sicherstellen.

```
$ git config diff.imgdiff.command ~/bin/imgdiff
$ echo "*.gif diff=imgdiff" > .git/info/attributes
```

Als Beispiel verwenden wir die Ursprungsversionen des Tux.[3] Zunächst fügen wir den schwarzweißen Tux ein:

```
$ wget http://www.isc.tamu.edu/~lewing/linux/sit3-bw-tran.1.gif \
  -Otux.gif
$ git add tux.gif && git commit -m "tux hinzugefügt"
```

Im nächsten Commit wird er durch eine eingefärbte Version ersetzt:

```
$ wget http://www.isc.tamu.edu/~lewing/linux/sit3-bwo-tran.1.gif \
  -Otux.gif
$ git diff
```

---

2 Das Kommando convert ist Teil der ImageMagick-Suite. Wenn Sie `-clone 1-2` durch `-clone 0,2` ersetzen, werden die unterschiedlichen Bereiche aus dem *alten* Bild kopiert.

3 Die Grafiken wurden zum Release von Kernel 2.0 von Larry Ewing erstellt und finden sich unter http://www.isc.tamu.edu/~lewing/linux/.

Die Ausgabe des Kommandos `git diff` ist ein Fenster mit folgendem Inhalt: Links die alte, rechts die neue Version, und in der Mitte eine Maske derjenigen Teile des neuen Bildes, die anders als das alte sind.

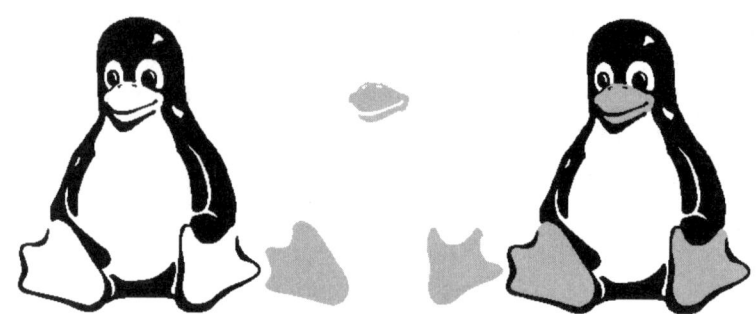

Abbildung 8.1: Die Ausgabe von `git diff` mit dem eigenen Diff-Programm `imgdiff`

Das Beispiel mit dem Tux inkl. Anleitung finden Sie auch in einem Repository unter: `https://github.com/gitbuch/tux-diff-demo`.

8.2 Hooks

Hooks bieten einen Mechanismus, in wichtige Git-Kommandos „einzuhaken" und eigene Aktionen auszuführen. In der Regel sind Hooks daher kleine Shell-Scripte, um automatisierte Aufgaben zu erfüllen, wie z.B. E-Mails zu versenden, sobald neue Commits hochgeladen werden, oder vor einem Commit auf Whitespace-Fehler zu überprüfen und ggf. eine Warnung auszugeben.

Damit Hooks von Git ausgeführt werden, müssen sie im Verzeichnis `hooks/` im Git-Verzeichnis liegen, also unter `.git/hooks/` bzw. unter `hooks/` auf oberster Ebene bei Bare Repositories. Zudem müssen sie ausführbar sein.

Git installiert bei einem `git init` automatisch Beispiel-Hooks, diese tragen aber die Endung `<hook>.sample` und werden daher ohne das Zutun des Nutzers (Umbenennung der Dateien) nicht ausgeführt.

Einen mitgelieferten Hook aktivieren Sie also z.B. so:

```
$ mv .git/hooks/commit-msg.sample .git/hooks/commit-msg
```

Hooks kommen in zwei Klassen: solche, die lokal ausgeführt werden (Commit-Nachrichten bzw. Patches überprüfen, Aktionen nach einem

Merge oder Checkout ausführen etc.), und solche, die serverseitig ausgeführt werden, wenn Sie Änderungen per `git push` veröffentlichen.[4]

Hooks, deren Name mit `pre-` beginnt, können häufig dazu benutzt werden, zu entscheiden, ob eine Aktion ausgeführt wird oder nicht. Beendet sich ein `pre`-Hook nicht erfolgreich (d. h. mit einem Exit-Status ungleich Null), wird die Aktion abgebrochen. Eine technische Dokumentation der Funktionsweise finden Sie in der Man-Page `githooks(5)`.

8.2.1 Commits

`pre-commit`
  Wird aufgerufen, bevor die Commit-Nachricht abgefragt wird. Beendet sich der Hook mit einem Wert ungleich Null, wird der Commit-Vorgang abgebrochen. Der per Default installierte Hook überprüft, ob eine neu hinzugefügte Datei Nicht-ASCII-Zeichen im Dateinamen trägt, und ob in den geänderten Dateien Whitespace-Fehler vorhanden sind. Mit der Option `-n` bzw. `--no-verify` überspringt `git commit` diesen Hook.

`prepare-commit-msg`
  Wird ausgeführt, direkt bevor die Nachricht in einem Editor angezeigt wird. Erhält bis zu drei Parameter, von denen der erste die Datei ist, in der die Commit-Nachricht gespeichert ist, so dass sie editiert werden kann. Der Hook kann z. B. automatisiert Zeilen hinzufügen. Ein Exit-Status ungleich Null bricht den Commit-Vorgang ab. Dieser Hook kann allerdings nicht übersprungen werden und sollte daher nicht die Funktionalität von `pre-commit` duplizieren oder ersetzen.

`commit-msg`
  Wird ausgeführt, nachdem die Commit-Nachricht eingegeben wurde. Das einzige Argument ist die Datei, in der die Nachricht gespeichert ist, so dass sie modifiziert werden kann (Normalisierung). Dieser Hook kann durch `-n` bzw. `--no-verify` übersprungen werden; beendet er sich nicht erfolgreich, bricht der Commit-Vorgang ab.

`post-commit`
  Wird aufgerufen, nachdem ein Commit erstellt wurde.

Diese Hooks agieren nur lokal und dienen dazu, bestimmte Richtlinien bezüglich der Commits bzw. der Commit-Nachrichten durchzusetzen.

---

4 „Serverseitig" heißt hier nur, dass sie nicht im lokalen Repository ausgeführt werden, sondern auf der „Gegenseite".

Besonders der `pre-commit`-Hook ist dabei hilfreich. Zum Beispiel zeigen manche Editoren nicht adäquat an, wenn am Ende der Zeile Leerzeichen sind oder Leerzeilen Leerzeichen enthalten. Das ist wiederum störend, wenn andere Entwickler neben regulären Änderungen auch noch Whitespace aufräumen müssen. Hier hilft Git mit folgendem Kommando:

```
$ git diff --cached --check
hooks.tex:82: trailing whitespace.
+ auch noch Whitespace aufräumen müssen._
```

Die Option `--check` lässt `git diff` überprüfen, ob solche Whitespace-Fehler vorliegen, und beendet sich nur erfolgreich, wenn die Änderungen fehlerfrei sind. Schreiben Sie dieses Kommando in Ihren `pre-commit`-Hook, werden Sie immer gewarnt, wenn Sie Whitespace-Fehler einchecken wollen. Sind Sie ganz sicher, können Sie den Hook einfach temporär per `git commit -n` aussetzen.

Ganz analog können Sie auch für eine Scriptsprache Ihrer Wahl das „Syntax überprüfen"-Kommando in diesem Hook speichern. So zum Beispiel folgender Block für Perl-Scripte:

```
git diff --diff-filter=MA --cached --name-only |
while read file; do
    if [ -f $file ] && [ $(head -n 1 $file) = "#!/usr/bin/perl" ]; then
        perl -c $file || exit 1
    fi
done
true
```

Die Namen aller im Index veränderten Dateien (Diff-Filter modified und added, siehe auch Abschnitt 8.3.4) werden an eine Subshell weitergeleitet, die pro Datei überprüft, ob die erste Zeile ein Perl-Script ist. Wenn ja, wird die Datei mit `perl -c` überprüft. Falls sich ein Syntaxfehler in der Datei befindet, gibt das Kommando eine entsprechende Fehlermeldung aus, und das `exit 1` beendet den Hook, so dass Git den Commit-Vorgang abbricht, noch bevor ein Editor geöffnet wird, um die Commit-Nachricht einzugeben.

Das schließende `true` wird z.B. benötigt, wenn eine Nicht-Perl-Datei editiert wurde: Dann schlägt das If-Konstrukt fehl, die Shell gibt den Rückgabewert des letzten Kommandos wieder, und obwohl es nichts zu bemängeln gibt, wird Git den Commit nicht ausführen. Durch die Zeile `true` war der Hook erfolgreich, wenn alle Durchläufe der `while`-Schleife erfolgreich waren.

Der Hook kann natürlich vereinfacht werden, wenn man annimmt, dass alle Perl-Dateien als `<name>.pl` vorliegen. Dann reicht der folgende Code:

```
git ls-files -z -- '*.pl' | xargs -z -n 1 perl -c
```

Weil Sie im Zweifel nur die von Git verwalteten Dateien überprüfen wollen, eignet sich hier ein `git ls-files` besser als ein simples `ls`, denn das würde auch nicht getrackte Dateien, die auf `.pl` enden, auflisten.

Neben der Überprüfung der Syntax können Sie natürlich auch Programme im Stil von Lint einsetzen, die den Quellcode auf „unschöne" oder nicht portable Konstrukte überprüfen.

Solche Hooks sind äußerst sinnvoll, um nicht versehentlich fehlerhaften Code einzuchecken. Sind Warnungen unangebracht, können Sie den Hook `pre-commit` ja immer über die Option `-n` beim Committen überspringen.

8.2.2 Serverseitig

Die folgenden Hooks werden auf Empfängerseite von `git receive-pack` aufgerufen, nachdem der Nutzer im lokalen Repository `git push` eingegeben hat.

Für einen Push-Vorgang erstellt `git send-pack` auf der lokalen Seite *ein* Packfile (siehe auch Abschnitt 2.2.3), das von `git receive-pack` auf der Empfängerseite entgegengenommen wird. Ein solches Packfile enthält die neuen Werte einer oder mehrerer Referenzen sowie die Commits, die das Empfänger-Repository benötigt, um die Versionsgeschichte komplett abzubilden. Welche Commits das sind, handeln die beiden Seiten vorher aus (ähnlich einer Merge-Basis).

`pre-receive`
:   Der Hook wird einmal aufgerufen und erhält auf Standard-Input eine Liste der geänderten Referenzen (Format s. u.). Wenn der Hook sich nicht erfolgreich beendet, verweigert `git receive-pack` die Annahme (der gesamte Push-Vorgang schlägt fehl).

`update`
:   Wird einmal *pro geänderter Referenz* aufgerufen und erhält drei Argumente: den alten Stand der Referenz, den vorgeschlagenen neuen sowie den Namen der Referenz. Beendet sich der Hook nicht erfolgreich, wird das Update der einzelnen Referenz verweigert (im Gegensatz zu `pre-receive`, wo nur einem ganzen Packfile zugestimmt werden kann oder nicht).

`post-receive`
:   Analog zu `pre-receive`, aber wird erst aufgerufen, *nachdem* die Referenzen geändert wurden (kann also keinen Einfluss mehr nehmen, ob das Packfile angenommen wird oder nicht).

`post-update`
> Nachdem alle Referenzen geändert wurden, wird dieser Hook einmal ausgeführt und erhält die Namen aller geänderten Referenzen als Argumente. Der Hook bekommt aber nicht mitgeteilt, auf welchem Stand die Referenzen vorher waren bzw. jetzt sind. (Dafür können Sie `post-receive` verwenden.) Ein typischer Anwendungsfall ist ein Aufruf von `git update-server-info`, der nötig ist, wenn Sie ein Repository per HTTP anbieten wollen.

Das Format der receive-Hooks

Die Hooks `pre-receive` und `post-receive` erhalten eine äquivalente Eingabe auf Standard-Input. Das Format ist das folgende:

```
<alte-sha1> <neue-sha1> <name-der-referenz>
```

Das kann zum Beispiel so aussehen:

```
0000000...0000000 ca0e8cf...12b14dc refs/heads/newbranch
ca0e8cf...12b14dc 0000000...0000000 refs/heads/oldbranch
6618257...93afb8d 62dec1c...ac5373b refs/heads/master
```

Eine SHA-1-Summe aus lauter Nullen bedeutet „nicht vorhanden". Die erste Zeile beschreibt also eine Referenz, die vorher nicht vorhanden war, während die zweite Zeile das Löschen einer Referenz bedeutet. Die dritte Zeile stellt ein reguläres Update dar.

Sie können die Referenzen bequem mit folgender Schleife einlesen:

```
while read old new ref; do
  # ...
done
```

In `old` und `new` sind dann die SHA-1-Summen gespeichert, während `ref` den Namen der Referenz enthält. Ein `git log $old..$new` würde alle neuen Commits auflisten. Die Standard-Ausgabe wird an `git send-pack` auf der Seite, auf der `git push` eingegeben wurde, weitergeleitet. Sie können also mögliche Fehlermeldungen oder Reports unmittelbar an den Nutzer weiterleiten.

E-Mails verschicken

Eine praktische Anwendung des `post-receive`-Hooks ist, E-Mails zu verschicken, sobald neue Commits im Repository vorliegen. Das können Sie natürlich selbst programmieren, allerdings gibt es schon ein fertiges Script, das mit Git geliefert wird. Im Quellverzeichnis von Git finden Sie es unter `contrib/hooks/post-receive-email`, manche Distributionen,

z. B. Debian, installieren es auch zusammen mit Git nach /usr/share/doc/git/contrib/hooks/post-receive-email.

Sobald Sie den Hook in das Unterverzeichnis hooks/ Ihres Bare Repositorys kopiert und ausführbar gemacht haben, können Sie noch die Konfiguration entsprechend anpassen:

```
$ less config
...
[hooks]
  mailinglist = "Autor Eins <autor1@example.com>, autor2@example.com"
  envelopesender = "git@example.com"
  emailprefix = "[project] "
```

Damit wird für jeden Push-Vorgang pro Referenz eine Mail mit einer Zusammenfassung der neuen Commits verschickt. Die Mail geht an alle Empfänger, die in hooks.mailinglist definiert sind, und stammt von hooks.envelopesender. Der Subject-Zeile wird das hooks.emailprefix vorangestellt, so dass die E-Mail leichter wegsortiert werden kann. Weitere Optionen sind in den Kommentaren des Hooks dokumentiert.

Der update-Hook

Der update-Hook wird für jede Referenz einzeln aufgerufen. Er eignet sich daher besonders gut, eine Art „Zugriffsregelung" auf bestimmte Branches zu implementieren.

Tatsächlich wird der update-Hook zum Beispiel von Gitolite (siehe Abschnitt 7.2) genutzt, um zu entscheiden, ob ein Branch modifiziert werden darf oder nicht. Gitolite implementiert den Hook als Perl-Script, das überprüft, ob die entsprechende Berechtigung vorliegt, und sich entsprechend mit dem Rückgabewert Null oder nicht Null beendet.

Deployment über Hooks

Git versteht sich als Versionsverwaltungssystem und weiß nichts von Deployment-Prozessen. Über den Update-Hook können Sie allerdings – z. B. für Web-Applikationen – ein einfaches Deployment-Verfahren implementieren.

Der folgende update-Hook wird, sofern der master-Branch geändert wurde, die Änderungen auf /var/www/www.example.com replizieren:

```
[ "$3" = "refs/heads/master" ] || exit 0
env GIT_WORK_TREE=/var/www/www.example.com git checkout -f
```

Sobald Sie also neue Commits per git push in den Master-Branch des Servers hochladen, wird dieser Hook die Web-Präsenz automatisch aktualisieren.

8.2.3 Patches anwenden

Die folgenden Hooks werden jeweils von `git am` aufgerufen, wenn ein oder mehrere Patches angewendet werden.

`applypatch-msg`
: Wird aufgerufen, bevor ein Patch angewendet wird. Der Hook erhält als einzigen Parameter die Datei, in der die Commit-Nachricht des Patches gespeichert ist. Der Hook kann die Nachricht bei Bedarf verändern. Ein Exit-Status ungleich Null veranlasst `git am`, den Patch nicht anzunehmen.

`pre-applypatch`
: Wird aufgerufen, nachdem ein Patch angewendet wurde, aber bevor die Änderung committet wird. Ein Exit-Status ungleich Null veranlasst `git am`, den Patch nicht anzunehmen.

`post-applypatch`
: Wird aufgerufen, nachdem ein Patch eingepflegt wurde.

Die per Default installierten Hooks führen, sofern aktiviert, die entsprechenden Commit-Hooks `commit-msg` und `pre-commit` aus.

8.2.4 Sonstige Hooks

`pre-rebase`
: Wird ausgeführt, bevor ein Rebase-Prozess beginnt. Erhält als Argumente die Referenzen, die auch dem Rebase-Kommando übergeben werden (also erhält der Hook z.B. bei dem Kommando `git rebase master topic` die Argumente `master` und `topic`). Anhand des Exit-Status entscheidet `git rebase`, ob der Rebase-Vorgang ausgeführt wird oder nicht.

`pre-push`
: Wird ausgeführt, bevor ein Push-Vorgang startet. Erhält auf Standard-Input Zeilen der Form `<lokale-ref> <lokale-sha1> <remote-ref> <remote-sha1>`. Beendet sich der Hook nicht erfolgreich, so wird der Push-Vorgang abgebrochen.

`post-rewrite`
: Wird von Kommandos aufgerufen, die Commits umschreiben (momentan nur `git commit --amend` und `git rebase`). Erhält auf Standard-Input eine Liste im Format `<alte-sha1> <neue-sha1>`.

`post-checkout`
: Wird nach einem Checkout aufgerufen. Die ersten beiden Parameter sind die alte und neue Referenz, auf die `HEAD` zeigt. Der dritte Parameter ist ein Flag, das anzeigt, ob ein Branch gewechselt wurde (1) oder einzelne Dateien ausgecheckt wurden (0).

`post-merge`
: Wird ausgeführt, wenn ein Merge erfolgreich beendet wurde. Der Hook erhält als Argument eine 1, wenn der Merge ein sog. Squash-Merge war, also ein Merge, der keinen Commit erstellt, sondern nur die Dateien im Working Tree bearbeitet hat.

`pre-auto-gc`
: Wird aufgerufen, bevor `git gc --auto` ausgeführt wird. Verhindert die Ausführung der automatischen Garbage-Collection, wenn der Rückgabewert ungleich Null ist.

Die `post-checkout`- und `post-commit`-Hooks können Sie gut verwenden, um Git „echte" Dateizugriffsrechte beizubringen. Ein Blob-Objekt spiegelt nämlich nicht genau den Inhalt einer Datei und ihrer Zugriffsrechte wider. Stattdessen kennt Git nur „ausführbar" oder „nicht ausführbar".[5]

Das im Git-Quellverzeichnis unter `contrib/hooks/setgitperms.perl` abgelegte Script bietet eine vorgefertigte Lösung, die Sie in die o.g. Hooks integrieren können. Das Script speichert die wirklichen Zugriffsrechte in einer Datei `.gitmeta` ab. Wenn Sie das Einlesen (Option `-r`) im `pre-commit`-Hook vornehmen und die Hooks `post-checkout` und `post-merge` mit dem Kommando zum Schreiben der Rechte ausstatten (Option `-w`), dann sollten die Zugriffsrechte Ihrer Dateien nun persistent sein. Für die genauen Kommandos siehe die Kommentare in der Datei.

Die Zugriffsrechte sind natürlich nur zwischen Checkouts stabil – sofern Sie die Datei `.gitmeta` nicht einchecken und die Benutzung der Hooks forcieren, bekommen Klone dieses Repositorys natürlich nur die „einfachen" Zugriffsrechte.

---

5 Würde Git die kompletten Zugriffsrechte aufnehmen, dann wäre eine Datei gleichen Inhalts bei zwei verschiedenen Entwicklern, die unterschiedliche `umask(2)`-Einstellungen verwenden, nicht der gleiche Blob. Um das zu verhindern, verwendet Git ein vereinfachtes Rechtemanagement.

8.3 Eigene Git-Kommandos schreiben

Git folgt mit seiner Einteilung in Subkommandos der Unix-Philosophie „Ein Tool, ein Job". Außerdem teilt es die Subkommandos in zwei Kategorien: *Porcelain* und *Plumbing*.

Porcelain bezeichnet das „gute Porzellan", das für den Endnutzer aus dem Schrank geholt wird: ein aufgeräumtes Nutzerinterface und menschenlesbare Ausgaben. Die Plumbing-Kommandos hingegen werden vor allem für die „Klempnerarbeit" in Scripten verwendet und haben eine maschinenlesbare Ausgabe (meist zeilenweise mit eindeutigen Trennzeichen).

Tatsächlich ist ein wesentlicher Teil der Porcelain-Kommandos als Shell-Script realisiert. Sie verwenden intern die diversen Plumbing-Kommandos, präsentieren aber nach außen hin ein verständliches Interface. Die Kommandos `rebase`, `am`, `bisect` und `stash` sind nur einige Beispiele.

Es ist daher sinnvoll und einfach, selbst Shell-Scripte zu schreiben, um häufig auftretende Aufgaben in Ihrem Arbeitsablauf zu automatisieren. Das können zum Beispiel Scripte sein, die den Release-Prozess der Software steuern, automatische Changelogs erstellen oder andere auf das Projekt zugeschnittene Operationen.

Ein eigenes Git-Kommando zu schreiben, ist denkbar einfach: Sie müssen lediglich eine ausführbare Datei in einem Verzeichnis Ihres `$PATH` ablegen (also z. B. in `~/bin`), dessen Name mit `git-` beginnt. Wenn Sie `git <kommando>` eingeben und `<kommando>` ist weder ein Alias noch ein bekanntes Kommando, dann versucht Git einfach, `git-<kommando>` auszuführen.

> **TIPP** Auch wenn Sie prinzipiell Scripte in einer beliebigen Sprache schreiben können, empfehlen wir Ihnen die Verwendung von Shell-Scripten: Nicht nur sind sie für Außenstehende leichter verständlich, vor allem aber sind die typischen Operationen, mit denen man Git-Kommandos kombiniert – Programme aufrufen, Ausgabeum- bzw. -weiterleitung – mit der Shell „intuitiv" machbar und bedürfen keiner umständlichen Konstrukte, wie z. B. in Perl mit `qx()` oder in Python mit `os.popen()`.
>
> Wenn Sie Shell-Scripte schreiben, achten Sie bitte auf POSIX-Kompatibilität![6] Dazu gehört insbesondere, keine „Bashismen" wie `[[ ... ]]` zu verwenden (die POSIX-Entsprechung lautet `[ ... ]`). Wenn Ihr

---

6 Sie können Ihre Shell-Scripte z. B. auf http://www.shellcheck.net/ automatisch überprüfen lassen.

Script nicht auch problemlos mit der Dash[7] läuft, sollten Sie die verwendete Shell explizit in der Shebang-Zeile angeben, z. B. via #!/bin/bash.

Sämtliche im folgenden Abschnitt vorgestellten Scripte finden Sie auch online, in der Scriptsammlung für dieses Buch.[8]

8.3.1 Initialisierung

Typischerweise wollen Sie sicherstellen, dass Ihr Script in einem Repository ausgeführt wird. Für notwendige Initialisierungsaufgaben bietet Git das `git-sh-setup` an. Dieses Shell-Script sollten Sie direkt nach der Shebang-Zeile per . einbinden (in interaktiven Shells bekannt als `source`):

```
#!/bin/sh

. $(git --exec-path)/git-sh-setup
```

Sofern Git kein Repository entdecken kann, bricht `git-sh-setup` ab. Außerdem bricht das Script ab, wenn es nicht auf oberster Ebene in einem Repository ausgeführt wird. Ihr Script kommt dadurch nicht zur Ausführung, und es wird eine entsprechende Fehlermeldung ausgegeben. Dieses Verhalten können Sie umgehen, indem Sie vor dem Aufruf die Variable `NONGIT_OK` bzw. `SUBDIRECTORY_OK` setzen.

Neben diesem Initialisierungsmechanismus stehen einige Funktionen bereit, die häufig auftretende Aufgaben erledigen. Nachfolgend eine Übersicht über die wichtigsten:

`cd_to_toplevel`
  Wechselt auf die oberste Ebene des Git-Repositorys.

`say`
  Gibt die Argumente aus, es sei denn, `GIT_QUIET` ist gesetzt

`git_editor`
  Öffnet den für Git eingestellten Editor auf den angegebenen Dateien. Es ist besser, diese Funktion zu verwenden als „blind" $EDITOR. Git verwendet dies auch als Fallback.

---

[7] Die *Debian Alquimist Shell*, ein Fork der *Alquimist Shell*, ist eine besonders kleine, schnelle Shell, die POSIX-kompatibel ist. Sie stellt auf vielen modernen Debian-Systemen sowie auf Ubuntu die Standard-Shell /bin/sh.

[8] https://github.com/gitbuch/buch-scripte

`git_pager`
: Öffnet analog den für Git definierten Pager.

`require_work_tree`
: Die Funktion bricht mit einer Fehlermeldung ab, wenn es keinen Working Tree zum Repository gibt – das ist bei Bare Repositories der Fall. Sie sollten diese Funktion also sicherheitshalber aufrufen, wenn Sie auf Dateien aus dem Working Tree zugreifen wollen.

8.3.2 Position im Repository

In Scripten werden Sie häufig die Information benötigen, aus welchem Verzeichnis das Script aufgerufen wurde. Dafür bietet das Git-Kommando rev-parse einige Optionen. Das folgende Script, abgelegt unter ~/bin/git-whereami, verdeutlicht, wie man sich innerhalb eines Repositorys „zurechtfinden" kann.

```sh
#!/bin/sh

SUBDIRECTORY_OK=Yes
. $(git --exec-path)/git-sh-setup

gitdir="$(git rev-parse --git-dir)"
absolute="$(git rev-parse --show-toplevel)"
relative="$(git rev-parse --show-cdup)"
prefix="$(git rev-parse --show-prefix)"

echo "gitdir     absolute     relative     prefix"
echo "$gitdir    $absolute    $relative    $prefix"
```

Die Ausgabe sieht wie folgt aus:

```
$ git whereami
gitdir            absolute        relative    prefix
.git              /tmp/repo
$ cd ganz/tief
$ git whereami
gitdir            absolute        relative    prefix
/tmp/repo/.git    /tmp/repo       ../../      ganz/tief/
```

Besonders wichtig ist das Präfix, das Sie per `--show-prefix` erhalten. Wenn Ihr Kommando Dateinamen entgegennimmt und Sie die Blobs, denen sie entsprechen, in der Objektdatenbank finden wollen, müssen Sie dieses Präfix vor den Dateinamen setzen. Wenn Sie sich im Verzeichnis `ganz/tief` befinden und dem Script den Dateinamen README übergeben, dann findet es den entsprechenden Blob im aktuellen Tree via `ganz/tief/README`.

8.3.3 Referenzen auflisten: rev-list

Herzstück der Plumbing-Kommandos ist `git rev-list` (*revision list*). Seine Grundfunktion besteht darin, ein oder mehrere Referenzen auf die SHA-1-Summe(n) aufzulösen, denen sie entsprechen.

Mit einem `git log <ref1>..<ref2>` zeigen Sie die Commit-Nachrichten von `<ref1>` (exklusive) bis `<ref2>` (inklusive) an. Das Kommando `git rev-list` löst diese Referenz auf die einzelnen Commits auf, die davon betroffen sind, und gibt sie Zeile für Zeile aus:

```
$ git rev-list master..topic
f4a6a973e38f9fac4b421181402be229786dbee9
bb8d8c12a4c9e769576f8ddeacb6eb4eedfa3751
c7c331668f544ac53de01bc2d5f5024dda7af283
```

Ein Script, das auf einem oder mehreren Commits operiert, kann also Angaben, wie andere Git-Kommandos sie auch verstehen, einfach an `rev-list` weiterleiten. Schon kann Ihr Script auch mit komplizierten Ausdrücken umgehen.

Das Kommando können Sie beispielsweise nutzen, um zu überprüfen, ob ein Fast-Forward von einem Branch auf einen anderen möglich ist. Ein Fast-Forward von `<ref1>` auf `<ref2>` ist genau dann möglich, wenn Git im Commit-Graphen von `<ref2>` aus den Commit, den `<ref1>` markiert, erreichen kann. Oder anders ausgedrückt: Es gibt keinen von `<ref1>` erreichbaren Commit, der nicht auch von `<ref2>` erreichbar wäre.

```
#!/bin/sh

SUBDIRECTORY_OK=Yes
. $(git --exec-path)/git-sh-setup

[ $# -eq 2 ] || { echo "usage: $(basename $0) <ref1> <ref2>"; exit 1; }

for i in $1 $2
do
    if ! git rev-parse --verify $i >| /dev/null 2>&1 ; then
        echo "Ref:'$i' existiert nicht!" && exit 1
    fi
done

one_two=$(git rev-list $1..$2)
two_one=$(git rev-list $2..$1)

[ $(git rev-parse $1) = $(git rev-parse $2) ] \
&& echo "$1 und $2 zeigen auf denselben Commit!" && exit 2

[ -n "$one_two" ] && [ -z "$two_one" ] \
&& echo "FF von $1 nach $2 möglich!" && exit 0
[ -n "$two_one" ] && [ -z "$one_two" ] \
&& echo "FF von $2 nach $1 möglich!" && exit 0
```

```
echo "FF nicht möglich! $1 und $2 sind divergiert!" && exit 3
```

Die Aufrufe von `rev-parse` in der For-Schleife prüfen, dass es sich bei den Argumenten um Referenzen handelt, die Git auf einen Commit (oder ein anderes Objekt der Datenbank) auflösen kann – schlägt das fehl, bricht das Script mit einer Fehlermeldung ab.

Die Ausgabe des Scripts könnte so aussehen:

```
$ git check-ff topic master
FF von master nach topic möglich!
```

> **TIPP** Für einfache Scripte, die nur eine begrenzte Zahl an Optionen und Argumenten erwarten, reicht eine simple Auswertung dieser, wie in dem obigen Script, völlig aus. Sofern Sie jedoch ein komplexeres Projekt planen, bietet sich der sog. *Getopt-Modus* von `git rev-parse` an. Dieser erlaubt die Syntaxanalyse von Kommandozeilen-Optionen, bietet also eine ähnliche Funktionalität wie die C-Bibliothek getopt. Für Details siehe die Man-Page `git-rev-parse(1)`, Abschnitt „Parseopt".

8.3.4 Änderungen finden

`git diff` und `git log` weisen Sie durch die Option `--name-status` an, Informationen über die Dateien, die ein Commit geändert hat, anzuzeigen:

```
$ git log -1 --name-status 8c8674fc9
commit 8c8674fc954d8c4bc46f303a141f510ecf264fcd
...
M       git-pull.sh
M       t/t5520-pull.sh
```

Jedem Namen wird eines von fünf Flags[9] vorangestellt, die in der nachfolgenden Liste aufgeführt sind:

A (*added*)
   Datei wurde hinzugefügt

D (*deleted*)
   Datei wurde gelöscht

---

[9] Es gibt noch weitere Flags (U, T und B), die aber in der Praxis meist keine Rolle spielen.

M (*modified*)
: Datei wurde geändert

C (*copied*)
: Datei wurde kopiert

R (*renamed*)
: Datei wurde umbenannt

Den Flags C und R wird eine dreistellige Zahl nachgestellt, die den prozentualen Anteil angibt, der gleich geblieben ist. Wenn Sie eine Datei duplizieren, entspricht das also der Ausgabe C100. Eine Datei, die im gleichen Commit per git mv umbenannt und ein wenig abgeändert wird, könnte als R094 auftauchen – eine 94%-ige Umbenennung.

```
$ git log -1 --name-status 0ecace728f
...
M       Makefile
R094    merge-index.c    builtin-merge-index.c
M       builtin.h
M       git.c
```

Sie können anhand dieser Flags über sog. Diff-Filter nach Commits suchen, die eine bestimmte Datei geändert haben. Wollen Sie zum Beispiel herausfinden, wer eine Datei wann hinzugefügt hat, dann verwenden Sie das folgende Kommando:

```
$ git log --pretty=format:'added by %an %ar' --diff-filter=A -- cache.h
added by Linus Torvalds 6 years ago
```

Sie können einem Diff-Filter mehrere Flags direkt hintereinander angeben. Die Frage „Wer hat maßgeblich an dieser Datei gearbeitet?" lässt sich häufig dadurch beantworten, wessen Commits diese Datei am meisten modifiziert haben. Das kann man zum Beispiel so herausfinden:

```
$ git log --pretty=format:%an --diff-filter=M -- cache.h | \
  sort | uniq -c | sort -rn | head -n 5
    187 Junio C Hamano
    100 Linus Torvalds
     27 Johannes Schindelin
     26 Shawn O. Pearce
     24 Jeff King
```

8.3.5 Die Objektdatenbank und rev-parse

Das Git-Kommando rev-parse (*revision parse*) ist ein extrem flexibles Tool, dessen Aufgabe es unter anderem ist, Ausdrücke, die Commits oder andere Objekte der Objektdatenbank beschreiben, in deren komplette

SHA-1-Summe zu übersetzen. So verwandelt das Kommando beispielsweise abgekürzte SHA-1-Summen in die eindeutige 40-Zeichen-Variante:

```
$ git rev-parse --verify be1ca37e5
be1ca37e540973bb1bc9b7cf5507f9f8d6bce415
```

Die Option `--verify` wird übergeben, damit Git eine entsprechende Fehlermeldung ausgibt, wenn die übergebene Referenz keine gültige ist.

Das Kommando kann aber auch mit der Option `--short` eine SHA-1-Summe abkürzen. Standard sind sieben Zeichen:

```
$ git rev-parse --verify --short be1ca37e540973bb1bc9b7cf5507f9f8d6bce415
be1ca37
```

> **TIPP** Wenn Sie den *Namen* des Branches herausfinden wollen, der gerade ausgecheckt ist (im Gegensatz zur Commit-ID), verwenden Sie `git rev-parse --symbolic-full-name HEAD`.

Doch `rev-parse` (und damit auch alle anderen Git-Kommandos, die Argumente als Referenzen entgegennehmen) unterstützt noch weitere Möglichkeiten, Objekte zu referenzieren.

`<sha1>^{<typ>}`
Folgt der Referenz `<sha1>` und löst sie auf ein Objekt vom Typ `<typ>` auf. So können Sie zu einem Commit `<commit>` durch Angabe von `<commit>^{tree}` den entsprechenden Tree finden. Wenn Sie keinen expliziten Typ angeben, wird die Referenz so lange aufgelöst, bis Git ein Objekt findet, das kein Tag ist (das ist besonders praktisch, wenn man die Entsprechung zu einem Tag finden will).

Viele Git-Kommandos arbeiten nicht auf einem Commit, sondern auf den Trees, die referenziert werden (z. B. das Kommando `git diff`, das ja Dateien, also Tree-Einträge, vergleicht). In der Man-Page werden diese Argumente *tree-ish* („baumartig") genannt. Git erwartet also beliebige Referenzen, die sich auf einen Tree auflösen lassen, mit dem das Kommando dann weiter arbeitet.

`<tree-ish>:<pfad>`
Löst den Pfad `<pfad>` auf den entsprechend referenzierten Tree oder Blob auf (entspricht einem Verzeichnis bzw. einer Datei). Dabei wird das referenzierte Objekt aus `<tree-ish>` extrahiert, was also ein Tag, ein Commit oder ein Tree sein kann.

Das folgende Beispiel illustriert die Funktionsweise dieser speziellen Syntax: Das erste Kommando extrahiert die SHA-1-ID des Trees, der durch HEAD referenziert wird. Das zweite Kommando extrahiert die SHA-1-ID des Blobs, der der Datei README auf oberster Ebene des Git-Repositorys entspricht. Das dritte Kommando verifiziert anschließend, dass dies wirklich ein Blob ist.

```
$ git rev-parse 'HEAD^{tree}'
89f156b00f35fe5c92ac75c9ccf51f043fe65dd9
$ git rev-parse 89f156b00f:README
67cfeb2016b24df1cb406c18145efd399f6a1792
$ git cat-file -t 67cfeb2016b
blob
```

Ein `git show 67cfeb2016b` würde nun den tatsächlichen Inhalt des Blobs anzeigen. Durch Umleitung mit > können Sie so den Blob als Datei auf das Dateisystem extrahieren.

Das folgende Script findet zunächst die Commit-ID des Commits, der zuletzt eine bestimmte Datei modifiziert (die Datei wird als erstes Argument, also $1, übergeben). Dann extrahiert das Script die Datei (mit vorangestelltem Präfix, s.o.) aus dem *Vorgänger* des Commits ($ref^), der die Datei zuletzt verändert hat, und speichert dies in einer temporären Datei.

Schließlich wird Vim im Diff-Modus auf der Datei aufgerufen und anschließend die Datei gelöscht.

```
#!/bin/sh

SUBDIRECTORY_OK=Yes
. $(git --exec-path)/git-sh-setup

[ -z "$1" ] && echo "usage: $(basename $0) <file>" && exit 1
ref="$(git log --pretty=format:%H --diff-filter=M -1 -- $1)"
git rev-parse --verify $ref >/dev/null || exit 1

prefix="$(git rev-parse --show-prefix)"
temp="$(mktemp .diff.$ref.XXXXXX)"
git show $ref^:$prefix$1 > $temp

vim -f -d $temp $1
rm $temp
```

> **TIPP** Um besonders viele Referenzen per rev-parse aufzulösen, sollten Sie dies in *einem* Programmaufruf tun: rev-parse gibt für jede Referenz dann eine Zeile aus. Bei Dutzenden oder sogar Hunderten von Referenzen ist der einmalige Aufruf ressourcenschonend und daher schneller.

8.3.6 Referenzen iterieren: for-each-ref

Eine häufige Aufgabe ist es, Referenzen zu iterieren. Hier stellt Git das Allzweckkommando `for-each-ref` zur Verfügung. Die gebräuchliche Syntax ist `git for-each-ref --format=<format> <muster>`. Mit dem Muster können Sie die zu iterierenden Referenzen einschränken, z.B. `refs/heads` oder `refs/tags`. Mit dem Format-Ausdruck geben Sie an, welche Eigenschaften der Referenz ausgegeben werden soll. Er besteht aus verschiedenen Feldern `%(feldname)`, die in der Ausgabe zu entsprechenden Werten expandiert werden.

refname
: Name der Referenz, z.B. `heads/master`. Der Zusatz `:short` zeigt die Kurzform, also `master`.

objecttype
: Art des Objekts (`blob`, `tree`, `commit` oder `tag`)

objectsize
: Objektgröße in Byte

objectname
: Commit-ID bzw. SHA-1-Summe

upstream
: Remote-Tracking-Branch des Upstream-Branches

Hier ein simples Beispiel, wie Sie alle SHA-1-Summen der Release-Candidates der Version 1.7.1 anzeigen:

```
$ git for-each-ref --format='%(objectname)--%(objecttype)--%(refname:\
    short)' refs/tags/v1.7.1-rc*
bdf533f9b47dc58ac452a4cc92c81dc0b2f5304f--tag--v1.7.1-rc0
d34cb027c31d8a80c5dbbf74272ecd07001952e6--tag--v1.7.1-rc1
03c5bd5315930d8d88d0c6b521e998041a13bb26--tag--v1.7.1-rc2
```

Beachten Sie, dass die Trennzeichen „--" so übernommen werden und somit zusätzliche Zeichen zur Formatierung möglich sind.

Je nach Objekt-Typ sind auch noch andere Feldnamen verfügbar, zum Beispiel bei einem Tag das Feld `tagger`, das den Tag-Autor, seine E-Mail und das Datum enthält. Gleichzeitig stehen auch die Felder `taggername`, `taggeremail` und `taggerdate` zur Verfügung, die jeweils nur den Namen, die E-Mail und das Datum enthalten.

Wenn Sie zum Beispiel für ein Projekt wissen wollen, wer jemals ein Tag erstellt hat:

```
$ git for-each-ref --format='%(taggername)' refs/tags | sort -u
Junio C Hamano
Linus Torvalds
Pat Thoyts
Shawn O. Pearce
```

Als weitere Schnittstelle werden verschiedene Optionen für Script-Sprachen angeboten, --shell, --python, --perl und --tcl. Dadurch werden die Felder entsprechend als *String-Literals* in der jeweiligen Sprache formatiert, so dass sie per eval ausgewertet und in Variablen übersetzt werden können:

```
$ git for-each-ref --shell --format='ref=%(refname)' refs/tags/v1.7.1.*
ref='refs/tags/v1.7.1.1'
ref='refs/tags/v1.7.1.2'
ref='refs/tags/v1.7.1.3'
ref='refs/tags/v1.7.1.4'
```

Damit lässt sich folgendes Script schreiben, das eine Zusammenfassung aller Branches ausgibt, die einen Upstream-Branch haben – einschließlich SHA-1-Summe des aktuellsten Commits, dessen Autor und Tracking-Status. Die Ausgabe ist inhaltlich der von git branch -vv sehr ähnlich, aber etwas lesbarer. Das Feld authorname enthält analog zu taggername den Namen des Commit-Autors. Das Kernstück bildet die Anweisung eval "$daten", die die zeilenweise Ausgabe von for-each-ref in die später verwendeten Variablen übersetzt.

```
#!/bin/sh
SUBDIRECTORY_OK=Yes
. $(git --exec-path)/git-sh-setup

git for-each-ref --shell --format=\
"refname=%(refname:short) "\
"author=%(authorname) "\
"sha1=%(objectname) "\
"upstream=%(upstream:short)" \
refs/heads | while read daten
do
    eval "$daten"
    if [ -n "$upstream" ] ; then
        ahead=$(git rev-list $upstream..$refname | wc -l)
        behind=$(git rev-list $refname..$upstream | wc -l)
        echo $refname
        echo --------------------
        echo      "   Upstream:       "$upstream
        echo      "   Letzter Autor:  "$author
        echo      "   Commit-ID       "$(git rev-parse --short $sha1)
        echo -n " "  Status:         "
        [ $ahead  -gt 0 ] && echo -n "ahead:"$ahead" "
        [ $behind -gt 0 ] && echo -n "behind:"$behind" "
        [ $behind -eq 0 ] && [ $ahead -eq 0 ] && echo -n "synchron!"
        echo
```

```
        fi
done
```

Die Ausgabe sieht dann wie folgt aus:

```
$ git tstatus
maint
    Upstream:        origin/maint
    Letzter Autor:   João Britto
    Commit-ID        4c007ae
    Status:          synchron!
master
    Upstream:        origin/master
    Letzter Autor:   Junio C Hamano
    Commit-ID        4e3aa87
    Status:          synchron!
next
    Upstream:        origin/next
    Letzter Autor:   Junio C Hamano
    Commit-ID        711ff78
    Status:          behind:22
pu
    Upstream:        origin/pu
    Letzter Autor:   Junio C Hamano
    Commit-ID        dba0393
    Status:          ahead:43 behind:126
```

Die weiteren Feldnamen sowie Beispiele finden Sie in der Man-Page git-for-each-ref(1).

8.3.7 Referenzen umschreiben: git update-ref

Wer for-each-ref einsetzt, will meist auch Referenzen bearbeiten – daher ist das Kommando update-ref noch zu erwähnen. Damit können Sie Referenzen anlegen und sicher umsetzen oder löschen. Grundsätzlich funktioniert git update-ref mit zwei bzw. drei Argumenten:

```
git update-ref <ref> <new-value> [<oldvalue>]
```

Hier ein Beispiel, das den master auf HEAD^ verschiebt, sofern dieser auf HEAD zeigt:

```
$ git update-ref refs/heads/master HEAD^ HEAD
```

Oder aber, um eine neue Referenz topic bei ea0ccd3 anzulegen:

```
$ git update-ref refs/heads/topic ea0ccd3
```

Zum Löschen von Referenzen gibt es die Option -d:

```
git update-ref -d <ref> [<oldvalue>]
```

Um beispielsweise die Referenz `topic` wieder zu löschen:

```
$ git update-ref -d topic ea0ccd3
```

Natürlich könnten Sie die Referenzen auch mit Kommandos wie `echo <sha> > .git/refs/heads/<ref>` manipulieren, aber `update-ref` bringt diverse Sicherheiten und hilft so möglichen Schaden zu minimieren. Der Zusatz `<oldvalue>` ist zwar optional, hilft aber ggf. Programmierfehler zu vermeiden. Zudem kümmert sich das Kommando um Spezialfälle (Symlinks, deren Ziel innerhalb oder außerhalb des Repositorys liegt, Referenzen, die auf andere Referenzen zeigen usw.). Ein zusätzlicher Vorteil ist, dass `git update-ref` automatisch Einträge im Reflog macht, was die Fehlerbehebung deutlich vereinfacht.

8.3.8 Erweiterte Aliase

Sofern Sie nur einen Einzeiler haben, lohnt sich meist kein eigenes Script. Git-Aliase wurden für diesen Anwendungsfall entwickelt. Zum Beispiel ist es möglich, durch ein vorangestelltes Ausrufezeichen externe Programme aufzurufen, etwa um mit `git k` einfach `gitk --all` aufzurufen:

```
$ git config --global alias.k '!gitk --all'
```

Ein anderes Beispiel, das alle bereits gemergten Branches löscht und dafür eine Verkettung von Befehlen verwendet, ist:

```
prune-local = !git branch --merged | grep -v ^* | xargs git branch -d
```

Bei bestimmten Konstrukten kommt es vor, dass Sie die Argumente, die an das Alias übergeben werden, umstellen oder innerhalb einer Befehlskette verwenden wollen. Hierfür eignet sich folgender Trick, bei dem eine Shell-Funktion in das Alias eingebaut ist:

```
$ git config --global alias.demo '!f(){ echo $2 $1 ; }; f'
$ git demo foo bar
bar foo
```

Damit lassen sich auch komplexere Einzeiler elegant als Alias definieren. Die folgende Konstruktion filtert für eine bestimmte Datei heraus, welche Autoren wie viele Commits getätigt haben, in denen die Datei verändert wurde. Wenn Sie Patches an die Mailingliste des Git-Projekts schicken, wird darum gebeten, dass Sie die Mail per CC auch an die wichtigsten Autoren der von Ihnen veränderten Dateien schicken. Mit diesem Alias finden Sie heraus, wer das ist.

```
who-signed = "!f(){ git log -- $1 | \
    grep Signed-off-by | sort | uniq --count | \
```

```
            sort --human-numeric-sort --reverse |\
            sed 's/Signed-off-by: / /' | head ; } ; f "
```

Hier gibt es einiges zu beachten: Ein Alias wird immer vom Toplevel-Verzeichnis des Repositorys ausgeführt, daher muss das Argument den Pfad innerhalb des Repositorys enthalten. Außerdem beruht das Alias darauf, dass alle beteiligten Personen den Commit mit einer Signed-off-by-Zeile abgesegnet haben, denn anhand dieser Zeilen wird die Statistik erstellt. Da das Alias über mehrere Zeilen verteilt ist, muss es mit Anführungszeichen umgeben werden, sonst kann Git das Alias nicht korrekt interpretieren. Der finale Aufruf von head beschränkt die Ausgabe auf die oberen zehn Autoren:

```
$ git who-signed Documentation/git-svn.txt
    46      Junio C Hamano <gitster@pobox.com>
    30      Eric Wong <normalperson@yhbt.net>
    27      Junio C Hamano <junkio@cox.net>
     5      Jonathan Nieder <jrnieder@uchicago.edu>
     4      Yann Dirson <ydirson@altern.org>
     4      Shawn O. Pearce <spearce@spearce.org>
     3      Wesley J. Landaker <wjl@icecavern.net>
     3      Valentin Haenel <valentin.haenel@gmx.de>
     3      Ben Jackson <ben@ben.com>
     3      Adam Roben <aroben@apple.com>
```

Weitere interessante Ideen und Anregungen finden sich im Git-Wiki auf der Seite zu Aliasen.[10]

8.4 Versionsgeschichte umschreiben

Das bereits vorgestellte Kommando git rebase und dessen interaktiver Modus erlaubt es Entwicklern, Commits beliebig zu editieren. Code, der sich noch in der Entwicklung befindet, kann damit „aufgeräumt" werden, bevor er (z.B. per Merge) integriert und so fest mit der Software verschmolzen wird.

Was aber, wenn nachträglich *alle* Commits geändert werden sollen, oder zumindest ein großer Teil? Solche Anforderungen entstehen beispielsweise, wenn ein bis dahin privates Projekt veröffentlicht werden soll, aber sensitive Daten (Keys, Zertifikate, Passwörter) in den Commits stecken.

Git bietet hier das Kommando filter-branch, mit dem Sie diese Aufgabe automatisieren. Prinzipiell funktioniert das wie folgt: Sie geben eine Reihe von Referenzen an, die Git umschreiben soll. Darüber hinaus definieren Sie Kommandos, die für die Modifikation der Commit-Nachricht,

10 https://git.wiki.kernel.org/index.php/Aliases

der Tree-Inhalte, der Commits etc. zuständig sind. Git geht jeden Commit durch und wendet den entsprechenden Filter auf den entsprechenden Teil an. Die Filter werden per `eval` in der Shell ausgeführt, können also komplette Kommandos oder Namen von Scripten sein. Die nachfolgende Liste beschreibt die Filter, die Git anbietet:

`--env-filter`
: Kann dazu verwendet werden, die Umgebungsvariablen, unter denen der Commit umgeschrieben wird, anzupassen. Speziell die Variablen `GIT_{AUTHOR,COMMITTER}_{NAME,EMAIL,DATE}` lassen sich so bei Bedarf mit neuen Werten exportieren.

`--tree-filter`
: Erzeugt für jeden umzuschreibenden Commit einen Checkout, wechselt in das Verzeichnis und führt den Filter aus. Anschließend werden neue Dateien automatisch hinzugefügt und alte gelöscht sowie alle Änderungen übernommen.

`--index-filter`
: Manipuliert den Index. Verhält sich ähnlich wie der Tree-Filter, nur dass Git keinen Checkout erstellt, wodurch der Index-Filter schneller ist.

`--msg-filter`
: Erhält die Commit-Nachricht auf Standard-In und gibt die neue Nachricht auf Standard-Out aus.

`--commit-filter`
: Wird statt `git commit-tree` aufgerufen und kann so prinzipiell aus einem Commit mehrere machen. Für Details siehe die Man-Page.

`--tag-name-filter`
: Wird für alle Tag-Namen aufgerufen, die auf einen Commit zeigen, der anderweitig umgeschrieben wurde. Verwenden Sie `cat` als Filter, dann werden die Tags übernommen.

`--subdirectory-filter`
: Nur die Commits anschauen, die das angegebene Verzeichnis modifizieren. Die umgeschriebene History wird nur dieses Verzeichnis enthalten, und zwar als oberstes Verzeichnis im Repository.

Die allgemeine Syntax des Kommandos ist: `git filter-branch <filter> -- <referenzen>`. Dabei ist `<referenzen>` ein Argument für `rev-parse`, kann also ein oder mehrere Branch-Namen sein, eine Syntax der

Form `<ref1>..<ref2>` oder einfach `--all` für alle Referenzen. Beachten Sie den Doppelstrich `--`, der die Argumente für `filter-branch` von denen für `rev-parse` abtrennt!

Sobald sich einer der Filter bei einem Commit nicht mit dem Rückgabewert Null beendet, bricht der gesamte Umschreibevorgang ab. Achten Sie also darauf, mögliche Fehlermeldungen abzufangen oder durch Anhängen von `|| true` zu ignorieren.

Die ursprünglichen Referenzen werden unter `original/` gespeichert; wenn Sie also den Branch `master` umschreiben, zeigt `original/refs/heads/master` noch auf den ursprünglichen, nicht umgeschriebenen Commit (und entsprechend dessen Vorgänger). Existiert diese Backup-Referenz bereits, weigert sich das `filter-branch`-Kommando, die Referenz umzuschreiben, es sei denn, Sie geben die Option `-f` für *force* an.

TIPP Sie sollten Ihre `filter-branch`-Experimente immer in einem frischen Klon machen. Die Chance, durch unglückliche Vertipper Schaden anzurichten, ist nicht unerheblich. Gefällt Ihnen das Resultat jedoch, können Sie das neue Repository kurzerhand zum Haupt-Repository machen, sowie das alte als Backup auslagern.

In den folgenden Beispielen geht es um einige typische Anwendungsfälle des `filter-branch`-Kommandos.

8.4.1 Sensitive Informationen nachträglich entfernen

Idealerweise sind sensitive Daten wie Keys, Zertifikate oder Passwörter nicht Teil eines Repositorys. Auch große Binärdateien oder anderer Datenmüll blähen die Größe des Repositorys unnötig auf.

Open-Source-Software, deren Benutzung erlaubt, deren Weitergabe allerdings durch Lizenzbedingungen untersagt ist (*no distribution*), darf natürlich auch nicht in einem Repository auftauchen, das Sie der Öffentlichkeit zugänglich machen.

In all diesen Fällen können Sie die Projektgeschichte umschreiben, so dass niemand herausfinden kann, dass die entsprechenden Daten je in der Versionsgeschichte des Projekts aufgetaucht sind.

TIPP Wenn Sie mit Git-Tags arbeiten, empfiehlt es sich bei diesen Operationen immer, auch noch das Argument `--tag-name-filter cat` zu übergeben, damit Tags, die auf umzuschreibende Commits zeigen, auch auf die neue Version zeigen.

Um aus der gesamten Projektgeschichte nur einige Dateien bzw. Unterverzeichnisse zu löschen, behelfen Sie sich mit einem einfachen Index-Filter. Sie müssen lediglich Git anweisen, die entsprechenden Einträge aus dem Index zu entfernen:

```
$ git filter-branch --index-filter \
  'git rm --cached --ignore-unmatch <datei>' \
  --prune-empty -- --all
```

Die Argumente --cached und --ignore-unmatch teilen git rm mit, nur den Indexeintrag zu entfernen und nicht mit einem Fehler abzubrechen, wenn der entsprechende Eintrag nicht existiert (z.B. weil die Datei erst bei einem bestimmten Commit hinzugefügt wurde). Wollen Sie Verzeichnisse löschen, müssen Sie zusätzlich -r angeben.

Das Argument --prune-empty sorgt dafür, dass Commits, die nach Anwendung des Filters den Tree *nicht* verändern, ausgelassen werden. Wenn Sie also ein Zertifikat mit einem Commit hinzugefügt haben und dieser Commit durch Entfernen des Zertifikats somit zu einem „leeren" Commit wird, dann lässt Git ihn ganz aus.

Analog zum obigen Kommando können Sie mit git mv auch Dateien oder Verzeichnisse verschieben. Sind die Operationen etwas komplexer, sollten Sie sich überlegen, einfach mehrere, einfache Filter zu entwerfen und sie nacheinander aufzurufen.

TIPP Möglicherweise hatte eine Datei, die Sie löschen wollen, früher einen anderen Namen. Um das zu überprüfen, verwenden Sie das Kommando git log --name-status --follow -- <datei>, um eventuelle Umbenennungen aufzuspüren.

Strings aus Dateien entfernen

Falls Sie nicht ganze Dateien, sondern nur bestimmte Zeilen in allen Commits ändern wollen, reicht ein Filter auf Index-Ebene nicht aus. Sie müssen einen Tree-Filter verwenden.

Git wird für jeden Commit den jeweiligen Tree auschecken, in das entsprechende Verzeichnis wechseln, und dann den Filter ausführen. Alle Änderungen, die Sie vornehmen, werden übernommen (ohne dass Sie git add etc. verwenden müssen).

Um das Passwort v3rYs3cr1T aus allen Dateien und allen Commits zu tilgen, bedarf es folgenden Kommandos:

```
$ git filter-branch --tree-filter 'git ls-files -z | \
    xargs -0 -n 1 sed -i "s/v3rYs3cr1T/PASSWORT/g" \
    2>/dev/null || true' -- master
Rewrite cbddbd3505086b79dc3b6bd92ac9f811c8a6f4d1 (142/142)
Ref 'refs/heads/master' was rewritten
```

Das Kommando führt eine *in-place*-Ersetzung mit sed durch, und zwar auf jeder Datei des Repositorys. Eventuelle Fehlermeldungen werden weder ausgegeben noch führen sie zu einem Abbruch des filter-branch-Aufrufs.

Nachdem die Referenzen umgeschrieben wurden, können Sie via Pickaxe-Tool (-G<ausdruck>, siehe Abschnitt 2.1.6) überprüfen, ob wirklich kein Commit mehr den String v3rYs3cr1T einführt:

```
$ git log -p -G"v3rYs3cr1T"
# sollte keine Ausgabe erzeugen
```

TIPP Tree-Filter müssen für jeden Commit den entsprechenden Tree auschecken. Das erzeugt bei vielen Commits und vielen Dateien einen erheblichen Overhead, so dass ein filter-branch-Aufruf sehr lange dauern kann.

Durch Angabe von -d <pfad> können Sie das Kommando anweisen, den Tree nach <pfad> statt nach .git-rewrite/ auszuchecken. Wenn Sie hier ein tmpfs verwenden (also insbesondere /dev/shm oder /tmp), dann werden die Dateien nur im Arbeitsspeicher gehalten, was den Aufruf des Kommandos um einige Größenordnungen beschleunigen kann.

Einen Entwickler umbenennen

Wollen Sie einen Entwickler umbenennen, können Sie dies tun, indem Sie in einem Environment-Filter ggf. die Variable GIT_AUTHOR_NAME ändern. Zum Beispiel so:

```
$ git filter-branch -f --env-filter \
    'if [ "$GIT_AUTHOR_NAME" = "Julius Plenz" ];
     then export GIT_AUTHOR_NAME="Julius Foobar"; fi' -- master
```

8.4.2 Unterverzeichnis extrahieren

Der Subdirectory-Filter erlaubt es, die Commits so umzuschreiben, dass ein Unterverzeichnis des aktuellen Repositorys neues Toplevel-Verzeichnis wird. Alle anderen Verzeichnisse sowie das ehemalige Toplevel-Verzeichnis fallen weg. Commits, die nichts in dem neuen Unterverzeichnis geändert haben, fallen ebenfalls weg.

Auf diese Weise können Sie etwa die Versionsgeschichte einer Bibliothek aus einem größeren Projekt ausgliedern. Der Austausch zwischen dem ausgegliederten Projekt und dem Basisprojekt kann über Submodules oder Subtree-Merges funktionieren (siehe dazu Abschnitt 5.11).

Um das Verzeichnis t/ (enthält die Test-Suite) aus dem Git-Quell-Repository abzuspalten, genügt folgendes Kommando:

```
$ git filter-branch --subdirectory-filter t -- master
Rewrite 2071fb015bc673d2514142d7614b56a37b3faaf2 (5252/5252)
Ref 'refs/heads/master' was rewritten
```

Achtung: Dieses Kommando läuft einige Minuten lang.

8.4.3 Grafts: Nachträgliche Merges

Git stellt über sogenannte *Graft Points* bzw. *Grafts* (to graft: einpflanzen) eine Möglichkeit, Merges zu simulieren. Solche Grafts werden zeilenweise in der Datei .git/info/grafts abgelegt und haben das folgende Format:

```
commit [parent1 [parent2 ...]]
```

Neben den Informationen, die Git aus den Metadaten der Commits bezieht, können Sie also für beliebige Commits ein oder mehrere beliebige Vorgängercommits (Parents) angeben.[11]

Achten Sie darauf, das Repository weiterhin als DAG zu betrachten und keine Kreise zu schließen: Definieren Sie nicht HEAD als den Vorgänger des Root-Commits! Die Grafts-Datei ist *nicht* Teil des Repositorys; ein git clone kopiert diese Informationen also nicht mit, sie helfen Git lediglich, eine Merge-Basis zu finden. Bei einem Aufruf von filter-branch werden diese Graft-Informationen allerdings fest in die Commits kodiert.

Das ist vor allem in zwei Fällen sinnvoll: Wenn Sie eine alte Versionsgeschichte aus einem Tool importieren, das nicht korrekt mit Merges umgehen kann (z.B. frühere Subversion-Versionen), oder wenn Sie zwei Versionsgeschichten aneinander „ankleben" wollen.

Angenommen, die Entwicklung wurde auf Git umgestellt. Um die Konvertierung der alten Versionsgeschichte hat sich allerdings noch nie-

---

11 Sie können prinzipiell auch *gar keinen* Vorgänger angeben. Dann wird der entsprechende Commit zu einem Root-Commit.

mand gekümmert. Das neue Repository wurde also mit einem initialen Commit gestartet, der den damaligen Stand des Projekts widerspiegelte.

Mittlerweile haben Sie die alte Versionsgeschichte erfolgreich nach Git konvertiert und wollen sie nun *vor* den initialen Commit (oder stattdessen) anfügen. Dafür gehen Sie so vor:

```
$ cd <neues-repository>
$ git fetch <altes-repository> master:old-master
... Konvertierte Commits importieren ...
```

Sie haben nun ein Multi-Root-Repository. Anschließend müssen Sie den initialen Commit des neuen Repositorys finden ($old_root) und den neuesten Commit des alten, konvertierten Repositorys ($old_tip) als dessen *Vorgänger* definieren:

```
$ old_root=`git rev-list --reverse master | head -n 1`
$ old_tip=`git rev-parse old-master`
$ echo $old_root $old_tip > .git/info/grafts
```

Schauen Sie sich das Resultat mit Gitk oder einem ähnlichen Programm an. Wenn Sie zufrieden sind, können Sie die Grafts *permanent* machen (dabei werden alle Commits ab $old_tip umgeschrieben). Dafür wird `git filter-branch` ohne Angabe von Filtern aufgerufen:

```
$ git filter-branch -- $old_tip..
Rewrite 1591ed7dbb3a683b9bf1d880d7a6ef5d252fc0a0 (1532/1532)
Ref 'refs/heads/master' was rewritten
$ rm .git/info/grafts
```

Außerdem müssen Sie natürlich noch die verbleibenden Backup-Referenzen löschen (s. u.).

8.4.4 Alte Commits löschen

Nachdem Sie eventuelle sensitive Daten aus allen Commits getilgt haben, müssen Sie noch dafür sorgen, dass diese alten Commits nicht wieder auftauchen. In dem Repository, das Sie umgeschrieben haben, erfolgt das in drei Schritten:

1. Die Backup-Referenzen unter `original/` löschen. Das erreichen Sie mit folgendem Kommando:

   ```
   $ git for-each-ref --format='%(refname)' -- 'refs/original/' | \
     xargs -n 1 git update-ref -d
   ```

   Sofern Sie alte Tags oder andere Branches noch nicht umgeschrieben oder gelöscht haben, müssen Sie dies natürlich vorher erledigen.

2. Das Reflog löschen:

   ```
   $ git reflog expire --verbose --expire=now --all
   ```

3. Die nun nicht mehr erreichbaren (*orphaned*) Commits löschen. Das lässt sich am besten über die gc-Option --prune regeln, mit der Sie einstellen, seit wann ein Commit nicht mehr erreichbar sein darf, damit er gelöscht wird: Ab sofort.

   ```
   $ git gc --prune=now
   ```

Sofern andere Entwickler mit einer veralteten Version des Repositorys arbeiten, müssen sie nun „migrieren". Wesentlich ist, dass sie nicht durch ihre Entwicklungsbranches wieder alte Commits in das gesäuberte Repository hineinziehen.

Dafür sollten am besten das neue Repository frisch geklont, wichtige Branches aus dem alten Repository per `git fetch` übernommen und direkt per Rebase auf die neuen Commits aufgebaut werden. Die alten Commits können Sie dann dann per `git gc --prune=now` entsorgen.

Zusammenspiel mit anderen Versionsverwaltungssystemen

Git verfügt über Schnittstellen zu anderen Versionsverwaltungssystemen, die für zwei grundsätzliche Anwendungsfälle von Bedeutung sind:

Bidirektionale Kommunikation
Sie wollen lokal in einem Git-Repository entwickeln, die Veränderungen aber auch in ein externes Repository übertragen bzw. Veränderungen von dort nach Git importieren.

Migration
Sie wollen aus einem bestehenden Repository eines anderen Systems die dort gespeicherte Versionsgeschichte nach Git importieren.

Folgende Schnittstellen bietet Git von Haus aus – alle erlauben beidseitige Kommunikation und vollständige Konvertierung:

Subversion (svn)
: Das Werkzeug `git-svn` bietet alle wesentlichen Subkommandos um mit Subversion-Repositories umzugehen und wird in diesem Kapitel ausführlich behandelt. Das Programm ist in Perl implementiert und verwendet die Perl-Bindings für Git und Subversion. Es wird zusammen mit den Git-Quellen im `git.git`-Repository verwaltet (liegt als `git-svn.perl` vor). Hinweis: Das Tool heißt zwar `git-svn`, wird aber wie üblich mit `git svn <command>` aufgerufen. Die technische Dokumentation finden Sie in der Man-Page `git-svn(1)`.

Concurrent Versioning System (cvs)
: Das Kommando `git cvsimport` bewerkstelligt Import und Abgleich eines CVS-Repositorys – das Pendant ist `git cvsexportcommit`.

Perforce (p4)
: Mit `git p4` sprechen Sie Repositories des proprietären Systems Perforce an.

Für das Zusammenspiel mit anderen VCS gibt es zudem eine Vielzahl zusätzlicher Werkzeuge und Scripte, die die genannten Kommandos verbessern, erweitern und zum Teil ersetzen. Aber auch Schnittstellen zu weiteren Versionsverwaltungssystemen, wie z.B. Mercurial, werden angeboten. Sollten die in diesem Kapitel beschriebenen Kommandos und Rezepte nicht ausreichen, lohnt sich eine Internet-Recherche. Als ersten Anlaufpunkt empfehlen wir das Git-Wiki.[1]

Neben den unmittelbaren Kommunikationsmöglichkeiten mit anderen Systemen verfügt Git über ein eigenes, simples Plaintext-Protokoll, mit dem Sie die Versionsgeschichte aus einem beliebigen System so übersetzen, dass Git daraus ein Repository erstellt. Für eine detaillierte Beschreibung inklusive Beispiel siehe Abschnitt 9.2 über *Fast-Import*.

9.1 Subversion

Im Folgenden geht es um die Handhabung von `git-svn`. Wir zeigen Ihnen, wie Sie Subversion-Repositories konvertieren und wie Sie es einsetzen, um Änderungen zwischen einem Subversion-Repository und Git auszutauschen.

---

[1] https://git.wiki.kernel.org/index.php/Interfaces,_frontends,_and_tools#Interaction_with_other_Revision_Control_Systems

9.1.1 Konvertierung

Ziel ist es, die Versionsgeschichte aus einem Subversion-Repository in ein Git-Repository zu übertragen. Bevor Sie starten, müssen Sie Vorbereitungen treffen, die je nach Projektgröße einige Zeit in Anspruch nehmen. Gute Vorbereitung hilft Ihnen aber, Fehler von vornherein zu vermeiden.

Vorbereitung

Folgende Informationen sollten Sie zur Hand haben:

1. Wer sind die Autoren? Wie lauten ihre E-Mail-Adressen?

2. Wie ist das Repository strukturiert? Gibt es Branches und Tags?

3. Sollen Metadaten zu der Subversion-Revision in den Git-Commits abgelegt werden?

Später werden Sie das Kommando `git svn clone` aufrufen. Die Antworten auf die oben genannten Fragen entscheiden, mit welchen Optionen und Argumenten Sie dies tun.

> **TIPP**
>
> Unsere Erfahrung hat gezeigt, das es selten bei nur einem Konvertierungsversuch bleibt. Wenn das Subversion-Repository nicht schon lokal vorliegt, lohnt es sich auf jeden Fall eine lokale Kopie anzulegen – dadurch müssen Sie, bei einem zweiten Versuch, die Revisionen nicht erneut übers Netzwerk herunterladen. Hierfür können Sie bspw. rsvndump nutzen.[2]

Subversion nutzt weniger umfangreiche Metadaten zu Autoren als Git; Revisionen werden lediglich mit einem Subversion-Benutzernamen gekennzeichnet, und es gibt keinen Unterschied zwischen Autor und Committer einer Revision. Damit `git-svn` die Subversion-Benutzernamen in für Git typische vollständige Namen mit E-Mail-Adressen übertragen kann, bedarf es einer sog. *Authors-Datei*:

```
jplenz = Julius Plenz <julius@plenz.com>
vhaenel = Valentin Haenel <valentin.haenel@gmx.de>
```

Die Datei, z.B. `authors.txt`, übergeben Sie später mit `--authors-file=` bzw. `-A` an `git-svn`.

---

[2] http://rsvndump.sourceforge.net/

Folgender Einzeiler ermittelt alle Subversion-Benutzernamen und hilft Ihnen, die Datei zu erstellen:

```
$ svn log --xml | grep author | sed 's_^.*>\(.*\)<.*$_\1_' | \
   sort --unique
```

Geben Sie bei der Konvertierung keine Authors-Datei an (oder fehlt ein Autor), so verwendet git-svn den Subversion-Benutzernamen als Autor. Die E-Mail-Adresse setzt sich aus dem Subversion-Benutzernamen und der UUID des Subversion-Repositorys zusammen.

Finden Sie im nächsten Schritt heraus, wie das Repository strukturiert ist. Dabei helfen folgende Fragen:

1. Verfügt das Repository über einen sog. *Trunk* (Hauptentwicklungsstrang), Branches und Tags?

    a) Wenn ja, wird das Standardlayout von Subversion (trunk/, branches/, tags/) eingesetzt?

    b) Wenn nicht, in welchen Verzeichnissen befinden sich Trunk, Branches und Tags dann?

2. Werden nur ein einzelnes oder mehrere Projekte in dem Repository verwaltet?

Folgt das Projekt dem Subversion-Standardlayout (Abbildung 9.1), verwenden Sie für die Konvertierung das Argument --stdlayout bzw. kurz -s.

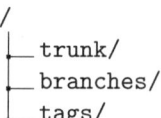

Abbildung 9.1: Standardlayout Subversion

SVN-Metadaten

Das Argument --no-metadata verhindert, dass zusätzliche Metadaten in die Commit-Message einfließen. Inwieweit das für Ihren Anwendungsfall sinnvoll ist, müssen Sie selbst entscheiden. Aus technischer Sicht sind die Metadaten nur notwendig, wenn Sie weiterhin mit dem Subversion-Repository interagieren wollen. Es kann allerdings auch hilfreich sein, die Metadaten zu erhalten, wenn Sie bspw. in Ihrem Bugtracking-System die Subversion-Revisionsnummer verwenden.

Die SVN-Metadaten tauchen jeweils in der letzten Zeile einer Commit-Nachricht auf und haben die folgende Form:

```
git-svn-id: <URL>@<Revision> <UUID>
```

`<URL>` ist die URL des Subversion-Repositorys, `<Revision>` die Subversion-Revision und `<UUID>` (*Universally Unique Identifier*) eine Art „Fingerabdruck" des Subversion-Repositorys. Zum Beispiel:

```
git-svn-id: file:///demo/trunk@8 2423f1c7-8de6-44f9-ab07-c0d4e8840b78
```

Benutzernamen angeben

Wie Sie den Benutzernamen angeben, hängt vom Transport-Protokoll ab. Für solche, bei denen Subversion die Authentifizierung regelt (z.B. `http`, `https` und `svn`), nutzen Sie die Option `--username`. Für andere (`svn+ssh`) müssen Sie den Benutzernamen als Teil der URL angeben, also beispielsweise `svn+ssh://USER@svn.example.com`.

Standardlayout konvertieren

Ein SVN-Repository im Standardlayout konvertieren Sie mit dem folgenden Aufruf (nachdem Sie eine Authors-Datei erstellt haben):

```
$ git svn clone <http://svn.example.com/> -s -A <authors.txt> \
    --no-metadata <projekt-konvertiert>
```

Non-Standard Layout

Ist das Repository nicht nach dem Subversion-Standardlayout ausgelegt, passen Sie den Aufruf von `git svn` entsprechend an: Statt `--stdlayout` geben Sie explizit den Trunk mit `--trunk` bzw. `-T` an, die Branches mit `--branches` bzw. `-b` und die Tags mit `--tags` bzw. `-t` – wenn beispielsweise mehrere Projekte in einem Subversion-Repository verwaltet werden (Abbildung 9.2).

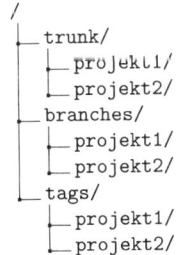

Abbildung 9.2: Non-Standard Layout

Um `projekt1` zu konvertieren, würde der Aufruf wie folgt lauten:[3]

```
$ git svn clone <http://svn.example.com/> -T trunk/projekt1 \
  -b branches/projekt1 -t tags/projekt1 \
  -A <authors.txt> <projekt1-konvertiert>
```

Ein SVN-Repository ohne Branches oder Tags klonen Sie einfach über die URL des Projektverzeichnisses und verzichten dabei vollständig auf `--stdlayout`:

```
$ git svn clone <http://svn.example.com/projekt> -A authors.txt \
  --no-metadata <projekt-konvertiert>
```

Sollten mehrere unabhängige Projekte in einem Repository verwaltet werden, empfehlen wir Ihnen, pro Projekt ein eigenes Git-Repository zu erstellen. Git eignet sich – im Gegensatz zu Subversion – nicht, um mehrere Projekte in einem Repository zu verwalten. Das Objektmodell führt dazu, dass die Entwicklungsgeschichten (Commit-Graphen) untrennbar miteinander verschmelzen würden. Wie Sie Projekte aus unterschiedlichen Git-Repositories miteinander „verknüpfen", ist in Abschnitt 5.11 beschrieben.

Nachbearbeitung

Ist `git svn clone` durchgelaufen, müssen Sie das Repository meist noch ein wenig nachbearbeiten.

TIPP Bei der Konvertierung ignoriert `git-svn` alle Subversion-Properties außer `svn:execute`. Wenn das Subversion-Repository die Properties `svn:ignore` zum Ausschließen von Dateien verwendet, können Sie diese in eine (oder rekursiv für mehrere) `.gitignore`-Datei(en) übersetzen:

```
$ git svn create-ignore
```

Die `.gitignore`-Dateien werden nur erzeugt und dem Index hinzugefügt – Sie müssen diese noch einchecken.

Git erzeugt für den Subversion-Trunk sowie die Subversion-Branches und -Tags spezielle Git-Branches unter `remotes/origin`. Sie haben große Ähnlichkeit mit den Remote-Tracking-Branches, da sie den Zustand des Subversion-Repositorys abbilden – es sind also quasi *Subversion-Tracking-Branches*. Sie dienen vor allem der bidirektionalen Kommunikation

---

[3] Existieren mehrere Verzeichnisse, die Branches und/oder Tags enthalten, so geben Sie diese durch mehreren Argumente -t bzw. -b an.

9.1 Subversion

und werden bei einer Synchronisation mit dem Subversion-Repository aktualisiert. Wollen Sie allerdings das Repository nur konvertieren, haben diese Branches keinen Nutzen mehr und sollten entsprechend in „echte" Git-Branches umgeschrieben werden (s. u.).

Für den Trunk und jeden Subversion-Branch wird je ein Subversion-Tracking-Branch angelegt,[4] und für jedes Subversion-Tag ebenfalls ein Subversion-Tracking-Branch (*kein* Git-Tag, s. u.), aber unter `remotes/origin/tags`.

Angenommen, das Subversion-Repository hat folgende Subversion-Branches und -Tags:

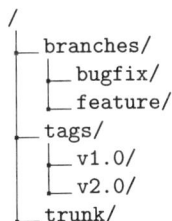

Abbildung 9.3: Beispiel Subversion-Branches und -Tags

In diesem Fall erzeugt `git svn` folgende Git-Branches:

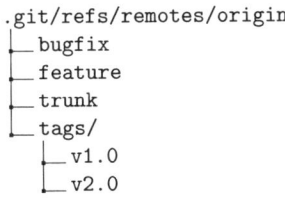

Abbildung 9.4: Konvertierte Git-Branches

Das Präfix passen Sie mit der Option `--prefix=` an. So werden zum Beispiel mit der Anweisung `--prefix=svn/` alle konvertierten Referenzen unter `remotes/svn/` statt unter `remotes/origin` abgelegt.

Wie schon erwähnt, erzeugt `git-svn` für Subversion-Tags *keine* Git-Tags. Das liegt daran, dass sich Subversion-Tags aus technischer Sicht kaum von Subversion-Branches unterscheiden. Sie werden auch mit `git svn copy` erstellt und können – im Gegensatz zu Git-Tags – im Nachhinein verändert werden. Um solche Aktualisierungen verfolgen zu können, werden Subversion-Tags daher auch als Subversion-Tracking-Branches dargestellt. Wie auch die Subversion-Branches, haben diese in einem konvertierten Repository keinen Nutzen (sondern stiften eher Verwirrung) und sollten daher in echte Git-Tags umgeschrieben werden.

---

4 Haben Sie bei der Konvertierung keinen Trunk per `-T` oder `--stdlayout` angegeben, wird ein einziger Branch namens `remotes/git-svn` generiert.

Wenn Sie die Subversion-Branches und -Tags beibehalten wollen, sollten Sie die Subversion-Tracking-Branches in Lokale Git-Branches bzw. Lightweight-Git-Tags übersetzen. Im ersten Schritt hilft Ihnen folgendes Shell-Script `git-convert-refs`:[5]

```sh
#!/bin/sh

. $(git --exec-path)/git-sh-setup
svn_prefix='svn/'

convert_ref(){
  echo -n "converting: $1 to: $2 ..."
  git update-ref $2 $1
  git update-ref -d $1
  echo "done"
}

get_refs(){
  git for-each-ref $1 --format='%(refname)'
}

echo 'Converting svn tags'
get_refs refs/remotes/${svn_prefix}tags | while read svn_tag
do
  new_ref=$(echo $svn_tag | sed -e "s|remotes/$svn_prefix||")
  convert_ref $svn_tag $new_ref
done

echo "Converting svn branches"
get_refs refs/remotes/${svn_prefix} | while read svn_branch
do
  new_ref=$(echo $svn_branch | sed -e "s|remotes/$svn_prefix|heads/|")
  convert_ref $svn_branch $new_ref
done
```

Das Script nimmt an, dass das Repository mit der Option `--prefix=svn/` konvertiert wurde. Die beiden `while`-Schleifen machen Folgendes:

- Für jeden Subversion-Tracking-Branch, der einem Subversion-*Tag* entspricht, wird ein Git-Tag erzeugt (z.B. `refs/remotes/svn/tags/v1.0` → `refs/tags/v1.0`).

- Für jeden Subversion-Tracking-Branch, der einem Subversion-*Branch* entspricht, wird ein „echter" lokaler Git-Branch erzeugt (z.B. `refs/remotes/svn/bugfix` → `refs/heads/bugfix`).

---

[5] Das Script ist in der Scriptsammlung für dieses Buch enthalten. Siehe: https://github.com/gitbuch/buch-scripte.

Das Script nutzt die Plumbing-Kommandos `git for-each-ref`, das auf den angegebenen Ausdruck passende Referenzen zeilenweise ausgibt, und `git update-ref`, das Referenzen umschreibt und löscht.[6]

In Abbildung 9.5 und Abbildung 9.6 sehen Sie, wie das Script funktioniert. In dem Subversion-Repository existieren der Trunk, ein Branch `feature` sowie das Tag `v1.0`. Bei der Konvertierung erstellt `git-svn` drei Branches unter `remotes/svn`, wie oben beschrieben. Das Script `git-convert-refs` übersetzt schließlich `remotes/svn/trunk` → `trunk`, `remotes/svn/feature` → `feature` und aus `remotes/svn/tags/v1.0` wird ein Lightweight Tag.

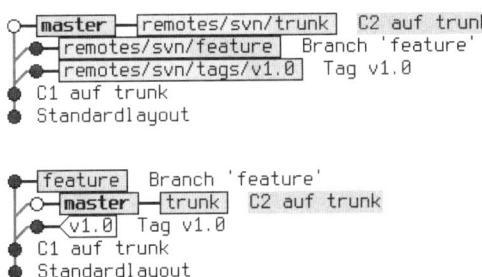

Abbildung 9.5: Konvertierte Branches und Tags vor der Übersetzung

Abbildung 9.6: Konvertierte Branches und Tags nach der Übersetzung

Nachdem Sie die Subversion-Branches und Tags umgeschrieben haben, werden Sie feststellen, dass alle Git-Tags auf ganz kurzen Abzweigungen „sitzen" (siehe Tag `v1.0` in der Abbildung 9.6 und Abbildung 9.7). Das liegt daran, dass jedes Subversion-Tag mit einem Subversion-Commit erzeugt wurde. Das Konvertierungsverhalten von `git-svn` ist also prinzipiell korrekt, weil pro Subversion-Revision ein Git-Commit erzeugt wird – aber für ein Git-Repository etwas unhandlich: Sie können z.B. nicht `git describe --tags` einsetzen.

Da jedoch, sofern das Subversion-Tag nicht noch nachträglich verändert wurde, der getaggte Commit den gleichen Tree referenziert wie sein Vorfahre, können Sie die Tags auf die Vorfahren verschieben. Dabei hilft folgendes Shell-Script `git-fix-tags`[7]:

```
#!/bin/sh

. $(git --exec-path)/git-sh-setup
```

---

6 Grundsätzlich können Sie diese Operationen auch direkt mit dem Kommando `mv` unterhalb von `.git/refs/` ausführen. Die Plumbing-Kommandos machen es aber möglich, auch „exotische" Fälle wie „Packed Refs" bzw. Referenzen, die Symlinks sind, korrekt zu behandeln. Außerdem schreibt `git update-ref` entsprechende Einträge in das Reflog und gibt Fehlermeldungen aus, falls etwas schiefgeht. Siehe hierzu auch Abschnitt 8.3.

7 Auch dieses Script finden Sie in der Scriptsammlung: https://github.com/gitbuch/buch-scripte.

9 Zusammenspiel mit anderen Versionsverwaltungssystemen

```
get_tree(){ git rev-parse $1^{tree}; }

git for-each-ref refs/tags --format='%(refname)' \
| while read tag
do
    sha1=$(git rev-parse $tag)
    tree=$(get_tree $tag )
    new=$sha1
    while true
    do
        parent=$(git rev-parse $new^)
        git rev-parse $new^2 > /dev/null 2>&1 && break
        parent_tree=$(get_tree $parent)
        [ "$parent_tree" != "$tree" ] && break
        new=$parent
    done
    [ "$sha1" = "$new" ] && break
    echo -n "Found new commit for tag ${tag#refs/tags/}: " \
        $(git rev-parse --short $new)", resetting..."
    git update-ref $tag $new
    echo 'done'
done
```

Das Script untersucht jeden getaggten Commit. Ist unter den Vorfahren ein Commit, der denselben Tree referenziert, wird das Tag erneuert. Hat der Commit oder einer seiner Vorfahren selbst mehrere Vorfahren (nach einem Merge), wird die Suche abgebrochen. In Abbildung 9.7 sehen Sie zwei Tags, die in Frage kommen: v1.0 und v2.0. Das Tag v1.0 wurde von Commit C1 aus erstellt und enthält keine nachträglichen Veränderungen. Das Tag v2.0 hingegen wurde nach seiner Erstellung von Commit C2 nochmals verändert.

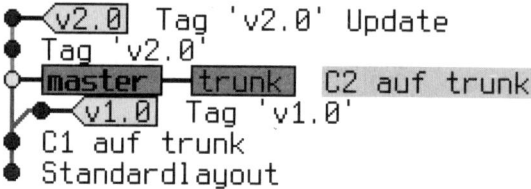

Abbildung 9.7: Konvertierte Git-Tags auf Abzweigungen

In Abbildung 9.8 sehen Sie, wie das Tag v1.0 von obigem Script auf den Vorfahren verschoben wurde (weil die Trees gleich sind). Das Tag v2.0 bleibt jedoch an Ort und Stelle (weil die Trees aufgrund nachträglicher Veränderungen verschieden sind).

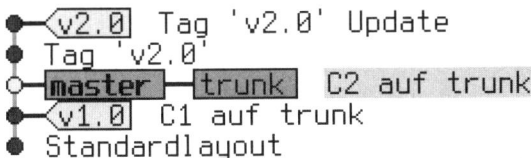

Abbildung 9.8:
Tag v1.0 wurde umgeschrieben

TIPP

Das Tool `git-svn-abandon`[8] verfolgt einen ähnlichen Ansatz wie die beiden vorgestellten Scripte, konvertiert also Subversion-Tracking-Branches und verschiebt Tags. Statt Lightweight Tags erzeugt es jedoch Annotated Tags und erledigt noch einige zusätzliche Aufräumarbeiten, ähnlich denen, die wir als nächstes behandeln. Eine andere Alternative, um die Tags zu verschieben, ist das Script `git-move-tags-up`[9].

Sie sollten noch entscheiden, wie Sie mit der Referenz für den Trunk (trunk bzw. git-svn) umgehen wollen. Nach der Konvertierung zeigt dieser auf denselben Commit wie master – von daher können Sie ihn eigentlich löschen:

```
$ git branch -d trunk
```

Eventuell befinden sich nach der Konvertierung noch Git-Branches in dem Repository, die bereits in den master gemergt wurden. Entfernen Sie diese mit folgendem Kommando:

```
$ git checkout master
$ git branch --merged | grep -v '^*' | xargs git branch -d
```

Außerdem können Sie die übrigen Altlasten entsorgen, die sich sowohl in der Repository-Konfiguration als auch in .git/ befinden:

```
$ rm -r .git/svn
$ git config --remove-section svn
$ git config --remove-section svn-remote.svn
```

Sie sind dann bereit, die konvertierte Geschichte in ein Remote-Repository hochzuladen, um es mit anderen Entwicklern gemeinsam zu benutzen.

```
$ git remote add <example> <git@git.example.com:projekt1.git>
$ git push <example> --mirror
```

[8] https://github.com/nothingmuch/git-svn-abandon
[9] http://git.goodpoint.de/?p=git-move-tags-up.git;a=summary

Subversion-Merges

Subversion-Merges werden von `git-svn` anhand der `svn:mergeinfo`-Properties erkannt und als Git-Merges übersetzt – allerdings nicht immer. Es kommt darauf an, welche Subversion-Revisionen gemergt wurden und wie. Wurden alle Revisionen, die einen Branch betreffen, gemergt (`svn merge -r <N:M>`), so wird dies durch einen Git-Merge-Commit abgebildet. Wurden jedoch nur einzelne Revisionen gemergt (via `svn merge -c <N>`), dann werden diese stattdessen einfach mit `git cherry-pick` übernommen.

Für folgendes Beispiel haben wir ein Subversion-Repository mit einem Branch feature erstellt, der zweimal gemergt wird. Einmal als Subversion-Merge, der als Git-Merge-Commit gewertet wird, und einmal als Subversion-Merge, der als Cherry-Pick übersetzt wird. Das mit `git-svn` konvertierte Resultat ist unten abgebildet.

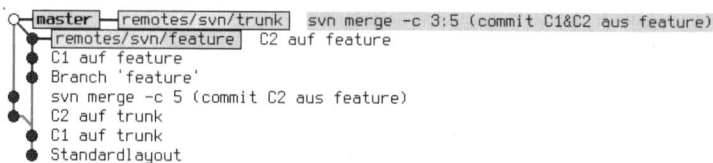

Abbildung 9.9: Konvertiertes Subversion-Repository

Die Commits im Subversion-Repository wurden in der folgenden Reihenfolge gemacht:

1. Standardlayout
2. C1 auf trunk
3. Branch feature
4. C1 auf feature
5. C2 auf feature
6. C2 auf trunk
7. `svn merge branches/feature trunk -c 5` (commit C2 auf feature)
8. `svn merge branches/feature trunk -r 3:5` (commit C1&C2 auf feature)

Abschließend ist noch zu erwähnen, dass `git-svn` bei weitem nicht das einzige Tool zur Konvertierung ist. `git-svn` leidet oft an Geschwindigkeitsproblemen bei sehr großen Repositories. In diesem Kontext werden zwei Tools sehr häufig genannt, die schneller arbeiten: einerseits svn2git [10] und auch svn-fe [11] (svn-fast-export). Sollten Sie bei der Konvertierung auf Probleme stoßen (z.B. wenn die Konvertierung schon seit mehreren Tagen läuft und noch kein Ende in Sicht ist), lohnt sich der Blick auf die Alternativen.

9.1.2 Bidirektionale Kommunikation

Das Werkzeug git-svn kann nicht nur ein Subversion-Repository konvertieren, es taugt vor allem auch als besserer Subversion-Client. Das heißt, Sie haben lokal alle Vorzüge von Git (einfaches und flexibles Branching, lokale Commits und Geschichte) – können aber Ihre Git-Commits aus dem lokalen Git-Repository als Subversion-Commits in ein Subversion-Repository hochladen. Außerdem erlaubt es git-svn, neue Commits anderer Entwickler aus dem Subversion-Repository in Ihr lokales Git-Repository herunterzuladen. Sie sollten git-svn dann einsetzen, wenn eine vollständige Umstellung auf Git nicht durchführbar ist, Sie aber gerne lokal die Vorzüge von Git nutzen möchten. Beachten Sie hierbei aber, dass git-svn eine etwas eingeschränkte Version von Subversion ist und nicht alle Features in vollem Umfang zur Verfügung stehen. Vor allem beim Hochladen gibt es einige Feinheiten zu beachten.

Zunächst eine Zusammenfassung der wichtigsten git-svn-Befehle:

git svn init
: Git-Repository zum Verfolgen eines Subversion-Repositorys anlegen.

git svn fetch
: Neue Revisionen aus dem Subversion-Repository herunterladen.

git svn clone
: Kombination aus git svn init und git svn fetch.

git svn dcommit
: Git-Commits als Subversion-Revisionen in das Subversion-Repository hochladen (*Diff Commit*).

git svn rebase
: Kombination aus git svn fetch und git rebase, die üblicherweise vor einem git svn dcommit ausgeführt wird.

[10] http://gitorious.org/svn2git/svn2git
[11] Im Git-via-Git Repository unter contrib/svn-fe

Subversion-Repository klonen

Um das Repository zu beziehen, gehen Sie zunächst so vor wie im Abschnitt zur Subversion-Konvertierung – erstellen Sie eine Authors-Datei und ermitteln Sie das Repository-Layout. Dann können Sie mit `git svn clone` das Subversion-Repository klonen, z.B.:

```
$ git svn clone http://svn.example.com/ -s \
    -A <authors.txt> <projekt-git>
```

Der Aufruf lädt alle Subversion-Revisionen herunter und erzeugt aus dem Verlauf ein Git-Repository unter `<projekt-git>`.

> **TIPP** Das Klonen eines gesamten Subversion-Verlaufs kann unter Umständen sehr, sehr zeitaufwendig sein. Aus Subversion-Sicht ist eine lange Historie kein Problem, da der Befehl `svn checkout` im Normalfall nur die aktuelle Revision herunterlädt. Etwas Ähnliches lässt sich auch mit `git-svn` realisieren. Dazu müssen Sie zuerst das lokale Git-Repository initialisieren und dann nur die aktuelle Revision (HEAD) aus dem Trunk oder einem Branch herunterladen. Von Vorteil ist hier sicher die Geschwindigkeit, von Nachteil, dass lokal keine Geschichte vorliegt:
>
> ```
> $ git svn init http://svn.example.com/trunk projekt-git
> $ cd projekt-git
> $ git svn fetch -r HEAD
> ```
>
> Alternativ zu HEAD könnten Sie auch eine beliebige Revision angeben und danach mit `git svn fetch` die fehlenden Revisionen bis zum HEAD herunterladen, so also nur einen Teil des Verlaufs klonen.

Im Rahmen der Konvertierung haben wir beschrieben, wie Sie das Repository nachbearbeiten. Da Sie in Zukunft weiter mit dem Subversion-Repository interagieren wollen, ist das hier nicht notwendig. Außerdem darf die Option `--no-metadata` nicht benutzt werden, weil sonst die Metadaten der Form `git-svn-id:` aus der Commit-Message verschwinden und Git die Commits und Revisionen nicht mehr zuordnen könnte.

Der Aufruf von `git-svn` erzeugt diverse Einträge in der Konfigurationsdatei `.git/config`. Zunächst ein Eintrag `svn-remote.svn`, der, ähnlich einem Eintrag `remote` für ein Git-Remote-Repository, Angaben zu der URL und den zu verfolgenden Subversion-Branches und -Tags enthält. Haben Sie beispielsweise ein Repository mit Standardlayout geklont, könnte das wie folgt aussehen:

```
[svn-remote "svn"]
    url = http://svn.example.com/
    fetch = trunk:refs/remotes/origin/trunk
```

```
branches = branches/*:refs/remotes/origin/*
tags = tags/*:refs/remotes/origin/tags/*
```

Im Gegensatz zu einem regulären `remote`-Eintrag enthält dieser jedoch zusätzlich die Werte `branches` und `tags`. Diese wiederum enthalten jeweils eine Refspec, die beschreibt, wie Subversion-Branches und -Tags lokal als Subversion-Tracking-Branches abgelegt werden. Der Eintrag `fetch` behandelt nur den Subversion-Trunk und darf keinerlei Glob-Ausdrücke enthalten.

Haben Sie keine Subversion-Branches und -Tags, fallen die entsprechenden Einträge weg:

```
[svn-remote "svn"]
    url = http://svn.example.com/
    fetch = :refs/remotes/git-svn
```

Wenn Sie das Repository mit der Präfix-Option klonen, beispielsweise mit `--prefix=svn/`, passt `git svn` die Refspecs an:

```
[svn-remote "svn"]
    url = http://svn.example.com/
    fetch = trunk:refs/remotes/svn/trunk
    branches = branches/*:refs/remotes/svn/*
    tags = tags/*:refs/remotes/svn/tags/*
```

Sofern Sie eine Authors-Datei angeben, wird für diese ein gesonderter Eintrag erzeugt. Die Datei wird auch in Zukunft noch gebraucht, wenn Sie neue Commits aus dem Subversion-Repository herunterladen.

```
[svn]
    authorsfile = /home/valentin/svn-testing/authors.txt
```

TIPP

In dem Abschnitt über die Konvertierung haben wir beschrieben, wie Sie `create-ignore` verwenden, um `.gitignore`-Dateien zu erstellen. Wenn Sie jedoch weiterhin mit dem Subversion-Repository arbeiten wollen, macht es wenig Sinn, die `.gitignore`-Dateien dort einzuchecken. Sie haben auf Subversion keinerlei Auswirkung und verwirren nur andere Entwickler, die weiterhin mit dem nativen Subversion-Client (`svn`) arbeiten. Stattdessen bietet sich die Option an, die zu ignorierenden Muster in der Datei `.git/info/excludes` (siehe Abschnitt 4.4) abzuspeichern, die nicht Teil des Repositorys ist. Dabei hilft das Kommando `git svn show-ignore`, das alle `svn-ignore`-Properties heraussucht und ausgibt:

```
$ git svn show-ignore > .git/info/excludes
```

Repository untersuchen

Zusätzlich bietet git-svn noch einige Kommandos zum Untersuchen der Geschichte sowie anderer Eigenschaften des Repositorys:

git svn log
: Eine Kreuzung aus svn log und git log. Das Subkommando produziert Output, der svn log nachempfunden ist, verwendet aber das lokale Repository, um dies zu erstellen. Es wurden diverse Optionen von git svn nachgebaut, z.B. -r <N>:<M>. Unbekannte Optionen, z.B. -p, werden direkt an git log weitergegeben, so dass Optionen aus beiden Kommandos gemischt werden können:

```
$ git svn log -r 3:16 -p
```

Angezeigt würden nun die Revisionen 3–16, inklusive einem Patch der Änderungen.

git svn blame
: Ähnlich wie svn blame. Mit der Option --git-format hat der Output dasselbe Format wie git blame, aber mit Subversion-Revisionen anstelle der SHA-1-IDs.

git svn find-rev
: Zeigt die SHA-1-ID des Git-Commits, der das Changeset einer bestimmten Subversion-Revision darstellt. Die Revision wird mit der Syntax r<N> übergeben, wobei <N> die Revisionszahl ist:

```
$ git svn find-rev r6
c56506a535f9d41b64850a757a9f6b15480b2c07
```

git svn info
: Wie svn info. Gibt diverse Informationen zu dem Subversion-Repository aus.

git svn proplist
: Wie svn proplist, gibt eine Liste der vorhandenen Subversion-Properties aus.

git svn propget
: Wie svn propget, gibt den Wert einer einzelnen Subversion-Property aus.

Leider kann git-svn bisher nur Subversion-Properties abfragen, aber weder erstellen, modifizieren noch löschen.

Commits austauschen

Analog zu `git fetch` laden Sie mit `git svn fetch` neue Commits aus dem Subversion-Repository herunter. Dabei lädt `git-svn` alle neuen Subversion-Revisionen herunter, übersetzt diese in Git-Commits und aktualisiert schließlich die Subversion-Tracking-Branches. Als Ausgabe erhalten Sie eine Auflistung der heruntergeladenen Subversion-Revisionen, die Dateien, die durch die Revision verändert wurden, sowie die SHA-1-Summe und den Subversion-Tracking-Branch des daraus resultierenden Git-Commits, also z. B.:

```
$ git svn fetch
        A       COPYING
        M       README
r21 = 8d707316e1854afbc1b728af9f834e6954273425 (refs/remotes/trunk)
```

Sie können wie gewohnt in dem Git-Repository lokal arbeiten – beim Hochladen der Commits in das Subversion-Repository gilt es jedoch eine wichtige Einschränkung zu beachten: Zwar ist `git-svn` in der Lage, Subversion-Merges einigermaßen darzustellen (s. o.), allerdings kann das Tool keine lokalen Git-Merges auf Subversion-Merges abbilden – daher sollten ausschließlich lineare Verläufe per `git svn dcommit` hochgeladen werden.

Um diese Linearisierung zu erleichtern, gibt es das Kommando `git svn rebase`. Es lädt zuerst alle neuen Commits aus dem Subversion-Repository herunter und baut danach via `git rebase` den aktuellen Git-Branch auf den entsprechenden Subversion-Tracking-Branch neu auf.

Im Wesentlichen besteht der Arbeitsablauf aus den folgenden Kommandos:

```
$ git add/commit ...
$ git svn rebase
$ git svn dcommit
```

Abbildung 9.10 zeigt, was `git svn rebase` bewirkt. Zuerst werden neue Revisionen aus dem Subversion-Repository heruntergeladen, in diesem Fall C. Danach wird der Tracking-Branch `remotes/origin/trunk` sozusagen „vorgerückt" und entspricht dann dem aktuellen Zustand im Subversion Repository. Zuletzt wird per `git rebase` der aktuelle Branch (in diesem Fall `master`) neu aufgebaut. Der Commit D' kann nun hochgeladen werden.

9 Zusammenspiel mit anderen Versionsverwaltungssystemen

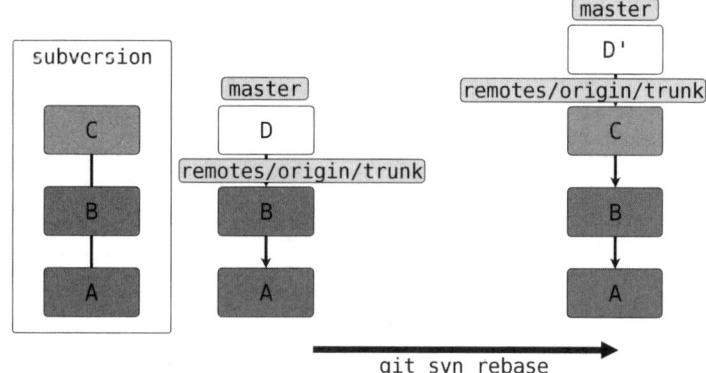

Abbildung 9.10: git svn rebase integriert die neu hinzugekommene Subversion-Revision als Commit C – vor D, was dadurch zu D' wird.

Mit `git svn dcommit` laden Sie das Changeset eines Git-Commits als Revision in das Subversion-Repository hoch. Als Teil der Operation wird die Revision erneut als Git-Commit, diesmal aber mit Subversion-Metadaten in der Commit-Message, in das lokale Repository eingepflegt. Dadurch ändert sich natürlich die SHA-1-Summe des Commits, was in Abbildung 9.11 durch die unterschiedlichen Commits D und D'' dargestellt ist.

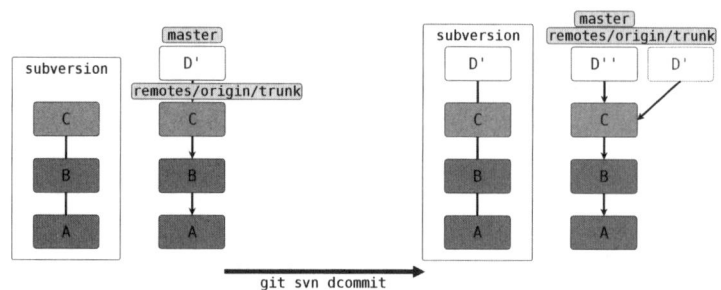

Abbildung 9.11: Nach einem git svn dcommit hat der Commit D' eine neue SHA-1-ID und wird zu D'', weil seine Commit-Beschreibung verändert wurde, um Metainformationen abzuspeichern.

Ähnlich wie bei `git push` dürfen Sie keine Commits, die Sie bereits mit `git svn dcommit` hochgeladen haben, nachträglich mit `git rebase` oder `git commit --amend` verändern.

Subversion-Branches und -Tags

Mit den Subkommandos `git svn branch` und `git svn tag` erzeugen Sie Subversion-Branches und -Tags. Zum Beispiel:

```
$ git svn tag -m "Tag Version 2.0" v2.0
```

282

Im Subversion-Repository entsteht dadurch das Verzeichnis tags/v2.0, dessen Inhalt eine Kopie des aktuellen HEAD ist.[12] Im Git-Repository entsteht dafür ein neuer Subversion-Tracking-Branch (remotes/origin/tags/v2.0). Mit der Option -m übergeben Sie optional eine Nachricht. Wenn nicht, setzt git-svn die Nachricht Create tag <tag>.

Git Version 1.7.4 führte ein Feature ein, mit dem Sie Subversion-Merges durchführen können. Das Feature ist über die Option --mergeinfo für git svn dcommit verfügbar und sorgt dafür, dass die Subversion-Property svn:mergeinfo gesetzt wird. Die Dokumentation dieser Option in der Man-Page git-svn(1) ist erst ab Version 1.7.4.5 dazugekommen.

Im Folgenden stellen wir exemplarisch einen Ablauf vor, um mit git-svn einen Branch zu erstellen, in diesem Commits zu tätigen und ihn später wieder, im Sinne von Subversion, zu mergen.

Zuerst den Subversion-Branch erzeugen – das Kommando funktioniert im Prinzip wie git svn tag:

```
$ git svn branch <feature>
```

Dann erstellen Sie sich einen lokalen Branch zum Arbeiten und tätigen in diesem Ihre Commits. Der Branch muss auf dem Subversion-Tracking-Branch <feature> basieren:

```
$ git checkout -b <feature> origin/<feature>
$ git commit ...
```

Danach laden Sie die Commits in das Subversion-Repository hoch. Der Aufruf git svn rebase ist nur nötig, wenn zwischenzeitlich ein anderer Nutzer Commits in dem Subversion-Branch feature getätigt hat.

```
$ git svn rebase
$ git svn dcommit
```

Nun müssen Sie noch die Merge-Informationen gesondert übertragen. Dafür gehen Sie wie folgt vor: Zuerst mergen Sie den Branch lokal im Git-Repository und laden dann den entstandenen Merge-Commit unter Verwendung von --mergeinfo hoch. Die Syntax für diese Option ist:

```
$ git svn dcommit --mergeinfo=<branch-name>:<N>-<M>
```

Hierbei ist <branch-name> die Subversion-Bezeichnung des Branches, also z.B. /branches/<name>, <N> die erste Subversion-Revision, die den Branch verändert, und <M> die letzte.[13] Angenommen, Sie haben den Branch mit Revision 23 erzeugt und wollen nun, nach zwei Commits,

---

12 Vergleiche das Kommando: svn copy trunk tags/v2.0
13 Vergleiche das Subversion-Kommando: svn merge -r 23:25 branches/feature trunk

den Branch wieder mergen, dann würde das Kommando wie folgt lauten:

```
$ git checkout master
$ git merge --no-ff <feature>
$ git svn dcommit --mergeinfo=/branches/feature:23-25
```

9.2 Eigene Importer

Git bietet über das Subkommando `fast-import` einen einfachen und zugleich komfortablen Weg, eine irgendwie geartete Versionsgeschichte in ein Git-Repository zu verwandeln. Das Fast-Import-Protokoll ist textbasiert und sehr flexibel.[14]

Als Grundlage können beliebige Daten dienen: seien dies Backups, Tarballs, Repositories anderer Versionsverwaltungssysteme, oder, oder, oder... Ein Import-Programm, das Sie in einer beliebigen Sprache schreiben können, muss die vorliegende Geschichte in das sog. Fast-Import-Protokoll übersetzen und auf Standard-Out ausgeben. Diese Ausgabe wird dann von `git fast-import` verarbeitet, das daraus ein vollwertiges Git-Repository erstellt.

Für simple Importer, die eine lineare Versionsgeschichte importieren sollen, sind drei Bausteine wichtig:

Datenblock
Ein Datenblock beginnt mit dem Schlüsselwort `data`, gefolgt von einem Leerzeichen, gefolgt von der Datenlänge in Byte und einem Zeilenumbruch. Darauf folgen unmittelbar die Daten, anschließend ein weiterer Zeilenumbruch. Der Datenblock muss nicht explizit beendet werden, da ja seine Länge in Byte angegeben ist. Das sieht zum Beispiel so aus:

```
data 4
test
```

Datei
Um den Inhalt einer Datei zu übergeben, verwenden Sie im einfachsten Fall das folgende Format: `M <modus> inline <pfad>` mit einem anschließenden Datenblock auf der nächsten Zeile.

Um also eine Datei `README` mit dem Inhalt `test` (ohne abschließendes Newline!) zu importieren, ist folgendes Konstrukt nötig:

---

[14] Eine detaillierte technische Dokumentation finden Sie in der Man-Page `git-fast-import(1)`.

```
M 644 inline README
data 4
test
```

Commit

Für einen Commit müssen Sie die entsprechenden Metadaten angeben (zumindest den Committer und das Datum sowie eine Commit-Nachricht), gefolgt von den geänderten Dateien. Das geschieht im folgenden Format:

```
commit <branch>
committer <wer> <email> <wann>
<Datenblock für Commit-Nachricht>
deleteall
```

Für <branch> setzen Sie einen entsprechenden Branch ein, auf dem der Commit getätigt werden soll, also z.B. refs/heads/master. Der Name des Committers (<wer>) ist optional, die E-Mail-Adresse aber nicht. Das Format von <wann> muss ein Unix-Timestamp mit Zeitzone sein, also z.B. 1303329307 +0200.[15] Analog zur committer-Zeile können Sie eine Zeile author einfügen.

Der Datenblock bildet die Commit-Nachricht. Das abschließende deleteall weist Git an, alles über Dateien aus vorherigen Commits zu vergessen. Sie fügen also für jeden Commit alle Daten vollständig neu hinzu.[16] Anschließend folgen ein oder mehrere Datei-Definitionen. Das kann zum Beispiel so aussehen:

```
commit refs/heads/master
committer Julius Plenz <julius@plenz.com> 1303329307 +0200
data 23
Import der README-Datei
deleteall
M 644 inline README
data 4
test
```

Sofern nicht anders angegeben, werden die Commits in der Reihenfolge, in der sie eingelesen werden, aufeinander aufgebaut (sofern sie auf dem gleichen Branch sind).

Mit diesen simplen Komponenten wollen wir anhand eines kleinen Shell-Scripts demonstrieren, wie man alte Release-Tar-Balls in ein Git-Archiv verwandelt.

---

15 Über die Option --date-format können Sie bei Bedarf andere Datumsformate zulassen.

16 Das führt zwar zu etwas mehr Rechenaufwand, vereinfacht aber die Struktur des Import-Programms wesentlich. Unter dem Gesichtspunkt, dass Import-Software in der Regel nur selten ausgeführt wird und Zeit keine kritische Rolle spielt, ist dieser Ansatz also sinnvoll.

Zunächst laden wir alte Releases des Editors *Vim* herunter:

```
$ wget -q --mirror -nd ftp://ftp.home.vim.org/pub/vim/old/
```

Für jeden Tar-Ball wollen wir nun einen Commit erzeugen. Dazu gehen wir wie folgt vor:

1. Archive Zeile für Zeile auf Standard-In einlesen und in absolute Pfadnamen verwandeln (da später das Verzeichnis gewechselt wird).

2. Für jedes dieser Archive die folgenden Schritte ausführen:

    a) „Version", letzte Änderung, aktuelle Zeit sowie Commit-Nachricht in entsprechenden Variablen ablegen. Die Zeitzone wird der Einfachheit halber fest kodiert.

    b) Ein temporäres Verzeichnis erstellen und das Archiv dorthin entpacken.

    c) Die entsprechenden Zeilen `commit`, `author`, `committer` ausgeben. Anschließend die vorbereitete Commit-Nachricht, deren Länge per `wc -c` gezählt wird (*byte count*). Zuletzt das Schlüsselwort `deleteall`.

    d) Für jede Datei einen entsprechenden Datei-Block ausgeben. Dabei wird die erste Komponente des Dateinamens verworfen (z. B. `./vim-1.14/`). Die Länge der folgenden Datei wird wieder per `wc -c` gezählt.

    e) Das temporäre Verzeichnis löschen.

Die gesamte Ausgabe des Scripts erfolgt auf Standard-Out, so dass es bequem nach `git fast-import` gepipet werden kann. Der Anfang der Ausgabe sieht so aus:

```
commit refs/heads/master
author Bram Moolenaar <bram@vim.org> 1033077600 +0200
committer Julius Plenz <julius@plenz.com> 1303330792 +0200
data 15
import vim-1.14
deleteall
M 644 inline src/vim.h
data 7494
/* vi:ts=4:sw=4
 *
 * VIM - Vi IMitation
...
```

Um aus dieser Ausgabe nun ein Git-Repository zu erstellen, gehen wir so vor:

```
$ git init vimgit
Initialized empty Git repository in /dev/shm/vimgit/.git/
$ cd vimgit
$ ls ../vim/*.tar.gz | <import-tarballs.sh> | git fast-import
git-fast-import statistics:
---------------------------------------------------------------------
Alloc'd objects:       5000
Total objects:         1350 (      1206 duplicates                  )
      blobs  :         1249 (      1177 duplicates     523 deltas)
      trees  :           87 (        29 duplicates       0 deltas)
      commits:           14 (         0 duplicates       0 deltas)
      tags   :            0 (         0 duplicates       0 deltas)
Total branches:           1 (         1 loads         )
      marks:           1024 (         0 unique        )
      atoms:            354
Memory total:          2294 KiB
       pools:          2098 KiB
     objects:           195 KiB
---------------------------------------------------------------------
pack_report: getpagesize()            =       4096
pack_report: core.packedGitWindowSize =   33554432
pack_report: core.packedGitLimit      =  268435456
pack_report: pack_used_ctr            =          1
pack_report: pack_mmap_calls          =          1
pack_report: pack_open_windows        =          1 /          1
pack_report: pack_mapped              =    7668864 /    7668864
---------------------------------------------------------------------
```

Das Kommando gibt zahlreiche statistische Daten über den Import-Vorgang aus (und bricht mit einer entsprechenden Fehlermeldung ab, wenn die Eingabe nicht verstanden wird). Ein anschließendes reset synchronisiert Index, Working Tree und Repository, und die Tar-Balls sind erfolgreich importiert:

```
$ git reset --hard
HEAD is now at ddb8ffe import vim-4.5
$ git log --oneline
ddb8ffe import vim-4.5
4151b0c import vim-4.4
dbbdf3d import vim-4.3
6d5aa08 import vim-4.2
bde105d import vim-4.1
332228b import vim-4.0
...
```

Als Referenz das vollständige Script[17]:

```
#!/bin/sh

while read ar; do
    [ -f "$ar" ] || { echo "not a file: $ar" >&2; exit 1; }
```

---

17 Das Script ist als Teil unserer Scriptsammlung unter https://github.com/gitbuch/buch-scripte verfügbar.

```
        readlink -f "$ar"
done |
while read archive; do
    dir="$(mktemp -d /dev/shm/fi.XXXXXXXX)"
    version="$(basename $archive | sed 's/\.tar\.gz$//')"
    mod="$(stat -c %Y $archive) +0200"
    now="$(date +%s) +0200"
    msg="import $version"

    cd "$dir" &&
    tar xfz "$archive" &&
    echo "commit refs/heads/master" &&
    echo "author Bram Moolenaar <bram@vim.org> $mod" &&
    echo "committer Julius Plenz <julius@plenz.com> $now" &&
    echo -n "data " && echo -n "$msg" | wc -c && echo "$msg" &&
    echo "deleteall" &&
    find . -type f |
    while read f; do
        echo -n "M 644 inline "
        echo "$f" | sed -e 's,^\./[^/]*/,,'
        echo -n "data " && wc -c < "$f" && cat "$f"
    done &&
    echo
    rm -fr "$dir"
done
```

Sobald die Versionsgeschichte etwas komplizierter ist, werden vor allem die Kommandos mark, from und merge interessant. Per mark können Sie beliebige Objekte (Commits oder Blobs) mit einer ID versehen, um darauf als „benannte Objekte" zugreifen zu können und die Daten nicht immer inline angeben zu müssen. Die Kommandos from und merge legen bei einem Commit fest, wer der bzw. die Vorgänger sind, so dass auch komplizierte Verflechtungen zwischen Branches darstellbar sind. Für weitere Details siehe die Man-Page.

Teil III

Anhang

Installation

Die Installation von Git ist einfach und geht schnell vonstatten, da für die meisten Systeme bereits vorkonfigurierte Pakete bereitgestellt werden. Der Vollständigkeit halber wollen wir aber die wichtigsten Handgriffe unter Linux, Mac OS X und Windows dokumentieren.

A.1 Linux

Aufgrund der Vielzahl der Linux-Distributionen wird hier nur die Installation auf Debian-, Fedora- sowie Gentoo-Systemen beschrieben. Für andere Distributionen schauen Sie ggf. in der Dokumentation bzw. in der Paketverwaltung nach; natürlich können Sie Git auch aus dem Quellcode übersetzen und installieren.

A.1.1 Debian/Ubuntu

Debian und Ubuntu stellen fertige Pakete zur Verfügung, die mit dem Debian-Paketmanagementsystem komfortabel und schnell zu installieren sind. Dabei wird die Git-Installation modularisiert, Sie können also bei Bedarf nur bestimmte Teile von Git installieren.

`git`
: Hauptpaket, enthält Kernbefehle (vormals `git-core`)

`git-email`
: Zusatz zum Verschicken von Patches per E-Mail

`git-gui`
: Grafische Benutzerschnittstelle

`git-svn`
: Subkommando `svn`, um mit Subversion-Repositories zu interagieren

`git-cvs`
: Interaktion mit CVS

`git-doc`
: Dokumentation (wird unter `/usr/share/doc` installiert)

`gitk`
: Programm Gitk

Darüber hinaus gibt es noch ein Meta-Paket `git-all`, das alle relevanten Pakete installiert. Auf einer regulären Workstation sollten Sie also Git wie folgt installieren:

```
$ sudo aptitude install git-all
```

Unter Ubuntu können Sie analog das Paket `git-all` über die grafische Paketverwaltung *Synaptic* installieren.

A.1.2 Fedora

Auf einem Fedora-System sollten Sie Git über den Paketmanager yum installieren:

```
$ sudo yum install git
```

Analog zur Aufteilung in kleinere Pakete wie bei Debian, sind gewisse Zusatzfunktionen für Git in separaten Paketen erhältlich. Um alle Kommandos zu installieren, sollten Sie das Paket `git-all` installieren.

A.1.3 Gentoo

Gentoo stellt den Ebuild `dev-vcs/git` zur Verfügung. Das grafische Tool zum Erstellen von Commits (`git gui`) sowie der Zusatz zum Verschicken von E-Mails (`git send-email`) werden per Default installiert. Wenn Sie zusätzlich noch eine grafische Benutzerschnittstelle zum Betrachten und Bearbeiten der Geschichte (`gitk`) haben möchten, aktivieren Sie das *USE-Flag* `tk`. Sollten Sie vorhaben, die Subversion-Schnittstelle zu verwenden, aktivieren Sie das USE-Flag `subversion`. Zur Installation via Portage geben Sie folgenden Befehl ein:

```
$ sudo emerge dev-vcs/git
```

A.1.4 Installation aus den Quellen

Wenn Ihre Distribution kein Paket für Git anbietet, dieses veraltet ist oder Sie keine Root-Rechte auf dem System haben, sollten Sie Git direkt aus den Quellen installieren.

Git hängt von den fünf Bibliotheken `expat` (XML-Parser), `curl` (Datentransfer), `zlib` (Kompression), `pcre` (reguläre Ausdrücke) und `openssl` (Verschlüsselung/Hashing) ab. Deren Sources müssen Sie ggf. vorher kompilieren und die Bibliotheken entsprechend installieren, bevor Sie fortfahren.

Laden Sie zuerst den Tarball der aktuellen Git Version herunter[1] und entpacken Sie ihn:

```
$ wget https://www.kernel.org/pub/software/scm/git/git-2.1.0.tar.gz
$ tar xvf git-2.1.0.tar.gz
```

Wechseln Sie nun in das Verzeichnis `git-2.1.0/` und kompilieren Sie den Quellcode; anschließend führen Sie `make install` aus:

```
$ cd git-2.1.0/
$ make -j8
$ make install
```

Mit `make prefix=<praefix>` können Sie Git nach `<praefix>` installieren (Default: $HOME).

---

[1] http://www.kernel.org/pub/software/scm/git/

A.2 Mac OS X

Das Projekt *Git for OS X* stellt ein Installationsprogramm im Diskimage-Format (DMG) zur Verfügung.[2] Sie können es also wie gewohnt installieren.

A.3 Windows

Das Projekt *Git for Windows* stellt ein Installationsprogramm für Microsoft Windows zur Verfügung: *msysGit*. Sie können das Programm herunterladen[3] und wie gewohnt installieren.

---

2 http://code.google.com/p/git-osx-installer/
3 https://msysgit.github.io/

Struktur eines Repositorys

Git speichert die Objektdatenbank, die zugehörigen Referenzen usw. im sogenannten *Git-Directory*, oft auch als $GIT_DIR bezeichnet. Standardmäßig ist dies .git/. Es existiert für jedes Git-Repository nur einmal, d. h. es werden keine zusätzlichen .git/-Verzeichnisse in Unterverzeichnissen angelegt.[1] Es enthält unter anderem folgende Einträge:

HEAD
: Der HEAD, siehe Abschnitt 3.1.1. Neben HEAD liegen ggf. auch andere wichtige symbolische Referenzen auf oberster Ebene, z. B. ORIG_HEAD oder FETCH_HEAD.

config
: Die Konfigurationsdatei des Repositorys, siehe Abschnitt 1.3.

---

[1] Da ein Bare-Repository (siehe Abschnitt 7.1.3) keinen Working Tree besitzt, bilden die Inhalte, die normalerweise in .git liegen, die oberste Ebene in der Verzeichnisstruktur, und es gibt kein zusätzliches Verzeichnis .git.

hooks/
: Enthält die für dieses Repository gesetzten Hooks, siehe Abschnitt 8.2.

index
: Der Index bzw. Stage, siehe Abschnitt 2.1.1.

info/
: Zusätzliche Repository-Informationen, z.B. zu ignorierende Muster (siehe Abschnitt 4.4) und auch Grafts (siehe Abschnitt 8.4.3). Sie können eigene Informationen dort ablegen, wenn andere Tools damit umgehen können (siehe z.B. der Abschnitt über Caching von CGit, Abschnitt 7.5.4).

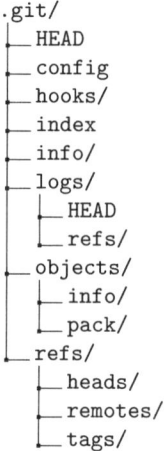

Abbildung B.1: Die wichtigsten Einträge in .git

logs/
: Protokoll der Veränderungen an Referenzen; zugänglich über das Reflog, siehe Abschnitt 3.7. Enthält eine Logdatei für jede Referenz unter refs/ sowie HEAD.

objects/
: Die Objektdatenbank, siehe Abschnitt 2.2.3. Aus Performance-Gründen sind die Objekte in Unterverzeichnisse, die einem Zwei-Zeichen-Präfix ihrer SHA-1-Summe entsprechen, einsortiert (der Commit 0a7ba55... liegt also unter 0a/7ba55...). Im Unterverzeichnis pack/ finden Sie die Packfiles und zugehörigen Indizes, die u.a. von der Garbage-Collection (s.u.) erstellt wird. Im Unterverzeichnis info/ legt Git bei Bedarf eine Auflistung vorhandener Packfiles ab.

`refs/`
Alle Referenzen, unter anderem Branches in `refs/heads/`, siehe Abschnitt 3.1.1, Tags in `refs/tags/`, siehe Abschnitt 3.1.3 sowie Remote-Tracking-Branches unter `refs/remotes/`, siehe Abschnitt 5.2.2.

Eine ausführliche technische Beschreibung finden Sie in der Man-Page `gitrepository-layout(5)`.

B.1 Aufräumen

Wie beispielsweise schon in Abschnitt 3.1.2 erwähnt, sind Commits, die nicht mehr referenziert werden (sei es durch Branches oder andere Commits), nicht mehr zu erreichen. In der Regel ist das der Fall, wenn Sie einen Commit löschen wollten (oder Commits mit Rebase umgebaut haben). Git löscht diese nicht sofort aus der Objektdatenbank, sondern belässt sie per Default zwei Wochen dort, auch wenn sie nicht mehr erreichbar sind.

Intern verwendet Git die Kommandos `prune`, `prune-packed`, `fsck`, `repack` u.a. Allerdings werden die Tools mit entsprechenden Optionen automatisch von der *Garbage Collection* („Müllabfuhr") ausgeführt: `git gc`. Folgende Aufgaben erledigt das Tool:

- *Dangling* und *Unreachable Objects* löschen. Diese entstehen bei diversen Operationen und können in der Regel nach einiger Zeit gelöscht werden, um Platz zu sparen (Default: nach zwei Wochen).

- *Loose Objects* neu packen. Git verwendet sog. *Packfiles*, um mehrere Git-Objekte zusammenzuschnüren. (Dann existiert nicht mehr eine Datei unterhalb von `.git/objects/` pro Blob, Tree und Commit – diese werden in einer großen, *zlib*-komprimierten Datei zusammengefasst).

- Existierende Packfiles nach alten (unerreichbaren) Objekten durchsuchen und die Packfiles entsprechend „ausdünnen". Ggf. werden mehrere kleine Packfiles zu großen kombiniert.

- Referenzen packen. Es entstehen sog. *Packed Refs*, siehe auch Abschnitt 3.1.

- Alte Reflog-Einträge löschen. Das geschieht per Default nach 90 Tagen.

- Alte Konflikt-Resolutionen (siehe Rerere, Abschnitt 3.4.2) werden entsorgt (15/60 Tage Haltezeit für ungelöst/gelöst).

Die Garbage Collection kennt drei Modi: automatisch, normal und aggressiv. Den automatischen Modus rufen Sie per `git gc --auto` auf – der Modus überprüft, ob es wirklich eklatante Mängel im Repository gibt. Was „eklatant" bedeutet, ist konfigurierbar. Über folgende Konfigurationseinstellungen können Sie (global oder per Repository) bestimmen, ab wann, d.h. ab welcher Anzahl „kleiner" Dateien der automatische Modus aufräumt, also diese in große Archive zusammenfasst.

`gc.auto` (Default: 6700 Objekte)
　Objekte zu einem Packfile zusammenfassen

`gc.autopacklimit` (Default: 50 Packs)
　Packs zu einem großen Packfile zusammenfassen

Der automatische Modus wird häufig aufgerufen, u.a. von `receive-pack` und `rebase` (interaktiv). In den meisten Fällen tut der automatische Modus allerdings nichts, da die Defaults sehr konservativ sind. Wenn doch, sieht das so aus:

```
$ git gc --auto
Auto packing the repository for optimum performance. You may also
run "git gc" manually. See "git help gc" for more information.
...
```

B.2 Performance

Sie sollten entweder die Schwellen, ab denen die automatische Garbage Collection greift, deutlich herabsetzen, oder von Zeit zu Zeit `git gc` aufrufen. Dies hat einen offensichtlichen Vorteil, nämlich dass Plattenplatz gespart wird:

```
$ du -sh .git
20M     .git
$ git gc
Counting objects: 3726, done.
Compressing objects: 100% (1639/1639), done.
Writing objects: 100% (3726/3726), done.
Total 3726 (delta 1961), reused 2341 (delta 1279)
Removing duplicate objects: 100% (256/256), done.
$ du -sh .git
6.3M    .git
```

Einzelne Objekte unterhalb von `.git/objects/` wurden zu einem Packfile zusammengefasst:

```
$ ls -lh .git/objects/pack/pack-a97624dd23<...>.pack
-r-------- 1 feh feh 4.6M Jun  1 10:20 .git/objects/pack/pack-
a97624dd23<...>.pack
$ file .git/objects/pack/pack-a97624dd23<...>.pack
.git/objects/pack/pack-a97624dd23<...>.pack: Git pack, version 2, 3726 ↵
objects
```

Sie können sich per `git count-objects` ausgeben lassen, aus wie vielen Dateien die Objektdatenbank besteht. Hier nebeneinander vor und nach dem obigen Packvorgang:

```
$ git count-objects -v
count: 1905                          count: 58
size: 12700                          size: 456
in-pack: 3550                        in-pack: 3726
packs: 7                             packs: 1
size-pack: 4842                      size-pack: 4716
prune-packable: 97                   prune-packable: 0
garbage: 0                           garbage: 0
```

Nun ist Plattenplatz billig, ein auf 30% komprimiertes Repository also kein großer Gewinn. Der Performance-Gewinn ist allerdings nicht zu verachten. In der Regel zieht ein Objekt (z.B. ein Commit) weitere Objekte nach sich (Blobs, Trees). Wenn Git also pro Objekt eine Datei öffnen muss (bei *n* verwalteten Dateien also mindestens *n* Blob-Objekte), dann sind dies *n* Lese-Vorgänge auf dem Dateisystem.

Packfiles haben zwei wesentliche Vorteile: Erstens legt Git zu jedem Packfile eine Indizierung an, die angibt, welches Objekt in welchem Offset der Datei zu finden ist. Zusätzlich hat die Packroutine noch eine gewisse Heuristik um die Objektplatzierung innerhalb der Datei zu optimieren (so dass bspw. ein Tree-Object und die davon referenzierten Blob-Objekte „nah" beieinander liegen). Dadurch kann Git einfach das Packfile in den Speicher mappen (Stichwort: „sliding mmap"). Die Operation „suche Objekt X" ist dann nichts weiter als eine Lookup-Operation im Pack-Index und ein entsprechendes Auslesen der Stelle im Packfile, d.h. im Speicher. Dies entlastet das Datei- und Betriebssystem erheblich.

Der zweite Vorteil der Packfiles liegt in der Delta-Kompression. So werden Objekte möglichst als *Deltas* (*Veränderungen*) anderer Objekte gespeichert.[2] Das spart Speicherplatz, ermöglicht aber andererseits auch Kommandos wie `git blame`, „kostengünstig", also ohne großen Rechenaufwand, Kopien von Code-Stücken zwischen Dateien zu entdecken.

---

2   Das ist nicht zu verwechseln mit Versionskontrollsystemen, die inkrementelle Versionen einer Datei speichern. Innerhalb von Packfiles werden die Objekte unabhängig von ihrem semantischen Zusammenhang, d.h. speziell ihrer zeitlichen Abfolge, gepackt.

Der aggressive Modus sollte nur in begründeten Ausnahmefällen eingesetzt werden.³

TIPP Lassen Sie auf Ihren öffentlich zugänglichen Repositories auch regelmäßig, z.B. per Cron, ein `git gc` laufen. Commits werden über das Git-Protokoll immer als Packfiles übertragen, die *on demand*, das heißt zum Zeitpunkt des Abrufs, erzeugt werden. Wenn das gesamte Repository schon als ein großes Packfile vorliegt, können Teile daraus schneller extrahiert werden, und ein kompletter Clone des Repositorys benötigt keine zusätzlichen Rechenoperationen (es muss kein riesiges Packfile gepackt werden). Eine regelmäßige Garbage Collection kann also die Auslastung Ihres Servers senken, außerdem wird der Clone-Vorgang der Nutzer beschleunigt.

Ist das Repository besonders groß, kann es bei einem `git clone` sehr lange dauern, bis der Server alle Objekte gezählt hat. Dies können Sie beschleunigen, indem Sie regelmäßig per Cron-Job `git repack -A -d -b` aufrufen: Git erstellt dann zusätzlich zu den Pack-Files eine Bitmap-Datei, die diesen Vorgang um ein bis zwei Größenordnungen beschleunigt.

---

3 Eine ausführliche Auseinandersetzung mit dem Thema finden Sie unter `http://metalinguist.wordpress.com/2007/12/06/the-woes-of-git-gc-aggressive-and-how-git-deltas-work/`

Shell-Integration

Da Sie Git-Kommandos zumeist auf der Shell ausführen, sollten Sie diese um Funktionalität erweitern, um mit Git zu interagieren. Gerade für Git-Anfänger ist ein solches Zusammenspiel zwischen Shell und Git sehr hilfreich, um nicht den Überblick zu verlieren.

In zwei Bereichen kann die Shell Ihnen besonders helfen:

- Anzeige wichtiger Informationen zu einem Repository im *Prompt* (Eingabeaufforderung). So müssen Sie nicht allzu häufig git status und Konsorten aufrufen.

- Eine maßgeschneiderte *Completion* (automatische Vervollständigung) hilft, Git-Kommandos direkt richtig einzugeben, auch wenn die genaue Syntax nicht bekannt ist.

Ein gutes Prompt sollte zusätzlich zum aktuellen Branch den Zustand des Working Tree signalisieren. Gibt es Veränderungen, die noch nicht gespeichert sind? Befinden sich schon Veränderungen im Index?

Eine gute Completion sollte etwa bei der Eingabe von git checkout und dem anschließenden Drücken der Tab-Taste nur Branches aus dem Repository zur Vervollständigung anbieten. Wenn Sie aber `git checkout --` eingeben, sollten nur Dateien vervollständigt werden. Das spart Zeit und schützt vor Tippfehlern. Auch andere Vervollständigungen sind sinnvoll, z.B. die vorhandenen Remotes bei `git push` und `git pull`.

In diesem Kapitel stellen wir grundlegende Rezepte für zwei beliebte Shells vor: die *Bash* und die *Z-Shell*. Anleitungen für andere interaktive Shells finden Sie ggf. im Internet.

Das Thema Shell-Integration ist sehr umfangreich, daher stellen die hier vorgestellten Anleitungen lediglich Anhaltspunkte und Ideen dar und erheben keinen Anspruch auf Vollständigkeit. Es kommt erschwerend hinzu, dass die Git-Community die Benutzerschnittstelle – also die vorhandenen Subkommandos und deren Optionen – sehr schnell weiterentwickelt. Bitte wundern Sie sich daher nicht, wenn die Completion teilweise „hinterherhinkt" und brandneue Subkommandos und Optionen (noch) nicht verfügbar sind.

C.1 Git und die Bash

Sowohl die Funktionalität für die Completion als auch die Status-Kommandos für das Prompt sind in einem Script namens `git-completion.bash` implementiert. Es wird zusammen mit den Quellen für Git verwaltet. Sie finden die Datei im Verzeichnis `contrib/completion` des Git-Projekts. Häufig wird die Completion auch schon von Ihrer Distribution bzw. dem Git-Installer für Ihr Betriebssystem bereitgestellt. Haben Sie bei Debian oder Ubuntu das Paket `git` installiert, sollte die Datei bereits unter `/usr/share/bash-completion/completions/git` vorliegen. In Gentoo installieren Sie die Datei über das USE-Flag `bash-completion` von `dev-vcs/git`. Der aktuelle Maintainer ist Shawn O. Pearce.

C.1.1 Completion

Um die Completion zu aktivieren, laden Sie das Script mit dem Befehl `source` und übergeben als Argument die entsprechende Datei, also z.B.:

```
source ~/Downloads/git-2.1.0/contrib/completion/git-completion.bash
```

Die Completion vervollständigt unter anderem:

Git-Subkommandos
  Geben Sie bspw. `git pu[TAB]` ein, bietet Ihnen die Bash `pull` und `push` an:

```
$ git pu[TAB]
pull push
```

Anmerkung: Nur die *Porcelain*-Kommandos sowie Benutzeraliase sind verfügbar. Externe- und *Plumbing*-Kommandos sind nicht implementiert. Subkommandos, die selber über weitere Subkommandos verfügen, z.B. git remote oder git stash, werden ebenfalls vervollständigt:

```
$ git remote [TAB]
add     prune    rename    rm    set-head    show    update
```

Lokale Branches und Tags
Nützlich für Subkommandos, wie checkout und rebase, die eine lokale Referenz erwarten:

```
$ git branch
* master
  refactor-cmd-line
  refactor-profiling
$ git checkout refactor-[TAB]
refactor-cmd-line    refactor-profiling
```

Konfigurierte Remotes
Kommandos wie git fetch und git remote werden oft mit einem Remote als Argument aufgerufen. Auch hier hilft die Completion weiter:

```
$ git remote show [TAB]
github        sourceforge
```

Remote Branches und Tags
Die Completion kann auch auf der Remote-Seite „nachsehen", welche Referenzen vorhanden sind. Das erfolgt zum Beispiel beim Kommando git pull, das eine Remote-Referenz bzw. eine Refspec erwartet:

```
$ git pull origin v1.7.1[TAB]
v1.7.1      v1.7.1.2    v1.7.1.4    v1.7.1-rc1
v1.7.1.1    v1.7.1.3    v1.7.1-rc0  v1.7.1-rc2
```

Das funktioniert natürlich nur, wenn das Remote-Repository verfügbar ist. In den meisten Fällen ist eine Netzwerkverbindung sowie mindestens Lesezugriff notwendig.

Optionen
Die meisten Subkommandos verfügen über diverse *Long Options* wie z.B. --bare. Die Completion kennt diese in der Regel und vervollständigt sie entsprechend:

```
$ git diff --color[TAB]
--color        --color-words
```

Short Options, wie z. B. -a, werden nicht komplettiert.

Dateien
Für Git-Kommandos, die Dateinamen erwarten. Gute Beispiele sind `git add` sowie `git checkout`:

```
$ git add [TAB]
.git/     hello.py  README     test/
$ git checkout -- [TAB]
.git/     hello.py  README     test/
```

Git-Konfigurationsoptionen
Die Bash-Completion für Git vervollständigt auch Konfigurationsoptionen, die Sie mit `git config` einstellen:

```
$ git config user.[TAB]
user.email       user.name         user.signingkey
```

Wie bei der Bash-Completion üblich, wird die Eingabe automatisch vervollständigt, sobald sie eindeutig ist. Existiert nur der Branch feature, führt die Eingabe von `git checkout fe[TAB]` dazu, dass fe vervollständigt wird; der Befehl `git checkout feature` steht dann auf der Kommandozeile – drücken Sie auf Enter, um den Befehl auszuführen. Nur wenn die Eingabe nicht eindeutig ist, zeigt die Bash die möglichen Vervollständigungen an.

C.1.2 Prompt

Neben der Completion gibt es ein weiteres Script, um Infos über das Git-Repository im Prompt anzuzeigen. Dafür müssen Sie die Datei `contrib/completion/git-prompt.sh` laden (ggf. ist diese auch von Ihrer Distribution installiert, z. B. unter `/usr/lib/git-core/git-sh-prompt`). Setzen Sie anschließend – wie in folgendem Beispiel – einen Aufruf der Funktion `__git_ps1` in die Variable `PS1` ein. Als Argument nimmt die Funktion einen sogenannten *Format-String-Ausdruck* entgegen – d. h. die Zeichenfolge %s wird durch Git-Infos ersetzt, alle anderen Zeichen werden übernommen.

```
source /usr/lib/git-core/git-sh-prompt
PS1='\u@\h \w$(__git_ps1 " (%s)") $ '
```

Die Zeichen werden wie folgt ersetzt: \u ist der Benutzername, \h der Rechnername, \w ist das aktuelle Arbeitsverzeichnis und $(__git_ps1 " (%s)") sind die Git-Infos, die ohne zusätzliche Konfiguration (s. u.) nur aus dem Branch-Namen bestehen:

```
esc@creche ~ $ cd git-working/git
esc@creche ~/git-working/git (master) $
```

Mit dem Format-String-Ausdruck passen Sie die Darstellung der Git-Infos an, indem Sie zusätzliche Zeichen oder aber Farbcodes nutzen, z.B. mit folgendem Prompt:

```
PS1='\u@\h \w$(__git_ps1 " (git)-[%s]") $ '
```

Das sieht dann so aus:

```
esc@creche ~/git-working/git (git)-[master] $
```

Ist der aktuelle Commit nicht durch einen Branch referenziert (Detached-HEAD), wird entweder das Tag oder die abgekürzte SHA-1-Summe angezeigt, jewils von einem Klammerpaar umgeben:

```
esc@creche ~/git-working/git (git)-[(v1.7.1.4)] $
esc@creche ~/git-working/git (git)-[(e760924...)] $
```

Befinden Sie sich innerhalb des $GIT_DIR oder in einem Bare-Repository, wird dies entsprechend signalisiert:

```
esc@creche ~/git-working/git/.git (git)-[GIT_DIR!] $
esc@creche ~/git-working/git.git/.git (git)-[BARE:master] $
```

Außerdem wird angezeigt, wenn Sie sich mitten in einem Merge-Vorgang, einem Rebase oder einem ähnlichem Zustand befinden, bei dem nur bestimmte Operationen möglich sind:

```
esc@creche ~/git-working/git (git)-[master|REBASE-i] $
```

Sie können die Anzeige auch erweitern, um sich den Zustand des Working Trees durch verschiedene Symbole anzeigen zu lassen. Sie müssen dazu folgende Umgebungsvariablen auf einen *Non-Empty*-Wert setzen, also z.B. auf 1.

GIT_PS1_SHOWDIRTYSTATE
: Bei Veränderungen, die noch nicht im Index sind (*unstaged*), wird ein Sternchen (*) angezeigt. Bei Veränderungen, die bereits im Index sind (*staged*), wird ein Plus (+) angezeigt. Die Anzeige erfordert, dass der Working Tree gelesen wird – dadurch verlangsamt sich die Shell evtl. bei großen Repositories (Git muss jede Datei auf Modifikationen überprüfen). Sie können dieses Verhalten daher mit der Git-Variable bash.showDirtyState für einzelne Repositories deaktivieren:

```
$ git config bash.showDirtyState false
```

GIT_PS1_SHOWSTASHSTATE
: Sollten Sie einen oder mehrere Stashes angelegt haben, wird dies im Prompt durch das Dollar-Zeichen ($) signalisiert.

GIT_PS1_SHOWUNTRACKEDFILES
: Die Existenz unbekannter Dateien (*untracked files*) wird mit Prozent-Zeichen (%) angezeigt.

Alle diese Zusatzinformationen können Sie wie folgt aktivieren:

```
GIT_PS1_SHOWDIRTYSTATE=1
GIT_PS1_SHOWSTASHSTATE=1
GIT_PS1_SHOWUNTRACKEDFILES=1
```

Wenn im Repository nun alles zutrifft (also *unstaged*, *staged*, *stashed* und *untracked*) werden vier zusätzliche Zeichen (*, +, $ und %) im Prompt angezeigt:

```
esc@creche ~/git-working/git (git)-[master *+$%] $
```

In neueren Git-Versionen verfügt das Script über ein neues Feature, das die Beziehung zum Upstream-Branch (@{upstream}) anzeigt. Aktivieren Sie diese Funktion durch Setzen von GIT_PS1_SHOWUPSTREAM auf den Wert git.[1] Das Prompt signalisiert dann alle Zustände, die in Abschnitt 5.5.2 beschrieben sind: *up-to-date* mit dem Gleichheitszeichen (=); *ahead* mit dem Größer-als-Zeichen (>); *behind* mit dem Kleiner-als-Zeichen (<); *diverged* mit sowohl einem Größer-als-Zeichen und einem Kleiner-als-Zeichen (><). Zum Beispiel:

```
esc@creche ~/git-working/git (git)-[master >] $
```

Diese Funktion ist mit der Option --count des Plumbing-Kommandos git rev-list implementiert, die in alten Git-Versionen, etwa 1.7.1, noch nicht existiert. Haben Sie eine solche alte Git-Version, aber ein aktuelles Script und wollen diese Anzeige trotzdem verwenden, setzen Sie den Wert der Umgebungsvariablen auf legacy – das Script verwendet dann eine alternative Implementation, die ohne die besagte Option auskommt. Wenn Sie außerdem noch wissen wollen, wie weit der Branch vorne bzw. zurück liegt, fügen Sie den Wert verbose hinzu. Das Prompt zeigt dann auch noch die Anzahl der unterschiedlichen Commits an:

```
esc@creche ~/git-working/git (git)-[master u+2] $
```

Die gewünschten Werte sind der Umgebungsvariable als Liste zuzuweisen:

```
GIT_PS1_SHOWUPSTREAM="legacy verbose git"
```

---

[1] Benutzen Sie git-svn, können Sie das Script anweisen, statt des Upstream-Branchs den SVN-Upstream (remotes/git-svn) für den Vergleich zu verwenden (sofern dieser vorhanden ist), indem Sie die Variable auf den Wert auto setzen.

C.2 Git und die Z-Shell

Sowohl Completion- als auch Prompt-Funktionen werden bei der Z-Shell immer mitgeliefert.

> **TIPP**
>
> Die Z-Shell verfügt über ein sehr nützliches Feature, um Man-Pages aufzurufen: die `run-help` Funktion. Sie wird im Emacs-Modus standardmäßig mit Esc+H aufgerufen und zeigt für das Kommando, das bereits auf der Kommandozeile steht, die Man-Page an:
>
> ```
> $ man[ESC]+[h]
> #Man-Page man(1) wird angezeigt
> ```
>
> Da Git aber aus Subkommandos besteht und jedes Subkommando eine eigene Man-Page hat, funktioniert `run-help` nicht sonderlich gut – es wird immer nur die Man-Page git(1) angezeigt. Hier schafft die mitgelieferte Funktion `run-help-git` Abhilfe:
>
> ```
> $ git rebase[ESC]+[h]
> #Man-Page git(1) wird angezeigt
> $ unalias run-help
> $ autoload run-help
> $ autoload run-help-git
> $ git rebase[ESC]+[h]
> #Man-Page git-rebase(1) wird angezeigt
> ```

C.2.1 Completion

Um die Completion für Git zu aktivieren, laden Sie zunächst das Completion-System:

```
$ autoload -Uz compinit && compinit
```

Die Completion vervollständigt unter anderem:

Git-Subkommandos
　　Subkommandos werden in der Z-Shell ebenfalls vervollständigt. Der Unterschied zur Bash ist, dass die Z-Shell zusätzlich zum eigentlichen Kommando noch eine Kurzbeschreibung anzeigt:

```
$ git pu[TAB]
pull     -- fetch from and merge with a remote repository
push     -- update remote refs along with associated objects
```

Das gleiche gilt auch für Subkommandos, die wiederum selbst Subkommandos haben:

```
$ git remote [TAB]
add       -- add a new remote
prune     -- delete all stale tracking branches for a given remote
rename    -- rename a remote from .git/config and update all...
rm        -- remove a remote from .git/config and all...
show      -- show information about a given remote
update    -- fetch updates for a set of remotes
```

Sowie auch Benutzeraliase:

```
$ git t[TAB]
tag       -- create tag object signed with GPG
tree      -- alias for 'log --oneline --graph --decorate -23'
```

Lokale Branches und Tags

Die Z-Shell vervollständigt ebenfalls lokale Branches und Tags – hier also kein Unterschied zur Bash.

Konfigurierte Remotes

Konfigurierte Remotes sind der Z-Shell bekannt. Für Subkommandos, bei denen nur ein konfiguriertes Remote in Frage kommt, z.B. git remote show, werden auch nur konfigurierte Remotes angezeigt. Sollte dies nicht eindeutig sein, wie z.B. bei git pull, dann greifen zusätzliche Mechanismen der Z-Shell und es wird meist eine lange Liste angezeigt, die sich unter anderem aus den Einträgen in den Dateien .ssh/config (die konfigurierten SSH-Hosts) und .ssh/known_hosts (Hosts, auf denen Sie sich schon mal eingeloggt haben) besteht.

Optionen

Im Gegensatz zur Bash kennt die Z-Shell sowohl lange als auch kurze Optionen und zeigt sie inklusive einer Kurzbeschreibung der Option. Hier ein Auszug:

```
$ git branch -[TAB]
-a             -- list both remote-tracking branches and local ↵
branches
--contains     -- only list branches which contain the specified ↵
commit
--force    -f  -- force the creation of a new branch
```

Dateien

Die Z-Shell ist ebenfalls in der Lage, Dateinamen zu vervollständigen – sie stellt sich aber etwas schlauer an als die Bash. Zum Beispiel werden für git add und git checkout nur Dateien angeboten, die tatsächlich Veränderungen haben – also Dateien, die entweder dem Index hinzugefügt oder zurückgesetzt werden können. Dateien, die nicht in Betracht kommen, werden auch nicht angeboten.

Git-Konfigurationsoptionen

Die Z-Shell-Completion für Git vervollständigt, wie die Bash auch, sämtliche Konfigurationsoptionen für Git. Der Unterschied ist, dass auch hier eine Kurzbeschreibung der Optionen mit angezeigt wird:

```
$ git config user.[TAB]
email       -- email address used for commits
name        -- full name used for commits
signingkey  -- default GPG key to use when creating signed tags
```

Ein großer Unterschied bei der Z-Shell ist die Art und Weise, wie vervollständigt wird. Die Z-Shell verwendet die sogenannte *Menu-Completion*. Das bedeutet, dass Ihnen die Z-Shell durch erneutes Drücken der Tab-Taste jeweils die nächste mögliche Vervollständigung anbietet.[2]

```
$ git pu[TAB]
pull  -- fetch from and merge with another repository or local branch
push  -- update remote refs along with associated objects
$ git pu[TAB]
$ git pull[TAB]
$ git push
```

Die Z-Shell ist (noch) nicht in der Lage, Referenzen auf der Remote-Seite zu vervollständigen – dies steht jedoch auf der To-do-Liste. Die Z-Shell ist aber heute schon in der Lage, Dateien über eine SSH-Verbindung hinweg zu vervollständigen. Besonders nützlich ist dies im Zusammenhang mit Public-Key-Authentifizierung und vorkonfigurierten SSH-Hosts. Angenommen, Sie haben folgenden Host in .ssh/config konfiguriert:

```
Host example
    HostName git.example.com
    User max
```

Auf dem Server in Ihrem Home-Verzeichnis befinden sich Ihre Projekte als Bare-Repositories: projekt1.git und projekt2.git. Außerdem haben Sie einen SSH-Schlüssel generiert und diesen in der Datei .ssh/authorized_keys auf dem Server abgelegt. Sie können nun die Vervollständigung über die SSH-Verbindung hinweg nutzen.

```
$ git clone example:[TAB]
projekt1.git/ projekt2.git/
```

Möglich wird dies durch die Completion-Funktionen der Z-Shell für ssh.

---

[2] Die Man-Page zshcompsys(1) beschreibt, wie Sie die Completion noch weiter anpassen. Besonders die Optionen group-name und menu-select sind zu empfehlen.

C.2.2 Prompt

Die Z-Shell beinhaltet Funktionen, um das Prompt mit Git-Infos zu versehen. Die Funktionalität ist Teil des umfangreichen vcs_info-Systems, das neben Git circa ein Dutzend anderer Programme zur Versionsverwaltung kennt, inklusive Subversion, CVS und Mercurial. Die ausführliche Dokumentation finden Sie in der Man-Page zshcontrib(1), im Abschnitt „Gathering Information From Version Control Systems". Hier stellen wir nur die für Git relevanten Einstellungen und Anpassungsmöglichkeiten vor.

Zunächst müssen Sie vcs_info laden und das Prompt so anpassen, dass Git-Infos angezeigt werden. Hierbei ist wichtig, dass die Z-Shell-Option prompt_subst gesetzt ist; sie sorgt dafür, dass Variablen im Prompt auch tatsächlich ersetzt werden, außerdem müssen Sie die Funktion vcs_info in der Funktion precmd aufrufen. precmd wird direkt vor der Anzeige des Prompts aufgerufen. Der Aufruf vcs_info darin sorgt dafür, dass die Git-Infos auch tatsächlich in der Variable ${vcs_info_msg_0_} gespeichert werden. Fügen Sie Ihrer .zshrc folgende Zeilen hinzu, falls sie noch nicht enthalten sind:

```
# vcs_info laden
autoload -Uz vcs_info
# prompt_subst aktivieren
setopt prompt_subst
# precmd definieren
precmd () { vcs_info }
# Prompt setzten
PS1='%n@%m %~${vcs_info_msg_0_} $ '
```

Das Prompt setzt sich wie folgt zusammen: %n ist der Benutzername, %m ist der Rechnername, %~ das aktuelle Arbeitsverzeichnis und die Variable ${vcs_info_msg_0_} enthält die Git-Infos. Wichtig ist dabei, dass das Prompt mit einfachen Anführungszeichen (*single quotes*) angegeben wird. Dadurch wird die *Zeichenfolge* ${vcs_info_msg_0_} und nicht der Wert der Variablen abgespeichert. Erst bei Anzeige des Prompt wird der Wert der Variablen – also die Git-Infos – substituiert.

Die o.g. Einstellung für PS1 sieht so aus:

```
esc@creche ~/git-working/git (git)-[master]- $
```

Da vcs_info mit sehr vielen Versionsverwaltungssystemen funktioniert, lohnt es sich, nur diejenigen zu aktivieren, die Sie tatsächlich verwenden:[3]

```
zstyle ':vcs_info:*' enable git
```

---

3 Eine Liste der verfügbaren Systeme erhalten Sie mit einem Aufruf der Funktion vcs_info_printsys.

Zum Anpassen von `vcs_info` verwenden Sie einen sogenannten `zstyle`, einen hierarchischen Konfigurationsmechanismus der Z-Shell, der in der Man-Page `zshmodules(1)` beschrieben ist.

Besondere Zustände wie Merge- oder Rebase-Vorgänge werden entsprechend signalisiert:

```
esc@creche ~/git-working/git (git)-[master|bisect]- $
```

Auch bei einem Detached-HEAD wird entweder das Tag oder die abgekürzte SHA-1-Summe angezeigt:

```
esc@creche ~/git-working/git (git)-[v1.7.1.4] $
esc@creche ~/git-working/git (git)-[e760924...] $
```

Die Z-Shell kann, wie die Bash auch, Zustände des Working Trees anzeigen. Schalten Sie dies mit folgender Zeile an:

```
zstyle ':vcs_info:git*:*' check-for-changes true
```

So zeigt `vcs_info` für Veränderungen, die noch nicht im Index sind (*unstaged*), ein U an und für Veränderungen, die Sie im Index aufgenommen haben (*staged*), ein S:

```
esc@creche ~/git-working/git (git)-[master]US- $
```

Ein großer Vorteil von `vcs_info` ist, dass es sich sehr leicht anpassen lässt. Gefallen Ihnen etwa die Buchstaben U und S nicht, können Sie sie durch andere Zeichen z. B. * und + ersetzen:

```
zstyle ':vcs_info:git*:*' unstagedstr '*'
zstyle ':vcs_info:git*:*' stagedstr '+'
```

Somit ähnelt das Zsh-Prompt nun immer mehr dem Beispiel aus dem Abschnitt zur Bash:

```
esc@creche ~/git-working/git (git)-[master]*+- $
```

Um solche noch nicht gespeicherten Informationen anzuzeigen, muss `vcs_info` immer den Working Tree untersuchen. Da dies bei großen Repositories bekanntlich Probleme bereitet, können Sie bestimmte Muster ausschließen:

```
zstyle ':vcs_info:*' disable-patterns "/home/esc/git-working/
linux-2.6(|/*)"
```

Vielleicht möchten Sie nun noch die Reihenfolge der Zeichen ändern. In dem Fall müssen Sie zwei Format-String Ausdrücke anpassen: `formats` und `actionformats`. Der erste ist das Standardformat, der zweite das Format, wenn Sie sich mitten in einem Merge-Vorgang, Rebase oder ähnlichem befinden:

```
zstyle ':vcs_info:git*:*' formats " (%s)-[%b%u%c]"
zstyle ':vcs_info:git*:*' actionformats " (%s)-[%b|%a%u%c]"
```

Eine Auswahl der wichtigsten Zeichen finden Sie in der folgenden Tabelle. Eine detaillierte Auflistung bietet die oben erwähnte Man-Page.

%s

Versionsverwaltungssystem, in unserem Fall immer `git`

%b

Aktueller Branch, z. B. `master`

%a

Aktueller Vorgang, z. B. `merge` oder `rebase-i` (nur bei `actionformats`)

%u

Zeichen zur Anzeige von Veränderungen, die noch nicht im Index sind, z. B. `U`

%c

Zeichen zur Anzeige von Veränderungen, die schon im Index sind, z. B. `S`

Mit der o. g. Einstellung sieht das Prompt dann so aus:

`esc@creche ~/git-working/git (git)-[master*+] $`

Leider kann `vcs_info` standardmäßig die Existenz unbekannter Dateien und angelegter Stashes nicht signalisieren. Das System unterstützt aber ab Z-Shell Version 4.3.11 sogenannte *Hooks* – Erweiterungen, die zusätzliche Information in das Prompt einschleusen. Wir werden nun zwei solcher Hooks vorstellen, die die beiden genannten, fehlenden Features implementieren.

Die Hooks für `vcs_info` werden als Shell-Funktionen geschrieben. Beachten Sie, dass der Funktionsname das Präfix `+vi-` hat, um mögliche Kollisionen zu vermeiden. Damit ein Hook auch wirklich funktioniert, muss er einen Wert im assoziativen Array `hook_com` verändern. In beiden Beispielen verändern wir den Wert des Eintrags `staged`, indem wir zusätzliche Zeichen anhängen, um bestimmte Zustände zu markieren. Wir verwenden das Prozent-Zeichen (%), um unbekannte Dateien zu signalisieren, und das Dollar-Zeichen ($) für angelegte Stashes. Das Prozentzeichen muss zweimal angegeben werden, damit die Z-Shell es nicht fälschlich als Formatierung wertet. Bei den Hooks greifen wir auf diverse Plumbing-Kommandos zurück (siehe Abschnitt 8.3).

```
+vi-untracked(){
    if [[ $(git rev-parse --is-inside-work-tree 2> /dev/null) ↵
== 'true' ]] && \
```

```
        [[ -n $(git ls-files --others --exclude-standard) ]] ; then
        hook_com[staged]+='%%'
    fi
}
+vi-stashed(){
    if git rev-parse --verify refs/stash &> /dev/null ; then
        hook_com[staged]+='$'
    fi
}
```

Wir aktivieren die Hooks, so dass sie beim Setzen der Git-Infos ausgewertet werden (+set-message):

```
zstyle ':vcs_info:git*+set-message:*' hooks stashed untracked
```

Wie beim Beispiel zu der Bash oben, werden ggf. (*unstaged*, *staged*, *stashed* und *untracked*) vier zusätzliche Zeichen (*, +, $ und %) im Prompt angezeigt:

```
esc@creche ~/git-working/git (git)-[master*+$%] $
```

Mit solchen Hooks ist es möglich, das Prompt nach Belieben zu erweitern. Zum Beispiel zeigt `vcs_info` standardmäßig nicht an, ob Sie sich innerhalb des `$GIT_DIR` oder aber in einem Bare-Repository befinden. Mit einem entsprechenden Hook bauen Sie diese Signale in das Prompt ein.

Weitere Beispiele finden sich in der Datei `Misc/vcs_info-examples` des Z-Shell Repositorys, unter anderem auch ein Hook, der die Beziehung zum Upstream-Branch anzeigt (Abschnitt „Compare local changes to remote changes"). Eine minimale Konfiguration für die Z-Shell entsprechend den Beispielen in diesem Abschnitt finden Sie in der Scriptsammlung für dieses Buch.[4]

---

4 https://github.com/gitbuch/buch-scripte

Github

Es gibt derzeit mehrere Hosting-Websites, die kostenfreies Git-Hosting für Open-Source-Projekte anbieten. Die mit Abstand bekannteste von allen ist *Github*.[1] Zwei andere bekannte reine Git-Hoster sind *Gitorious*[2] und *repo.or.cz*[3]. Aber auch bereits etablierte Hosting-Seiten wie *Sourceforge*[4] und *Berlios*[5] bieten mittlerweile Git-Hosting an.

Github wurde 2008 von Chris Wanstrath, P.J. Hyett und Tom Preston-Werner gegründet. Die in Ruby on Rails entwickelte Plattform hat über drei Millionen Nutzer und hostet über zehn Millionen Repositories. Auch wenn man bedenkt, dass viele dieser Repositories sogenannte *Forks* (Klone) anderer Repositories oder sogenannte *Gists* (Quellcode-Schnipsel) sind, ist das trotzdem eine beachtliche Anzahl. Viele namhafte Projekte verwenden heutzutage Github, um ihren Quelltext zu verwalten, unter

---

1 https://github.com/
2 http://gitorious.org/
3 http://repo.or.cz/
4 http://sourceforge.net/
5 http://www.berlios.de/

anderem das Kommandozeilen-Tool *Curl*[6], das Web-Framework *Ruby on Rails*[7] und die JavaScript-Bibliothek *jQuery*[8].

Das kostenfreie Angebot umfasst unbegrenzte Git-Repositories – mit der Einschränkung, dass diese öffentlich verfügbar sind (*Public Repositories*). Zusätzlich bietet Github kostenpflichtige Optionen für Einzelpersonen und Firmen, die es erlauben, zugriffsbeschränkte Repositories (*Private Repositories*) anzulegen und zu nutzen. Großen Unternehmen bietet Github eine Lösung namens *GitHub Enterprise* an.

Github bietet alle wesentlichen Features, die Sie von einer Projekt-Hosting-Plattform erwarten, darunter auch Projekt-Wiki und Issue-Tracker. Das besondere daran ist aber, dass das Wiki-System *Gollum*[9] als Backend keine Datenbank, sondern lediglich ein Git-Repository verwendet. Als Markup bietet Github mehrere Syntax-Optionen[10] an, unter anderem *Markdown*, *Textile*, *Mediawiki* und *Asciidoc*.

Der Issue-Tracker ist auf Git ausgelegt und listet auch über das Webinterface erstellte Pull-Requests. Zusätzlich wurde in den Issue-Tracker ein E-Mail-Backend eingearbeitet. Ihre Antworten auf die eingehenden E-Mails werden automatisch von Github verarbeitet und auch im Webinterface angezeigt. Was Github jedoch nicht anbietet, sind Mailinglisten – dafür müssen Sie auf Alternativen ausweichen.

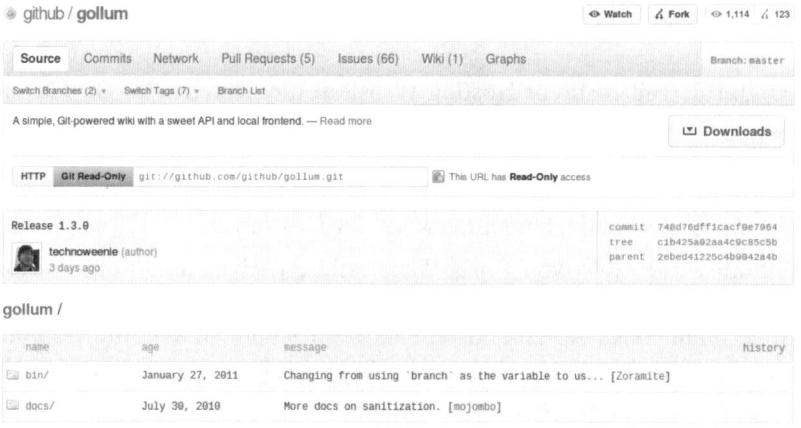

Abbildung D.1: Github-Seite von Gollum

In Abbildung D.1 sehen Sie einen Ausschnitt der Projektseite von Gollum. Wichtig sind die Menüpunkte *Source* (Quellcode-Übersicht), *Com-*

6   http://curl.haxx.se/
7   http://rubyonrails.org/
8   http://jquery.com/
9   https://github.com/github/gollum
10 https://github.com/github/markup

mits, *Network* (Forks des Projekts mit Änderungen), *Pull-Requests*, *Issues*, *Wiki* und *Graphs* (statistische Graphen). Andere wichtige Bedienelemente sind der Button *Fork* sowie *Downloads* und auch die Anzeige der Klon-URL.

Bei Github steht zunächst der Entwickler im Mittelpunkt: Repositories sind immer Usern zugeordnet. Das ist ein großer Unterschied zu etablierten Hosting-Plattformen, bei denen grundsätzlich die Projekte im Vordergrund stehen, und die Nutzer diesen untergeordnet sind. (Es ist aber auch in Github möglich, Projekt-Konten anzulegen, denen dann wiederum User zugeordnet werden – beliebt bei privaten Repositories und größeren Projekten.)

Github bietet viele Möglichkeiten, Veränderungen auszutauschen. Zwar ist es mit Github möglich, einen zentralisierten Ansatz (siehe Abbildung 5.1) zu verfolgen, indem Sie Anderen Zugriff auf Ihre eigenen Repositories ermöglichen – die jedoch am meisten genutzte Form des Austausches ist eher ein Integration-Manager-Workflow (siehe Abbildung 5.8).

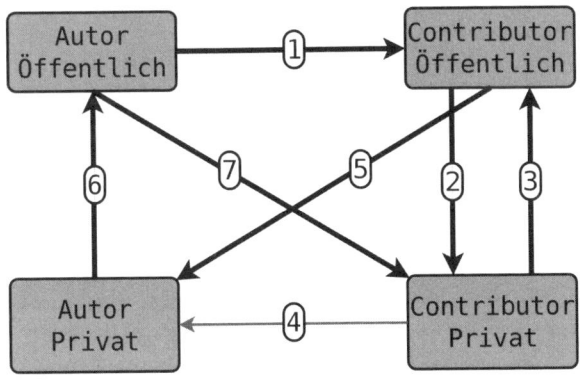

Abbildung D.2: Workflow bei Github

1. Ein potentieller Contributor *forkt*[11] ein Repository bei Github.

2. Das öffentliche Repository wird wiederum geklont, Veränderungen werden eingepflegt.

3. Commits werden in das öffentliche Repository hochgeladen.

4. Dem Projekt-Autor wird ein Pull-Request geschickt. Diese können, wie bereits erwähnt, direkt im Web-Interface erstellt und verschickt werden.

---

11 Nicht als Projekt-Fork misszuverstehen, bei dem sich ein Projekt aufgrund interner Differenzen spaltet.

5. Der Autor lädt die Neuerungen aus dem öffentlichen Repository, überprüft, ob sie seinen Qualitätsansprüchen genügen und integriert sie ggf. per Merge oder Cherry-Pick lokal.

6. Die Veränderungen des Contributors werden in das öffentliche Repository des Autors hochgeladen und verschmelzen so mit der Software.

7. Der Contributor gleicht sein lokales Repository mit dem öffentlichen Repository des Autors ab.

Das Github Webinterface bietet einiges an Web-2.0-Komfort. So können Sie z.B. statt der Schritte 5. und 6. mit einem einzigen Klick direkt über das Webinterface einen Merge vollziehen. Selbstverständlich wird vorher überprüft, ob der Merge konfliktfrei bewerkstelligt werden kann – falls nicht, erscheint statt der Option zum Mergen eine Warnung.

Seit kurzem ist es auch möglich, die Schritte 1., 2., 3. und 4. vollständig im Webinterface durchzuführen. Dafür klicken Sie in einem fremden Repository auf den Button *Fork and edit this file* – das Repository wird automatisch für Ihr Benutzerkonto geforkt, und es tut sich ein webbasierter Editor auf, in dem Sie Ihre Veränderungen sowie eine Commit-Message eintragen. Danach werden Sie automatisch auf die Pull-Request Seite weitergeleitet.

Da Sie bei vielen Forks schnell den Überblick verlieren, stellt Github eine grafische Darstellung der Forks mit noch ausstehenden Änderungen bereit, den sogenannten *Network-Graph*:

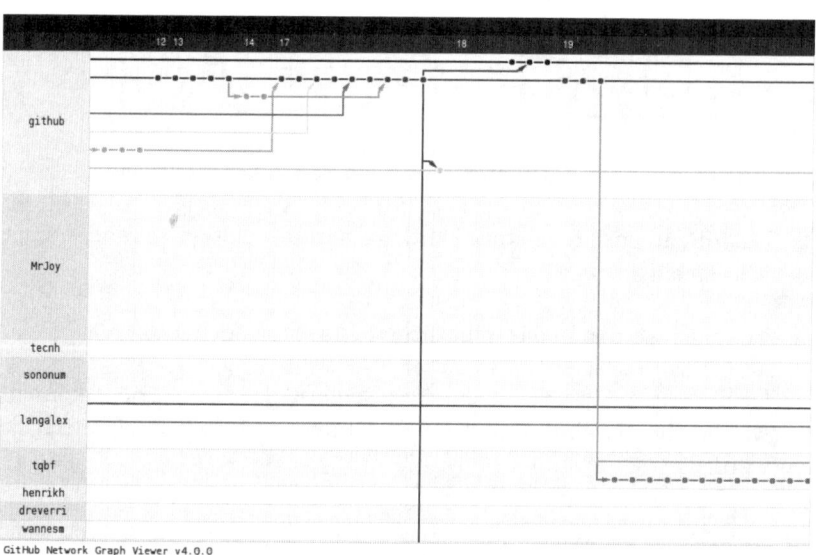

Abbildung D.3: Der Github Network-Graph

Github bietet Ihnen unter *Graphs* noch weitere Visualisierungen. Unter *Languages* wird angezeigt, welche Programmiersprachen das Projekt einsetzt. Die Grafik *Impact* (engl. Auswirkung) zeigt, welcher Entwickler wann und wie viel geleistet hat. *Punchcard* (Lochkarte) zeigt die Commit-Aktivität für Wochentage und Tageszeiten. *Traffic* (Verkehr) schließlich listet die Anzahl der Projektseitenaufrufe während der letzten drei Monate auf.

Wie das Motto *Social Coding* schon andeutet, hat Github mehrere Features, die Sie auch in sozialen Netzwerken finden. Zum Beispiel können Sie sowohl einzelnen Usern als auch Repositories folgen (engl. *follow*). Sie erhalten dann in Ihrem *Dashboard* (Armaturenbrett) über eine Art Github-Newsticker: Meldungen über neue und geschlossene Pull-Requests, neue Commits, die hochgeladen wurden, Forks usw. Die Newsfeeds der User und Repositories sind aber auch als RSS-Feed verfügbar, sollten Sie externe Newsreader vorziehen.

Ein kleines, noch relativ unbekanntes Projekt kann daher über Github sehr schnell bekannt werden, wenn eine kritische Anzahl an „Followern" erreicht ist.

Github bietet auch einen Pastebin-Dienst an, den *Gist* (Kernaussage). Im Gegensatz jedoch zu anderen Pastebin-Diensten ist bei Github jeder Gist ein vollwertiges Git-Repository. Besonders für Code-Schnipsel ist dies eine interessante Neuerung.

Auch bei der Anbindung an externe Dienste leistet Github ganze Arbeit. Es gibt 50 sogenannte *Service Hooks*, mit denen Sie Nachrichten bzgl. eines Repositorys an externe Dienste weiterleiten. Dabei sind unter anderem altbewährte Klassiker wie E-Mail und IRC, aber auch modernere Alternativen wie Twitter und Jabber.

Github bietet aber noch zusätzliche „Gimmicks", die sehr praktisch sind. So werden aus Tags automatisch Quellcode-Archive zum Herunterladen. Wie Sie in Abbildung D.4 sehen, sowohl als `tar.gz` als auch als `.zip` Archiv.

Abbildung D.4:
Aus Tags erstellte Downloads

Für Entwickler, die oft mit Bildern arbeiten, bietet Github sogenannte *Image View Modes*.[12] Sie zeigen Unterschiede zwischen zwei Versionen einer Grafik an, ähnlich dem in Abschnitt 8.1.3 vorgestellten Script. Es gibt folgende Modi:

2-up

Die zwei verschiedenen Versionen werden nebeneinander dargestellt, siehe Abbildung D.5. Auch Größenunterschiede sind ersichtlich.

Abbildung D.5: Modus *2-up*

Swipe

Das Bild wird in der Mitte geteilt. Links sehen Sie die alte Version und rechts die neue. Schieben Sie den Regler hin und her, um die Änderungen zu beobachten. Siehe Abbildung D.6.

Abbildung D.6: Modus *Swipe*

Onion Skin

Auch hier kommt ein Regler zum Einsatz, diesmal wird jedoch die neue Version eingeblendet, es entsteht also ein fließender Übergang zwischen alt und neu.

12 https://github.com/blog/817-behold-image-view-modes

Difference
  Zeigt nur die Pixel an, die verändert wurden.

Die Programmierer hinter Github feilen weiter am Webinterface und so kommen regelmäßig innovative Verbesserungen hinzu. Die Seite hat eine eigene Hilfe-Seite[13], auf der Arbeitsschritte mit dem Webinterface detailliert mit Screenshots erklärt werden.

---

13 http://help.github.com/

Index

Sonderzeichen

$GIT_DIR 295
.. (Commit-Range) 50, 76, 103
.git/config
    und git-svn 278
.git/FETCH_HEAD 151
.git/hooks/ 236
.git/info/attributes 230
.git/info/grafts 261
.git/logs/refs/ 106
    , *siehe auch* Reflog
.git/packed-refs 63, 167
.git/refs
    Remote-Tracking-Branches 148
.git/refs/ 62
.git/refs/heads/ 63, 69
    , *siehe auch* Branch
.git/refs/remotes/ 63
.git/refs/tags/ 63, 167
.git/rr-cache/ 98
.gitattributes 230
.gitconfig 27
.gitignore 127, 270
.gitmeta 243
/etc/gitconfig 28
: (Refspec) 144
... (symmetrische Differenz) 104

A

ACL 210
add 39, 129
    -p 81
    -p (Commit aufteilen) 124
    -p / --patch 37
    -u / --update 35
    interaktiv 37
advice.detachedHead 78
Agefile 228
Agile Software Development 185
Alias

erweitert 255
ffm / nfm 87
fft (ff-tracking) 158
fixup 123
ru 166
todo 193
tree 102, 134
Aliase 28
am 169, 174, 175
    , *siehe auch* apply
    --abort 175
    --continue 175
    --skip 175
    -s / --signoff 175
    Hook 242
amend (Option) 82
Änderungen
    übernehmen (per FF) 85
annotate, *siehe* blame
Annotated Tag, *siehe* Tag
Anonymous (Remote) 166
antiword 233
Apache
    und CGit 223
    und Gitweb 221
apply 79, 175, 187
    Alternative zu am 175
applypatch-msg (Hook) 242
archive 194, 196
Argument
    tree-ish und commit-ish 53
AsciiDoc 99
Attribut
    Zeilenende 230
Attribute 230
Authentifizierung 202
Authors-Datei 267
Autor
    vs. Committer 41, 174

B

bare 203
Bash
    Completion 302
    Prompt 304
Basis (Merge) 83
Benevolent Dictator 176
Bilder
    Diff 234
bisect 138
    automatisieren 139
blame 125
    für SVN 280
    grafisch 126
blessed 164
Blob 52
    Aus Tree extrahieren 250
    Tag auf einen Blob 74
    und Filter 231
Branch 61, 146
    , *siehe auch* Remote Tracking Branch
    abgezweigt 156
    als Referenz 60
    benennen 68
    Commit übernehmen 100
    Definition 19
    entkoppeln 99
    erstellen und auschecken 67
    hochladen 158
    lokal vs. remote 152
    mehrere Branches mergen 87
    mergen 82
    Namespace 69, 186, 191, 212
    Policy 214
    privat 69, 116
    Remote-Tracking-Branch 63
    show-branch 193
    Topic-Branch 186
    tracken (verfolgen) 152
    unnötige löschen 192
    Upstream 155
    Upstream konfigurieren 161
    verwalten 66
    wechseln 67
    Zugriffsrechte 211
    zusammenführen 82
branch
    --merged 192, 275
    --no-merged 187
    --set-upstream-to 161
    -a 148
    -d (delete) 66
    -D (forced delete) 66, 107
    -M (forced move) 66
    -m (move) 66
    -r 147
    -u 161
    -v 66, 163
    -vv 157, 163, 253
branch.master.merge 155
branch.master.rebase 155
Branching-Modell 188
Browser 30
Bugfix
    auf maint-Branch 189
    in eigenem Branch 69
Bugfixing 187

C

Cache, *siehe* Index
Caching 227
Caret
    als Negation 103
    als relative Referenz (Suffix) 65
Case Insensitive
    log --grep 49
cat
    als Pager 31
cd_to_toplevel 245
CGI
    für Git, *siehe* CGit
CGit 222
    Caching 227
    Einbindung 223
Changelog 195
Cheatsheet, *siehe* Spickzettel
check-ff (Script) 247
checkout 58, 64, 67, 76, 152
    --orphan 137
    -b 67, 78, 118, 152
    -f 68
    -m 98
    -p / --patch 77
    Dateien überschreiben? 77

interaktiv 77
Stand ggü. Upstream 163
Checkout
    bei zentralen VCS 141
    Permissions anpassen 243
cherry 100, 194
cherry-pick 83, 100, 194
    --no-commit 187
    -n / --no-commit 100
    -X (Strategie-Optionen) 89
    in Gitk 105
    von Bugfixes 192
chsh 205
clean 129
    -d (directories) 129
    -f / --force 129
    -n / --dry-run 129
    -x / -X 129
    für ignorierte Dateien 129
Clean 231
Clone
    Definition 19
clone 143
    -o / --origin 145
Code
    Archiv 196
color.ui 29
Commit 52
    alte löschen 262
    aufteilen 124
    austauschen 281
    bei zentralen VCS 141
    Blame 125
    Committer anzeigen 174
    Definition 19
    editieren 123
    Emailbenachrichtigung 240
    erstellen 41
    Graph-Struktur 58
    herunterladen 148
    Hook 237
    in Branch übernehmen 100
    korrigieren 187
    Liste zeitlich einschränken 48
    löschen (Rebase) 120
    mehrere bearbeiten 120
    mehrere Root-Commits 137

Merge-Commit 93
Message 41
möglichst kleine 99
nach Cherry-Pick 194
Nachricht ändern 121
nachträglich ändern 82
nachträglich verbessern 42
Notiz anheften 135
orphaned 262
Position beschreiben 195
Referenz 60
Reihenfolge tauschen 121
Root-Commit 102
rückgängig machen 78
schrittweise 36
überspringen (Rebase) 113
unreachable 69, 78
verschieben 109
verschmelzen 122
Zusammensetzung nachvollziehen 125
commit 41
    --amend 42, 82, 118, 187
    -a / --all 35
    -m / --message 42
    -s / --signoff 175
    -v 41
    ohne Argumente 41
Commit-Graph 58
    gerichtet 69
Commit-ID 19, 52
commit-ish 53
commit-msg (Hook) 242
Commit-Nachricht
    Format 42
    nach Schlagwörtern suchen 49
    Regeln 43
Commit-Ranges 49
Committer
    vs. Autor 41
compare 234
Content-Addressable File System 57
core.autocrlf 30
core.editor 31
core.eol 30, 230
core.pager 31
core.safecrlf 30
count-objects 299

Cover-Letter (Patch) 171
CR vs. CRLF 30
Criss-Cross-Merge 186
CVS
    Schnittstelle 266
cvsexportcommit 266
cvsimport 266

D

daemon, *siehe* Git-Daemon
DAG, *siehe* Commit-Graph
Dangling Object 297
Datei
    ignorieren 127
    nachträglich aus allen Commits löschen 259
    nur aus Index löschen 44
    String nachträglich entfernen 259
    vor Einchecken säubern 231
    Zugriffsrechte (Gitolite) 212
Dateien
    löschen 44
    verschieben 44
    Zeilenenden 230
Deduplication 57
Delta-Kompression 299
Deployment 241
describe 75, 195
    --tags 76
Detached HEAD 77
Detached-Head-Modus 64
Developer-Public 164
Dictator and Lieutenants 175, 176
Diff
    API für externe Programme 233
    Bilder 234
    combined 93
    externe konfigurieren 234
    Filter 238, 249
    für Fließtext 35
    Side-by-Side (CGit) 224
    und Binärdateien 233
    und Plaintext 233
    zur vorherigen Version 250
    zwischen Working Tree
        Index und Repository 34
diff 38, 50
    --cc 93

--check 238
--diff-filter 238, 249
--name-status 248
--staged 35, 38, 50
--staged (Submodule) 178
--word-diff 35
HEAD als erstes Argument 64
und Commit-ID 52
Differenz
    symmetrische 104
diverged 163
dpaste 173

E

E-Mail
    bei neuem Commit 240
Editor 30
Emacs
    Konfliktlösung 95
Encoding
    Commit vs. verwaltete Dateien 29
    für Commits 29
Enter
    nach Option vermeiden 40
Entwicklung
    agile 185
    featuregetrieben 157
eol 230
exclude 127
export-subst 232

F

fallthru 213
Farbe
    Ausgabe von Git 29
    Terminal vs. Pipe 29
Fast-Forward 114, 186, *siehe* Merge
    Alias 158
    forcieren 159
    ist möglich? 247
    nach origin/master 152
    nicht möglich 159
Fast-Forward-Tracking 158
fast-import 284
Feature Graduation 189
Features
    im Branch pu 69
Fehlerkorrektur

Index

automatisch 32
Fehlermeldung
    CONFLICT (merge conflict) 91
    local changes would be overwritten 68
    untracked file would be overwritten 68
Fetch 142
fetch 143, 148, 149
    --prune 151
    Anonymous Remote 166
    ohne Argumente 154
    vs. pull 155
fetch.prune (Option) 151
fft 158
Filter 231
    kontextunabhängig 232
    und Keyword-Expansion 232
filter-branch 256
fixup 120
for-each-ref 252, 273
forced update 150
format-patch 169, 170
FTP(S) 202

G

Garbage Collection 70, 297
gc 98, 298
    , *siehe auch* Garbage Collection
    --prune 262
gc.auto 298
Getopt-Modus 248
Gist 319
gist.github 173
git
    -c 32
    add 24, 37
    am 169
        , *siehe auch* am
    apply 79, 175
    archive 194
    bisect 138
        , *siehe auch* bisect
    blame 125
    branch 147
    checkout 67, 76
        , *siehe auch* checkout
    cherry 100, 194
    cherry-pick 100
        , *siehe auch* cherry-pick
    clean 129
        , *siehe auch* clean
    clone 143
        , *siehe auch* clone
    commit 24, 35
    config 27
    count-objects 299
    daemon, *siehe* Git-Daemon
    describe 75, 195
    diff 50
        , *siehe auch* diff
    filter-branch 256
        , *siehe auch* filter-branch
    for-each-ref 252
    format-patch 169
        , *siehe auch* format-patch
    fsck 134
    gc 298
        , *siehe auch* gc
    hash-object 56
    init 22
    instaweb 219
    log 26, 46, 50
    ls-files 238
    ls-tree 56
    merge 82
        , *siehe auch* merge
    mergetool 95
    notes 135
    patch-id 100, 194
    Port 202
    Protokoll 202
    pull 143
        , *siehe auch* pull
    push 143
        , *siehe auch* push
    rebase, *siehe* rebase
    reflog 106
        , *siehe auch* reflog
    remote 143, 151
        , *siehe auch* remote
    remote update 116
    request-pull 166
    reset 76
    rev-list 247
    revert 76, 78

rm 129
    , *siehe auch* rm
send-email 169
send-pack 239
shell 204
shortlog 194
show 25, 50, 72, 74
show-branch 193
stash 130
    , *siehe auch* stash
status 23
submodule, *siehe* Submodule
update-ref 254
update-server-info 202
Git
    Hosting 315
    Notes 135
git add 39
    , *siehe auch* add
git branch 66
    , *siehe auch* branch
git commit 41
    , *siehe auch* commit
git fetch 143
    , *siehe auch* fetch
git log 46
    , *siehe auch* log
git mv 44
    , *siehe auch* mv
git reset 39
    , *siehe auch* reset
git rm 44
    , *siehe auch* rm
git svn
    blame 280
    branch 282
    clone 277
    dcommit 277, 282
    fetch 277, 281
    info 280
    init 277
    log 280
    propget 280
    proplist 280
    rebase 277, 281
    tag 282
Git-Attribute, *siehe* Attribute

Git-Daemon 214
    --httpd 219
    und inetd 215
    und sv 216
git-daemon-export-ok 215
git-daemon-run 216
Git-Directory, *siehe* GITDIR
git-gui 126
Git-Kommando
    eigene schreiben 244
Git-Objekt 52
    Prüfsummen 52
Git-Shell 204
git-svn
    --no-metadata 268
    als Subversion-Client 277
git-svn-abandon 275
Github 315
    Network-Graph 318
    Service Hook 319
Gitk 104
    Cherry-Picking 105
    Darstellung von Tags 72
    Remote-Tracking-Branches 148
    und Branches 62
gitk 101
    --all 62, 106
Gitolite 206
    Implementation via Hook 241
    Installation 207
    Konfiguration 208
    Makro 209
    und Git-Daemon 218
    Zugriffsrechte 210
Gitosis 207
Gitweb 219
    und Apache 221
    und Lighttpd 221
GIT_AUTHOR_EMAIL 31
GIT_AUTHOR_NAME 31, 260
GIT_COMMITTER_EMAIL 31
GIT_COMMITTER_NAME 31
GIT_DIR 32
GIT_EDITOR 31
git_editor 245
GIT_EXTERNAL_DIFF 234
GIT_PAGER 31

git_pager 245
GIT_QUIET 245
GIT_WORK_TREE 241
GnuPG 75
Gollum 316
Graft 261
Grep
    für Diffs, *siehe* Pickaxe
    in Commit-Nachrichten 49
Groß-/Kleinschreibung
    beim Suchen nach Commits ignorieren 49
gui blame 126

H

hash-object 56
HEAD 64
    als Archiv packen 196
    als Patch exportieren 170
    Definition 19
    detached 77
    detached HEAD 64
    im GIT_DIR 295
    im Remote 147
    im Submodule 179
    in Gitk 105
Heads, *siehe* Branch
help.autocorrect 32
Hook
    Agefile anlegen (CGit) 228
    Commit 237
    E-Mails schicken 240
    für Deployment 241
    pre-commit 237
    serverseitig 239
Hooks 236
hooks.emailprefix 241
hooks.envelopesender 241
hooks.mailinglist 241
Hosting 315
HTTP 145
HTTP(S) 202
Hunk 37
    Optionen für Bearbeitung 37

I

I18N 29
ignore 127
    aufheben 129

    nachträglich 129
ignore-all-space (Strategieoption) 89, 119
ignore-space-at-eol (Strategieoption) 89, 119
ignore-space-change (Strategieoption) 89, 119
ImageMagick 233, 234
Index 34
    Datei nur aus Index löschen 44
    Definition 19
    und reset 80
    zurücksetzen 39
Index-Filter 259
Inetd 215
init
    --bare 203
    --shared 204
Initialisierung
    eines Repositories 22
instaweb 219
Integration, *siehe* Merge
Integration Manager 164, 192
Integration-Manager Workflow 164
Integrität
    eines Repositorys 59
interactive.singlekey 40
Interaktiver Rebase 120

K

Keyword-Expansion 231
Kollisionssicherheit 51
Kommandos 33
    und Commit-ID 52
Konfiguration 27
    aktuelles Repository 27
    Browser 30
    Editor 30
    Einstellung löschen 28
    Enter nach Option sparen 40
    Farbe 29
    global 27
    Pager 30
    systemweit 28
    über Umgebungsvariablen 31
    Zeichensätze 29
Konfiguration Aliase, *siehe* Aliase
Konflikt 84
    lösen 90
    Preimage 96

Stages 94
Stash 131
und Semantik 84
Zwei Seiten 89
~lösung abbrechen 94
Konflikt-Marker 91
Konflikte
    vermeiden 98

L

Leerzeichen
    bei Wertzuweisung 27
    Probleme bei Merge 89
    Probleme bei Rebase 119
less
    als Pager 31
    LESSCHARSET 30
libgit 177
Lighttpd
    und CGit 223
    und Gitweb 221
Lightweight Tag, *siehe* Tag
log 46
    --after 48
    --author 48
    --before 48
    --committer 48
    --follow 45
    --grep 48
    --merge 94
    --name-status 248
    --oneline 46, 51
    --pickaxe-all 49
    --pickaxe-regex 49
    --pretty 249
    --pretty (Werte) 47
    --pretty=fuller 41
    --regexp-ignore-case 49
    --since 48
    --until 48
    -G 49
    -g (walk reflog) 107
    -p / --patch 46
    -S 49
    HEAD als erstes Argument 64
    ohne Argumente 46
    Unterschied zu show 50

    von Upstream 157
Log, *siehe* Reflog
Loose Objects 54, 297
ls-files 238
ls-remote
    --tags 167
ls-tree 56

M

Mail Transfer Agent
    und Patch-Versand 173
Maildir
    und Patches 174
Mainline 87
maint 69
maint (Branch) 189
master 69
    Definition 19
mbox
    und Patches 174
Mercurial
    Schnittstelle 266
Merge 82
    Basis 83
    Criss-Cross 186
    Drei-Wege-Algorithmus 84
    eigenes Tool 96
    Fast-Forward 85, 150
    Fast-Forward nach origin/master 152
    im Rebase-Prozess 119
    implizit 156
    Konflikt 82, 84
    Konflikte lösen 90
    Konfliktlösung abbrechen 94
    nachträglich 261
    Probleme mit Whitespace 89
    rekursiv 119
    revert (rückgängig machen) 87
    Richtung beachten 87, 186
    Squash 187
    Strategien 83, 87
    Subtree 87, 180
    Tool 95
    und Subversion 276
    Upstream 157
    von Subversion 283
merge 82

Index

--ff-only 86, 158
--no-ff 86
--squash 187
-s / --strategy 87
-X (Strategie-Optionen) 89
fast-forward 114
octopus 87
origin/master 152
ours 87
recursive 87
resolve 87
subtree 87, 180
topic 85
Upstream 157
Merge-Commit 82, 93
Merge-Konflikt 84
, *siehe auch* Konflikt
Preimage 96
Stages 94
Zwei Seiten 89
merge.tool 95
mergetool 95, 112
-t 96
Metadaten
bei Rebase 110
Tag-Beschreibung 73
Tagger 71
von SVN bei Konvertierung 268
Metainformationen
in einem Commit 41
Migration
von anderen VCS 265
Muster
ignorieren (Datei) 127
mv 44
-n / --dry-run 44

N
Namespace 186, 191, 212
next 69
next (Branch) 189
NONGIT_OK 245
Notes 135
Notiz, *siehe* Notes

O
Objekt
dangling 297
Tag 71
unreachable 297
Objektdatenbank 54
im GIT_DIR 295
und Garbage Collection 70
und rev-parse 249
untersuchen 55
Objektmodell 50
Definition 19
octopus (Strategie) 87
OpenOffice 233
origin 144
ours 87, 89
Definition 89

P
p4 266
Packed Refs 63
packed-refs 71
Packfile 54, 202, 298
Pager 30, 31
, *siehe auch* less
less 31
wann wird aufgerufen 29
Pastebin 173
Patch
Autor vs. Committer 174
Cover-Letter (Deckblatt) 171
E-Mails als Thread 173
einpflegen 174
exportieren 170
Grep im Patch, *siehe* Pickaxe
Hook bei Anwendung 242
kombiniertes Format 93
per E-Mail 169
reverse 79
versenden 172
patch-id 100, 194
Patch-Stacks 112
PCRE 211
pdftotext 233
Perforce
Schnittstelle 266
Performance
eines Repositorys 298
Pickaxe 49, 260
Plumbing 244

Plumbing-Kommandos 55
Policy
    forcieren? 214
Porcelain 244
Porcelain-Kommandos 55
Port 202
POSIX-Kompatibilität 244
post-checkout (Hook) 242
post-receive 239
post-receive (Hook)
    E-Mail schicken 240
post-update (Hook) 239
pre-applypatch (Hook) 242
pre-commit (Hook) 242
pre-rebase (Hook) 242
pre-receive (Hook) 239
Preimage 96
Prompt 304
Proposed Updates 115, 189
Protokoll
    für Übertragung 145
    für Up- und Download unterschiedlich 146
prune 151
pu 69, *siehe* Proposed Updates
pull 85, 143, 148, 152
    --rebase 154, 157
    ohne Argumente 154
    vs. fetch 155
Pull
    und Rebase 154
Pull-Request 164, 166
Push 142
    Deployment 241
    Tag hochladen 168
push 143, 152, 158
    --all 203
    --delete 160
    --mirror 275
    -f / --force 159
    -u / --set-upstream 162
    ohne Argumente 160
    rejected 159
push.default 160

R

Rautezeichen
    in Commit-Nachricht 41

rebase 109
    --abort 113
    --autosquash 123
    --continue 112
    --onto 117
    --skip 113
    -i / --interactive 120
    -m / --merge 119
    -X (Strategie-Optionen) 89
    continue 125
    edit 123
    fixup 122
    in git-svn 281
    pick 121
    pre-rebase (Hook) 242
    reword 121
    skip 121
    squash 122
    vs. merge 114
    whitespace=fix 119
Rebase 109, 187
    bei Pull 154
    Commit aufteilen 124
    gegen Upstream 157
    Hook pre-rebase 242
    interaktiv 120
    Onto 117
    Probleme mit Whitespace 119
    und cherry-pick 100
receive-pack (Hook) 239
receive.denyNonFastForwards 159
Rechtemanagement 243
recursive
    Optionen 89
recursive (Strategie) 87
    bei Rebase 119
Referenz 61
    als symbolischer Namen für SHA-1-Summe 62
    auf Commit 60
    auflösen 246
    gepackt, *siehe* Packed Refs
    virtuell (Gitolite) 212
    von Git-Objekten untereinander 53
    vs. Liste 104
Referenzen
    auflisten 247

im Remote löschen 160
relative 65
Reflog 70, 106
    --expire 262
    Syntax für Stashes 133
reflog
    show 106
refs/tags 71
Refspec 144, 150, 158
    weglassen bei push 160
Regression 138
Regulärer Ausdruck 211
    Commit-Nachrichten durchsuchen 49
Relative Referenzen 65
Release
    im Branch next 69
    im Repository markieren 70
Release Candidate 211
    im Repository markieren 70
Release-Management 192
remote 143
    -v / --verbose 146
    add 144, 165
    prune 151
    rename 144
    rm 165
    set-url 144, 146
    show 162
    update 157
    update (Alias) 166
    update --prune 166
Remote
    Anonymous 166
    auf dem gleichen Rechner 203
    Branch im Remote 146
    untersuchen 162
    verwalten 165
    zusammenfassen 162
Remote Repository 143
Remote Tracking Branch 146
    , siehe auch Branch
    löschen 151
    stale 151
    und pull 152
remote update 116
Remote-Branch
    löschen 160

remove, siehe rm
Rename Detection 45
Repository
    als Unterprojekt einbinden 177
    bare 203
    blessed 164
    Definition 19
    einzelne (CGit) 226
    Export erlauben (daemon) 218
    exportieren 214
    Integrität 59
    klonen 143
    lokal synchronisieren 203
    mehrere Root-Commits 137
    neu packen 298
    offizielles (blessed) 176
    Remote 143
    synchronisieren 148
    Topologie 101
    Unterverzeichnis ausgliedern 182
    Ursprung (origin) 144
    visualisieren 101
    vs. Index 34
    zentrales 141
    Zugriffsrechte 204
request-pull 166
require_work_tree 245
rerere 96, siehe Reuse Recorded Resolution
    Cache 98
    forget 98
    gc 98
rerere.enabled 96
reset 39, 58, 76, 81, 124
    --hard 39, 80, 81
    --mixed 80
    --soft 80
    -p / --patch 39
    HEAD 39
    und Index 80
    vs. add 39
    vs. revert 79
resolve (Strategie) 87
resolve-Strategie
    vs. recursive-Strategie 83
Reuse Recorded Resolution 112, siehe rerere
rev-list 247
rev-parse 246

Getopt-Modus 248
revert 76, 78
   -m 1 87
   -X (Strategie-Optionen) 89
   auf Merge-Commit 87
   vs. reset 79
Ripple Effect 110
rm 44, 129
   --cached 44, 137
   --ignore-unmatch 259
   -n / --dry-run 44
   -rf 44
Root-Commit 50, 102
   mehrere 137
Rsync 202

S

say 245
scan-path (CGit) 224
Schnittstelle
   zu anderen VCS 265
SCM, *siehe* Versionskontrollsystem
Secure Hash Algorithm, *siehe* SHA-1
Secure Shell, *siehe* SSH
Semantik
   und Konflikte 84
send-email 169, 172
   --dry-run 173
send-pack 239
sensitive Informationen
   nachträglich entfernen 258
SHA-1 19, 51
   ändert sich (Rebase) 110
SHA-1-Summe
   in Objektdatenbank 54
Shebang-Zeile 36
Shell 204
   Completion 302
   Prompt 304
shortlog 194
show 104
   --format=fuller 174
   --format=raw 55
   -R 79
   HEAD als erstes Argument 64
   Optionen wie log 46
   und Commit-ID 52

Unterschied zu log 50
show-branch 193
Signed-off-by 175
Signierter Tag, *siehe* Tag
Smudge 231
Snapshot
   als Tar-Archiv 219
Spickzettel 143
Squash-Merge 187
SSH 145, 202
   Vorteil von Public Keys 205
Stacked Git 116
Stages (Merge) 94
Staging
   hunkweise 37
Staging Area, *siehe* Index
stale 151
stash 68, 82, 130
   -p / --patch 131
   apply 130
   clear 134
   drop 130, 134
   keep-index 130
   Konflikt lösen 131
   list 133
   pop 130
   show 133
Stash 130
   Implementierung 134
   interaktiv 131
   löschen 134
   Syntax 133
   wiederherstellen 134
Status
   Metainformationen abrufen 41
stg, *siehe* Stacked Git
Strategie
   für Cherry-Pick 100
   für Merge 83
Strategie (Merge) 87
String
   aus Dateien entfernen 259
String-Literals 253
SUBDIRECTORY_OK 245
Submodule 177, 178
   für CGit 223
   vs. Subtree 182

Index

submodule 178
Subproject, *siehe* Unterprojekt
Subtree 177, 180
    vs. Submodule 182
subtree
    add 181
    pull 181
    split 182
subtree (Strategie) 87
Subversion 266
    , *siehe auch* git-svn
    Konvertierung 267
    Merges 276, 283
    Schnittstelle 266
    Tracking-Branch 270
    Umstieg 156
    via Git bedienen 277
sv 216
svn 266
    , *siehe auch* Subversion
    clone 267, 270
svn-remote.svn 278
Symbolische Referenz
    Syntax 64
Synchronisation 148

T

Tag 52, 70, 71
    , *siehe auch* Referenz
    Absicherung bei Rebase 110
    als statisches Objekt 71
    als Tar-Archiv (Gitweb) 219
    Annotated 71, 73
    aus SVN verschieben 273
    austauschen 167
    Definition 19
    Git vs. SVN 271
    herunterladen 167
    hochladen 168
    in Gitk 72
    Lightweight 71, 72
    lokal verwalten 72
    löschen 74
    mit Beschreibung 73
    nach Rewrite 258
    nachträglich verändern 168
    Non-Commit 74

    signiert 73
    überschreiben 74
tag
    -a 73
    -d 74
    -f 74
    -l 72
    -s 74
    -v (verify) 73
Tagger 71
Tags
    annotated vs. lightweight 74
Tar-Archiv 196
text 230
theirs 89
    Definition 89
Throw-Away-Integration 186
Tilde
    als relative Referenz (Suffix) 65
TopGit 116
track 152
tracking (push.default) 161
Tree 52
    als Referenz 60
    Merge von Subtrees 87, 180
    Tag auf einen Tree 74
    Top-Level 54
    zu einem Commit 250
Tree-Filter 260
tree-ish 53, 250
Trunk (SVN) 270
Tux 235

U

Übertragung 202
Umgebungsvariablen
    zur Konfiguration 31
Unified Diff
    reverse 79
unreachable 69, 78
Unreachable Object 297
Unterprojekt 177
Unterverzeichnis
    abspalten 182
update (Hook) 241
update-ref 254, 273
update-server-info 202

Upstream-Änderungen 85
Upstream-Branch 155
Upstream-Branches
    Konfiguration 161
user.email 22, 27
user.name 22, 27
user.signingkey 73
UTF-8
    Default-Encoding 29
UUID 269

V

VCS, *siehe* Versionskontrollsystem
vcs_info 310
    Hook 312
Versionierung 70
    nachträglich 129
Versionsgeschichte
    als Summe aller Commits 34
    aneinanderkleben 261
    umschreiben 120, 256
    untersuchen 46
    verbessern 81
Versionskontrollsystem
    Definition 19
Vim 286
    Konfliktlösung 95
Vimdiff
    Konfliktlösung 95
virtual-root (CGit) 224
VREF/NAME (Gitolite) 213

W

web.browser 31
webrick 219
Webserver
    webrick 219

Whitespace
    Probleme bei Merge 89
    Probleme bei Rebase 119
    reparieren (Rebase) 119
Wiki 316
Word-Diff 35
Workflow 185
    Dictator and Lieutenants 175, 176
    für Anfänger 156
    für Fortgeschrittene 157
    Integration-Manager 176
    verteilt 176
Workflows
    Branching-Modell 188
Working Directory, *siehe* Working Tree
Working Tree
    Definition 19
    vs. Index 34

X

xinetd 216

Z

Z-Shell 307
    Completion 307
    Prompt 310
Zeichensätze
    für Commits 29
Zeilenende
    auf Betriebssystemen 230
Zeilenenden 30
    Konvertierung bei Checkout 30
    Probleme bei Merge 89
    Probleme bei Rebase 119
Zip-Archiv 196
Zugriffsrechte 204, 243